Himmelstürmer Verlag

Von Manuel Sandrino bisher erschienen:

„Selbstverständlich schwul" 2. Überarbeitete Auflage
ISBN print 9783863615246
„Apollon und Mercury – Wahre Träume leben"
ISBN print: 9783863613792
„Apollon und Mercury – Einer muss sterben"
ISBN print: 9783863613853
„Nackte Geheimnisse"
ISBN print: 9783863614829
„Was der Wind nicht verwehen kann"
ISBN print 9783863615451

Alle auch als E-book

Himmelstürmer Verlag, 31619 Binnen
www.himmelstuermer.de
E-Mail:info@himmelstuermer.de

Rechtschreibung nach Duden, 24. Auflage
Originalausgabe, August 2016

Coverfotos: shutterstock.
Umschlaggestaltung: Olaf Welling, Grafik-Designer AGD, Hamburg.
www.olafwelling.de
Nach einer Idee von Manuel Sandrino

ISBN print 978-3-86361-585-7
ISBN e-pub 978-3-86361-586-4
ISBN pdf 978-3-86361-587-1

Manuel Sandrino

Eros‘ Flüstern verändert alles

Himmelstürmer Verlag

Wer der Liebe Bedingungen auferlegt,
hat das Wesen der Liebe noch nicht erfahren.
Grenzenlos, uferlos und unendlich ist die Liebe.
Liebe ist, was sie ist: ein Wunder, dass sich jedem anders offenbart.

Inhalt

Vorwort

Eros ist der älteste der Götter, sagen die Eingeweihten; er bewahrt den Schlüssel zu allen Wesen.

Heute nennt man Eros schlicht und einfach Liebe. Die Liebe ist das Herz oder die Seele. So ist die Liebe der Anfang aller Götter, und sie ist der Schlüssel zu allen Geheimnissen des Lebens. Als der Puls des Lebens, ist die Liebe der Energiestrom, der sich unaufhörlich durch die Schöpfung bewegt, um alles zu beleben und zu erneuern. Ohne Liebe existiert nichts, ohne Liebe gibt es keine Energie und keine Kraft. Man sagt nicht vergeblich, die Liebe sei die stärkste Macht im Universum.

Josh, der Held in diesem Buch, vernimmt Eros' Flüstern erstmals als Kind. So beginnt seine Suche nach der Liebe. Eros offenbart sich ihm fortan nicht nur in seinen Träumen als der Engel der Liebe, sondern auch als unkörperliche Eigenschaften im täglichen Leben. So begegnet Josh vielen Aspekten der Liebe, wie: der Erotik und dem Sex; seinem eigenen Mut oder seiner Feigheit; seinen Pflichten und Vorurteilen; wie seiner Neugier und seinem Tatendrang Neues zu entdecken. So etwas wie richtige oder falsche Liebe gibt es nicht. Es existieren nur unterschiedlich Auffassungen, wie man Liebe empfängt oder sie weitergibt. Nur die Liebe vermag Liebe zu erkennen!

Das Leben ist viel zu kurz und viel zu kostbar, um es ohne Liebe zu leben. Wer der Liebe Bedingungen auferlegt, hat das wahre Wesen der Liebe einfach noch nicht realisiert. Liebe ist für jeden etwas anderes.

Wem die Liebe [Eros] schon einmal zugeflüstert hat, der weiß aus tiefstem Herzen, dass es nichts Wichtigeres gibt, als diesem Flüstern zu folgen. Koste es was es wolle!

Manuel Sandrino

„Jonathan Josh Julius, erzähl mir, warum dich dein Vater zu dieser Strafe verdonnert hat?“

„Nein!“, widerspreche ich und grinse schief. „Nicht, wenn Sie mit der Kamera vor meinem Gesicht herumwedeln!“

„Mein Junge, das ist aber der Sinn und der Zweck der Sache. Der Senator will, dass du zu erkennen lernst, was dein Handlungen für Folgen mit sich ziehen. Er hat die Medienagentur beauftragt, dich im Umgang mit der Presse zu schulen. Du kannst nicht jeden angreifen, der dich fotografiert.“

„Oder ihm die Nase zertrümmern?“, frage ich und lange an den dicken Verband, der mein eigenes Gesicht ziert. Meine Nase ist doppelt gebrochen und die Watten Rollen und die Stäbe, die sie richten sollen, verleihen meinem Gesicht einen gefährlichen Ausdruck. Zum Glück sind die violetten Schwellungen so gut wie abgeklungen und nur noch ein paar gelbe Flecken verraten, was ich selbst für Prügel einstecken musste.

„Die Ursache zu kennen, kann Heilung bringen!“

„Mister Whitehurst“, stöhne ich und schiele zum dunkelhaarig leicht gelockten Typen im Nadelstreifenanzug, der mir seine Handkamera direkt ins Gesicht hält, „das war nicht meine erste Schlägerei und bestimmt auch nicht meine Letzte.“

„Warum so aggressiv?“, fährt der Medienfachmann fort.

„Bin ich doch gar nicht!“, protestiere ich.

„Dein Vater will, dass ich dich für künftige Konfrontationen mit den Medien wappne. Das wird mir aber nur gelingen, wenn zu dem stehst, was du bist.“

„Was ich bin? Und was soll das sein?“

„Dass du mehr bist, als nur der Sohn eines Senators“, bleibt der junge Medienmensch vage.

„Filmen Sie das jetzt echt?“ Gelangweilt rolle ich mit meinen Augen und fahre mir danach mit der rechten Hand durch meine dunkelblonden Haare, um meinen perfekten Seitenscheitel damit zu ruinieren. Ich will nicht wie das brave Söhnchen erscheinen, das vor einer Stunde hier im Medienzentrum abgeliefert wurde. Jeder, der diesen Film je sehen wird, soll in mir den Rebellen und die Wildsau erkennen, die ich in Wahrheit bin. „Mister Whitehurst, mein Vater wird sich diesen Film doch später anschauen? Glauben Sie mir, dann gibt es echt Stunk!“

„Der Senator wird keinen unserer Filme zu sehen bekommen. Jonathan Josh Julius, das verspreche ich dir. Hier!“, schiebt mir Mister Whitehurst mit seiner linken Hand einen Wisch zu. „Ich habe das Dokument für dich vorbereitet. Da du volljährig bist, reicht deine Unterschrift."

„Was ist das?" Ich schnappe die drei zusammengehefteten Papiere und beginne zu lesen. Auf zwei Seiten wird auf das Medientraining eingegangen und was mich die kommenden Wochen hier beim Praktikum erwarten wird. Auf der letzten Seite versichern mir das Medienzentrum und mein privater Coach, hier hat *Oliver Whitehurst* seinen Namen von Hand ergänzt, dass alles, was im Training besprochen, aufgezeichnet oder gefilmt wird, nach den drei Monaten in meinen Besitz übergeht oder in gegenseitigem Einvernehmen vernichtet wird.

„Hm!", brumme ich, lange nach dem Füllfederhalter und setze ein Kreuz aufs Dokument. Als ich mir ein Klappmesser aus der Hosentasche fische, um mir damit in den Finger zu schneiden, lässt Mister Whitehurst endlich die Kamera sinken und packt nach meiner Hand.

„Mister Julius, tun Sie das nicht!"

„Ist es nicht üblich, seine Seele mit Blut zu verkaufen?", fahre ich ihn an, sacke das Klappmesser aber wieder ein. „Zudem können Sie beim Du bleiben. Mein Vater ist Mister Julius. Ich bin John oder Josh." Im besorgten Blick von Oliver Whitehurst erkenne ich, dass er sich wirklich um mein Wohlergehen sorgt. Die Pupillen in seinen dunkelbraunen Augen haben sich für einen Moment extrem geweitet. Natürlich hätte ich mich niemals selbst geschnitten – ich bin ja kein Ritzer. Schulterzuckend setze ich meinen vollen Namen hinter das vorhin lässig gesetzte Kreuz und schiebe dem Medienmenschen den Pakt wieder hin. „Ich will eine Kopie davon!"

Während der Coach das kleine Fotostudio damit verlässt, und leider seine Handkamera dazu gleich mitnimmt, sehe ich mich um. Hinter mir gibt es einen Styling Tisch mit einem wuchtigen Spiegel um den bestimmt dreißig Birnen brennen. Entschlossen, den braven Senatorensohn hier niemals zu zeigen, bestäube ich mir mit dem Wasser aus einer blauen Flasche meine Haare und wuschle sie danach so arg, dass sie mir in alle Richtungen vom Kopf abstehen. Zum Glück kann ich mir hier im Studio meine Hände waschen, denn das Gel, mit dem ich mich zuvor frisieren musste, klebt jetzt an meinen Fingern. Rebellisch lockere ich mir die Krawatte und setze mich zurück auf den von Spots beleuchteten Stuhl. Soll ich diesem Coach wirklich die Wahrheit erzählen? Noch niemals zuvor habe ich jemandem erzählt, warum ich *wirklich* hier gelandet bin.

Mit dem kopierten Vertragsdoppel kehrt der Medienmensch zurück und kann ein Lacher nicht unterdrücken. „Was ist dir denn passiert?"

„Mir hat ein Paparazzo die Nase eingeschlagen“, spiele ich den Coolen und lange an den Verband in meinem Gesicht, der einer Damenbinde extrem ähnelt.

„Was hast du mit deinen Haaren angestellt?“, kichert Mister Whitehurst. Der Mitte oder vielleicht Ende Zwanzigjährige ist mir sofort sympathisch. Beim Vorstellungsgespräch letzte Woche erfuhr ich, dass seine Mutter aus Venezuela kommt, woher er seinen coolen Latino Look habe. Er sieht echt gut aus, wenn seine Nase auch eine Spur zu dick ist. Zusammen mit seinem leichten Schmollmund wirkt er jetzt wie ein etwas älterer Kumpel, und nicht mehr wie der kalte Langweiler von eben noch.

„Falls Sie wirklich meinen Seelen Striptease dokumentieren wollen, dann will ich dabei wenigstens authentisch aussehen.“

„Deshalb hast du dir die Haare mit dem Festiger senkrecht hochfrisiert?“

Ertappt fasse ich nach oben. Ein kurzer Blick zurück in den Spiegel lässt mich lauthals loslachen. Da hockt ein dunkelblonder Kobold mit Haaren, die wie verdrehte Zweige aussehen. „So oder gar nicht!“, verschränke ich demonstrativ meine Arme vor der Brust.

„Wie du willst. John oder Josh?“

„Meine Eltern nennen mich John, deshalb lieber Josh!“

„Ich bin Oliver. Die nächsten drei Monate werden wir uns täglich sehen und uns besser kennenlernen. Verzichten wir auf die Förmlichkeiten?“ Weil ich nicke, reicht mir der Coach seine Hand, damit ich einschlagen kann. Als er meine Hand länger hält, als das üblich ist, blicke ich ihm erstaunt in seine Augen.

Er lächelt.

„Ähm, ja, gut! Wo soll ich anfangen?“

„Beim Anfang! Josh, rede einfach drauf los!“

„Ich kann dir wirklich vertrauen?“

Erst als Oliver frech zwinkert, fasse ich Mut.

„Ich kann mich noch gut an die äußeren Umstände erinnern, die alles in Gang brachten; an jenes Ereignis, das mich erstmals in den Abgrund geschupst hat. Ja, ohne die Albträume, die damals ihren Anfang nahmen, wäre ich heute nicht der, der ich bin. Sie formten mich zum Rebellen, zum Jäger und zur romantischen Wildsau, die ich geworden bin.“

„Du siehst dich als romantische Wildsau?“

„Oliver, wirst du mir jetzt ständig dazwischen quatschen?“

„Sorry, nein! Lass mich die Kamera auf dem Ständer fixieren, dann setzte ich mich hin und höre dir einfach zu.“

„Mein Vater lebte damals schon seit zwei Jahren wieder in Amerika, um sich dort der Wahl zum Gouverneur des Bundesstaates Virginia zu stellen. Ich blieb mit meiner Mutter in der Schweiz zurück. Als Paps damals abflog, glaubte ich fest daran, ich würde ihn nie wieder sehen. Um es noch schlimmer zu machen, bestieg auch Mama immer öfters das Flugzeug und kam dann für Wochen nicht mehr heim. Vom neunten bis zu meinem elften Lebensjahr sah ich meine Eltern fortan nur noch an Festtagen oder wenn Mama mal wieder für die Ferien zu mir nach Bern zurückkehrte. Alleine in der Schweiz abgeschoben und ins Gefängnis gesteckt, musste ich mich selbst neu erfinden."

„Du warst im Jugendknast?", unterbricht mich Oliver.

„Ja!" Dann winke ich ab. „Nein! Im Internat! Meine Eltern verklickerten mir bei jeder Gelegenheit, das sei alles dazu da, um mir eine hervorragende Ausbildung und Erziehung zuteilwerden zu lassen. Sie nannten es ihr Geschenk an mich. Ich hätte viel lieber ein neues Fahrrad bekommen oder noch besser, endlich richtige Shoulder Pads und ein Helm, der mir passt."

Oliver lacht, hält aber diesmal seine Klappe.

„Schon damals spielte ich leidenschaftlich gerne American Football. Ich war immer megagut darin. Die anderen Jungs, im internationalen Internat für reiche Schnösel, nannten mich bald die Wildsau auf dem Rasen. Jene zwei Jahre, in denen mein Vater nicht mehr der amerikanische Botschafter in Bern war, sondern in Virginia um seinen neuen Posten kämpfte, gehörten bis dahin zur schönsten Zeit meines jungen Lebens. Keiner redete mir mehr ständig ein, ich müsse dies oder jenes tun; oder mich so oder so verhalten, um ein echter Mann und ein Vorbild für andere abzugeben. Meine Eltern wollten mich nicht mehr! So einfach war das. Darum begann ich, mir meine eigene Familie zu basteln. Mir gefiel es in der Schweiz immer besser. Meine neue Familie wurden meine Kumpels, die Berge, die Seen und mein privater Sportlehrer, der auch mein Bodyguard war."

Als ich danach schweige, fragt Oliver: „War es das schon?"

„Ich habe noch nicht einmal angefangen!" Lässig hocke ich mich in den Stuhl vor der Kamera. Weil es unter all den Spots immer heißer geworden ist, ziehe ich mir mein Jackett aus, öffne die obersten drei Knöpfe meines Hemdes und lockere meine Krawatte. „Was?", schnauze ich, als Oliver mich interessiert dabei beobachtet. „Ich werde mich nicht ausziehen!"

„Fühle dich wie zuhause!"

„Sicher nicht!", kläffe ich. „Da müsste ich mich neu kämmen und meine Krawatte straffen", winke ich ab. „Nee! Ich will mich auf keinen Fall, wie zuhause fühlen."

„Kannst du deine Erzählung etwas würzen?"

„Ich spiele kein Theater!", protestiere ich.

„Erzähle deine Geschichte so, dass ich einsteigen kann. Benutze Dialoge und sprich deine eigenen Gedanken laut aus."

„Du willst es aber genau wissen."

„Josh, kennst du dich selbst, wirst du stark. Bist du stark, werden dich die Paparazzi in Zukunft nicht mehr angreifen."

„Der wollte mir an die Wäsche! Verdammter Perverser!"

„Erzähl, wie es dazu kam. Wir haben Zeit. Entspanne ..."

Bevor Oliver seinen Satz beenden kann, habe ich mir schon meine Turnschuhe von den Füssen gekickt. Jetzt barfuß – denn ich trage nur beim Training Socken – fühle ich mich entspannter. Abermals bemerke ich Olivers Blicke, die nicht nur meinen Ausschnitt, sondern auch meine Füße abchecken. „Was dagegen?" Als er seinen Kopf schüttelt, bin ich entschlossen, meine Geschichte zu würzen:

„Schatz!", rufe ich.

Oliver zuckt zusammen.

„So nennt mich meine Mutter!", erkläre ich und grinse schäbig. „Also!" Ich hole tief Luft und erzähle weiter:

„Meine Mutter wuschelte mir beim neuesten Besuch in Bern meine dunkelblonden Haare. Danach forderte sie mich auf, all meine Koffer zu packen, denn wir würden heimfliegen.

Heim?, fragte ich. *Mama, ich bin doch schon zuhause.* Ich war damals elf Jahre alt und verstand nicht, was vor sich ging.

Jonny, beruhigte mich meine Mutter, *dein Papa ist jetzt ein noch wichtigerer Mann geworden. Wir müssen an seiner Seite stehen, wenn er den Wahlsieg öffentlich in Washington feiert.* Ich versuche die Stimme meiner Mutter nachzuahmen, was Oliver immer öfters lachen lässt. Meine Würze kommt an!

„Ich verstand überhaupt nichts mehr", fahre ich fort:

„Natürlich lernte ich im Internat, dass ich kein Schweizer, sondern ein Amerikaner bin, und dass mein Papa und meine Mama superwichtige Leute wären. Mir war das egal. Sie waren eh nie da. All meine Sachen wurden in riesige Koffer gepackt und von uniformierten Angestellten abgeholt. Noch immer hoffte ich, ich würde nur in Ferien fahren, doch meine Mutter erklärte mir, dass ich die Schweiz für immer verlassen werde. Mein bisheriges Internatsleben endete mit Vaters Wahlsieg zum Gouverneur von Virginia. Auf einen Schlag verlor ich all meine vielen Freunde. Auch ahnte ich, dass ich niemals wieder Schwyzerdütsch schwatzen würde. Weil ich im Flug von Zürich nach Washington nonstop entweder weinte oder schmollte, wurde ich in der ersten Klasse von den Flugbegleiterinnen mit Leckereien und Spielsachen getröstet."

Oliver folgt gespannt meinem unfreiwilligen Interview.

„Am Dulles Airport wurden meine Mutter und ich von uniformierten Soldaten empfangen. Zum ersten Mal durfte ich in einem dieser extrem langen schwarzen Autos mit Fähnchen an der Kühlerhaube fahren. Über die Aufregung vergaß ich meinen Kummer. Wir wurden in ein riesiges Haus in der Nähe des Dupont Circles inmitten von Washington D.C. gebracht.

Schatz, schau! Meine Mutter zeigte mir, als wir beide ausgestiegen waren, das hohe zweistöckige Backsteinhaus mit den Erkern. *Hier wirst du fortan wohnen.* Dunkelrot und braun wirkte das Haus mit den hohen Fenstern und dem breiten Eingang zwischen den beiden Türmchen wie ein Schloss. *Oma und Opa wohnten auch schon hier,* erklärte mir meine Mutter. *Jonny, erinnerst du dich noch daran? Als du fünf warst, hast du deine Ferien hier verbracht.*

Kopfschüttelnd gaffte ich das im Kolonialstil errichtete Haus an. Ich konnte mich nicht daran erinnern, je zuvor hier gewesen zu sein. So zog ich um.

Jonny, pack aus! In drei Tagen wird dein Vater offiziell sein neues Amt antreten. Als neuer Gouverneur muss er seine glückliche Familie an seiner Seite haben. Meine Mutter war immer eine hervorragende Lügnerin. Naja, sie war eine echte Politikerin.

Warum? Papa will mich doch gar nicht mehr haben! Ich provozierte meine Mutter oft – selbst schon damals.

Unser Hausbutler Mister Farragut erklärte mir danach, dass ich jetzt Teil einer heilen Welt geworden sei. Der Butler tat das mit einem schiefen Grinsen, sah sich um, ob er belauscht wurde, und fuhr danach sachlich mit seinen Erklärungen fort. Meines Vaters Wahlkampagne Real Facts habe viel Staub aufgewirbelt. *Real Facts* stehe für alles, was ein gutbürgerlicher Amerikaner als moralisch richtig und schicklich ansehe. Es gelte, die überlieferten Werte der Familie zu bewahren und unbedingt zu schützen.

Musst ich darum meine Kindheit alleine in der Schweiz verbringen?, kommentierte ich, bis Mister Farragut abermals sein Butlerlächeln aufsetzte. Mein Vater vertrete Werte, die viele Bürger des Landes als überholt, ja sogar als sehr gefährlich ansähen. Mein Vater symbolisiere eine konservative

Macht, die eine Rückkehr zu Anstand und Ehre anstrebe, und das auf Kosten aller Freidenker. Niemand könne zurzeit abschätzen, was er damit wirklich plane und wie weit er gehen würde.

Mein Vater ist gefährlich? Zweifelnd runzelte ich die Stirn.

Mister Farragut schwieg darüber. Er legte mir einen meiner Anzüge raus. Danach brachte er meine leeren Koffer ins Erdgeschoss, um sie in einem der Lagerräume zu versorgen.

Oliver unterbricht mich: „Josh, willst du über deinen Vater und seine Kampagne *Real Facts* reden?"

„Nein!" Ich winke ab und fahre mit meinem Bericht fort:

„Dann kam das Wochenende, dass alles auf den Kopf stellte. In Washington wurde Vaters Wahl mit einer großen Feier zelebriert. Ich durfte – zum ersten Mal – sehr lange aufbleiben. Als alle auf den Wahlsieg anstießen, reichte mir ein Typ aus Vaters Wahlkomitee ein Glass Champagner. Weder meine Mutter, noch mein Vater ahnten, dass er mir das falsche Glas ausgehändigt hatte. Den prickelnden Apfelsaft bekam jemand anders ab. Lange machte ich dieses Glass Alkohol als Auslöser für meinen ersten Albtraum, wie auch für meine spätere Suche verantwortlich. Noch Jahre danach versuchte ich mir einzureden, dass es einfach Zeit geworden sei, in eine Welt gestoßen zu werden, von der ich damals nicht einmal ahnte, dass sie existiert. Seither wäre ich oft froh gewesen, ich hatte statt des Champagners wirklich den Apfelsaft getrunken. Doch ist eine Tür in eine andere Dimension des Bewusstseins erst einmal geöffnet worden, lässt sie sich nicht mehr schließen – da half auch nachträgliche Abstinenz und Selbstmitleid nichts mehr."

„Josh, was genau meinst du mit einer anderen Dimension? Deine neue Heimat?"

„Nein!", gebe ich schroff zurück.

„Ein neues Denken oder ein neues Fühlen?", bohrt der Medienmensch weiter.

„Das kam erst später. Jetzt lass mich doch einfach erzählen, wie alles begann. Es blieb ja nicht dort hängen!" Weil kein Kommentar folgt, fahre ich fort:

„Mit dem falschen Apfelsaft kam es zu meiner ersten Begegnung mit meinem Schicksal. In jener beschwipsten Nacht erwachte ich in einer Horrorvision aus tiefschwarzer Unendlichkeit. Egal wohin ich sah, es gab einfach nichts, als dieses Schwarz. Dieses finstere Nichts nannte mich *Bruder*."

„Josh, die Finsternis sprach zu dir?", quatsch mir Oliver schon wieder dazwischen.

„Yep! Etwas – oder jemand? – zog mich plötzlich unendlich ins bodenlose Verderben! Ich stürzte. Ich schrie um mein Leben. Auch der Abgrund rief nach mir. Auch er nannte mich *Bruder*. Soll ich weiter erzählen?“

Als Oliver nickt, räuspere ich mich:

Er gehört zu mir!, befahl nach Ewigkeiten eine weibliche Stimme und packte nach meinem Herz, um es für sich zu beanspruchen. *Bruder, wir beide sind eins!*, rollte ihre Stimme durch das Nichts in den Abgrund, um mich aus den Klauen meiner beiden dunklen Brüder zu befreien. Eine zweite Frau lachte und der Klang davon explodierte als Sterne und Sonnen. *Bruder, nimm sie dir! Zeuge mit ihr Götter und bevölkere meine Welten mit Wesen!*, forderte die weibliche Stimme, die aus einer Galaxie zu mir sprach. *Doch vergiss niemals, wir fünf sind der Anfang und das Ende von Allem. Unsere Schwester ist das Gefäß, aus dem mit deinem Samen, das Wunder seinen Anfang nehmen wird. Bruder, begatte unsere Schwester und bevölkere mit deinem Nachwuchs meine Welten.*“

Weil Oliver sich Notizen auf einem Block macht, aber nichts darauf antwortet, zwinkere ich ihm zu: „Das ist doch verrückt! Nicht wahr?“

„Josh, ich höre dir nur zu“, enthält er sich jeder persönlicher Meinung. Weil ich ihn schweigend ansehe, fragt er schließlich: „Hat der Traum etwas mit deinen Aggressionsproblemen zu tun?“

„He? Mann, ich habe keine Aggressionsprobleme! Ich habe mich nur gewehrt!“ Weil der Coach daraufhin nur ins Leere hinter mir blickt, winke ich ab. „Na gut! Oliver, du willst es ja unbedingt wissen.“ Ich bringe mich vor der Kamera wieder in Position. „So höre!“, fahre ich fort.

„Schweißgebadet und schreiend erwachte ich am Morgen nach der Feier in meinem neuen Kinderbett im Elternhaus. Den ganzen Tag zitterte ich am ganzen Leib, dass meine Eltern sich schon überlegten, mich zu einem Psychiater zu schicken. Stattdessen verschrieb mir mein neuer Kinderarzt Pillen, die ich fortan vor dem Schlafengehen einwerfen sollte. Ich schluckte keine Einzige davon, wenn ich auch immer schön brav so tat als ob. Ich wusste damals noch nicht viel, doch so viel schon: ich war weder verrückt noch musste ich beruhigt werden. Was ich erlebte, war einfach überwältigend, bodenlos und für meinen Kinderverstand schlicht nicht fassbar. Trotzdem war ich entschlossen, diese Albträume zu erforschen und meine sogenannten Geschwister zur Rede zu stellen.“

„Du hattest keine Angst?“

„Und wie! Doch meine Neugier war mächtiger, als meine Furcht vor dem Unbekannten. Ähnliche Träume schlichen sich nach jener ersten Nacht regelmäßig in mein Bewusstsein. Ich wurde darin zum Jäger und gleichzeitig zum Gejagten. Ich kämpfte gegen das Nichts im finsteren All; und ich wehrte mich gegen die Schwerkraft in der Fülle. Seltsam? Allerdings! Oft dehnte ich mich so gewaltig, dass ich zitternd erwachte und danach kaum glauben konnte, bloß ein winziger Menschenjunge zu sein. Endlos floh ich durch die ewige Dunkelheit, nur um in immer neuen Galaxien dem gleichen Feind gegenüberzutreten. Ich sah Sterne entstehen, und wie aus gigantischen Wolken sich Planeten verdichteten. Wo immer ich in all den Träumen auch war, da waren auch sie. Sie waren meine gesichtslosen *Brüder* und *Schwestern*. Fliehend suchte ich Schutz. Oft taumelte ich durch die Finsternis in der Hoffnung, Licht zu finden. Aber das Portal durchs Chaos zurück in meine wahre Heimat war verschlossen. Meine Brüder verhöhnten mich, dennoch boten sie mir die Mitregentschaft über die Schöpfung an."

„Josh, kennst du die Genesis?", fragt der Medienmensch.

„Meine Mutter war Fan von der antiken Band!"

Oliver lacht. „Ich spreche vom Kapitel über die Schöpfung in der Bibel!"

„Mann, bist du einer dieser christlichen Besserwisser?" Ich schüttle meinen Kopf. „Nein, danke!"

„Deine Träume klingen wie aus den Anfängen der Zeit."

Ich verziehe mein Gesicht zur Grimasse, was mit der Damenbinde im Gesicht nur bedingt möglich ist. „Nichts da!", widerspreche ich dem Coach. „Ich war damals noch ein Kind."

„Hörten die Träume auf, als du älter wurdest?"

„Nein! Jetzt texte mich nicht ständig zu!" Ich räuspere mich, gaffe in die Kamera und erzähle weiter:

„Oft wachte ich schweißgebadet aus solchen Träumen auf, knipste sofort alle Lichter in meinen drei Kinderzimmern an und spähte in die Schatten, um zu checken, ob meine Brüder noch immer darin wohnend mich wieder holen kommen. In anderen Nächten suchte ich Trost im Sternengewand meiner Schwester, fand aber in keiner ihrer Galaxien Trost. Meine andere Schwester, die aufdringliche! – hetzte mich über die Milchstraße und selbst in meines Bruders schwarzen Löchern fand ich kein Versteck vor ihr. So focht ich Kriege aus und zeugte Kinder ohne Ende mit meiner besitzergreifenden Schwester."

„Wie alt warst du, als diese sexuellen Träume anfingen?", fragt Oliver und unterbricht mich abermals.

„Sagt ich doch schon!", schnaube ich genervt. „Ich war elf!"

„Bist du nicht ein Einzelkind?", will Oliver Details.

„Yep, bin ich! Weder wusste ich, was meine Albträume bedeuten sollten, noch warum mich meine Traumgeschwister niemals in Ruhe ließen."

„Träumst du noch immer", Oliver überlegt sich ein Wort, „in galaktischen Dimensionen?"

„Logo! Doch etwas veränderte sich, als *er* auftauchte."

„Er?", grinst Oliver etwas zu zweideutig.

Ich räuspere mich, damit der Unterbrecher schweigt:

„Eines Nachts vernahm ich ein Flüstern. Es war keine menschliche Stimme, sondern eine Tonfolge, die sich ihren Weg durchs Chaos hindurch tief hinein ins Nichts und weiter durch die Fülle ausdehnte, bis sie sich in der Vielfalt verlor. Kapiert? Doch das Flüstern sammelte sich abermals, um sich schließlich in meinem Herz einzunisten. Ab dann veränderten sich die nächtlichen Horror- und Abenteuertrips. Wohl nervte mich weiter meine aufdringliche Schwester, und meine Brüder kämpften gegen mich, doch fortan versteckte ich mich nicht mehr, sondern ich begann mit der Suche. Mich plagten Zweifel, wenn auch die Hoffnung hinter jeder Ecke lauerte und mich köderte, nur um mich abermals zum Narren zu halten. Ich hatte keine Ahnung, was ich verloren hatte, noch wonach ich so verzweifelt überall zwischen den Sternen suchte. Doch diese Suche wurde die nächsten Jahre zum Zwang."

„Du warst sehr frühreif!"

„Oliver, es war die Hölle!", stöhne ich theatralisch. „So verstrich meine Kindheit. Ich wurde ein Teenager. Bis ich fünfzehn war, erforschte ich Welten um Welten. Tausend Mal schleuderte mich immer wieder ein neuer Urknall – es gab tatsächlich mehr als nur einen! – in gerade erst geborene Galaxien. Ich wich explodierenden Sonnen aus und tauchte durch wirbelnde Spiralnebel. Angst hatte ich schon lange keine mehr. Ich war inzwischen im All zuhause. In all den unzähligen Träumen erkannte ich kein einziges Mal eines der Gesichter meiner Geschwister. Meine beiden Brüder und meine beiden Schwestern verbargen ihr Antlitz vor mir – falls sie überhaupt jemals wirklich Gestalt annahmen. Meist fühlte ich sie nur als Kräfte, pure Energien oder als Zustände. Dennoch waren sie wirklich und sehr real. Ich nannte sie: *das Nichts*; *die Schwerkraft*, die alles, selbst Galaxien in den Abgrund zerrte; *die Materie*; und *die Fülle*, die sich in der Vielfalt des Weltalls mit all den Milliarden von Sternen, Planeten und Nebel ausdrückte. Ich war der Fünfte von ihnen. Meinen eigenen Namen kannte ich nicht, doch ich bezeichnete mich selbst als der Wanderer oder der Sucher."

„Josh, hast du dich jemals mit Mythologie beschäftigt?"

„Nein!“, gebe ich zu. „Oliver, das waren nur Träume, nichts weiter. Niemals erzählte ich jemandem von meinen unheimlichen Traum-Geschwistern. Ich wollte nicht noch mehr Pillen verschrieben bekommen. Ich kannte weder ihre Namen, noch warum wir fünf um die Vorherrschaft über die Schöpfung stritten. Oh ja, es waren Kriege, und es waren Sexträume. Letztere machten mir am meisten zu schaffen. Die Alte hatte nichts anderes im Sinn, als mit mir immer neue Wesen zu zeugen. Oft, viele Nächte in Folge, zeichneten meine Laken die Spuren solcher Träume. Ich hasste meine Schwester.“

„Hat sich das mit deiner ersten Freundin nicht geändert?“, fragt Oliver und vermeidet es dabei, mich direkt anzusehen.

„Ich hatte noch nie eine Freundin“, nuschle ich. „Lach nicht!“, befehle ich.

„Du bist jetzt achtzehn. Sehnst du dich nicht nach ...“

„Willst du meine Geschichte hören oder mich löchern? Jetzt sei endlich still!“ Genervt verdrehe ich meine Augen:

„Mein Vater klopfte mir oft morgens nach einem solchen Kopulationstraum schmunzelnd auf die Schultern und ließ danach vom Personal mein Bettzeug wechseln. Mir war es zu tiefst peinlich, dass jeder von meiner jugendliche Potenz wusste und sie natürlich bei jeder Gelegenheit thematisierte. Ich unternahm alles, um solche Träume zu unterbinden. Nichts half! Kurz gesagt, meine Jugend in Washington war, bis ich sechzehn wurde, ein einziges peinliches Fiasko.“

„Was änderte sich danach?“, fokussiert mich Oliver wieder. „Tauchte doch die erste große Liebe auf?“

Verlegen lache ich. „Schon vergessen, als ich sechzehn wurde, sind wir beide uns zum ersten Mal über den Weg gelaufen.“

„Ich erinnere mich!“ Oliver nickt ertappt. „Ich besuchte mit Pascal Chapuis zusammen dein Endspiel an der Highschool.“

Ich lache, dann schüttle ich meinen Kopf mit den komischen Stacheln, die mir noch immer als Äste verdreht abstehen. „Genau! Doch das kam erst später. Erst passierte etwas, was wirklich schockierend war.“

Weil der Mediencoach sofort gebannt lauscht, grinse ich:

„Kurz nach meinem sechzehnten Geburtstag tauchte erstmals ein Gesicht in diesem nächtlichen Mega-Wahnsinn auf. Es war das Gesicht eines Jünglings, der mich durch einen glitzernden Sternenneben einer geraden geborenen Galaxie hindurch anlächelte. In all den Jahren gesichtslosem Kampf, unpersönlichem Sex und nicht enden wollender Spaziergänge über die Milchstraße, erkannte ich in ihm Hoffnung. Sein Gesicht war jugendlich und seine blonden Haare glichen Sonnenstrahlen.

Wer bist du?, fragte ich, den lärmenden Wahnsinn der Schöpfung übertönend, den Fremden. Echt! Im All ist es nicht still! Ich wollte in seiner lichten Erscheinung Antworten finden. War auch er ein Bruder von mir? Oder gehörte er zu den Wesen, die ich durch meine Verbindung mit der alles-an-sich-bindenden-Schwester gezeugt hatte?

Ich bin der Anfang aller Dinge!, flüsterte seine Stimme.

Warum habe ich dich bisher nie gesehen?, wunderte ich mich, denn in all den Äonen, die ich in verschiedenen Quadranten des Universums zugebracht hatte; in all den Welten und Galaxien, die ich durchquert hatte, bin ich ihm niemals begegnet.

Du hast nie mit deinem Herzen nachgeschaut. Ich bin der Himmlische, der Allmächtige. Ich bin in deinen Tränen. Ich lebe in deinen Freuden und deinen Ängsten. Liebe mich, denn alles liebt. Sowohl die Dämonen des Abgrunds, wie auch die Götter des Äthers; alles liebt, weil ich liebe. Seine Stimme klang wie die Musik, der ich schon einmal gefolgt war.

Wer bist du?, wiederholte ich meine Frage.

Die alten Griechen nannten mich Eros, die Römer Amor und heute kennen mich alle als die Liebe!, antwortete mir der Jüngling. Sein Gesicht löste sich in Lichtwellen auf, die sich auf den Weg machten, gerade neu geschöpfte Welten mit seiner Gegenwart zu durchströmen.

Bist du echt die Liebe?, fragte ich ihn."

Danach fokussiere ich den Medienmenschen. „Oliver, wer fragt sich ernsthaft, *wer* die Liebe sein könnte? Seither wusste ich aber, wonach ich suchte."

„Nach einem blonden Jüngling?"

„Nach Eros!", schnaube ich genervt.

„Josh, lass uns für heute Schluss machen! Treffen wir uns morgen um die gleiche Zeit?"

„Bleibt mir etwas anderes übrig?"

Pflicht und Anstand

Oliver erwartet mich am nächsten Morgen bereits vor dem Eingang ins Medienzentrum. Wie schon gestern trägt er einen Anzug, doch heute ein farbiges Hemd und keine Krawatte dazu. Leider konnte ich unseren Butler nicht überreden, mich in Jeans und einem Tank Top losziehen zu lassen. So muss ich mir im Styling Raum erst wieder die grässlich brave Frisur ruinieren, meine Turnschuhe loswerden und mir mein Hemd aufknöpfen.

Oliver installiert die Kamera und richtet Scheinwerfer aus.

Ohne Umschweife setze ich meine Erzählung fort:

„*Jonathan Josh Julius!* Weil mich mein Vater mit meinem vollen Namen ansprach – was er nur tat, wenn er meine ganze Aufmerksamkeit forderte oder mich hypnotisieren wollte – zuckte ich ertappt zusammen. Doch es folgte nur die bestimmt schon zehnte Ermahnung, seit wir das Weiße Haus betreten hatten: *Richte deine Krawatte und schlurfe nicht wie ein Cowboy durch die Flure. Schulter zurück und lächeln! Junge, wir treffen gleich den Präsidenten der Vereinigten Staaten von Amerika und nicht einer deiner Football-Kumpels!*

Ja, ja!, murrte ich vor mich hin, straffte aber widerwillig meine Haltung. Wie meist bei einem von Vaters Auftritten trug ich entweder einen Maßanzug oder einen Smoking, meist in einem dunklen Blau, Grau oder Schwarz. Einzig meine Krawatten oder Fliegen durften manchmal farbig sein. Ich hatte es durchgesetzt, an jenem Tag eine rosarote Krawatte zu tragen, was mein Vater geschmacklos fand, und meine Mutter mit einem Lächeln zollte. Mein Vater wollte, dass ich mir eine blaue oder graue Krawatte umbinde, wie sich das für einen Mann gehöre, doch Mutter ließ mich gewähren. Ich sei jetzt sechzehn Jahre alt, da dürfe man gegen Konventionen rebellieren. Zudem stünde mir rosarot sehr gut zu Gesicht. Damit war das Thema abgehackt.

Das war nicht meine erste Begegnung mit dem Präsidenten, und bei Vaters Position bestimmt auch nicht die Letzte. Der Präsident erinnerte sich beim letzten Treffen sogar an meinen Spitznamen – doch vielleicht hatte ihn ihm auch einer seiner Berater zugeflüstert.

Plötzlich schob sich der Arm meiner Mutter in meine Armbeuge. Das tat sie immer, bevor der Vorhang sich öffnete und wir die Bühne betraten oder vor den Präsidenten gerufen wurden. Vater legte sehr großen Wert darauf, dass wir als *glückliche* Familie in der Öffentlichkeit auftraten. Wir sollten seine *Real Facts* mit all ihren engstirnigen und konservativen Ansichten nicht nur vertreten, sondern vorleben.

Jonny, Schatz, ermahnte mich meine Mutter, *sprich den Präsidenten nur an, wenn er das Wort an dich richtet.*

Ja, ja! Ich weiß!“

Oliver lacht, weil ich meine Mutter gut imitieren kann.

„*Schiebe nicht wieder deine Hände in deine Hosentaschen, wie beim letzten*

Mal! Halte dich zurück über Football zu reden! John, niemand interessiert sich dafür!, mahnte mich mein Vater.

Aber der Präsident sprach mich das letzte Mal auf mein letztes Spiel an. Ich hatte nur …"

An den Mediencoach gewandt: „Oliver, du musst wissen, ich widersprach meinem Vater nur selten – niemals in der Öffentlichkeit. Doch wenn es um Football ging, kitzelte schon immer mein innerer Rebell an meinem Urteilsvermögen."

„Dafür machst du all deine Skandale verantwortlich?"

„He! Ich war immer das unschuldige Opfer!", verteidige ich mich. „Zurück zu meiner Begegnung mit dem Präsidenten:

John, halt dich zurück!, befahl mir Vater. In seinem anthrazitfarbigen Maßanzug sah er einmal mehr wie der perfekte moralisch korrekte Senator aus. Ja, inzwischen war er nicht mehr Gouverneur, sondern Senator geworden. Mein Vater sah wirklich gut aus – was ihm bestimmt zu den vielen weiblichen Stimmen verhalf! Das Einzige, das nicht ganz ins Bild passte, war sein perfekt getrimmter Dreitagebart. Der verlieh ihm etwas Draufgängerisches, Mutiges oder gar Jugendliches. Seine dunkelbraunen Haare waren kurz geschnitten und seitlich gescheitelt, was ihn trotz des Dreitagebartes konservativ aussehen ließ. Mein Vater war groß wie auch meine Mutter. Ich selbst war mit sechzehn noch nicht ausgewachsen. Durchs langjährige Footballtraining – sowohl in der Schweiz als auch hier in den Staaten – hatte ich ganz ansehnliche Muskeln aufgebaut."

Um das Oliver zu demonstrieren, schiebe ich meine Hemdsärmel zurück und präsentiere der Kamera meine Oberarmmuskeln. „Genau wie mein Vater, habe auch ich dieses Raubtierlächeln, was durch unsere etwas verlängerten Reißzähne, die beim Lachen deutlich erkennbar werden, geerbt. Ich habe mir ein extra schiefes Grinsen antrainiert, bei dem ich meinen rechten Mundwinkel hochziehe, damit der rechte Reißzahn über meine Unterlippe ragt. Die Mädels fliegen total drauf. So sehe ich gefährlich und süß aus."

„Süß?", fragt Oliver.

„Auf süß bin ich nicht stolz. Doch warum es leugnen, wenn es stimmt?"

Weil Oliver plötzlich rot wird, tue ich so, als ob mein Nasenverband verrutscht sei, und beschäftige mich damit. Als mein Coach mich wieder fokussiert, erkläre ich weiter: „Als ich fünfzehn war, wurde mein Vater zum Senator von Virginia gewählt. Jetzt gehörte er zu den hundert Senatoren der Vereinigten Staaten von Amerika und zur Top-Elite. Parallel zu seiner Karriere, stieg aber auch meine eigene Popularität in der Schule. Als Sohn eines Senators wurde ich oft bevorzugt behandelt, musste mich aber auch besser benehmen, da immer alle Blicke auf mich gerichtet waren."

„Genau deshalb bist du hier!", erinnert mich Oliver an die Strafe und mein Medientraining.

„Daran brauchst du mich nicht zu erinnern!", verdrehe ich meine Augen. „Wir leben im Kolonialstil Haus meiner Großeltern, die wegen der Wärme ihr neues Domizil nach Südflorida verlegt haben. Sorry, das habe ich ja schon erzählt!"

„Kein Problem!", winkt Oliver ab.

„Dann weiter: Meine Mutter streichelte mir mit ihrer rechten Hand ein letztes Mal durch meine dunkelblonden Haare, um eine wilde Strähne zurück in die Frisur zu bringen. Wir waren noch immer im Weißen Haus und erwarten gleich den Präsidenten zu treffen.

Jonny, wir kommen als Nächste dran! Mein Vater sah sich nach mir um. Als ob ich das nicht selbst erkannt hätte? Die Warteschlange vor uns war verschwunden. Ein weiterer Senator schüttelte gerade dem Präsidenten die Hand, danach sollten wir vorrücken. Ich schielte zu meiner Mutter, die noch immer bei mir untergehakt war. Bestimmt erhielt mein Vater viele Stimmen durch meine Mutter. Sie war immer schon eine wirklich schöne Frau mit sehr langem blonden Haar, das sie für offizielle Anlässe meist zu aufwendigen Frisuren hochgestreckt trug – aber nicht für jene Begegnung mit dem Präsidenten. Es wallte ihr übers kirschblütenfarbige Kleid mit dem rosa Schleier. Sicher war die Farbwahl ihrer Garderobe der Grund, warum ich meine rosarote Krawatte anbehalten durfte. Mutter schmückte sich mit Diamantohrringen und einem Brillanten Collier. Sowohl meine Mutter wie auch mein Vater sahen für Mitte vierzig noch immer sehr jung aus.

Wenn ich auch nicht mehr so hellblond war, wie als Kind, so hatte ich dennoch eindeutig die Haarfarbe meiner Mutter geerbt. Seit ich in den Staaten lebte, trug ich meine Haare hinten und seitlich kurz geschnitten, oben aber lang und zur rechten Seite frisiert. Vorne stellte ich sie mir immer mit Gel frech auf. Viele meinten, ich sehe ganz gut aus – doch bei all den Schmeichlern, die uns überall umgaben, glaubte ich das nie."

„Du siehst wirklich gut aus", bestätigt Oliver.

„Alter Schmeichler!" Dennoch fahre ich mir mit meinen Händen durch meine Haare und schwelle meine Brust:

„Ein letzter Kontrollblick meines Vaters ermahnte mich Haltung zu bewahren und später meine Klappe zu halten, was ich beides zu beherzigen versuchte. Schon schüttelte der Präsident die Hand meines Vaters und laberte irgendwelche Höflichkeiten ohne Inhalt. Für meine Mutter hatte er Komplimente für ihr Outfit und mich sprach er abermals mit meinem Spitznamen an: *Captain J.J., morgen geht es für deine Highschool um den Aufstieg. Holt sich dein Team den Sieg?*

Bevor ich begeistert über des Präsidenten Interesse von meinem Team und dem Spiel erzählen konnte, räusperte sich mein Vater, und ich antwortete in wenigen Worten: *Wir sind echt gut geworden! Falls wir morgen gewinnen sollten, steigen wir auf!*

Der Präsident lächelte, schüttelte mir die Hand, und wie schon bei allen vor uns, wurde auch dieser Handschlag fotografisch dokumentiert. Das war es! Das war der ganze Empfang."

„Das Foto erschien am nächsten Tag in der Zeitung", erinnert sich Oliver.

„Ja, ja!", winke ich ab. „Wäre es nur das gewesen!", grinse ich plötzlich schäbig und fahre fort:

„Während des anschließenden Mittagessens saß ich schön brav am runden Tisch zusammen mit meinen Eltern, zwei Botschaftern, die mit ihren Frauen und jeweils einer Tochter anwesend waren und mit einem kauzigen Gouverneur. Natürlich wurde die Tischordnung so arrangiert, dass ich zwischen die beiden Töchter, genau gegenüber meinem Vater, platziert wurde. Diese Art der Verkupplungsversuche musste ich, seit ich vierzehn geworden war, bei absolut jedem öffentlichen Auftritt erdulden. Meine Mutter machte mich immer und überall mit jedem Mädchen bekannt, von dem sie dachte, es wäre eine gute Partie für mich. Als ob das nicht schon nervig genug wäre, lud sie ständig Politiker und Prominente zu uns nach Hause ein – natürlich nur solche mit Töchtern in meinem Alter!

John, du bist der Captain des Football Teams deiner Highschool?, fragte schon bei der Vorspeise die Schwarzhaarige zu meiner Linken."

Mein nachgeäfftes Süßholz-Raspeln-Getuschel amüsiert Oliver wieder und er lacht schallend auf.

„Ich soll doch meine Story würzen", verteidige ich mich.

„Du machst das wirklich gut", lobt mich Oliver.

Von seinen Schmeicheleien angestachelt, piepst schon meine Stimme, als ich die andere Göre am Tisch nachahme:

„Ich bin Cheerleaderin!, lenkte sofort das Cowgirl, eine Brünette aus Texas, ein und bequatschte mich ohne Punkt und Komma über die Vorzüge, eine Cheerleaderin zu sein. Echt, was interessiert mich denn so was?

Die Schwarzhaarige knurrte und versuchte mit allen Mitteln die Aufmerksamkeit zurück auf sich zu lenken. Auch wenn ich ständig über Football schwatzte, so machte es mir mit den Mädchen irgendwie keinen Spaß. Die redeten mir nur nach dem Mund oder sagten das, was sie glaubten, ich wolle es hören. Weiber! Trotzdem blähte ich stolz meine Brust, wenn selbst die Schwarzhaarige darüber Bescheid wusste, dass mein Team morgen Nachmittag nur ein Sieg zurücklag, um der neue Champion zu werden. Wahrscheinlich hatte ihr meine Mutter diese Information zugesteckt, um mich zu ködern. Trotzdem berichtete ich, wie ich als *Captain J.J.* seit einem Jahr das Team mittrainierte. Ich langweilte die beiden Mädchen damit bestimmt zu Tode. Beide hingen aber trotzdem an meinen Lippen oder schmolzen dahin, wenn ich mein Raubtiergrinsen aufsetzte. Für mich war das alles nur eine eintrainierte Farce, um meine Eltern zu befriedigen. Kicherten die Girls, ließen mich Mutter und Vater in Ruhe. Murrten die Girls, konnte ich sicher sein, dass Mutter mir zum Dessert schon eine nächste Braut zuschob. Ich mochte Mädchen, wenn ich auch noch nie etwas mit einer hatte."

„Josh, du bist achtzehn. Du hattest noch nie etwas mit einem Mädchen?", hakt Oliver sofort nach.

„Warum fragst du das schon wieder?", brumme ich. „Mann, jetzt lass mich endlich in Ruhe die Story beenden. Ich verliere ständig den Faden!" Ich winke ab und erzähle weiter:

„Als Captain J.J., wie mich in der Highschool alle nannten, gehörte es einfach dazu, dass mich Cheerleaderinnen belagerten. Ich spielte ganz überzeugend den Hahn im Korb. Wie meine Eltern ihre Rollen als Politiker innehatten und perfekt beherrschten, so tat ich das als Sohn des berüchtigten Senators Julius oder als stolzer Sohn von Frau Professor Julius, die an der Uni Politwissenschaften lehrte. Ich mimte das brave Söhnchen reicher und berühmter Eltern und rebellierte immer nur gerade so viel, dass ich als Teenager glaubwürdig blieb. Dieses Affentheater, zusammen mit meinen teuren Anzügen und dem konservativen Geplapper, gehörte einfach mit zum Familienimage der Julius' und dem Slogan meines Vaters: *Real Facts!* Einzig im Football war ich frei. Einzig dort konnte ich sein, wer ich sein wollte: ein Raufbold, ein Raubtier und jemand, der auf all diesen ganzen Presse- und Promi-Rummel verzichten konnte.

Darf ich dich zum Spiel begleiten?, fragte Jane, die brünette Cheerleaderin aus Texas.

Ich habe keine Zeit für Begleiterinnen! Ich hob sofort abwehrend meine Hände, bis mich mein Vater böse ansah, und meiner Mutters Stirn sich wie die Alpentäler furchte. Beobachtet, belauscht und überwacht, nickte ich schließlich resigniert und versprach den Mädels: *Ok, doch es ist ein sehr wich-*

tiges Spiel.

Du bist ihr Captain, flötete mir die Schwarzhaarige ins Ohr. *Du bist der wichtigste Mann! Ich werde dir von der Tribüne aus zujubeln.* Spontan rückte sie näher und drückte mir einen Schmatzer auf die Wange. Überrumpelt und wütend darüber einmal mehr in die Ecke gedrängt worden zu sein, knirschte ich mit meinen Zähnen, doch nur solange, bis mich Vater abermals mit Blicken peitschte und ich schön brav wieder lächelte.

Als Oliver wieder laut loslacht, tue ich es auch. „Mann, als Sohn zweier Lügner, lernt man, wie es geht!"

„Deine Eltern sind für dich Lügner?", hakt Oliver nach.

„Wenn sie über *Real Fact* referieren, dann ja. Zuhause nur selten. Meine Mutter ist wirklich voll in Ordnung, und mein Vater ist eben mein Vater."

„Lass uns für heute Schluss machen. Ich habe gleich einen Termin. Stört es dich, wenn du heute Nachmittag freihast? Erzähl es nur nicht deinen Eltern!"

„Die sind eh auf Kreuzfahrt in der Karibik!"

Oliver schaltet die Kamera ab und löscht die Spots.

Captain J.J.

Ich habe mir die ganze Nacht überlegt, wie viel ich Oliver wirklich erzählen soll. Er scheint ein sehr netter Kerl zu sein. Irgendwie vertraue ich ihm. Es tut gut, ihm meine Geschichte zu erzählen, zumal er für die künftigen Ereignisse ja voll mitverantwortlich ist. Wissen meine Eltern, dass Oliver es war, der mich dazu angestachelt hat, zu tun, was meine Weichen für immer neu stellte? Bestimmt nicht! Hätten sie eine Ahnung davon, wäre er der Allerletzte, den mein Vater als mein Mediencoach zugelassen hätte.

Im Studio ist schon alles installiert. Weil der Butler sehr früh das Haus verlassen hatte, und ich unkontrolliert blieb, trage ich heute nur ne abgeschnittene Jeans und ein Tank Top in der Hitze des Hochsommers. Oliver checkt meinen trainierten Torso, den das seitlich geschlitzte Tank Top kaum verbirgt. Er setzt sich etwas verdreht ans Pult, um mir bei meiner heutigen Schilderung zu lauschen.

Ohne Umschweife steige ich direkt ein:

„Endlich Football! Endlich keiner, der mir sagte, was ich zu tun oder zu lassen hatte – außer meinen Trainern und dem Coach. Auf dem Spielfeld war es jedem egal, wie ich dreinschaute. Auf dem Rasen scherte es niemand, ob meine Frisur saß oder mein Outfit sauber war, hier zählte nur mein Einsatz. Hier war ich das Raubtier, das ich sein wollte: der Löwe, der rumbrüllte, die Wildsau, die vorpreschte oder der Bulle, der sie alle umhaute. Auf dem Spielfeld konnte ich meine Zähne fletschen, konnte sabbern und fluchen. So trugen wir Jungs beim Warmlaufen kaum mehr als Shorts oder Jockstraps. So früh morgens hatten wir nie Zuschauer auf der Tribüne. Erst als wir danach Spielzüge übten und ins harte Training übergingen, schnürten wir uns die Shoulder Pads, stülpten die Ellbogen- und Knieschoner über und schoben uns den Tiefschutz in die Jockstraps. Wir alle waren echte Kerle! Zudem störte es bisher keinen von uns, wenn die Mädchen kreischten, wenn wir unsere nackten Ärsche beim Training oder bei der Ehrenrunde nach einem Sieg zeigten. Auf Trikotoberteil verzichtete fast jeder, den es war ein ganz besonders heißer Tag. Den Helm zu tragen, war schon Tortur genug. Meinen Kumpels machte die Hitze nicht so zu schaffen wie mir. Sie alle waren seit frühester Kindheit daran gewöhnt. Nicht so ich! In Bern in den Alpen konnte es im Sommer schon heiß werden, doch niemals so tropisch feucht wie in Washington."

„Erklärt das deinen heutigen Aufzug?" Oliver checkt mich ab. „Es betreten selten Leute barfuß und in derart luftigen Klamotten unser Medienzentrum."

„Muss ich künftig wieder einen Anzug tragen?", frage ich.

„Nicht während des Interviews. Danach schon!"

„Oliver, du musst wissen: Dass ich so schnell zum Captain ernannt wurde, hatte ich bestimmt Vaters Einfluss zu verdanken. Dass ich Captain blieb, nur meinem eigenen Einsatz. Ich stürzte mich immer mitten ins härteste Getümmel und gab niemals auf! Mein Raubtiergrinsen war immer echt: In mir lauern wirklich eine Kampfsau und eine Bestie, die alles und jeden besiegen können."

Weil Oliver mir stumm nickend beipflichtet, fahre ich fort:

„Nach einer Dusche in der Garderobe war der große Moment endlich da. Meine Jungs verwandelten sich durch das einheitliche Trikot, die engen weißen Footballhosen, die vorne ohne den Tiefschutz echt durchsichtig waren und unsere roten Helme zum eingeschworenen Team. Eine letzte Ansprache von mir, und wir stürmten mit Gebrüll aufs Spielfeld.

Captain J.J.!, jubelten die Cheerleader und vollführten ihre akrobatischen Kapriolen. In der Schweiz aufgewachsen, musste ich mich lange an diese Art der Heldenverehrung gewöhnen. Mich erinnert es noch heute oft an ein Relikt aus einer Zeit der eindeutigen Rollenverteilung. Die Männer kämpften gegen die Mammuts und Säbelzahntiger, während die Frauen hübsch aussehend die Lagerfeuer schürten und mit ihren Kochlöffeln die Beute mit Saucen beträufelten.

Captain J.J., boxte mir Georg in die Rippen, was ich wegen meinen extrembreiten Shoulder Pads aber nicht spürte, *Diana und Loraine tanzen heute nur für dich!*

Ah! Cool! Ich schob meine rechte Oberlippe hoch und vollzog mit meiner Hüfte vulgäres Balzverhalten, was Georg zum Lachen und die Cheerleader zum Kreischen brachte. Um ehrlich zu sein, mir war egal, wie mich die anderen sahen, solange sie in mir den Hengst und die Wildsau erkannten.

Kaum hatte das Spiel begonnen, hatte ich all meine Rollen abgelegt, genauso wie meine Ängste, meine Albträume und all die Zwänge des Elternhauses. Wie immer, wenn ich Football spielte, kollabierte die Welt um mich herum. Ich preschte vor; immer und immer wieder, bis sich der Sieg klar abzeichnete. Die Zeit verflog. Nichts war mehr wichtig, bis auf den Ball. Ich war nur noch ein Spieler, ein Kämpfer und bald ein Sieger.

SIEG!, brüllten meine Kumpels und die Cheerleader umkreisten uns mit ihrem seltsamen Rumturnen und ihren ewiggleichen Schlachtrufen. Mein Team hievte mich auf ihre Schultern und trug mich unter den Anfeuerungen unserer Fans ins Zentrum des Spielfeldes, wo sich unsere Gegner in einer Reihe entlang der Mittellinie aufgestellt hatten, um uns händeschüttelnd zum Sieg zu gratulieren. Die meisten knurrten und fluchten. Hätten wir nicht so viel Zuschauer gehabt, wären wir bestimmt prügelnd übereinander hergefallen. Unser Team hatte den langjährigen Champion endlich an den Hörnern gepackt, *die Bullen* vom Thron gestoßen und in den Staub geworfen. Rituale hin oder her, ich klatschte jede einzelne Hand der gedemütigten Verlierer ab und setzte mein Raubtiergrinsen auf.

Als der ganze Rummel sich nur langsam legte, war es Zeit für die Fotos. Unser Team bezog Stellung im Zentrum und wurde von Fotografen umschwärmt. Ich trug die Trophäe – den goldenen Football. Da entdeckte ich die beiden Girls vom Vorabend, wie sie tatsächlich in High Heels aufs Spielfeld auf mich zu tänzelten. Ich hatte die beiden total vergessen. Irgendwann erreichten sie mich und küssten mein schweißnasses Gesicht und versuchten dabei, nicht angewidert ihre Nasen zu rümpfen.

Ehrenrunde!, zog mich Georg von den beiden fort.

EHRENRUNDE!, brüllte ich so laut ich konnte und lief zu unseren Bänken am Spielrand voraus. Die Girls blieben, wo sie waren. Ich hatte sie längst wieder ignoriert. Ich schälte mich aus der engen Footballhose und meinem Trikot. Helfer reichten mir Badetücher und Wasserflaschen. Ich kippte mir zwei der Flaschen über den Kopf und fühlte mich in der Tropenhitze endlich wieder abgekühlt genug für das Team-Ritual. Nur noch in Jockstraps, die durch unsere Tiefschutze arg ausgebeult waren, mit den Shoulder Pads und in unseren Sportschuhen, wie auch den Helmen wieder aufgesetzt, liefen wir wie echte Machos die Ehrenrunde um den Platz und grölten wie Paviane beim Balzritual – falls Affen das tun? Unsere nackten Ärsche zu zeigen gehörte zum Spaß, hatte aber keinerlei tiefere Bedeutung.

Natürlich wurden wir fotografiert. Nur weil wir uns alle für den Blödsinn hingaben, sah es jeder als den Unfug sechzehnjähriger Jungs an, in denen das Testosteron hochspritzte. Die Cheerleader tanzten dazu vor der Tribüne, und wir Jungs drehten johlend unsere Ehrenrunde. Danach hatte kaum einer Lust, sich sofort wieder anzuziehen. Es war einfach zu heiß dazu.

Captain J.J. Julius?

Ich drehte mich der männlichen Stimme zu. Ein Typ Anfang Zwanzig mit Latinogesichtszügen, einem Schmollmund und einer etwas zu dicken Nase winkte mich zu sich."

„He!", protestiert Oliver und unterbricht meinen Bericht. „Meine Nase ist genau richtig!"

„Ja, ja!" Ich winke ab. „Soll ich weiter erzählen oder referieren wir über deine Nase?"

Als Oliver sich lachend im Stuhl zurücklehnt, fokussiere ich wieder die Kamera und rede weiter:

„Der Typ trug einen Anzug und Krawatte. Sein Presseausweis verriet mir, dass er für die Medienagentur arbeitete, die meinen Vater in der Vergangenheit oft beraten hatte. Ungeniert musterte er meinen Aufzug."

„Habe ich nicht!", verteidigt sich Oliver schon wieder.

„Hast du doch! Und du tuest es auch jetzt! Aber egal. Jetzt unterbrich mich nicht ständig!" Ich erzähle weiter:

„Für mehr ist es heute zu heiß!", wischte er meine Ausrede zur Seite, noch bevor ich sie selbst aussprechen konnte. Daher nickte ich nur und setzte mein Raubtiergrinsen auf.

Ich bin Oliver Whitehurst", stellte er sich mir vor. *Ich arbeite für eine Lokalagentur. Mein Fotograf und ich haben das Spiel interessiert verfolgt. Dir ist schon bewusst, dass dein Team ohne dich niemals gewonnen hätte?*

Ähm, nun ...

Es ist so!, flirtete der Typ mit den dunklen Locken mit mir."

Weil ich Oliver etwas zu gut imitiere, wird er knallrot im Gesicht, unterbricht mich aber diesmal nicht. Warum ich, seine Stimme weiter nachmachend, fortfahre:

„*Pascal!*, brüllte Oliver plötzlich. Ein französisch aussehender schlanker Typ in Olivers Alter löste sich von meinen Kumpels, die ihm einzeln posierten. *Das ist Pascal. Unser Fotograf!*

Was geht ab? Pascal streckte mir seine linke Hand zu und hielt mit seiner rechten ein Minolta Kamera mit Teleobjektiv fest. *Captain J.J., du warst wie Ares in der Schlacht. Wo immer du im Spiel aufgetaucht bist, haben sich die Chancen gewendet.*

Ja, ja!, grinste ich Pascal an.

Darf ich? Der Fotograf zeigte mit seiner Minolta auf mich und schob sich danach seine Haare aus dem Gesicht.

Lieber nicht! Ich schüttelte meinen Kopf. *Ich zieh mir nur schnell meine Hose über.*

Nein! Oliver hielt mich an der Schulter zurück. *Du siehst so verschwitzt wie ein echter Sieger aus. Bilder von dir im Trikot haben wir genug. Stimmt doch?*, wechselte Oliver Blicke mit Pascal.

Allerdings!, pflichtete der Fotograf bei. *Von deinen Kumpels scheute sich keiner.*“

„Wir haben dich nicht verführt!“, meldet sich Oliver wieder und unterbricht abermals meine Comedy.

„Habt ihr sehr wohl!“, beharre ich. „Jetzt lass mich den Hergang so schildern, wie ich ihn erlebt habe. Verstanden?“

„Josh, es ist dein Bericht!“

Ich räuspere mich und denke mich zurück aufs Spielfeld und zur Auseinandersetzung mit Oliver und seinem Fotografen:

Hab ich gesehen!, drehte ich mich nach meinem Team um. Keiner der Jungs hatte sich wieder angezogen, und das, obwohl sie von Fans und Cheerleadern umringt waren. *Uns kennt jeder als die nackten Ärsche!*, verriet ich und zuckte mit der Schulter. *Was soll es! Wo soll ich mich hinstellen?*

Hier! Oliver reichte mir den goldigen Football. *Setze dir deinen Helm auf und stelle dich dort neben die Tribüne. Kannst du dabei das Spielfeld fokussieren und dich mit deinen Händen am Geländer der Absperrung aufstützen?* Kaum in Position begann Pascal mit dem Knipsen, während immer mehr meiner Kumpels einen Ring um uns bildeten.

Captain J.J., jetzt streck schon deinen Arsch etwas provokativer in die Kamera!, motivierte mich Georg und demonstrierte es mir, was lautes Grölen auslöste. Angestachelt von meinen Kumpels, dem Adrenalin, das nach dem Sport noch immer durch meine Adern raste und den aufmunternden Blicken von Oliver, stellte ich mich kecker hin, schob den Gesichtsschutz meines Helms hoch und drehte mich so, damit ich Oliver direkt fokussieren konnte. Als ich meinen Arsch dem Fotografen provokativ hinstreckte, prustete ich vor Lachen. *Leute, so bin ich nicht drauf!* Obwohl ich die Aufmerksamkeit genossen hatte, zog ich mich zurück.

Danke für die Fotos!, rief mir Oliver nach, und Pascal hob fett grinsend seine Augenbrauen. Offensichtlich hatten die beiden das im Kasten, was sie wollten."

„Das hatten wir wirklich!", bemerkt mein Medientrainer.

„Darf ich zu Ende erzählen?", schüttle ich genervt wegen der erneuten Unterbrechung meinen Kopf:

„*Captain J.J.*, flüsterte mir eine weibliche Stimme ins Ohr und ihre Hand fuhr über meine Backen. *Ich will mit dir ...*

Was! Sicher nicht!, schlug ich erschrocken auf ihre Hand, entschuldigte mich für meine Grobheit und stapfte Richtung Garderobe davon. Das Mädchen, die Brünette vom Empfang, ließ ich einfach stehen. Ich wollte nur noch duschen und danach mit meinen Kumpels unseren Sieg feiern."

„Ich erinnere mich gut an jenen Tag!" Grinsend nickt mir Oliver vom Pult aus zu. Pascal und ich haben die ganze Nacht die Fotos gesichtet und am Bericht für die Zeitung gearbeitet."

„Soll ich dir mal sagen, was du mit deinem Foto wirklich angerichtet hast?" Ich lehne mich auf meinem Stuhl unter den Spots vor und warte auf eine Reaktion meines Mediencoachs.

Naked Facts

„Wir haben noch Zeit! Josh, bitte erzähl mir, was danach passierte!"

„Als ich am nächsten Morgen zuhause am Frühstückstisch saß und mir unser Butler Mister Farragut ein Omelett reichte, legte er mir auch gleich die Tageszeitung so aufgeschlagen daneben, dass ich augenblicklich errötete.

NAKED FACTS zierte in Großbuchstaben der Titel ein Foto von mir. Das Foto zeigte mich in nichts als einer Jockstraps nackt am Geländer vor dem Spielfeld stehend. Mein Arsch wirkte extrem prall und war zu sehr in Pose gesetzt, als das ich es als einen Schnappschuss hätte abtun können.

Pascal war es gelungen genau in dem Moment zu knipsen, als ich mein Kreuz durchdrückte, frech zurückschaute und meinen Arsch so nach hinten streckte, als ob ich ein Pornostar sei.

Darüber stand: *Captain J.J. Julius* und danach, nochmals direkt im Bild der Slogan *Naked Facts*. Mir war sofort bewusst, dass mein Vater ausrasten würde, wenn er das Foto zu sehen bekam. Warb er doch in seinem Wahlkampf zum Senator mit *Real Facts*. Neben dem Arschbild gab es noch ein weiteres, auf dem ich abermals zu sehen war, wie mich mein Team auf ihren Schultern zum Siegespodest trug, sowie einen Artikel zum Spiel. Ich war mir jedoch sicher, mein Vater würde dafür kein Auge mehr haben, wenn er meinen Arsch in der Tageszeitung erst gesehen hätte. Die Presse hatte meine Dummheit ausgenutzt, um Senator Julius die Arschkarte zu zeigen.

Hastig verschlang ich mein Omelett, grabschte mir die Tageszeitung und flüchtete damit aus dem Haus. Mir war klar, dass ich mich meinem Vater früher oder später stellen musste. Dennoch spazierte ich via *Dupont Circle* fast bis zum Weißen Haus und wieder zurück. Mutig kehrte ich nach drei Stunden Spaziergang etwas beruhigt in unser Haus zurück. Noch nie kam mir dieses riesige Backsteinhaus so dominant vor. Die dunklen Ziegel und die robusten Fenster und Türrahmen wirkten plötzlich noch konservativer und gutbürgerlicher, als sonst. Ich hatte diese Werte verraten. Anstatt den guten Sohn zu spielen, streckte ich der Welt meinen blanken Hintern hin. Plötzlich musste ich schmunzeln, doch nur solange, bis ich einen Schatten im oberen Stockwerk in Vaters Büro bemerkte.

Kaum im Haus empfing mich meine Mutter. Ihr sonst hübsches Gesicht glich der Fratze einer Harpyie aus der griechischen Mythologie. Ihr Mund wirkte wie der Hauer eines Adlers, bereit mir die Leber bei lebendigem Leibe aus dem Körper zu reißen. *John, wie konntest du Vater das antun?*, fauchte sie.

Mutter, wir drehten nur unsere Ehrenrunde, wie nach jedem Spiel, dabei hat uns ein Fotograf …, verteidigte ich mich.

So präsentierst du dich der Öffentlichkeit? Meine Mutter langte nach der Zeitung und deutete auf das Bild. Obwohl mir das Foto recht gut gefiel – ja, ich war richtig stolz auf meine prallen Backen und mein freches Raubtiergrinsen – errötete ich jetzt bis zum Haarschopf, dass meine Mutter mich so abgebildet in der *Washington Post* sah.

Jonathan Josh Julius, folge mir! Dein Vater wartet oben in seinem Arbeitszimmer auf dich!

Ich schlüpfte nur rasch aus meinen Turnschuhen und schlurfte barfuß hinter Mutter den langen Flur nach, über die gewundene Treppe im Zentrum des Erdgeschosses hinauf, um oben ins private Reich der Julius-Familie zu gelangen. Gerne hätte ich mich in meine Zimmer verdrücken, doch Mutter steuerte die Gegenrichtung an: die Büros meiner Eltern. Vaters Gesichtsausdruck glich grauem Marmor. Verängstigt nahm ich Haltung an und bemerkte erst, als ich es tat, dass ich unbeabsichtigt eine ähnliche Pose wie auf dem Zeitungsbild eingenommen hatte. Augenblicklich entspannte ich mich wieder, doch nur, bis mein Vater mich mit einem Blick musterte, denn ich noch nie an ihm gesehen hatte: Verachtung!

Vater, das war nicht beabsichtigt!, haspelte ich eine Entschuldigung. *Unser Team läuft immer in Jockstraps eine Ehrenrunde nach einem Sieg. Das bedeutet nichts.*

Nichts?, donnerte Vaters Stimme. *Heute mag dein Bild die Lachnummer in der Tageszeitung sein!*

Schockiert darüber erbleichte ich.

Doch schon morgen wird es hundertfach kopiert von meinen politischen Gegnern als direkter Angriff auf meine Kampagne benutzt werden. John, ist dir denn nicht klar, was du alles zunichte machst?

Aber, Vater, ich wollte doch niemals ...

Schweig!

Ich zuckte ab der Aggression zusammen.

Mister Jonathan Josh Julius, haben ich oder deine Mutter dich solches gelehrt? Wütend streckte mir mein Vater das Bild entgegen und tippte auf meinen nackten Arsch. *Du präsentierst dich wie eine billige Hure. War ich gestern noch stolz auf meinen Sohn, der dem Präsidenten der Vereinigten Staaten die Hand schüttelte; auf den Captain, der seine Mannschaft zum Sieg verhalf; bin ich heute nur noch schwer von dir enttäuscht.*

Vater, murmelte ich und mein Hals kratzte, *mein Team ist der neue Champion und ...*

Abmarsch in deine Zimmer! Deine Sommerferien mit uns auf den Bahamas sind gestrichen!

Was? Aber ..., wiedersprach ich.

Raus hier, bevor ich vergesse, wer ich bin, oder wer du sein könntest!

Blitzschnell drehte ich mich um und flüchtete in meine Zimmer, um mich auf mein Bett zu legen. Vaters Predigt war heute kurz, aber nur, weil er sich kaum beherrschen konnte. Weder musste ich die Familienregeln aufsagen, noch den Wahlspruch der Familie Julius herunterleiern, um mich an die überlieferten Familienwerte unserer ach-so-ruhmreichen Vergangenheit zu erinnern. Bestimmt würde das noch folgen. Eine Kopie des Fotos aus der

Tageszeitung hatte ich mir auf dem Spaziergang schon ausgeschnitten und in einen billigen Wechselrahmen getan. Vater kochte vor Wut, doch kaum sah ich mir das Bild von mir nochmals an, ging mir das voll am Arsch vorbei. Kam ich von hinten echt so geil rüber?"

„Ja, das tust du!", unterbricht mich Oliver.

„Echt?"

Als der Mediencoach schweigt, erzähle ich weiter:

„Nach längerer Betrachtung versteckte ich den Wechselrahmen mit meinem Bild unter der Kommode, zog mich bis auf meine Jockstraps aus und stellte mich vor den Spiegel. Mir war bisher nie bewusst gewesen, wie muskulös mein Rücken, meine Oberarme und Waden geworden waren. Doch das Beste war wirklich mein Knackarsch. Zufrieden und stolz auf meinen trainierten Quarterback-Körper ließ ich mich rücklings aufs Bett fallen. Auf die Bahamareise mit meinen Eltern hatte ich eh keinen Bock. Mutters Verkupplungsversuche vom Vorjahr waren mir noch gut in Erinnerung. Mich kotzte das alles an. Je länger, je mehr. Meine Eltern versuchten, mich bei jeder Gelegenheit mit irgendwelchen Tussis zu verkuppeln. Als ob wir noch immer im Mittelalter lebten, als politische Allianzen durch Heirat gesichert werden mussten.

Das Einzige, was mir in meinem vollkommen vorprogrammierten Leben wirklich Spaß machte, war meine Rolle als Captain der Footballmannschaft. Dieser Titel gehörte mir! Den hatte ich mir mit hartem Training und viel Schweiß erarbeitet. Ich war nicht nur Captain J.J., ich war auch ein verdammt guter Trainer geworden. Meine Kumpels standen voll und ganz hinter mir. Das reiche Senatorensöhnchen, wie sie mich noch vor einem Jahr hinter meinem Rücken genannt hatten, gab es nicht mehr. Auf dem Spielfeld war ich zu einem von ihnen geworden. Bestimmt würde das Arschbild dies noch bestätigen.

Mein Vater versuchte, mich seit meiner Geburt zu einem Abbild seiner selbst zu formen. Seit dem Arschbild in der Zeitung hatte seine Gussform Risse bekommen. Entweder würde er mich auf die Militärschule schicken oder mich endlich in Ruhe zu dem entwickeln lassen, was in mir steckte."

„Was steckt in dir?", fragt mich Oliver.

„Bin ich nicht hier, und gebe ich dir nicht diese Interviews, um genau das herauszufinden?", kontere ich.

„Machen wir für heute Schluss!"

Auch am nächsten Tag verzichte ich auf einen Anzug und spaziere abermals barfuß und in leichtem Leinenhemd und -hose bei Oliver im Studio ein. Ich habe ihn gestern provoziert: ich äffte seine Stimme und sein Gebaren nach, doch es hat ihm nichts ausgemacht. Er hatte mich vor zwei Jahren *wirklich* zum Arschbild verführt. Ich hoffe, ihm wurde durch meinen Bericht bewusst, dass dies sowohl Gutes, wie auch Unschönes auslöste.

„Josh, erzählst du mir von den Konsequenzen?"

„Damit kam so einiges ins Rollen. Du!", zeige ich auf den jungen Mediencoach im Anzug, der sich wieder an den Tisch gesetzt hat, „hast etwas in Gang gebracht." Ich mache es mir unter den Spots auf dem Interviewstuhl wieder bequem. „Die nächste Episode spielt sich einen Monat nach der Veröffentlichung des Arschbildes ab. Also höre:

Bald würde die Sonne aufgehen. Ich sah in die anrückende Dämmerung in der Ferne. Ich hockte im Smoking auf dem obersten Rang der Zuschauertribüne und überblickte das Footballspielfeld der Highschool. Ich saß noch niemals zuvor dort. Wie es wohl sein musste, mir und meiner Mannschaft bei einem Match zuzusehen?

Ich spielte mit der Krone, die neben mir auf der Bank auf meinen ausgezogenen Schuhen und meinen Socken lag. Vor wenigen Stunden war ich zum Abschlussballkönig gewählt worden. Felicitas, die zur Queen gekrönt wurde, hatte gehofft, ich würde sie endlich nach einem Date fragen – oder sie zumal küssen, um endlich all ihre Mädchenfantasien zu erfüllen. Mir war es ein Rätsel, was Mädchen am Rumknutschen, Händchenhalten und Tanzen so toll fanden. Mich hatte der Ball angeödet. Ich hätte lieber mit meinen Jungs auf dem Spielfeld Football gespielt. Ich konnte nicht tanzen. Den Smoking ertrug ich nur, weil ich sozusagen in einem aufgewachsen war. Dass ich zum Abschlussballkönig der Highschool gewählt wurde, geschah vor allem wegen des Arschbildes, das in der Schule sehr rasch die Runde gemacht hatte. Um nicht als Pausenclown abgestempelt zu werden, verteilte ich selbst von den Hochglanz-Fan-Karten, die ich mir übers Internet bestellt hatte."

„Ich erinnere mich an die Karten", bestätigt Oliver.

Ohne auf die Unterbrechung einzugehen, fahre ich fort:

„Ich rief die Nummer im Internetinserat an und bekam dich ans Telefon. Du hattest mich überredet, mir doch gleich persönliche Visitenkarten davon anfertigen zulassen. So kam es dann auch! Als Resultat meines neuen Selbstvertrauens und diesem Akt der persönlichen Rebellion gegen Vaters Regeln wurde ich wegen meinen Arschkarten noch populärer, als ich es als Sieger-Captain J.J. eh schon war. Mit überragender Mehrheit war ich zum Abschlussballkönig mit all den Verpflichtungen und dem ganzen Pärchen-Heile-Welt-Gehabe darum herum gewählt worden. Wollte ich dem Gefängnis fixer Vorstellungen entkommen, brachte mich mein Ausbruchversuch noch tiefer rein.

So saß ich also auf der Tribüne und drehte die vergoldete Krone durch meine Finger. Warum nur alle einen derartigen Wirbel um diesen Schwachsinn machen, verstand ich nie.

Ich lebte damals schon seit etwas mehr als fünf Jahren in Amerika. Hier in den Vereinigten Staaten gab es weder Könige noch Prinzen oder Prinzessinnen. Entschieden packte ich zu und schleuderte den Tand über die Tribünenplätze bis aufs Spielfeld hinaus. Diese Krone hatte mir die Schülerschaft nur aufgesetzt, weil mein Arschbild ein Arschtritt in die Erwachsenenwelt mit ihren steifen Regeln und Vorschriften darstellte. Nur dachte kaum ein Teenager daran, dass dieses Abschlussball-Getue ein Initiationsritual in eben diese Welt darstellte.

Wenige hatten mich vielleicht auch wegen des anderen Fotos, das am Vortag in der *Washington Post* erschienen war, gewählt. Das andere Foto zeigte mich im Anzug, wie ich dem Präsidenten die Hand schüttelte. Jene Seite der Tageszeitung hing bereits gerahmt in der Trophäenvitrinen der Highschool – das coole Arschbild leider nicht!"

An Oliver gewandt: „Eine der Aufnahmen, die mich als Abschlussballkönig mit meiner Krone auf dem Kopf auszeichnete, zierte schon am Tag darauf jenen Altar. Die Schule war stolz auf ihren berühmten Schüler – wenn auch nicht auf all seine Heldentaten.

Wenn ich damals eines schon sicher wusste, dann, dass ich definitiv weder Jura noch Politwissenschaften studieren wollte, obwohl mich mein Vater bereits an zwei Universitäten dafür angemeldet hatte; natürlich an der, an der er selbst seinen Doktor in Rechtswissenschaften erlangt hatte; und an der anderen Uni, an der meine Mutter in Politikwissenschaften promovierte hatte. Noch ergänzend: meine Eltern waren meist ganz ok, nur ihre fixen Vorstellungen, wie mein Leben verlaufen sollte, wurden jährlich enger. Vielleicht weigerte ich mich deshalb, mir eine der Cheerleaderinnen zu schnappen – oder die ganze Meute aufs Mal – weil auch das ins Bild eines potenten Erfolgstypen perfekt gepasst hätte."

„Nur deshalb?", will Oliver wissen.

„Was meinst du damit? Mann, jetzt unterbrich nicht immer!" So fahre ich fort:

„Damals war ich seit ein paar Monaten sechzehn. Ich hatte noch nie eine Freundin, noch war ich je verliebt gewesen. Einige meiner Kumpels schleppten mich immer öfters mit an Veranstaltungen, um Bräute aufzureißen. Leider begannen auch meine Freunde, mich zu verkuppeln."

Wütend sehe ich zu Oliver, der sich am Pult sitzend Notizen macht. „Bin ich ein Zuchtbulle? Bin ich nur an der Seite eines Weibchens ein echter Mann? Ist der Mensch nur als Paar komplett? In den konservativen Kreisen, in denen meine Eltern verkehren, gehört die Maske des idealen Paares nach wie vor zur Standardgrundausstattung. Ich glaube nicht an dieses Konzept."

„Musst du ja auch nicht!", bestätigt mich der Medientrainer.

„Genau", knurre ich. „Soll ich weiter erzählen?"

Als Oliver nickt, tue ich es:

„Ich blickte nach Osten, wo bald die Sonne aufgehen sollte. Längst hatte das Grau die Nacht vertrieben und verriet die Verstecke von ein paar Pärchen, die sich auf dem Sportplatz nach dem Ball zum Rummachen zurückgezogen hatten. Blieb ich hier auf dem obersten Rang der Tribüne sitzen, hätte mich bald das Licht verraten. Ich hatte aber keinen Bock, doch noch von Felicitas gefunden zu werden. Ich schnappte mir meine schwarzen Lackschuhe, stopfte meine Socken hinein und schlenderte barfuß die Treppe zum Spielfeldrand hinunter, wo meine Krone gelandet war. Leider hatte das Metallding meinen Wurf unbeschadet überstanden; nicht ein Zacken war abgebrochen oder verbogen worden.

Josh! Hier steckst du! Weil meine Eltern mich John nannten, bestand ich in der Schule darauf, bei meinem zweiten Vornamen gerufen zu werden. Meine Lehrer nannten mich ausnahmslos Mister Jonathan oder Mister John, doch nicht einer der Schüler anders als Josh oder Captain J.J. Ich drehte mich der Stimme zu.

Es war Corey, der mit einer Flasche Gin auf mich zu torkelte. *Alter, Felicitas sucht seit Stunden nach dir!*

Ja, ja! Ich winkte ab. *Ich war nicht in Stimmung auf die Rolle des verliebten Königspaars.*

Corey schüttelte ungläubig seinen Kopf. *Du hattest keinen Bock, dich als King feiern zu lassen? Nicht mal auf geilen Sex mit deiner Cheerleader-Königin? Die Braut fährt seit Monaten voll auf dich ab. Ich glaube, die hat dein Arschbild zum Poster vergrößert und küsst täglich deine Backen vor dem Einschlafen. Die hätte dich heute Nacht rangelassen. Echt, die hättest du easy flachlegen können.*

Kein Interesse!

Abermals klotzte mich Corey an, als ob ich ein Außerirdischer sei. *Captain J.J., Mann, bist du schwul oder was?*

Sag mir das hier, zeigte ich vor meine Füße, *nochmals direkt ins Gesicht!* Aggressiv hob ich meine Fäuste und tänzelte vor dem Betrunkenen herum.

Easy, Alter! Dann musst du auch besoffen sein, laberte Corey, die zweite Möglichkeit aufzählend, warum ich einen sicheren Fang abgewimmelt hatte.

Ich stehe auf eine andere!, log ich Corey an.

Echt jetzt? Die glasigen Augen des Trinkers leuchteten auf. *Auf die blonde Sue oder die rothaarige Anita? Anita hat mir gestern ...*

Nein! Ich verzog mein Gesicht zur Grimasse. *Meine Braut geht nicht hier zur Schule. Ich kenne sie durch meine Eltern. Sie ist die Tochter eines Botschafters, der für ein paar Wochen in die Hauptstadt zurück beordert wurde!* Damit hoffte ich, Corey genügend Tratsch geliefert zu haben, damit er mich in Ruhe ließ.

Mann, legte mir der Angetrunkene seinen rechten Arm um die Schultern, *du bist mein Held! Bleibst du in den Ferien in D.C.?*

Die Sommerfeien hatte ich vollkommen vergessen. *Meine Eltern werden auf die Bahamas in unser dortiges Ferienhaus fliegen.*

Voll geil! Echt, ich beneide dich voll um dein Leben!, lallte Corey und strauchelte, dass ich ihn auffangen musste. *Ey, du bist ja barfuß!*, gaffte mir Corey auf meine Zehen. *Warst du so am Abschlussball?* Sein staunender Blick verriet mir, dass er sich an nichts erinnern würde. Er war Sturz Hagel voll.

Ich trage niemals Schuhe!, wackelte ich mit meinen Zehen.

Echt? Verwirrt sah er mir in die Augen und glaubte jedes Wort. *Total cool!* Er nickte mehrfach. *Wenn du mich fragst*, verdrehte er seine Pupillen, *Schuhe werden total überbewertet.*

Gleich hinter dem Sportplatz befand sich ein Taxi Stand, wohin ich Corey brachte und ihn in einen der wartenden Wagen verfrachte. Kaum war Corey fort, setzte ich mir die Krone aufs Haupt und machte mich mit meinen Schuhen in meinen Händen zu Fuß auf den Heimweg. Ich hatte keinen einzigen Tropfen Alkohol getrunken. Ich war nicht einmal müde. Inzwischen war die Sonne längst aufgegangen. Einige Frühaufsteher gafften mir interessiert nach, denn üblicherweise trugen junge Männer im Smoking ihre Schuhe nicht in den Händen oder eine Goldkrone auf dem Kopf.

Nach etwas mehr als einer Stunde bummeln, kam ich Zuhause an. Im Haus war es still, als ich aufschloss, um mich reinzuschleichen. In der Küche fand ich am Kühlschrank einen Zettel mit der Notiz, dass meine Eltern erst spät abends nach Hause kommen würden, da sie ein Golffreund aufs Land eingeladen hatte. In Mutters Handschrift stand weiter: *Schatz, ich hoffe, du hattest einen schönen Abschlussball. Felicitas sah ja wirklich entzückend aus.* Wütend zerknitterte ich den Zettel und schleuderte ihn in den Abfalleimer. *Verdammte Kuppler!*, fluchte ich.

Meine drei Zimmer befanden sich im oberen Stock des riesigen Kolonialstielhauses mit Erkern und allem Drum und Dran. Ich zog mich aus und warf den Smoking auf die Anrichte meines Ankleidezimmers. Unser Butler würde ihn eh reinigen und aufbügeln lassen. Nackt spazierte ich ins Badezimmer, um heiß zu duschen. Als ich danach meine Armbanduhr checkte, war es schon nach neun Uhr. Langsam wurde ich doch müde und legte mich noch feucht ins Bett, wo ich sofort einschlief."

„Josh, du warst Abschlussballkönig?", foppt mich Oliver und lacht etwas zu schäbig.

„Ich erzähle das nur, weil der folgende Traum direkt damit in Zusammenhang steht. Willst du ihn hören?" Weil der Mediencoach nickt, fahre ich fort:

Eros' Flüstern

„Kaum eingeschlafen befand ich mich abermals auf der Tribüne des Spielfelds der Highschool; nur war ich diesmal nackt. Seltsamerweise verunsicherte mich das überhaupt nicht. Als Sportler ging ich mit Nacktheit ganz natürlich um. In der Umkleide quatschten meine Kumpels und ich oft noch eine Stunde oder länger nackt zusammen. Auch im Traum ging soeben die Sonne auf und schickte ihr goldenes Licht mit den ersten Strahlen über den Rasen.

Wer der Liebe Bedingungen auferlegt, hat das Wesen der Liebe noch nicht erfahren. Grenzenlos, uferlos und unendlich ist die Liebe. Liebe ist, was sie ist: ein Wunder, dass sich jedem anders offenbart.

Erschrocken drehte ich mich nach der Stimme um. Auf dem Brüstungsgeländer hinter dem obersten Rang hockte ein nackter Jüngling mit gewaltigen weißen Schwingen. Erstmals verunsicherte mich meine eigene Nacktheit. Ich bedeckte meine Blöße mit meinen Händen.

Wer bist du?, fragte ich ihn und versuchte die Vorrichtung, welche seine Flügel an seiner Schulter befestigte, zu erkennen. Doch bevor ich die letzten Stufen zu ihm hoch überwinden konnte, flatterte der Jüngling mit den Flügeln und hob tatsächlich ab, um danach auf dem Geländer stehend auf mich runter zu sehen. Dieser Mischling aus Schwan und Mensch stand da vollkommen sicher. Offensichtlich war er schwindelfrei, denn hinter ihm fiel die Tribüne bestimmt zehn Meter ab.

Ich gaffte den Flügelmann fasziniert an. Dieser Engel war nicht nur voll der Schmacko, er war auch hart erregt. Eine solche Engelsgestalt hatte ich noch nie zuvor gesehen, weder auf Bildern noch als Statue. Ich war damals sehr oft bei Empfängen in Museen oder an Vernissagen in diversen Galerien gewesen. Plötzlich extrem nervös geworden, starrte ich zu ihm hoch und konnte meine Blicke einfach nicht von seiner Schamlosigkeit abwenden. Natürlich hatte ich nach dem Sport meine Kumpels der Footballmannschaft schon unter der Dusche heimlich abgecheckt, verglichen und Maß genommen. Nicht selten hatte einer der Jungs ne Latte – ich auch schon! Was war schon dabei?

Diesmal war es anders! Dieses Wesen berührte mich auf eine Art und Weise, die Panik in mir auslöste. Ich war nicht mehr nur ein neugieriger Teenager, sondern spürte, wie wilde Lust in mir entflammte. Ich wollte diesen Wunderknaben berühren.“

Vorsichtig checke ich Olivers Reaktionen auf meine Geschichte an. Doch der Medienmensch hört nur gebannt zu und lächelt. Es schockiert ihn nicht, dass ich von geilen und nackten Engeln rede?

„Der geflügelte Nackte musterte mich genauso aufmerksam, wie ich ihn. Immer wieder versuchte ich mir sein Gesicht einzuprägen, doch jedes Mal, wenn ich es schaffte, höher als bis zu seinem Hauptgenerator zu blicken, glaubte ich ein anderes Antlitz zu sehen. Der Schwanen-Mensch hatte blonde Haare, wenn sie auch einmal gelockt und dann wieder struppig erscheinen. Seine Augenfarbe konnte ich nicht eruieren. Vielleicht war sie hellgrün, blau, doch sie konnte auch durchaus braun oder violett gewesen sein. Das morgendliche Sonnenlicht umgab den Engel wie eine Aura oder einen Heiligenschein und täuschte meine Sinne und Wahrnehmung. Sein Leib war kein kalter Marmor, haar- und makellos, sondern ich erkannte kleine Sommersprossen auf seinen Wangen und über seinen Schultern. Ebenso war seine Brust leicht behaart, wie seine Schienbeine. Seine Mördergurke wurde von einem üppigen Busch gerahmt. Dieser Engel war nicht androgyn und keusch, sondern ein Schnitzel voller Saft und Kraft. Einmal sah er wie sechzehn aus, um mich schon im nächsten Augenblick als Mitte Zwanzigjähriger anzuhimmeln. Seine Blicke waren nicht entrückt, sondern direkt, frech und ziemlich offensichtlich an mir interessiert.“

„Woran erkanntest du das?“, fragt Oliver.

„Das ist jetzt nicht dein Ernst?“, schüttle ich meinen Kopf. „Mann, der Typ war hart wie ein Pornostar! Schon vergessen? Ich war im Traum splitternackt! Jetzt höre einfach weiter zu!“ Kopfschüttelnd lehne ich mich in meinem Stuhl zurück unter die Spots und behalte Oliver und seine Reaktionen genau im Blick:

„Wie in lüsterner Trance stieg ich die letzten Stufen der Tribüne hoch, um einen Blick auf seine Rückseite zu werfen. Er bewegte sich nicht, als ob er jetzt tatsächlich zu hartem Marmor erstarrt sei, oder als ob er es genoss, sich mir zu zeigen. Sein Knackarsch ließ mich schneller atmen. Seine Flügel waren echt. Ich konnte weder Klammern noch anderen Halterungen erkennen.

Wer bist du?, wiederholte ich meine Frage.

Ich bin der Anfang von allem. Ohne mich würde es keine Schöpfung geben, kein Licht und kein Leben. Ich bin Eros, der Erste der Titanen. Ich bin ihr Vater und ihre Mutter. Ich trat aus dem Chaos, um Ordnung und Leben zu manifestieren. Ich bin die personifizierte Liebe.

Ah, ja! Ich winkte ab und glaubte dieser Lichtgestalt kein Wort. *Ist die Liebe nicht unsichtbar, allmächtig und mit den Sinnen nicht wahrnehmbar? Du hingegen …*

Was du siehst, ist nur Schein oder Tor.

Du bist ein Tor?, fragte ich den Flitzer, der ständig seine Gestalt wechselte, aber dennoch immer ein junger Mann blieb. *Soll ich durch dich hindurchgehen?*, spottete ich.

Ich werde dir in vielerlei Gestalt begegnen! Doch ich werde immer derselbe sein. Erkennst du mich schließlich als der, der ich wirklich bin, wird Eros sich dir offenbaren.

Unbeeindruckt davon lachte ich und rief: *Ich weiß jetzt, wie du aussiehst! Du wirst mich nicht täuschen. Ich werde dich finden, wiedererkennen und entlarven*. Ob mir das gelingen sollte, bezweifelte ich, denn abermals verändern sich Gesicht und Aussehen des geilen Engels.

Meine jetzige Gestalt magst du wiedererkennen, doch mein Wesen kann nur dein Herz erfassen. Danach folgten Worte, die sich mir in den Verstand einbrannten. Eros flüsterte:

Als unschuldiger Frühling werde ich dich blenden, dich verzaubern und in Verzweiflung stürzen. Als Sommer bringe ich dein Blut in Wallung und zerre dich in die Abgründe deiner Lust. Als Herbst zwinge ich dich dazu, alles aufzugeben, loszulassen und neu anzufangen, damit du mich als Winter erkennen kannst. Hüllenlos, von allem Laub der Eitelkeiten und falschen Ideen gereinigt, wirst du mich als der erkennen, der ich bin. Vorerst jedoch bin ich die Schwärmerei, die Ekstase, die Freundschaft und dein Partner. Liebe mich! Verzehre dich nach mir! Ich bin die unsichtbare Flamme in deinem Herzen. Ich bin die Sonne, die dein Leben mit Stärke und Kraft ausstattet. Suche nach mir in deinen Sehnsüchten. Verzweifle wegen mir in deinen Träumen. Erlöse mich durch deine Ängste und deine Hoffnungen. Finden wird mich nur dein geläutertes Herz.

Plötzlich packte er mich, dass ich laut aufschrie, und flog mit mir über Washington Richtung Dupont Circle. Ich hatte Washington schon zuvor aus Helikoptern heraus von oben gesehen, doch in den Armen dieses Wunderknaben zitterte ich vor Angst, Leidenschaft und einer Lust, die ich mir nicht erklären konnte. Ich sah den Obelisken in der Ferne und in gerader Linie dazu auf einer Seite das Lincoln-Memorial und auf der gegenüberliegenden Seite das Capitol. Der Himmel war golden, rosa und orange. Als wir den Dupont Circle überflogen, erkannte ich erstmals tief unter uns mein Elternhaus.

Es sah verändert aus: Vor dem Erker wuchsen jetzt hohe Fichten, die den Einblick in den Salon und darüber in meine drei Zimmer vollkommen verbargen. Doch das war nicht das Schockierende: die Ziegelsteine des herrschaftlichen Kolonialhauses waren alle knall pink gestrichen und ähnelten einer mit Zuckerguss überzogenen Horrorvision eines Märchenschlosses aus Teenie Girl Fantasien.

Wer der Liebe Bedingungen auferlegt, hat das Wesen der Liebe noch nicht erfahren, wiederholte der Schönling seine Worte von vorhin auf dem Sportplatz und setzte mich vor dem Eingang ins Elternhaus ab. Total verlegen und noch viel erregter als zuvor, sah ich mich nach allen Richtungen nach Nachbarn oder meinen Eltern um. Doch in diesem Traum gab es zum Glück nur meinen geflügelten Entführer und mich.

Grenzenlos, uferlos und unendlich ist die Liebe. Liebe ist, was sie ist: ein Wunder, dass sich jedem anders offenbart. Nach diesen Worten öffnete der erotische Engel abermals seine Flügel und erhob sich in die Lüfte, um mit dem goldig-rosaroten Licht der Morgensonne zu verschmelzen.

Stark schwitzend und mit klebrigen Schenkeln erwachte ich in meinem Bett in Washington. Verstört wischte ich mit diversen Kleenex die Reste meines Samenergusses von meinem Bauch und meinen Beinen. Dies war nicht mein erster sexueller Traum! Doch dies war der Erste, bei dem ich nicht von einer gesichtslosen Schwester träumte, sondern von einem anderen Mann mit Gesicht und Körper. Als ich im Wachzustand abermals an den

Nackten dachte, erregte mich das augenblicklich wieder so hart, dass ich aus dem Bett sprang, um Liegestützen zu machen.

Das kann nicht sein! Das darf nicht sein! Ich bin Quarterback! Ich bin ein harter Kerl mit Muskeln! Ich bin ein Macho! Ich kann nicht schwul sein – unmöglich!

„Warum unmöglich?“, unterbricht Oliver meine Erzählung.

Er bringt mich total aus dem Konzept. Verlegen, dass ich ihm von diesem erotischen Traum erzählt habe, erröte ich. Komischerweise ist auch das Gesicht meines Medientrainers knallrot, als er mich stotternd bittet, ich möge doch fortfahren.

„Nach hundert Liegestützen stoppte ich, denn der Knüppel blieb hart. Egal, ob ich meine Augen weit offen hatte oder ob ich sie schloss, immer sah ich diesen rattigen Schmacko vor mir stehen. Ich fühlte seine Arme mich umschlingen und seinen Körper fest an den meinen gepresst, als wir zusammen geflogen waren. Ich wollte ihn wieder berühren. Ich wollte ihn anfassen – überall!

Hilfe!, murmelte ich leise in schierer Verzweiflung. *Hilfe, ich liebe einen geilen Engel!*“

Verlegen sehe ich Oliver an. „So, jetzt weißt du es! Ich glaube, ich bin bisexuell!“

„Bisexuell?“, hakt Oliver nach.

„Noch nie was davon gehört?“, funkle ich ihn böse an.

„Wissen es deine Eltern?“, fragt mich mein Mediencoach.

„Sicher nicht! Ich hatte zudem damals selbst noch keine Ahnung, was ich wirklich davon halten sollte. Ich will jetzt nicht weiter erzählen. Was ich dir morgen verraten werde, führte dann ziemlich direkt zur Schlägerei mit dem Paparazzo.“

Ausgetrickst

„Oliver, was ich dir heute erzähle, passierte vor ein paar Wochen, also fast zwei Jahre nachdem Captain J.J. seinen Arsch in der Zeitung wiederfand“, eröffne ich den heutigen Morgen.

„Direkt danach gab es keine weiteren Konsequenzen?“, bohrt Oliver in meiner Vergangenheit und lässt seine Blicke noch viel direkter über meine leichten Sommerklamotten wandern.

„Was willst du hören? Die Luft zuhause war zum Zerschneiden. Und ja: Natürlich behielt mein Vater recht! Mein Arschfoto machte die Runden durch die Boulevard Presse und tauchte die letzten beiden Jahre immer wieder auf, wenn sich jemand gegen die konservative Politik des Senators Julius auflehnte. Ohne dass ich es wollte, wurde ich so zu einer Berühmtheit. Als Sohn des konservativen republikanischen Senators stand ich plötzlich für alles, wogegen mein Vater kämpfte. Da ich damals auf dem Bild zum Glück meinen Helm trug, erkannten mich Fremde nicht auf der Straße. Mir war es komischerweise niemals peinlich, wenn Fans mir das Bild zum Signieren hinhielten. Doch wie alles in der Welt, irgendwann schimmelte selbst der knackigste Arsch."

„Du willst mir heute erzählen, warum dir der Paparazzo die Nase eingeschlagen hat?"

„Ich habe ihm eine Rippe gebrochen und den Arm ausgekugelt", blähe ich meine Brust so sehr, dass sich ein weiterer Knopf meines Leinenhemdes löst, das es jetzt fast bis zu meinem Bauchnabel offen steht. „Wären die Zwillinge nicht dazwischen gegangen ... Doch davor passierte noch etwas anderes. Ich begegnete Eros."

„Echt?" Oliver lacht. „Du bist Eros begegnet? Einem Typen mit diesem Namen oder dem Gott der Liebe?"

„Ja, ja!", knurre ich, dann winke ich ab. „Was weiß ich? Es geschah zwei Tage vor meiner Schlägerei; also Freitag vor zwei Wochen. Donald besuchte mich im leeren Elternhaus."

Oliver lehnt sich im Stuhl am Tisch zurück und hat einen Block und einen Kugelschreiber vor sich liegend, um sich Notizen zu machen.

„Ballroom Dance?, fragte ich skeptisch. *Donald, was um alles in der Welt soll ich in einem Ballsaal mit kreischenden Prinzessinnen und steif herumstolzierenden Gockeln?* Kopfschüttelnd sah ich Donald in die Augen."

Erklärend füge ich für Oliver und die aufzeichnende Kamera an: „Donald und seine Zwillingsbruder Jeffrey sind seit der Highschool meine besten Freunde. Heute studieren wir alle drei Politikwissenschaften und belegen am College diverse andere Kurse zusammen. Den Zwillingen habe ich es auch zu verdanken, dass ich schon nach einem halben Jahr auf dem Campus zum Schulsprecher gewählt wurde. Die beiden nutzten mein Arschbild, produzierten daraus ein Werbeplakat, und ich gewann haushoch mit der Kampagne *Naked Facts* die Wahl zum Schulsprecher. Seither schreibe ich regelmäßig in der Studentenzeitung kurze Artikel, worin ich *nackte Tatsachen* an der Uni aufdecke. Zugegen, bis heute war noch nichts Weltbewegendes darunter, doch ich signiere jeden Artikel mit meinem Arschbild, was der Zeitung regelmäßig einen Touch Erotik verpasst – wenn auch sonst niemals nackte Haut gezeigt werden darf."

„Bist du ein kleiner Exhibitionist?", wandern Olivers Augen über meine fast freigelegte Brust.

„Nein! Das bin ich nicht! Ich bin Sportler! Von Prüderie halte ich nichts", antworte ich gereizt.

„Weil dein Vater ..."

Ich reagiere nicht darauf, sondern fahre mit meiner Geschichte fort:

„Mit Donald zusammen spazierte ich auf der *Constitution Avenue* in die Stadt. Wir passierten eben erst den *Obelisken* zur Rechten und das *Weiße Haus* zur Linken. Das Wetter war für Mitte Juni schon extrem heiß, weshalb ich längst meine Turnschuhe ausgezogen hatte, um barfuß unterwegs zu sein. Statt weiter auf dem Asphalt zu schlendern, bog ich in den Rasen Richtung Obelisk ab und zog mir mein Tank Top über den Kopf, um die Sonne auf meinem nackten Oberkörper zu spüren.

Ich solle nicht den Macho-Quarterback raushängen, spielte Donald auf meine Muskeln an, die ich angeberisch spielen ließ. Seit meinem Sex-Traum mit dem porno Engel trainierte ich noch viel härter, als jemals zuvor.

An klassischen Tänzen ist nichts Tuntiges!, versuchte mich Donald wieder zum Ballroom Dance zu überreden.

Ich sag ja gar nichts!, rümpfte aber meine Nase.

Fahre mal deinen Nahkampfstachel ein!, foppte mich Donald. Auch er trug nur Flip-Flops und Shorts, hatte aber sein Hemd weder ausgezogen noch aufgeknöpft."

Weil ich erröte, lächelt Oliver, sagt aber nichts. „Ja, Mann! Ich ahnte, dass ich eine schwule Phase durchmachte, doch bis auf Donald hatte ich noch nie mit jemand anderem meine Vermutung darüber ausgesprochen."

„Ahnte?", wiederholt Oliver. „Warum sprichst du in der Vergangenheit? Das war doch erst vor zwei Wochen. Hat sich seither diesbezüglich etwas verändert?"

„Höre mir einfach zu!", schnaube ich, räuspere mich, blicke wieder starr in die Kamera und spreche weiter:

„Seit dem Abschlussball an der Highschool fragte ich mich immer wieder, ob ich einfach Hirnblähungen hatte, oder ob ich irgendwie von Eros verhext wurde. Seit jenem abgefahrenen Traum mit dem Gott der Liebe suchte ich wie ein Besessener nach diesem Traumgespinst. Auch wenn ich nie an antike Götter glaubte, Eros bekam ich einfach nicht mehr aus meinem Kopf. Ich war mir ziemlich sicher, ich sei ihm seither nie mehr begegnet – doch bei einem Gott, der seine Gestalt beliebig verändern kann, ist man sich da niemals ganz sicher."

„Josh, glaubst du heute an die alten Götter?"

„Als Teenager las ich alles, was ich über Eros in der Literatur finden konnte. Einige sehen in Eros eine Vorgängerversion von Cupido, andere den ersten aller Titanen. Ich träumte als Teenager von den ersten fünf Urmächten: Erebos, Tartaros, Gaia und Nyx. Wenn ich als Kind auch in die Rolle des fünften, von Eros, geschlüpft war, weiß ich seit meiner Begegnung mit dem nackten Schmacko, dass ich nicht selbst Eros bin. Also nein, ich glaube nicht an alte Götter; ich träume nur von ihnen!" Als sich Oliver nur Notizen macht, fahre ich fort. „Häuptling, was ich dir heute erzähle, liegt gerade mal zwei Wochen zurück. Noch was! Ich bin Skeptiker und kein leichtgläubiger Tempelflitzer!" Ich schüttle meinen Kopf. „Donald nervte mich deswegen auch ständig und will wissen, ob ich an Eros glaube. Gut, ich gebe es zu, ich hatte einen echten Tick entwickelt: jedes Mal, wenn ein blonder Typ an mir vorbeiging ..."

„Ging?", will es Oliver genau wissen.

„Ok, geht! Geht ein blonder Typ an mir vorbei, dreht sich mein Kopf ganz automatisch nach ihm um. Das nervt! Unzählige Male hatte ich Donald schon zu erklären versucht, dass ich nicht auf die Typen stehe, sondern nur nach Eros suche. Donald grinste dann immer nur vielsagend, als ob er es besser wissen würde. Da bis auf diese peinlichen Kopfdreher aber sonst nie etwas mit einem Jungen passiert ist, hoffte ich, dass diese *Phase* bald vorbei sein würde. Ich suchte einfach nach Eros!"

„Davon bist du überzeugt?", fragt Oliver und blickt genauso, wie das sonst Donald oder Jeffrey tun, wenn es auf dieses Thema kommt.

„Wovon?"

„Nicht schwul zu sein?"

Ich gehe nicht drauf ein. „Vielleicht will ich Eros einfach finden, um ihm zu danken? Schon mal darüber nachgedacht?", fahre ich Oliver an. „Mann, seit Eros' Begegnung auf dem Footballfeld sind meine unheimlichen Geschwister, wie auch die damit zusammenhängenden Albträume, nie mehr aufgetaucht. Der *echte* Eros hat die Fantasiegestalten vertrieben. Aber zurück zu meiner Geschichte:

„*Immer musst du den Macho raushängen!*, boxte mir Donald in die Seite.

Sofort wich ich ihm wie im Football Training aus, sicherte mir einen guten Stand und griff Donald an. Meine Faust schnellte vor. Kurz bevor ich meinen besten Freund traf, bremste ich den Schlag natürlich ab und stupste Donald kumpelhaft an. *Gar nicht wahr!*, widersprach ich ihm.

Natürlich nicht! Er zeigte auf einen Blonden, der vom Obelisken her auf uns zukam und grinste, als sich mein Kopf automatisch nach ihm umdrehte.

Idiot!, beschimpfte ich ihn, packte Donald in Schwitzkasten und zerzauste ihm seine Frisur."

„Wie steht es mit Sex?", unterbricht Oliver abermals und macht sich Notizen auf seinem Block.

„Wie kommst du jetzt auf Sex? Mann, ich stand nie auf Donald oder Jeffrey. Hast du mir nicht zugehört? Ich habe einfach keine Lust auf Dates, denn noch immer verkuppeln mich meine Eltern bei jeder Gelegenheit mit Töchtern wichtiger Politiker und Staatsmännern. Doch bis auf Händchenhalten mit diesen Prinzesschen in der Öffentlichkeit ist noch nie mehr passiert. Mein Sexleben existiert nicht!"

„Du bist doch im Frühling achtzehn geworden?"

„Na und!" Genervt verwerfe ich meine Hände. „Da ich oft romantische Geschichten mit Mädchen, die ich natürlich alle nicht kenne, erfinde, ahnen meine Eltern nicht, dass ich zurzeit etwas anders ticke und so von ihrem fixen Lebensplan für mich abweiche. In der Vergangenheit hoffte ich oft, ich wäre tatsächlich schwul; und sei es auch nur, um ihnen ihre Suppe zu versalzen."

„Du hofftest, schwul zu sein?"

„Mann, lass es! Ich bin kein Beckenrandschwimmer. Lass mich erzählen!" Ich setze mich wieder gerade in den Stuhl und blicke direkt in die Kamera, um mit meiner Geschichte fortzufahren:

Macho!, beschimpfte mich Donald und befreite sich aus meinem Griff. Während er Abstand von mir nahm, verriet er: *Jeffrey spielt schon länger mit dem Gedanken bei den Gay DC Dancers einzusteigen.*

Kopfschütteln gaffte ich Donald an. *Echt jetzt? So voll das Tucken-Gehabe?* Dabei tänzelte ich um Donald herum.

Wir beide tanzen seit Jahren Rock'n Roll. Ja, vielleicht schreibe ich mich auch ein. Ich bin ein ganz guter Rumba und Mambo Tänzer, rechtfertigte sich Donald.

Aber müsst ihr euch unbedingt in einem Gay Club als Mitglieder einschreiben? Können du und dein Bruder nicht mit Mädchen tanzen? Dabei packte ich nach Donalds Händen, um mit ihm auf dem Rasen eine Runde Ringelreihe zu drehen. *Seid ihr beide schwul?*

Lass das!, lachte Donald. *Warum nicht mit einem Mann tanzen? Die Lehrer im Club gehören zu den besten Tänzern der Ostküste. Warum nicht von den*

Besten profitieren?

Ob ich bei diesem Dance heute Abend tanzen müsse, fragte ich, denn falls ja, würde ich definitiv nicht mitkommen.

Du?, lachte Donald und verzog sein Gesicht zur Fratze. *Du würdest doch jedem auf den Füssen rumtrampeln, ihn bei einer falschen Bewegung zu Boden werfen oder zu Mus verhauen, wenn er dich auch nur schief ansehen oder aus Versehen mit dir flirten würde.*"

Weil mich Oliver abermals kritisch mustert, stoppe ich meine Erzählung. „Ja, mein bester Freund kennt mich."

„Josh, erzähl von den Zwillingen", fordert mich Oliver auf.

„Donald ist ein dunkelhaariger Kerl mit mexikanischen Vorfahren, was ihm gut zu Gesicht steht. Für einen Mann ist er eher klein, nur knapp eins siebzig groß. Er hat kräftige Oberarmmuskeln und einen schlanken Körperbau, der ihn als Tänzer ausweist. Das kommt von seiner aufrechten Haltung. Er und sein Zwillingsbruder nahmen vom Kindergarten bis fast zur Highschool Ballett Unterricht. Vielleicht rührt daher ihre Vorliebe der Gesellschaft von schwulen Jungs? Die Zwillinge sehen absolut identisch aus. Auch wenn ich die beiden schon seit vier Jahren kenne, wenn sie es wirklich drauf anlegen, vermögen sie mich noch immer für eine Weile zu täuschen – aber nur kurz, denn Donalds Lache verrät ihn früher oder später immer. Er ist der Witzigere der beiden. Er hat ständig Streiche im Kopf. Donald würde ich mein Leben anvertrauen. Aber auch Jeffrey ist ein extrem cooler Kumpel. Jeff ist der Denker, der nüchterne Typ und der Stratege, was unser Trio ideal ergänzt. Reicht das?", checke ich Oliver ab, der sich ein paar Notizen gemacht hat. Als er nickt, fahre ich mit der Geschichte fort:

„*Ich renne nur auf dem Spielfeld die Gegner über den Haufen!* Sofort bewies ich Donald das Gegenteil, indem ich ihn packte und auf den Rasen warf. Ich drehte ihn auf den Rücken und setzte mich auf seinen Bauch, während ich ihm seine Arme rechts und links auf den Boden drückte."

Oliver lacht schallend auf.

„Lach nicht!", fahre ich Oliver an. „Weil ich absolut immun gegen jede Art von Verkuppelungen war, trainierte ich härter und länger als alle anderen. Ich stürzte mich immer mitten in die brutalsten Attacken und schreckte auch vor Konfrontation nie zurück. Mein Ruf als Rammbock und klobiger Smoking-Rohling gefiel mir besser, als von meinen Kumpels vielleicht als schwuler Quarterback angesehen zu werden. Mein Umgang mit den Zwillingen, von denen jeder wusste, dass sie sich öfters in der Gay Szene rumtrieben, war eh schon verdächtig. Ich wurde nur nie als Tucke bezeichnet, weil ich immer mit Affären mit nicht-existierenden Töchter berühmter Politiker angab. Echt, Jungs glauben, was du ihnen erzählst!"

„Du tanzt Ringelreihe mit deinem besten Freund, du berührst ihn bei jeder Gelegenheit, setzt dich auf ihn und ..."

„Ach!", schnaube ich. „Halt doch einfach die Klappe und lasse mich erzählen."

„Na dann los, mein bisexueller Wunderknabe!"

Genervt strecke ich Oliver die Zunge raus und fahre fort:

„Donald schüttelte mich ab und setzte sich mir gegenüber in den Rasen. *Alter, du brauchst dringend Sex! Deine ständigen Annäherungsversuche werden täglich aufdringlicher! Spürte ich eben deine Latte, als du dich auf mich gesetzt hast?"*

Weil Oliver wieder laut loslacht, ergänze ich: „Natürlich log Donald."

„Natürlich!", bestätigt Oliver.

„Arsch!", strecke ich dem Mediencoach abermals meine Zunge raus, muss aber selbst grinsen. „Soll ich jetzt vom Ballroom Dance berichten oder legst du weiterhin jedes Wort von mir auf die Goldwaage?"

„Schon gut!", winkt Oliver ab.

Weil es unter den Spots wirklich extrem heiß geworden ist, knöpfe ich mir mein Hemd vorne ganz auf.

„Willst du dich auch gleich auf mich setzen?"

„Was?", schnauze ich den Medienmenschen an. „Mach mal `nen Turn! Mir ist einfach heiß!"

Weil Oliver mich einfach beobachtet, fahre ich fort:

„Donald warb weiter für die Tanzveranstaltung: *Wegen der Gay Pride reiste ein Club aus Boston an. Heute Abend, zum Auftakt, treffen sich die beiden Clubs für einen Tanzwettbewerb. Eigentlich ist es eine private Veranstaltung, die im Foggy Bottom Club stattfindet, doch weil Jeffrey sich bereits telefonisch für eine Mitgliedschaft ...*

Kein Interesse!, verkündete ich.

Ein junger Hellblonder gehört auch zu den Gästen. Er ist das Club-Maskottchen. Ich sah sein Bild und dachte sofort an dich, köderte mich Donald.

Nur um auf Donalds Spiel einzugehen, verdrehte ich meine Augen, als ob ich mich schon wieder nach einem Blonden umsehen würde. *Hellblond?*, fragte ich und versicherte ihm, dass ich einen Auftrag zu erfüllen hatte: ich müsse Eros finden.

Donald grabschte ein zerknittertes Gruppenfoto der Boston Gay Ballroom Dancers aus seiner Shorts und reichte es mir zur Betrachtung. Ich rückte näher an meinen Kumpel und legte ihm meinen rechten Arm um die Schultern, um mir so das Foto anzusehen. Vorne links auf dem Foto stand ein Typ, der mich sofort nervös machte. Seine lockigen Haare glichen Sonnenstrahlen. Er sah aus wie vierzehn. Donald bemerkte mein Zögern und versicherte mir, dass der Club keine Junioren aufnehme, der Hellblonde also mindestens so alt wie ich sein müsse.

Ist er dein Eros?, wollte Donald sofort wissen.

Was weiß ich!, schnaubte ich. Der Typ auf dem Bild ähnelte tatsächlich meinem Traumgespenst, weshalb ich Donald für den Abend zusagte."

„War er es?" Oliver steht sofort von seinem Stuhl auf, als ich meinen verlassen will.

„Keine Angst", setze ich mein Raubtiergrinsen auf. „Ich erzähle schon weiter. Ich muss nur mal kurz pissen!"

Erste Liebe

„Um sieben Uhr abends holten mich die Zwillinge im Haus meiner Eltern ab. Ich war schon seit zwei Tagen alleine zuhause, da meine Eltern auf Kreuzfahrt durch die Karibik waren", mit einem Blick auf Oliver füge ich an: „Und es heute noch immer sind!"

„Josh, erzählst du in dieser Session von den Gay Days?"

„Das kommt!", winke ich ab. „Bereit?"

Als Oliver nickt, beginne ich mit der neuen Episode:

„Ich blieb nur in Washington, weil ich auf keinen Fall auf einem Schiff eingesperrt mit reichen Mädels verkuppelt werden wollte. Meine offizielle Ausrede war, dass ich eine wichtige Zwischenprüfung schreiben, und als Captain der Footballmannschaft mein Team während der Sommerferien trainieren müsse. Da ich vor zwei Jahren als Strafe nach dem Arschbild zum ersten Mal vom Familienurlaub ausgeschlossen wurde, verweigerte ich mich freiwillig auch im letzten Sommer. Jetzt ist es schon zur Gewohnheit geworden. Vielleicht scheute mein Vater auch meinen lockeren Umgang mit Kleidung. Ich zeigte mich niemals nackt, doch im Sommer war ich fast nur barfuß unterwegs und oben ohne. Zudem stand ich seit dem Arschbild total auf Jockstraps."

„Hast du deswegen dein Hemd auf der Toilette ausgezogen?", mustert mich Oliver.

„Muss ich es mir wieder anziehen?"

„Wenn du dich nur in Shorts interviewen lassen willst, ist das deine Sache", macht der Medienmensch auf leger und gibt mir zu verstehen, weiter zu erzählen.

„Die Zwillinge standen also am Freitag vor den Gay Days vor meiner Haustür. Ob ich so mitwolle, rümpfte Jeffrey im gemieteten Smoking mit weißer Fliege seine Nase und musterte meinen Aufzug."

„Lass mich raten", unterbricht Oliver schon wieder. „Du warst barfuß und nur in Jockstraps?"

Ich tue so, als ob ich den Mediencoach gar nicht gehört hätte:

„Jungs, begrüßte ich die Zwillinge, die sich einmal mehr rein äußerlich nicht voneinander unterschieden mit High Five, *ich werde dort nicht vorhopsen. Es ist also total egal, was ich anhabe!*

Barfuß in Jeans und T-Shirt?, schüttelten die Zwillinge synchron ihre Köpfe und zehrte mich zurück über die Hausschwelle, durchs Haus bis hinauf in mein Ankleidezimmer. Kurz darauf streckten sie mich in einen meiner Smokings. Rebellisch bestand ich auf klobige schwarze Turnschuhe, in die ich ohne Socken schlüpfte.

Mit einem Taxi fuhren wir in den Stadtteil *Foggy Bottom* und dort in den gleichnamigen Club. *Heute geschlossene Gesellschaft* stand an der Tür. Jeffrey klingelte. Der Türsteher, ein bulliger Kerl, oben ohne und nur in engen Jeans, musterte mich, lächelte, als er meine Turnschuhe bemerkte, und ließ uns ohne Ausweiskontrolle passieren.

Im Hauptraum des Clubs befanden sich bereits an die fünfzig Smoking-Typen und schlürften sprudelndes Zeug aus falschen Kristallgläsern. Während Jeffrey und Donald jeden begrüßten, steuerte ich einen freien Bistrotisch direkt vor der erhöhten Bühne an. Im Club befanden sich ausnahmslos Männer jeden Alters, Hautfarbe und Aussehens. Den jungen Hellblonden vom Foto sah ich nirgends. Unter dem Tisch streifte ich mir meine Turnschuhe ab und fühlte mich barfuß wohler. Zudem war ich überzeugt, dass mich barfuß definitiv keiner zum Tanz auffordern würde.

Der Small Talk über *American Smooth* oder *American Rhythm Dance* hing mir bald zum Hals raus. Irgendwann schrieben sich die Zwillinge als neue Mitglieder der *DC Gay Dancers* ein und waren ab dann nicht mehr zu sehen. Einer der Smoking-Typen verkündete, dass der *American Rhythm Single Performance Wettbewerb* um neun Uhr starte. Als ob es nicht eh klar gewesen wäre, ermahnte der Mann, dass nur auftreten dürfe, wer sich strikt an die Garderobe hielt. Nicht einer der Männer tanzte hier aus der Reihe. Immer wieder warfen Mitglieder beider Clubs Zettel in einen Zylinder auf der Bühne. Mir war zum Gähnen langweilig.

Ohne Schuhe darfst du nicht tanzen, mein schöner Ringer!, belehrte mich ein graumelierter Gentlemen und straffte seinen Frack.

Ich begleite nur die Zwillinge, zeigte ich auf Donald und Jeffrey. *Ich kann nicht tanzen!*

Wie schade, flirtet der Mann mit mir. *Dir hätte ich gerne den ersten Tanz geschenkt!*

Da das Gedränge um meinen Tisch so nahe der Bühne immer dichter wurde, verzog ich mich an die Bar. Dort schlürfte ich Eiswasser mit Zitrone und verfolgte aus der Distanz das Gehabe der steifen Pinguine. Eigentlich hatte ich insgeheim auf einen Abend voller schräger Paradiesvögel oder halbnackte Exoten gehofft. Das hier erinnerte mich an eine der Veranstaltungen, an die mich meine Eltern mitschleppten – nur dass es keine Frauen gab. Ich war schon kurz davor mich heimlich zu verdrücken, als ich ein Gespräch belauschte.

In diesen Klamotten kannst du unmöglich zum Wettbewerb antreten!

Ich drehte meinen Kopf der Stimme zu. Sie gehörte einem der jüngeren Tänzer, der auf jemanden einredete, den ich aber nicht sehen konnte, da er sich in einer der beiden Garderoben neben der Bar aufhielt.

Ich habe drei Monate an meiner Solo Performance gefeilt, widersprach die Stimme. *Francis, ich wurde bestohlen. Mein Smoking ist futsch!*

Dieser Francis vor der Tür schüttelte seinen Kopf: *Du kennst die Regeln! Ganz oder gar nicht!*

Der Unsichtbare maulte: *Mein neuer weißer Smoking hat mich vierhundert Dollar gekostet, von den Schuhen, dem Hemd und dem Rest des Outfits gar nicht zu reden. Ich brauche das Preisgeld! Kannst du nicht mit dem Präsidenten eine Ausnahme für mich aushandelt? Immerhin ist er dein Cousin!*

Mir tat der Bestohlene leid.

Sorry, Lox! Falls dir jemand seinen Smoking ausleiht, kannst du am Wettbewerb teilnehmen, ansonsten bleibst du diesmal passiver Zuschauer.

Die Stimme dieses Lox klang verzweifelt, als er noch ärgerlicher frage: *Und was ist mit morgen?*

Abermals rückte ich näher, um vielleicht noch einen Blick auf den Schmollenden zu bekommen.

Wir treten auf der Gay Pride als Einheit auf, belehrte Francis den Wütenden. *Falls du dir in der Stadt einen Smoking ausleihen möchtest, bist du will-*

kommen mit uns zu marschieren. Doch ohne – Lox, du kennst die Regeln: Strictly Ballroom! Keine Ausnahmen!

Der Typ in der Garderobe fluchte: *Verdammt noch mal! Womit soll ich mir einen Smoking mieten? All meine Ersparnisse habe ich für die Reise nach Washington und für die Tage hier aufgebraucht. Der Rest meines Geldes wurde ebenfalls geklaut. Ich will tanzen! Und ich will morgen an der Gay Pride mitmachen! Francis, deswegen bin ich hier.*

Der Kumpel blieb stur. *Vollständige Garderobe oder du musst auf alles verzichten.* Damit schloss Francis die Garderobentür und stellte sich neben mich an die Bar.

Ich bot Francis an, seinem Kumpel meinen Smoking als Ersatz an zu leihen. Francis musterte mich. Es sei nett gemeint, doch Lox sei echt schlank. Meine Hosen könnten passen, doch bestimmt weder mein Hemd noch mein Jackett.

Aus dem Augenwinkel beobachte ich, wie ein Typ mit Baselball Cap und in einer Lederjacke in Lox Garderobe verschwand. Nach wenigen Minuten winkte Lox Francis zu sich. Da ich eh nichts anderes zu tun hatte, belauschte ich die beiden Tänzer aus Boston abermals.

Ich folge deinem Rat! Lox' Stimme klang überzeugt. So habe er es aber nicht gemeint, lachte Francis. *Ich setze alles auf eine Karte!*, beharrte Lox. Er reichte einen Zettel aus der Garderobe und Francis nahm ihn unsicher an. *Francis, ich brauche das Preisgeld, sonst wird die Gay Pride für mich in diesem Jahr der totale Reinfall!* Francis nahm den gefalteten Zettel entgegen und schüttelte mehrfach seinen Kopf, warf den Wisch aber danach in den Zylinder auf der Bühne.

Nach dem Auftakt-Walzer nahmen die inzwischen bestimmt an die hundert schwarz, dunkelblau oder weiß gekleideten Tänzer ihre Sitzplätze ein. Zwei ältere Gockel betraten die Bühne und stellten sich rechts und links neben den Barhocker mit dem Zylinder. Ich hörte der Rede der beiden Präsidenten nicht zu, sondern versuchte noch immer den Hellblonden unter den Versammelten auszumachen. Er war nicht hier! Entweder hatte mich Donald ausgetrickst oder der Jüngling hatte schlicht keinen Bock auf einen Komposti-Abend.

Bla-Bla-Bla. *Strictly Ballroom! Jeder, der seinen Namen in den Zylinder geworfen hat, wird auftreten. Die Reihenfolge bestimmt das Los. Bewertet werden nicht nur Professionalität, sondern auch Originalität und Ausdruck. Das Preisgeld von tausend Dollar …*

Tausend Worte später zog Scotty, der Foggy-Bottom-Club-Besitzer, der oben ohne wirklich auffiel, den ersten Zettel aus dem Zylinder. Ein gewisser Daniel Huntington von den *Gay DC Dancers* eröffnete mit seiner Single-Mambo-Performance den Abend. Der Afro-Amerikaner konnte tanzen, doch sein Auftritt bot keine Überraschungen. So ging das fast eine Stunde lang weiter. Zum Glück waren alle Tanz-Performances auf maximal fünf Minuten beschränkt. Nach einer kurzen Pause, es hatte sich noch kein Sieger abgezeichnet, war ich abermals versucht, die Fliege zu machen.

Der Hellblonde ist hier!, flüsterte mir Donald heimlich zu. *Ich zeigte das Foto einem der Teilnehmer aus Boston. Er bestätigte mir, dass Lox auftreten werde.*

Augenblicklich war meine Neugier geweckt. Nach der Pause nahm ich wieder meinen Platz ganz vorne bei der Bühne ein. Lonny Saxon wurde als Dritter aufgerufen. Anders, als alle anderen, stand dieser Lonny Saxon nicht aus den Reihen der Zuschauer auf, sondern streckte bei den ersten Klängen eines fetzigen Sambas seinen Kopf zwischen dem Bühnenvorhang hervor ins Publikum. Als der Hellblonde als Nächster sein rechtes Bein durch den Vorhang schob, war es mit der Langeweile vorbei.

Jonny Saxon war der hellblonde Jüngling vom Foto. Er sah noch immer wie sechzehn aus, muss aber bestimmt zwanzig Zentimeter gewachsen sein. Das wurde dann offensichtlich, als der Vorhang sich ganz öffnete und grelles Scheinwerferlicht die Bühne flutete. Augenblicklich blitzte es aus den Zuschauerrängen überall im Club. Wer von den Smoking-Typen nicht sein Handy gezückt hatte, der fotografierte mit Blitzlicht-Kameras. Zum ersten Mal in meinem Leben bereute ich es, keine dieser Kameras zu besitzen und mein iPhone zuhause gelassen zu haben.

Lonny Saxon stand wie ein Reh, dass von Autoscheinwerfern parallelisiert wurde, erschreckt und scheu auf der Bühne. Erst nach dem vierten Takt wirbelte, verbog oder dehnte er seinen schlanken Körper zur Samba. Er nutzte dazu die ganze Breite und Tiefe der Bühne. Er war der erste Tänzer, der mit seiner *sehr* künstlerischen Performance alle bannte. Bis auf die Musik, das Klicken unzähliger Kameraauslöser, seinen Tanzschritten und das heftige Atmen von ihm und den Zuschauern, war es im Foggy Bottom Club totenstill geworden. Jeder hatte nur noch Augen für den Samba-Tänzer, der immer mehr in Fahrt kam. Seine Mine war so konzentriert, als ob er eine Maske tragen würde.

Ich hatte bis zu seinem Auftritt keine Ahnung, wie erregend *American Rhythm* sein konnte. Lox' Vorstellung stellte alle bisherigen Performances nicht nur in den Schatten, sondern verbrannte mit ihrem Licht die Vergangenheit dieses verknöcherten Wettbewerbes. Seit sich der Vorhang für ihn geöffnet hatte, konnte ich meinen Mund nicht mehr schließen. Es erging nicht nur mir so. Viele der Smoking-Träger drängten sich bald dicht vor der Tanzfläche. Nur weil ich direkt an der Bühne saß, kam mir keiner in die Quere. Was uns Lox bot, überstieg meine kühnsten Erwartungen an einen schrillen Tanzabend mit schwulen Paradiesvögeln.

Irgendwann sprang Lonny Saxon mit einem Salto von der Bühne. Im Ring, der sich immer dichter um ihn schloss, eroberte er diese neue Arena im Fluge. Längst spielte ein zweites Stück. Keiner reklamierte über die Verlängerung von Lox' Performance.

Lox' Auftritt war eine Offenbarung. Es war meine Offenbarung! Sein Kostüm war mit nichts zu vergleichen, was ich je zuvor gesehen hatte. Nur Schweißperlen zierten seine Stirn und seinen makellosen vollkommen nackten Körper. Nicht ein Haar lenkt die Blicke vom Wesentlichen ab. Mal stolzierte der Jüngling wie ein Pfau im Kreis, dann wieder wirbelte er wie ein Derwisch, um nur sogleich wie auf Wolken zu schweben. Seine Haltung war pure Arroganz und sein neuer Gesichtsausdruck eine Mischung aus wilder Erotik, jugendlichem Leichtsinn und seiner Verlegenheit, sich allen splitternackt zu zeigen.

Lox war die Unschuld eines jungen Frühlings. Sein Tanz trotzte jeder Kälte, durchbrach jede Schale und überwand selbst die Steinherzen der kritischen Jury. Barfuß zertrampelte er die letzten Vorureile und erschuf gleichzeitig mit jeder Bewegung neue. Er war wie die tausend Knospen eines Rosenbusches, die sich einzeln öffnen, um mit ihren Düften und Farben den Winter endgültig zu vertreiben.

Lox wirkte während seiner Performance gleichzeitig sensibel verletzlich und schamlos potent, was seinem frechen Tanzstil eine interessante Würze verpasst, die er im Smoking niemals zustande gebracht hätte. Er war die personifizierte ungebändigte Unschuld der ewigen Jugend.

Dann passierte es.

Lox' Kopf glühte plötzlich feuerrot. Das neue Blitzlichtgewitter hielt alles fest, filmte und dokumentierte es für die Nachwelt. Sein Steckholz richtete sich langsam zur vollen Größe auf. Ich konnte nur erahnen, wie extrem peinlich das für den armen Champ sein musste. Seine neuen Blicke glichen jetzt Schwertern, die jeden aufschlitzen würden, der sich ihm mit etwas anderem als nur mit lüsternen Blicken nähern sollte. Während das für ihn wahrscheinlich die längsten fünfzehn Minuten seines Lebens waren, hoffte ich, Lox würde nie mehr aufhören zu tanzen.

Als die dritte Samba leider – viel zu früh – ausklang, beendete der Nackte seine Nummer mit einem Spagat in unserer Mitte, was mit seiner vollausgefahrenen Erektion halsbrecherisch gefährlicher aussah. Komplett unbeweglich zu weißem und rotem Marmor versteinert, verharrte er in dieser Stellung mit hoch erhobenen Armen.

Keiner sprach. Nur das Knipsen und Filmen wurde noch aufdringlicher.

Lox schloss seine Augen.

Donnernder Applaus. Da Capo-Rufe. Die Mauer um ihn herum zerbarst. Augenblicklich hellte sich die Mimik des Jünglings auf. Er strahlte, wie die Morgensonne. Erst lächelte er, dann grinste er frech, bis sein siegessicheres Lachen laut aus ihm herausbrach. Flink sprang er zurück auf seine Füße. Er drehte sich im Kreis. In tänzerisch aufrechter Haltung fokussierte er schließlich die drei Jurymitglieder, um seine Punktzahlen zu erwarten. Seine Hände versuchten seine Latte zu verbergen, was ihm glücklicherweise nicht gelang.

Scotty hob sofort die Nummer Zehn hoch, wie auch der Präsident der hiesigen Gay DC Dancers. Nur der Präsident seines eigenen Clubs zögerte. Da der Applaus immer lauter wurde, resignierte er schließlich mit einem Schulterzucken und belohnte den jugendlichen Leichtsinn ebenfalls mit der Höchstzahl.

Ich war begeistert. Ich war schockiert. Ich war sprachlos. Nicht nur Lox befreite sich von Konventionen, sondern auch ich. Ich fühlte, wie dicke Schalen zerbrachen, um einem Küken das Schlüpfen zu ermöglichen. Begann alles mit einem Tanz, war daraus längst ein Eroberungsfeldzug um mein Herz geworden.

Nach bestimmt fünf Minuten Klatschen und anderen Begeisterungsausbrüchen betrat Scotty die Bühne und langte nach dem Mikrofon. Er musste unzählige Male ansetzen, bis die geilen Gaffer von ihrer Beute mit Lockrufen abließen. Scotty langte nach dem Zylinder, den ihm einer der beiden Präsidenten reichte, und nahm die letzten Zettel heraus.

Lonny! Lonny! Lonny!, riefen die Mitglieder seines Clubs.

Saxon! Saxon! Saxon!, die DC Gay Dancers.

Ich brülle: *Lox! Lox! Lox!*

Alle, die noch nicht aufgetreten waren, gaben auf. Lonny Saxon hatte sie alle ausgetrickst! Der junge Pan hat sich seinen Sieg nicht nur mit Originalität und Professionalität verdient, sondern vor allem durch seinen Mut und durch das Ignorieren sämtlicher Regeln.

Ganz oder gar nichts wird ab heute Nacht bestimmt die Club-Regeln erweitern, verkündete der Präsident des Gastclubs.

Alle lobten Lox für seine Arroganz und seinen Leichtsinn. Ich ahnte es voraus. Ich wusste aus eigener Erfahrung, wie konservative Leute ticken. Heute jubeln sie dir zu und morgen bohren sie dir ein Messer in den Rücken, weil du sie gestern bloßgestellt oder entlarvt hast.

Vom Präsidenten des Gastclubs bekam der nackte Sieger seine Medaille umgehängt. Goldig blitzte das Metall auf seiner vom Schweiß glänzenden Brust.

Als Lox in meine Richtung sah, hob ich meine beiden Daumen und himmelte ihn an. Ahnte ich bisher, dass ich vielleicht schwul sein könnte, wusste ich es ab diesem Moment mit Gewissheit. Lox hatte meine Gefühle aus dem Schrank gezehrt. Er hatte alle Illusionen weggefegt, damit ich endlich ungeschützt in den Spiegel meines wahren Selbst blicken musste.

Gleichzeitig ertönte eine neue Samba im Hintergrund.

Dann passiert es! Lox riss seine beiden Arme über den Kopf und ließ sich abermals als schamloser Priapos zelebrieren.

Mir schwindelte bei seinem Anblick. Ich war froh noch immer auf meinem Platz direkt bei der Bühne zu sitzen. Hätte ich gestanden, hätte mich jemand stützen müssen. War Lox vorhin einfach unschuldig, loderte jetzt wilde Lust in ihm.

Lachend überreichte ihm Scotty den vergrößerten Scheck mit der Siegesprämie. Lox packte den Scheck und stellte sich stolz den Fotografen, bis ihm Francis eine zusammengefaltete Regenbogenflagge reichte, damit der Flitzer sich darin einwickeln konnte. Lox trocknete sich erst damit seinen Schweiß vom Gesicht und ließ sich danach mit der Verhüllung viel Zeit. Mit dem letzten Ton des Sambastücks verschwand Lox hinter der Bühne.

Was war denn das? Donald sah mich lange mit riesigen Augen an. Auch er schien eben erst aus einer erotischen Trance zu erwachen. Das Stimmengewirr schwoll immer lauter an, als ob jeder über seine Erfahrung, seine Gefühle oder seine Lust reden wollte. Auch Jeffrey und Donald tauschten sich wortgewandt über die ungewöhnliche Performance aus.

Ich hörte gar nicht zu. Ich schwelgte im siebten Himmel."

„Josh", flüstert Oliver und unterbricht damit mein langes folgendes Schweigen, „bist du wirklich schwul?"

Weil ich keine Lust habe, mich Oliver zu erklären, erzähl ich einfach ohne Kommentar dazu weiter:

„Als ich aufblickte, saß Lox, nur mit der Regenbogenflagge umgewickelt, auf dem leeren Stuhl an meinem Tisch. Ich gaffte den erblühten Frühling hypnotisiert an. Meine Hände zitterten gierig. Ich wollte ihn anfassen. Mir verlangte nach diesen Wunderknaben. Ich wollte nur noch eins: Ihm die Flagge vom Leib reißen. Deswegen fühlte ich mich gleichzeitig hundsmiserabel und seelisch entrückt.

War das Liebe?

Da inzwischen auch der Letzte begriff, dass sich Lox noch immer fast nackt unters Publikum gemischt hatte, wurden die Aufforderungen nach einer Zugabe immer lauter.

Wirst du nochmals tanzen?, fragte ich und ahnte, dass ich dabei wie ein ausgehungerter Sex-Depp aussehen musste.

Eine Rumba!, rief der Tänzer und stand von seinem Platz auf, streckte seine Hand nach mir aus, um mich daran auf meine Füße zu ziehen.

Ich hatte meinen Willen verloren, als ich mich in seinen Armen wieder fand. Lonny Saxon führte mich in einer Rumba über die Bühne, als ob der Teufel hinter uns her wäre – was in mindestens hundert Augenpaaren auch der Fall war. Stetig lächelte der Hellblonde mich an. Bestimmt war das der Grund, warum ich nicht in Panik ausbrach. Ich konnte wirklich nicht tanzen! Wir mussten aussehen, wie Adonis, der von einem trampelnden Ochsen verfolgt wurde. Der Tanz wurde zum Kampf. Der DJ überspielte einen Tango. Ich zitterte am ganzen Leib vor Erregung, Scham und Lust.

Fühlt sich so Sex an? Oder war das Liebe?

Ich wusste es nicht. Es war mir total egal. Schwärmte ich erst nur von Lox, wollte ich ihn jetzt flach legen. Der Knoten, mit dem er sich die Flagge umgebunden hatte, löste sich schon nach der dritten Verbiegung und lag irgendwo auf der Tanzfläche, von Füssen getreten und vergessen.

Ich sage dir, rückte der nackte Lox näher an mich ran, *als mein Smoking im Greyhound Bus gestohlen wurde, war ich erst traurig, dann stinksauer. Doch ehrlich, was hätte mir Besseres passieren können? Mann, ich habe gewonnen!*

Da sich inzwischen fast alle auf der Tanzfläche zum neuen Foxtrott drängten, war mir nicht bewusst, dass ich schon das dritte Stück mit Lox tanzte. Ich fragte ihn, ob er schon jemals zuvor nackt aufgetreten sei. Er verneinte. Ihm hätte dazu immer der Mut gefehlt. Hätte ihn der Stripper, der später noch auftreten werde, ihm vor seinem Auftritt in der Garderobe nicht ins Gewissen geredet, er hätte es niemals gemacht. Lox betonte immer wieder, dass er es, ohne des Strippers Aufmunterungen, niemals gemacht hätte. Ihm verdanke er diesen nackten Wahnsinn. *Der Stripper war es, der nicht auf ganz, sondern auf gar nichts plädierte!* Mikey könne sehr überzeugend sein, fügte Lox noch an.

Mir war egal, wer Mikey war, doch ich werde ihm wohl ewig dankbar sein, Lox zum Strip überredet zu haben.

Ich bin Lox, tuschelte er mir beim vierten oder fünften Stück ins Ohr. *Lonny Saxon! Meine Freunde nenne mich alle Lox. Mann!*, wurde er ernst, *ich bin trotzdem noch angepisst! Nicht nur mein neuer weißer Smoking und meine Tanzschuhe sind gestohlen worden, sondern auch all mein anderes Zeug. Ich besitzt im Moment nur noch, was ich bei der Ankunft im Foggy Bottom Club auf mir trug. Echt, ich habe nicht mal mehr eine Zahnbürste. Wie ich mein Hotelzimmer während der Gay Days hier in Washington bezahlen soll, weiß ich auch noch nicht!*

Ich zeigte auf den vergrößerten Scheck, der auf dem Bistrotisch lag. Lox erklärte mir daraufhin, dass das Geld auf ein Konto einbezahlt würde, doch bestimmt nicht vor nächstem Montag.

Du kannst bei mir pennen, meine Eltern sind im Urlaub und das Personal hat übers Weekend frei!, offerierte ich ihm eine Gratisbleibe.

Unter einer Bedingung, flüsterte er und schmiegte sich nackt noch dichter an mich, dass mich sein Duftgemisch aus Eau de Toilette, frischem Schweiß und seiner Lust um Selbstbeherrschung ringen ließ. *Du leihst mir eine Zahnbürste!* Als ich zustimmte, entschuldigte er sich. Er habe einigen Männern aus beiden Clubs ebenfalls einen Tanz versprochen.

Donald boxte mich in die Seite, kaum dass Lox fort war. *Josh, hast du endlich deinen Eros gefunden?* Schweigend hatte ich nur Augen für den Nackten, der inzwischen mit einem älteren Typen tanzte. *Oder deine erste große Liebe?*, fragte Donald.

Sprachlos und ertappt stand mir einfach der Mund offen.

Donald nickte mehrfach. *Das dachte ich mir schon. Kein Mann sucht sich einen Eros, außer er will ihn nageln!* Weil ich wie ein Depp nickte, schüttelte sich der Zwilling vor Lachen.

Der Stripper, der heute Abend noch hier auftreten soll, tut mir jetzt schon leid, sprach uns ein Fremder an. *Dieses Engelgesicht hat uns alle umgehauen. Schaut ihn euch an! Ich glaube, Lox ist gar nicht bewusst, wie verschärft er aussieht! Ich würde diese geile Schlampe auf der Stelle flach legen – hier und jetzt!*

Eifersüchtig ballte ich sofort meine Fäuste, doch der Fremde war schon weiter. Lox wurde Tanz um Tanz von Arm zu Arm gereicht und jede Minute von einem weiteren Tänzer abgeklopft. Unter all den Smokingträgern wirkte der hellblonde Nackte umso erotischer. Viele Hände lagen beim Tanzen natürlich nicht auf Lox' Hüfte, sondern streichelten scheu oder sehr direkt seinen Hintern oder seine Brust. Da Lox keinen abwimmelte oder die ungeküsste Jungfrau spielte, legte der DJ einen Foxtrott, Tango oder Walzer nach dem anderen auf. Je mehr Smokingtypen den schönen Nackten anfassten, desto eifersüchtiger wurde ich. Immer wieder beobachtete ich, wie ihm Gentlemen Champagner reichten, den Lox meist in einem Zug hinunterschüttete. Als endlich die ersehnte Tanzpause mit Hintergrundjazz verkündet wurde, verdrückte sich Lox im Gewimmel.

Scotty bewarb den Stripper des Abends. Normalerweise freue sich jeder auf viel nackte Haut bei einer anderen Art des Tanzes. Scotty befürchtete, dass der Profi-Stripper nicht den Empfang bekäme, den er verdiene. Er täuschte sich!

Kommst du?, streckte Lox, inzwischen ziemlich angetrunken, seine rechte Hand nach mir aus. Er stand plötzlich hinter mir. Er habe keinen Bock auf Mikeys Strip. *Spielen wir eine Runde Billard?*, fragte er mich und zwinkerte dabei zweideutig.

Während sich der Bühnenvorhang vor uns öffnete und ein Typ in schwarzen Damenstrümpfen, die ihm bis zur Mitte seiner Oberschenkel reichten auf schwarzen High Heels bis zum Rand der Bühne stolzierte, zerrte mich Lox an der Bar vorbei Richtung Hinterzimmer. Fasziniert wegen der Strumpf-Schlampe auf der Bühne, fokussierte ich Mikey. So etwas hatte ich noch nie zuvor gesehen. Mikey trug nur noch eine schwarze Fliege um den Hals, und vor dem Gesicht eine wuchtige venezianische Maske. Ansonsten war er splitternackt und genauso hart erregt wie Lox bei seiner Tanzperformance. Ob der Profi beweisen wollte, dass er sich von einem jungen Früchtchen nicht die Show stehlen ließe? Als der Maskierte sich zu House Music an der Stripper Stange rekelte, wallte mein Blut abermals auf. Auch dieser Typ verstand es, alle Versammelten mit seinem Körper und seinen Bewegungen zu verhexen.

Lox drehte sich mir zu und rückte näher an mich ran. Kaum berührten sich unsere Wangen, fasste er nach meinem Kinn. Ich musste mich mit beiden Händen an die Theke festklammern, um nicht zu straucheln. Unsere Lippen berührten sich zum leidenschaftlichen Kuss. In mir explodierte ein Vulkan. Vor meinen Augen sah ich Lichterfunken und Feuerwerk. Es war mein erster Kuss! Lox schmeckte nach Champagner, Erdbeeren und frisch angebratenem Steak, was mich kurz überraschte, danach einfach überwältigte. Als er mich irgendwann losließ, wusste ich, warum ich bisher niemals Lust hatte, ein Mädchen zu küssen.

Lox schob seine Hände in meine, bis sich unsere Finger gegenseitig umschlossen. Er nickte zur Bühne, vor der sich immer mehr Smokingträger einfanden, um dem Stripper Dollarnoten in seine Strumpfbänder zu schieben.

Mikey duldet keine Konkurrenz!, bemerkt der Bartender, der unseren Blicken gefolgt war. *Jungs, noch was*, hielt er Lox am Arm zurück, *das Hinterzimmer bleibt heute Nacht geschlossen. Sorry, diese Nacht kein Sex im Club!*

Frech zwinkerte mir Lox zu: *Lass uns von hier verschwinden!* Er steuerte die Garderobe an, um sich anzuziehen. Kaum in seinen Jeans drängte er zum Aufbruch. Hand in Hand verließ ich mit meiner ersten großen Liebe den Foggy Bottom Club."

Weil Oliver mich wieder mit diesem Blick mustert, den er schon öfters aufgesetzt hat, ahne ich, er mag mich. Bevor es peinlich werden kann, springe ich von meinem Sitz unter den Spots und stapfe breitbeinig aus dem Studio. Erst an der Tür drehe ich mich nach Oliver um und frage ihn: „Alter, morgen um die gleiche Zeit?" Ohne auf seine Antwort zuwarten, verlasse ich die Medienagentur und fühle mich seltsam erleichtert, ihm mein Geheimnis anvertraut zu haben.

Die Nacht der Veränderungen

Heute ist der fünfte Morgen im Studio der Medienagentur. Ich bemerke den Unterschied sofort. Oliver flirtet jetzt ganz offen mit mir, während er die Spots ausrichtet und die Kamera installiert. Wir quatschen belanglos über die Sommerhitze, während der Mediencoach versucht, mir nicht zu direkt auf meine nackten Füße und Beine zu starren, oder meinen kaum verdeckten Torso – denn bis auf Shorts und ein seitlich vollkommen geschlitztes Tank Top habe ich mir nichts mehr angezogen.

„Wo war ich gestern stehen geblieben?", frage ich und tue so, als ob sich nichts verändert hätte.

„Josh, du hast den betrunkenen Stripper aufgerissen!", lacht Oliver.

„So war es nicht!", protestiere ich, denke kurz nach und nicke. „So war es! Dennoch, vor zwei Wochen hätte ich es mir niemals eingestanden. Damals war ich verliebt – nein, ich war liebestrunken und total verwirrt."

„Heute bist du es nicht mehr?", forscht Oliver. „Stehst du heute dazu schwul zu sein?"

Schulterzuckend setze ich mich auf den Stuhl unter die Spots und bin entschlossen, Oliver über mein Liebes- und Sexleben aufzuklären:

„Kaum aus dem Taxi und vor dem Haus meiner Eltern angekommen, stülpte sich Lox seinen Pulli über seinen Kopf. *Was?*, flüsterte er betrunken und drehte sich nach mir um. *Mir ist heiß! Zudem haben mich heute Nacht schon über hundert Bekannte splitternackt gesehen. Was soll es?*

Hastig suchte ich nach dem Hausschlüssel, bevor Lox auch noch seine Hose verlieren sollte. Nervös schloss ich die Haustür auf, schob den nackten Frühling ins Haus und verrammelte hinter uns die Tür.

Hier wohnst du?, wirbelte Lox mehrfach tänzerisch um die eigene Achse und taumelte. *Mann-o-Mann! Ist das ein Hotel?* Um ihn abzulenken, fragte ich ihn, ob er etwas trinken wolle. Er forderte lautstark: *Champagner!* Das Zeug im Club habe ihm extrem gut geschmeckt. Aus dem Kühlschrank in der Küche holte ich eine Flasche des sprudelnden Zeugs und betrat damit wieder das Wohnzimmer, wo es sich Lox – bereits wieder splitternackt – auf der Couch bequem gemacht hatte.

Willst du mir nur zusehen?, lallte er. *Mann, ich bin total geil!* Genauso wie das Mikey auf der Bühne tat, provozierte mich jetzt Lox auf der Couch liegend. Er spielte keck an sich rum. Beinahe hätte ich die Champagnerflasche und die Gläser fallen lassen. Während ich uns die Gläser füllte, wurde Lox immer härter.

Bringst du mich ins Bett?, zwinkerte er, nahm mir das volle Glas ab und leerte es in einem Zug.

Mein Hunger auf Sex brachte mich fast um den Verstand.

Josh, ich habe zu viel getrunken, nuschelte Lox. *Ey, jetzt kennt jeder aus meinem Tanzclub meine Latte. Ist das schlimm?* Plötzlich packte er nach meiner rechten Hand und zog mich daran so heftig an sich ran, dass ich stolperte und auf ihn fiel. Er schlang sofort seine Arme um meinen Hals und küsste mich gierig auf den Mund. Ich rang nach Atem.

Mein Verstand setzte aus. Augenblicklich sah ich nur noch rot. Meine Zunge hatte vergessen, wie Worte zu formen waren. Mein Herz hämmerte so heftig, dass ich es in den Schläfen pochen fühlte. Unsicher und tollpatschig streichelte ich dem hübschen Kerl ungeschickt durch seine hellblonden Haare.

Josh, du bist anders, als die Typen, die ich mir sonst aufgable! Lox berührte meine Wange und lächelte dabei wie ein Lausbube. *Willst du nicht mehr?*, sah er verwundert in meine Augen, als ich ihn nur scheu auf die Stirn küsste.

Ich bringe dich ins Bett. Morgen ist ein langer Tag! Total unsicher versuchte ich meine Scham zu kaschieren.

Ja, ja, die Gay Pride!, bestätigte er, schlang abermals seine Arme um meinen Hals und ließ sich von mir von der Couch ziehen. Eng schmiegte er sich an mich und schob dabei seine rechte Hand unter mein Hemd, um meine Brust zu streicheln. *Joshy, rasierst du dir die Brusthaare? Du piekst!*

Total verlegen erklärte ich ihm, dass dies im Sport viele der Jungs täten. Ich schämte mich meiner haarlosen Brust plötzlich. Ich kam mir extrem schwul vor.

Ich rasiere mich überall, seit ich achtzehn bin. Seine langen Finger wanderten tiefer bis zu meinem Bauchnabel, um sich danach in meinem Hosenbund zu verirren. *Warum nicht überall?*, fragte Lox sofort. *Echt, Mann, wer trägt denn heute noch Naturfell?* Zielsicher forschte seine Hand tiefer und überwand das Hindernis meines Hosenstalls.

Langsam in kleinen Schrittchen führte ich den betrunkenen Nackten aus dem Wohnzimmer, zur Treppe und ins obere Stockwerk. Lox kräuselte dabei meine Schamhaare und zupfte daran, als ob er noch niemals zuvor einen Mann mit Haaren da unten gesehen hätte.

Immer wieder blitzte ein einziges Wort durch meine Gedanken: *schwul!* Ich hatte bisher keine Ahnung was es wirklich bedeutet. Meine Schwärmereien, meine Fantasien und selbst meine feuchten Träume waren nichts gegen Lox' Streicheln, Zupfen und Necken.

Deine Eckzähne sehen aus wie bei einem Vampir!, grinste er plötzlich und fasste mit seiner rechten Hand nach meinem Mund. *Beißt du mich jetzt, um mir meinen letzten Blutstropfen aus dem Hals zu schlürfen?*

Ich hatte schon bei meinen Kumpels beobachtet, wie rasch ein Rausch die Sinne vollkommen benebelt. Lox, gerade noch vor Lust taumelnd, stürzte jetzt in den dunklen Abgrund der Bewusstlosigkeit. Synapsentango! Entschieden packte ich ihn fester um die Hüfte und trug ihn die letzten Schritte in mein Schlafzimmer, um seinen Körper auf mein Bett zu legen. Leider hatte er seine Augen bereits geschlossen. Er war eingeschlafen. Vorsichtig schlug ich das Bettzeug auf. Bevor ich ihn damit zudeckte, ließ ich meine Blicke über seinen Leib wandern. Wie schön er war! Scheu küsste ich seine rechte Brustwarze und streichelte verlegen seine blitzblank rasierte Schamgegend. Als sich selbst in seinem betrunkenen Schlaf seine Latte noch härter erhob, zitterte ich so heftig, dass ich viel zu schnell die Decke darüber schlug.

Überstürzt flüchtete ich aus meinem eigenen Schlafzimmer, um in einem der Gästezimmer ein Bett zu finden. Der Anblick des nackten Schlafenden, der so selbstverständlich auf meine Zärtlichkeiten angesprochen hatte, verwirrte mich, beflügelte mich und raubte mir den Schlaf.

Plötzlich erinnerte ich mich an Eros' Flüstern aus jenem Traum als ich gerade sechzehn Jahre alt geworden war: *Als unschuldiger Frühling werde ich dich blenden, dich verzaubern und in Verzweiflung stürzen.*

Um vier Uhr fünfzehn in der Früh hörte ich Schritte im Flur. Offensichtlich musste ich doch irgendwann eingenickt sein. Die Sonne war noch nicht aufgegangen. Nur die Straßenlaternen vor unserem Haus spendeten etwas Licht. Kurz wunderte ich mich darüber, warum ich nicht in meinem eigenen Bett lag, bis ich mich schlagartig an Lox erinnerte.

In Boxershorts schlich ich mich auf den Flur hinaus und erkannte den nackten Hellblonden, wie er sich unten in Richtung Küche bewegte. Abermals konnte ich es kaum glauben, dass dieser galaktische Typ bei mir zuhause war und sich nackt durch das Haus meiner Eltern bewegte. So betrunken konnte er vor ein paar Stunden nicht gewesen sein, wenn er selbst ohne Licht so zielsicher die Küche wiederfand. Auf Zehenspitzen folgte ich ihm. Im Wohnzimmer verharrte ich, um ihn von dort aus in die angrenzende Küche zu beobachten. Lox langte nach einer Wasserflasche und setzte sie sich an den Mund. Das Innenlicht des Kühlschranks beleuchtete seinen schlanken Leib.

Willst du auch?, flüsterte er und sah direkt in meine Richtung.

Ich wollte dich nicht erschrecken!, haspelte ich eine Entschuldigung für mein Anschleichen.

Lox blieb im Licht des geöffneten Kühlschranks stehen. *Champagner macht Durst!* Als ob es das absolut Normalste sei, sich splitternackt in einer fremden Wohnung zu bewegen, reichte er mir nach einem weiteren tiefen Schluck Wasser die Flasche. *Wasser – viel Wasser – hilft mir am besten, wieder nüchtern zu werden.* Neugierig beobachtet er mich beim Trinken. *Du hast mich in dein Bett gelegt? Warum bist du verschwunden?*

Du bist eingeschlafen!, protestierte ich.

Joshy, jeder andere Kerl hätte an deiner Stelle die Situation schamlos ausgenutzt. Warum du nicht? Sag jetzt nicht, weil du mich nicht wolltest. Lox schloss den Kühlschrank und streckte seine linke Hand nach meiner aus. *Fick mich jetzt!*

Schockiert über seine Direktheit verschluckte ich mich.

Der Nackte stellte sich dicht vor mich, umarmte mich und drückte seine Latte gegen meine Beule in den Boxershorts.

Joshy, lass mich nicht betteln!

Ich habe noch niemals …, flüsterte ich und fühlte mich verpflichtet, ihn über mich aufzuklären.

Stopp das Rummädeln!, küsste mich Lox auf meine Nase. *Joshy, das habe ich schon längst kapiert.*

Wieder oben in meinem Schlafzimmer hüpfte Lox auf mein Bett. *Trägst du immer seidene Boxershorts zum Schlafen?* Dabei zupfte er mir am ausgebeulten Stoff. Bevor ich etwas Dummes darauf antworten konnte, zog er mir mit einem Ruck die Boxershorts runter. Bisher hatte es mich nie gestresst, wenn ich nen Harten hatte. Diesmal war es aber kein harmloses Vergleichen unter der Dusche, oder das Resultat von Späßen, wenn wir uns nach dem Sport gegenseitig mit unseren Badetüchern peitschten.

Entspanne dich! Lox kniete sich vor mir aufs Bett, fasste nach meinem Becken und zog mich dichter vor sich, um mit seinen Lippen das zu erkunden, was sich ihm entgegenstreckte.

Ich las schon darüber. Ich hörte derbe Witze darüber und konnte mir selbst doch nie wirklich etwas darunter vorstellen. Bis zu jenem Zeitpunkt! Es passierte ausgerechnet mir. Es war total peinlich. Kaum berührten mich Lox' Lippen, entlud ich mich so heftig über ihn, dass ich keuchend und am ganzen Leib heftig zitternd mein Gleichgewicht verlor und beinahe gestolpert wäre.

Grinsend langte Lox nach meinen vorhin ausgezogenen Boxershorts, um sich damit seine Wange zu säubern. Er verlor kein Wort darüber, sondern zog mich an meinen beiden Händen in mein Bett hinein, in das er sich selbst legte. Sein Körper wärmte mich. Sein Duft lullte mich ein. Der Hellblonde schmiegte sich in meine Arme. Mit seiner linken Hand streichelte er meinen Arsch und mit seiner rechten mein Gesicht. Immer wieder trafen sich unsere Lippen zum Kuss, bis mein Verlangen mich abermals übermannte. Ich drückte den schlanken Typen rücklings in meine Kissen und starrte, plötzlich auf seinem Brustkorb sitzend, auf ihn nieder. Donald hatte ich schon oft so gepackt, doch jetzt war es kein Spiel und kein Necken; es war Eroberung und Sex.

Lox fasste nach meinen Pobacken und schob mich höher, damit sein Mund da weitermachen konnte, wo er zuvor unterbrochen wurde. Abermals kürzte meine übersteigerte Lust seine Erkundungen vorzeitig ab. Diesmal ließ mich Lox nicht los. Statt mit seinem Mund, fuhr er mit seiner rechten Hand fort. Seine Finger packen mal sanft, dann wieder fordernd zu. Jedes Mal, wenn sich mein Atem beschleunigte, stoppte er, um mir eine Pause zu gönnen. Ich wagte es nicht, seinen Gefallen zu erwidern. Ich ertrug kaum seine

Berührungen.

Endlich wusste ich, was es bedeutet ein echter Mann zu sein. Endlich konnte ich mitreden. Eng an meinen Liebsten geschmiegt, ließ ich mich von ihm immer und immer wieder necken und in Gefühlswelten entführen, die mir bislang vollkommen unbekannt waren. Als ich bei Sonnenaufgang begann seinen Körper überall mit meinen Händen zu erforschen, wurde mir bewusst, dass ich das niemals mit einer Frau tun wollte."

Weil Oliver abermals nichts sagt, sondern mich nur mit ganz neuen Augen ansieht, hasple ich in meiner Erzählung weiter:

Peitschen der Eifersucht

„Um kurz nach elf Uhr morgens, erwachte ich, weil Lox' Hände sich abermals meiner Intimzone widmeten. So wurde ich noch nie geweckt. Es war galaxomäßig. Es fühlte sich so beängstigend edgey an, dass ich mich daran gewöhnen könnte.

Schon wieder?, nuschelte mir der Hellblonde ins Ohr, als ihm mein Körper, keine Minute später laut keuchend, darauf antwortete. *Jungfrauen!*, lachte Lox, setzte sich in meinem Bett auf und sah auf mich nieder. *Joshy, ich wünschte, du wärst nicht so extrem sensibel!*

Verlegen sah ich zu ihm auf. *Die letzte Nacht, das war mein erstes Mal. Deine Berührungen sind ...*

Ja, ja, Joshy! Das hast du mir schon vier Mal bewiesen! Wo kann ich duschen? Während Lox aus dem Bett stieg, folgte ich mit meinen Blicken diesem Wunderknaben. Ich hatte endlich meinen ersten Sex erlebt – und das gleich vier Mal nacheinander! Mit hinter meinem Nacken verschränkten Armen starrte ich meine Zimmerdecke an. Hätte mich Donald nicht mit dem Foto geködert, wäre ich noch immer eine Jungfrau. Und nicht nur das, ich hätte mich nicht verliebt. Am liebsten hätte ich es der ganzen Welt verkündet. Doch diesbezüglich war ich ein Feigling. Lox würde mich bestimmt überreden, ihn zur Gay Pride zu begleiten, womöglich noch, um dort zu marschieren. Nicht auszudenken, wenn mich einer aus meiner alten Schule oder vom Uni Campus dort sehen sollte; noch schlimmer, mit Lox an meiner Hand oder während einem Kuss.

Kommst du?, brüllte Lox aus dem Badezimmer. *Joshy, kannst du mich einseifen? Mein Körper klebt überall.*

Lachend stand ich auf und stieg im Badezimmer hinter Lox in die Duschkabine, um meinem Lover den Rücken, den Hintern und den Kopf zu waschen. Wie fein sich sein Körper unter dem heißen Wasser anfühlte? Wie makellos seine Haut war? Wie hart seine Lust?

Es klingelte an der Haustür!

Fluchend unterbrach ich das Einseifen. *Das sind die Zwillinge. Die habe ich total vergessen! Jeffrey und Donald kommen zum Brunch.*

Lox grinste schief. *Jeff und Don, das sind die beiden südamerikanisch aussehenden Twins von gestern Abend? Cool, die beiden haben mir auch gefallen!* Bevor ich abhauen konnte, um den Zwillingen zu öffnen, kniete sich Lox vor mich in die Duschkabine, dass ich versucht war, meine besten Freunde auflaufen zu lassen.

Es klingelte abermals.

Ich schnappte mir eines der Badetücher, schlang es mir um meine Hüfte und rannte über die geschwungene Treppe nach unten und weiter den Flur entlang bis zur Haustür. Laut rief ich: *Ja, ja! Ich komme ja schon!*

Ob ich verschlafen habe, begrüßt mich Donald. *Jeffrey entlädt noch unseren Wagen.* Plötzlich starrte mich mein bester Freund breit grinsend an. *Was ist denn mit dir passiert? Mann, du leuchtest richtig!* Weil ich augenblicklich errötete, boxte mir Donald in den Oberarm. *Ey Mann, du bist keine Jungfrau mehr!*

Ich ... Nein!, stammelte ich. Dann warf ich mich stolz in die Brust: *Richtig! Das bin ich nicht mehr!*

Ist das dein Eros?, spähte Donald ins Haus hinein.

Ich schaute mich ebenfalls um. Lox kam nackt und nass die Treppe runter und trocknete sich seine Haare mit einem Badetuch ab. Wie schon gestern Abend, oder heute früh in der Küche, bewegte er sich ganz natürlich nackt.

Hi, Dude! Joshy und ich haben verschlafen. Als Lox bei der Haustür ankam, streckte er Donald seine Hand zum Gruß hin: *Ich bin Lonny Saxon! Du hast mich gestern Abend tanzen sehen. Bist du Don oder doch Jeffrey?*

Donald musterte den Nassen.

Donald! Lox, dein gestriger Auftritt war wohl nicht deine erste Vorstellung dieser Art? An mich gewandt: *Josh, soll ich den Brunch zubereiten, während ihr zwei euch fertig macht?*

Lox schleuderte sein nasses Badetuch von sich, spazierte ins Wohnzimmer und setzte sich dort nackt an den langen ovalen Esstisch. *Ich bin schon fertig! Was?*, sah er sich um. *Leute, ihr alle habt gestern Nacht meine Latte schon gesehen*, zeigt er an sich runter.

Donald lachte. Ich verdrückte mich nach oben, um mir Shorts anzuziehen. Auch wenn mich Donald und Jeffrey schon oft nackt gesehen haben, so war es mir gerade dennoch echt peinlich. Lox' Anblick erregte mich ständig unkontrolliert. Zudem würde Lox bestimmt hemmungslos zugreifen, sollte es wieder passieren. Ich wollte vor meinen besten Freunden keinen Sex zelebrieren. Die Situation überforderte mich eh total. Oben dachte ich über einiges nach: War Lox jetzt mein Lover? Erkannten die Zwillinge in mir einen echten Schwulen? Sollte ich es noch abstreiten oder mich endlich outen? Bis gestern Abend hatte ich ja selbst kaum eine Ahnung, wie ich wirklich ticke.

Wieder unten verdrückte ich mich verlegen in die Küche, um dort Wurst, Käse, harte Eier und Diverses anderes aus Dosen, Schachteln oder Gläsern auf Platten herzurichten.

Josh, bist du jetzt voll und ganz schwul?, fragte Donald, der gerade in der Küche auftauchte.

Ich habe mich noch nicht entschieden. Aber so viel gebe ich zu, heute Nacht war ich definitiv temporär schwul. Mann, seufze ich und drehe mich zu meinem besten Freund um, *ich weiß nur, ich will mit Lox zusammen sein.*

Donalds Augen verengten sich, als er sich zu mir vorbeugte und mich sehr ernst geworden warnte: *Josh, sei vorsichtig!*

Vorsichtig? Warum? Wovor?

Donald haderte mit sich, mir mehr zu verraten, bis ich nachfragte. Endlich verriet er mir seinen Verdacht: *Lox ist nicht das Unschuldslamm, das du in ihm siehst. Hast du nicht beobachtet, wie er sich im Foggy Bottom Club von Arm zu Arm hat reichen lassen?*

Sofort verteidigte ich meinen hübschen Lover: *Lox war verlegen, weil er erstmals nackt tanzte und das vor all seinen Club-Mitgliedern. Er wollte nur …*

Donald winkte ab. *Josh, sag mir, warum sitzt er jetzt splitternackt am Tisch und lässt sich von Jeffrey anmachen?*

Schockiert und total eifersüchtig stürzte ich ins Wohnzimmer. Lox saß wirklich noch immer nackt an Tisch, doch Jeffrey war nicht zu sehen.

Joshy, der scharfe Twin musste mal pissen!, grinste Lox und zog mich an meiner Hand zu sich. Noch während ich mich verlegen zurückziehen wollte, denn mein Outing vor meinen beiden besten Freunden überfordert mich total, wuchs Lox wieder eine Latte.

Schamlose Schlampe!, lachte Jeffrey, als er zurückkam.

Lox zuckte nur mit seiner Schulter, hockte sich breitbeiniger hin und zeigte stolz, was er zu bieten hatte. *Jungs, ihr drei macht mich total kribbelig! Lust auf einen Vierer?*

Donald brachte, zum Glück genau rechtzeitig, die hergerichtete Platte mit dem Brunch aus der Küche, und Jeffrey holte eine Tüte mit frischen Brötchen aus einer Tasche, die er beim Eingang deponiert hatte. Offensichtlich war nicht nur mir Lox' Vorschlag peinlich. Lox klopfte auf den Platz neben sich, und die Zwillinge platzierten sich uns gegenüber an den Eichentisch. Als Lox sich an mich schmiegte und danach meine nackte Schulter küsste, errötete ich so sehr, dass die Zwillinge kicherten.

Captain J.J. ist wirklich schwul!, tuschelte Donald laut mit seinem Bruder. *Ich habe es dir immer gesagt! Sein Tomatengesicht bestätigt mich!*

Ob es die Zwei hier auf Tisch treiben?, erwiderte Jeffrey dreist.

Schamlos fragte mich Lox sofort: *Joshy, willst du?*

Ich war so verwirrt, dass ich kein Wort herausbrachte.

Joshy, bis zum Start der Parade sind es noch drei Stunden. Wollen wir den Zwillingen eine schamlose Show bieten?

Schockiert schüttelte ich immer wieder meinen Kopf und langte nach dem Essen. Auch nach dem Brunch dachte Lox nicht daran, sich anzuziehen. Nackt half er, das Geschirr in die Küche zu tragen und wischte danach den Eichentisch mit einem Lappen sauber.

Was?, fragte er und drehte er sich nach Donald um, der hinter ihm stehend den Nudisten beobachtete.

Nichts!, stammelte Donald und starrte den Nudisten an. *Ich habe nur noch nie einem nackten House Boy bei der Arbeit zugesehen.*

Lox zwinkerte ihm zu, wackelt mit seinem Hintern und griff nach Donalds Latte in der Anzughose. Erst als ich rot vor Eifersucht aufflammte, ließ Lox seine Hand wieder sinken und Donald schien darüber enttäuscht zu sein.

Willst du dir noch immer einen Smoking mieten?, fragte ich Lox, um seine Aufmerksamkeit von Donald abzulenken.

Sollte ich?, fragte er keck.

Strictley Ballroom!, bestätigte Jeffrey und zeigte auf sich und seinen Zwillingsbruder, die beide schon ihren Smoking wieder anhatten.

Josh, du schließt dich uns doch an?, bettelte Donald. Weil ich mich einfach nicht entscheiden konnte, führten mich die Zwillinge nach oben. Lox folgte uns. Ich reichte dem Hellblonden diverse meiner Smokings. Keiner passte dem langen dünnen Kerl. Resigniert stieg er danach in seine eigenen Klamotten von gestern Abend. Weil ich nicht zu den Ballroom-Typen dazugehöre, wähle ich bei der Sommerhitze für mich nur Shorts, Tank Top und Flip-Flops – meine Standardausstattung.

Wir spazierten zu viert an den Treffpunkt Ecke *New Hampshire Ave* und der *22rd Street NW*, was nicht weit von meinem Elternhaus entfernt war. Dort tummelten sich schon Tausende, reihten sich in die Marschkolonne ein oder belagerten die Straßen. Zwischen den dekorierten Tiefladern gab es diverse Buden, an denen Stadtpläne, der Event Plan für die Rahmenveranstaltungen, Abzeichen, Regenbogenflaggen, Präservative, Glimmer und Getränke verkauft oder verteilt wurden. In einer Einfahrt fanden wir vier schließlich die Mitglieder der beiden Tanzgruppen – alle in dunklen oder weißen Smokings.

Lox suchte nach den Präsidenten seines Clubs. Ich folgte ihm, da ich meinen neuen Lover im Gedränge nicht gleich wieder verlieren wollte. Vom Gespräch der Beiden bekam ich im Stimmengewirr und der lauten Musik aus verschiedenen Sound Systemen nichts mit. Aus Lox' Mimik las ich ab, dass der Präsident ihn auf keinen Fall als nacktes Maskottchen oder Regenbogenflagge mitlaufen lassen wollte – soweit kannte ich Lox Optionen, die er uns auf dem Weg verraten hatte. Als Lox lautstark aufbegehrte, zog ihn Francis zur Seite, um beruhigend auf den Rebellen einzureden.

Verstaubte Regeln alter Spießer!, maulte Lox, als er sich wieder zu mir gesellte. *Ich hätte große Lust* ..., den Rest verschluckte er.

Plötzlich lenkten mich riesige schwarze Flügel ab, die einen der Wagen, der in der Nähe unter Bäumen parkte, zierten. Hypnotisiert starrte ich auf die Schwingen. Plötzlich dachte ich nur noch an Eros. Lox war meinem Blick gefolgt und steuerte sofort den Wagen an.

Lonny!, rief ein Typ vom Wagen herunter.

Mikey? Der Stimme folgend, versuchte Lox diesen Mikey zu Gesicht zu kriegen. Vergeblich, denn die riesigen Flügel verdecken ihn. *Alter, wo versteckst du dich?*, fragte Lox.

Plötzlich teilten sich die schwarzen Federn und Mikey klettert splitternackt über die Stufen des Aufladers vom Wagen, um uns beide zu begrüßen. Lox' Augen blitzten auf, als er den Stripper, der gestern im Club in Strümpfen und High Heels aufgetreten war, vor sich sah. Bis auf eine schwarze Halbmaske und schwarze Pumps trug Mikey nichts weiter.

Mikey, du marschierst nackt?, gaffte ihn Lox fasziniert an.

Mikey nickte und erklärte: *Die Bad Angels immer! Wir sind ein hiesiger Nudisten Club mit Sondergenehmigung. Solange wir diese Halbmasken*, tippte Mikey seine schwarze Zorro-Maske an, *und unsere schwarzen Flügel tragen*, zeigte er nach oben auf den Wagen, *ist alles in Ordnung*.

Ich hatte Mikeys Körper gestern Nacht schon angeschmachtet. Abermals blieb sein Gesicht unter einer Maske verborgen. Er zog sie aus und blickte mir in die Augen. Auch Mikey war blond, wenn auch gefärbt. Er hatte ein hübsches Gesicht. Er musste bestimmt schon fünf oder sogar zehn Jahre älter als Lox und ich sein. Seine Ohren waren mit Brillanten geschmückt, und seine Augenlieder, wie auch seine Lippen, hatte er sich schwarz geschminkt. Seine Haut war tiefbraun, was von einer Dauerkarte im Toaster, Tubensonne oder afrikanischen Urahnen herrühren dürfte.

Mikey!, stellte er sich mir vor. *Du bist mir schon gestern im Club aufgefallen.* Er checkte er mich ab und leckte sich seine Lippen. Obwohl Mikey auch heute wieder High Heels trug und geschminkt war, wirkte er kein bisschen weiblich. Keine seiner Bewegungen war feminin oder wirkte tuntig. Sein haarloser Körper war kräftig, ohne speziell muskulös zu sein. Er sah echt gut aus. Sein Lustkolben, den er jedem zeigte, war definitiv überdurchschnittlich. Wer so gebaut war, konnte sich als Pin-Up sehen lassen. *Wir Bad Angels sind ein Club von Nudisten, Strippern und Provokateuren. Unsere Party-Performances sind stadtbekannt und berüchtigt. Wie heißt du?*, fokussierte mich Mikey plötzlich mitten in seinen Erklärungen.

Joshy, antwortete Lox für mich.

Wenn mich Lox so nennen wollte, sollte es mir recht sein, doch nicht vor anderen. *Ich bin Josh oder J.J.*

Captain J.J.?, weiteten sich Mikey‘s geschminkte Augen. Als ich bejahte, lachte er. *Du hast einen extrem geilen Arsch. Mann, dein Poster hängt bei uns im Club. Willst du nicht bei uns Mitglied werden? Die Bad Angels suchen echte Exhibitionisten, die was in der Hose haben.*

Schockiert winkte ich ab.

Ich will beitreten!, schob sich Lox sofort vor. *Mein gestriger Auftritt muss mich doch für die Bad Angels qualifizieren haben?*

Mikey musterte Lox und befahl ihm: *Zieh dich aus!* Weil Lox keine fünf Sekunden später nackt im Gedränge vor dem Parade-Wagen stand, lachte ihn Mikey an. *So stelle ich mir eine zeigegeile Schlampe vor. Lonny, geh nach oben!*, weist Mikey zum Fahrzeug. *Hinter den Flügeln kommst du ins Innere des Wagens. Da kannst du deine Klamotten deponieren, dich schminken und eine der Masken und Flügel fassen.* Während Lox die Treppe hoch eilte, fragte mich Mikey: *Was ist mit dem berühmten Captain J.J.? Schließt du dich uns doch an? Nackte Football Captains sind gerade voll in Mode!* Als ich abermals meinen Kopf schüttelte, trat Mikey einen entschiedenen Schritt auf mich zu. Seinen Atem spürte ich in meinem Gesicht, so dicht rückte er. Während seine linke Hand unter mein T-Shirt glitt, packte seine Rechte gleichzeitig nach meinem Arsch.

Geile Backen! Ich stehe auf harte Typen!

Wie sehr, verriet mir Mikey's rasch wachsende Erektion.

Schockiert trat ich von ihm zurück.

Wir sehen uns wieder!, hob Mikey seine rechte Hand für High Five und kletterte danach – ziemlich unweiblich – in seinen High Heels die Treppe zu den Flügeln hoch, um zwischen den schwarzen Federn zu verschwinden.

Josh, kennst du Mikey schon lange?, fragte mich Donald, der plötzlich neben mir stand. Als ich verneinte, klärte mich mein bester Freund im Smoking auf: *Mikey ist Brasilianer. Jeffrey kennt ihn schon länger, da er einmal an einer Geburtstagsparty* ..., Donald brach ab. *Ach was! Willst du echt am Straßenrand stehen?* Weil ich wieder nickte, reichte mir Donald den Routenplaner. *Wir starten um vier Uhr dreißig und folgen nördlich der New Hampshire Ave über den Dupont Circle hinaus bis zur R Street. Der folgen wir bis zur 17th Street. Ab da wieder südlich bis zur P Street und östlich bis zum Thomas Circle, ab da abermals nördlich die 14th Street hoch bis in die Nähe des Logan Circle. Falls wir uns verlieren sollten, treffen wir uns am Ende der Parade am Logan Circle. Es soll dort einen Stand der Bad Angeles geben.*

Überflüssig und irgendwie fehl am Platz starrte ich zu den ausgebreiteten Schwingen hoch und hoffte, dass Lox bald wieder zwischen ihnen hervor treten würde. Jetzt war er gerade einmal zehn Minuten fort, und ich vermisste ihn schon so sehr, dass es schmerzte.

War das Liebe?

Weißt du, wo man sich als Bad Angel anmelden kann?, fragte mich jemand. Als ich mich umdrehte, stand da ein junger Asiate mit nichts als bunten Perlenketten um den Hals. Er sah aus wie sechzehn. *Ist es erlaubt, sich splitternackt auf der Straße zu bewegen?*, musterte ich ihn kritisch.

An der Gay Pride schon!, sprach er lachend. *Solange ich mich hier im Gedränge aufhalte, störte sich niemand daran.*

Aus purer Neugier erkundigte ich mich nach seinem Alter.

Manchu-Kun, wo bleibst du?

Manchu-Kun winkte einen Typ in einem Baseballtrikot zu sich. Ich erkannte ihn sofort wieder. Es war Emmett. Emmett spielte damals an der Highschool in meinem Football Team. Der Asiate zuckte mit seinen Schultern und klärte mich auf: *Das ist mein Freund, Emmett! Zu deiner Frage. Ich werde bald achtzehn!*

Captain J.J.?, hellte sich die Mine des anderen auf, als er mich erblickte. *Du auch?*

So direkt darauf angesprochen, wollte ich nicht lügen, weshalb ich nur mein Raubtiergrinsen aufsetzte. Plötzlich umarmte mich Emmett. *Captain J.J., von dir hätte ich es nie gedacht! Bist du wirklich schwul?*

Ich erklärte ihm, es unbedingt für sich zu behalten. Da auch Emmett im Sport ein Meister der Verstellung war, hatte er damit kein Problem, mich weiterhin zu decken. *Bist du alleine unterwegs?*, fragte er, nach dem er mir mehrfach erklärte, dass er meine Situation sehr gut verstehe und mein Geheimnis wahren werde.

Ich schüttelte meinen Kopf. *Nein, ein Freund von mir macht bei den Bad Angels mit!*, zeigte ich zum Paradewagen mit den Flügeln.

Deiner also auch?, verdrehte Emmett seine Augen. *Meiner kann seine Klamotten einfach nie anbehalten.*

Gar nicht wahr, mault Manchu-Kun. Doch da er weder einen Rucksack bei sich trug, noch sonst irgendeine Tasche, in der seine Klamotten sein könnten, musste er schon nackt hier angekommen sein.

Flügel gibt es oben!, zeigte ich zu den Schwingen.

Captain J.J., wie lange weißt du es schon?, zog mich Emmett ins Vertrauen, kaum dass sein nackter Freund verschwunden war. *Ich selbst habe mich vor drei Jahren in Manchu-Kun verliebt. Seither sind wir ein Paar. In einem Monat wird er achtzehn, dann können wir uns ganz offen als Paar outen.*

Emmett war mir früher an der Highschool nie aufgefallen. Jetzt mit ihm so vertraut zu reden, fühlte sich dennoch gut an. *Warum erst dann? Ihr seid doch schon lange zusammen!*

Ja schon, doch Manchu-Kun ist noch minderjährig, und ich seit einem halben Jahr nicht mehr. Ob das ein Problem sei, wunderte ich mich. *Nicht für uns!*, lachte Emmett. *Doch das Gesetz ist hier gnadenlos.*

JOSHY!, brüllte Lox von oben neben den Flügeln stehend.

Emmett unterdrückte ein Lachen und blickte zu Lox hoch. *Das ist dein Lover? Mann-o-Mann, da hast du dir je einen nicht gerade unauffälligen Typen angelacht.*

Verwundert drehte ich mich Emmett zu und fragte, ob er ihn kenne.

Allerdings! Lox kommt aus Boston. Er ist ...

Mir verschlug es schlicht den Atem, als Lox mit mächtigen schwarzen Schwingen an seiner Schulter befestigt Stufe um Stufe hinabschwebte.

Gefalle ich dir?

Lox sah wie eine düstere Version meines Traum-Eros aus! Im Traum war Eros weiß geflügelt, doch sonst glich er wirklich diesem nackten Hellblonden. Hatte ich endlich meinen Engel der Liebe gefunden?

Hi, Emmett! Manchu-Kun schreibt sich gerade im Club ein.

Emmett begrüßte Lox und grinste schief. *Es war ja nur eine Frage der Zeit, bis du ein Bad Angel wirst. Geiles Outfit! Passt zu dir!*

Ich wechselte Blicke mit Emmett und Lox. Entweder hatte mich Lox angelogen, was seine öffentlichen Nacktauftritte anging oder Emmett und er kannten sich intim. Dass Emmett schwul sein könnte, hätte ich niemals vermutet. Wie ich, gehörte er im Football Team zur Offensive, und war nie zimperlich, wenn es darum ging, größere Kerle anzugreifen oder zu blocken.

Ich marschiere vor dem Wagen!, verkündete Lox stolz und zog sich seine schwarze Halbmaske an. Er verzichtete sogar auf seine Turnschuhe, um seine Einweihung als Bad Angels wirklich ohne alles zu zelebrieren.

Shit! Sie nehmen mich noch nicht auf!, fluchte Manchu-Kun und kam missgelaunt die Treppe des Paradewagens runter.

Emmett klang erleichtert, als er sagte: *Ich habe dich eh lieber an meiner Seite. Captain J.J., schließt du dich uns an?*

Beim Gedanken Seite an Seite mit einem nackten Asiaten gesehen zu werden, schüttelte ich meinen Kopf. *Leute, ich folge den Bad Angels und bleibe bei Lox!* Das war eine Lüge, denn ich plante zu flüchten, um mich unauffällig unter die Schaulustigen zu mischen. Lox drückte mir zum Dank einen Schmatzer auf den Mund, dass Emmett mir verschwörerisch zuzwinkerte, seine Rechte für High Five hob und mich total stolz anstrahlte.

Kennst du Emmett und seinen Freund schon lange?, stellte ich Lox zur Rede.

Zwei Jahre! Emmett ist Voyeur!, erklärte mir Lox. *Er steht drauf, wenn er zusehen kann, wie es jemand seinem Manchu-Kun besorgt.*

Bevor ich etwas darauf erwidern konnte, fühlte ich einen heftigen Schmerz in der Herzgegend. Eifersucht! Plötzlich flammte Eros' Prophezeiung in meiner Erinnerung auf: *Als unschuldiger Frühling werde ich dich blenden, dich verzaubern und in Verzweiflung stürzen.*

Als der Wagen der Bad Angels sich direkt hinter die Boston Gay Ballroom Dancers und die DC Gay Dancers einreihte, platzte Lox beinahe vor Stolz, direkt hinter seinem Club für einen anderen zu werben. Noch bevor die Parade startete, umschwärmen die Tänzer ihren düsteren Engel und tanzten später bei der Parade immer wieder Walzer um ihn herum. Wenn ich mich auch ins Publikum am Straßenrand zurückgezogen hatte, so ließ ich Lox nicht für eine Minute aus den Augen. Der schöne Nicht-so-unschuldige Engel war schöner, als ich verkraften konnte. Er badete in den Blicken und ließ sich feiern und tausend Mal fotografieren oder filmen.

Als die Parade nach zwei Stunden beim *Logan Circle* ankam, hatten die

Bad Angels Tausende neuer Fans gewonnen. Lox half seinen Mit-Engeln, Flyer für ihre Klubaktivitäten zu verteilen. Ich gehörte nicht dazu. Die fast dreißig nackten Engel mit ihren mächtigen Schwingen wurden zum Zentrum, um das sich bald alles drehte. Nackte auf Amerikas Straßen sind total selten. Dreißig davon und erst noch vorwiegend sehr hübsche Kerle, waren schlicht eine Attraktion. Manchu-Kun hatte sich längst unter sie gemischt. Er ließ sich genauso freizügig fotografieren wie das Lox und Mikey taten. Mein Lover war ständig von Fans umringt. Als ich mich endlich zu ihm durchgekämpft hatte, lächelte er mir zu, doch auf meine Frage, was jetzt passieren sollte, ruderte er bloß mit seinen Armen und lag schon dem nächsten Fan in den Armen, um sich knipsen zu lassen.

Ich bleibe bis zum Schluss!, rief er übermütig.

Überflüssig, verletzt und irgendwie krank verließ ich die Gay Pride, um allein nach Hause zu spazieren."

„Josh", unterbricht Oliver im Medienzentrum meine Erzählung, „du hattest wirklich keine Ahnung, wer Lox war?"

„Woher auch? Ich war verliebt, naiv und von meinen neuen Gefühlen vollkommen überrumpelt. Sowohl Donald wie Emmett versuchten, mir die Augen zu öffnen, doch ich wollte weder sehen noch hören, was offensichtlich war."

„Magst du weiter erzählen?" Oliver steht von seinem Stuhl am Pult auf und kommt zu mir unter die Spots zur Kamera.

„Morgen erzähle ich dir den Schluss! Die Erinnerung an den Anfang vom Ende stresst mich gerade ziemlich."

„Machen wir für heute Schluss! Josh, soll ich dich nach Hause fahren?", bietet mir mein Mediencoach eine Mitfahrgelegenheit an. Weil er etwas zu offensichtlich mit mir flirtet, entscheide ich mich für ein Taxi. Mein Herz ist noch wund von Lox. Ich bin nicht bereit, mich schon auf jemand Neues einzulassen. Mir ist nicht ganz klar, warum ich Oliver meine Geschichte erzählen muss. Wie soll mir das dabei helfen, mich gegen die Presse zu wappnen, wenn ich einem Medienmensch alles ausplaudere? Dennoch tut es gut, über die Ereignisse zu reden, die mich seit zwei Wochen arg beschäftigen. Lox hatte mich sehr verletzt. Es mir von der Seele zu reden, hilft mir Klarheit zu schaffen. Ob ich Oliver morgen wirklich die ganze Wahrheit erzählen sollte?

Am nächsten Morgen finden ich mich wieder, genau wie die Tage davor, im kleinsten der Studios in der Medienagentur ein. Oliver wartet bereits auf seinem Stuhl sitzend auf mich.

„Josh", begrüßt er mich, „ab morgen beginnen wir mit einem anderen Programmpunkt. Doch jetzt will ich genau wissen, wie es zu der Schlägerei und deiner gebrochenen Nase kam."

Ohne langes Ausweichen fahre ich einfach dort fort, wo ich am Vortag aufgehört habe:

„Es geschah um vier Uhr in der Früh. Es war noch immer die Nacht der Gay Parade. Ich erwachte aus einer quälenden Leere. Sie glich den Abgründen aus meinen Kindheits-Albträumen. Jemand klingelte nonstop an der Haustür. Gerädert, mit Kopf- und Herzschmerzen, schleppte ich mich nach unten, um nachzusehen. Vor der Tür stand Lox in Jeans und Turnschuhen. Seinen Pulli hielt er in seiner Hand. Auf seinem Rücken warnen noch immer die mächtigen schwarzen Schwingen gebunden.

Du?, gaffte ich ihn verwundert an.

Mann, wo warst du plötzlich? Er sah mich total unschuldig dreinblickend an. *Ich habe dich überall gesucht. Irgendwann berichtete mir Emmett, dass du krank ausgesehen hättest und wahrscheinlich nach Hause aufgebrochen bist.*

Ich checkte meine Armbanduhr. *Das war eine Stunde nach Schluss der Parade. Jetzt ist es fast zehn Stunden später!*

Joshy!, wechselte Lox' Tonfall und er sah mich Lox verliebt an. *Wir Bad Angels besuchten noch zwei After-Gay-Pride-Partys und sorgten dort mächtig für Stimmung. Liebling, das hätte dir auch gefallen.*

Dass er mich Liebling nannte, brachte mich schon beinahe dahin, ihm alles zu verzeihen. Trotzdem kritisierte ich ihn weiter: *Um zu beobachten, wie du dich splitternackt von anderen begrabschen und befummeln lässt?*

Lox zuckte mit der Schulter und die Schwingen bewegten sich dazu. *Ich habe meine Flügel nie abgelegt. Echt! Ich trage sie noch immer! Als Bad Angel* ..., schmunzelte Lox und wich meinen Vorwürfen aus, beendete aber seine Ausrede nicht. *Bist du eifersüchtig?*, fragte er stattdessen. *Joshy, aber ich liebe dich doch!*

Wie viel anderen vor mir hatte er das wohl schon gesagt?

Joshy, lässt du mich rein?

Überrumpelt und noch mehr verwirrt, als ich eh schon war, nickte ich. Der geflügelte Typ trat über die Schwelle ins Haus. Kaum drinnen, kickte er seine Turnschuhe von sich und schälte sich aus der Jeans, um sogleich hart erregt vor mir zu stehen. Jeden anderen hätte ich kurzerhand wieder auf die Straße hinaus befördert, doch bei Lox war mir das unmöglich. Hätte ich ihn vor Stunden noch am liebsten auf den Mond geschossen, wollte ich ihn jetzt nur umarmen, küssen und streicheln.

Komm schon her!, forderte mich Lox auf und breitete seine Arme aus. Da stand der hellblonde Engel, düster, nackt und gefährlich vor mir. Meine Fantasien, meine Wunschträume und meine Lust blendeten mich. Der Bad Angel bedeckte meinen Körper mit seinen Küssen und zog mir meine seidigen Boxershorts aus. Sogleich im neuen Sexrausch taumelnd, führte mich der Flügelmann durchs Haus und über die Treppe nach oben in mein Schlafzimmer. Seine Flügel behielt er an, als er mich aufs Bett legte und sich danach auf mich setzte. Lüstern bedeckten seine Küsse mein Gesicht, bis ich all meinen Ärger über ihn vergaß.

Irgendwann wechselte er die Position. Ich bekam es erst mit, als mein Knüppel in ihn eindrang. In wilder Lust explodierend taumelte ich in neue Abgründe. Noch schlimmer wurde es, als Lox auf mir zu reiten begann. Seine gewaltigen Flügel öffneten und schlossen sich andauernd im schwach beleuchteten Schlafzimmer. Sein Leib glühte und mein Begehren verbrannte all meine Zweifel. Abermals reagierte mein Körper leider viel zu schnell auf ihn, doch Lox blieb in Position. Vollkommen wehrlos war ich seinen Künsten ausgeliefert. Geschmeidig bewegte er sich auf mir. Er wusste sehr genau, wie er mir abermals den Verstand rauben konnte. Immer schneller ritt er mich, bis ich abermals vor Lust aufschrie. Ein Entkommen war unmöglich. Der düstere Engel ließ mich nicht aus seinem Griff. Je rasender seine Akrobatik wurde, desto ekstatischer heulte ich auf. War die vergangene Nacht unser erster Sex noch unschuldig scheu, glich dieser einem Blutrausch und dem blanken Wahnsinn.

War das Liebe oder Leidenschaft? Ich wusste es nicht!

Ich wollte es schon den ganzen Tag!, säuselte mir Lox irgendwann ins Ohr, blieb auf mir sitzen und bewegte weiter sein Becken auf und ab. *Bei all den Kerlen bei der Parade und den beiden Partys danach, wurde ich immer geiler. Reite mich, mein Hengst!*

Ich verstand seine Worte, doch ich ignorierte ihren Sinn. Ich hörte nur, was ich hören wollte. Gierig griff ich nach seinem Penis und stoppte erst damit zu spielen, als Lox keuchend um Gnade flehte. Als er auf dem Rücken unter mir lag, trafen sich unsere Münder und all mein Kummer, all mein Leid und all meine Ängste waren vergessen. Sehr viel später half ich ihm aus den verbogenen Flügeln heraus.

Er kuschelte sich an mich. *Das war der beste Abschluss der Gay Parade!*, tuschelt er in mein Ohr und knabberte daran. *Ich ahnte, dass du ein unermüdlicher Hengst bist.*

Als ich meine Augen im hellen Sonnenlicht, das ins Zimmer flutete, wieder öffnete, konnte ich kaum fassen, was passiert war. Ich lag in Hunderten von schwarzen Federn, die überall an meinem Körper festklebten. In meinen Armen lag Lox, zerzaust, doch makellos schön. Vorsichtig zupfte ich ihm Feder um Feder vom Leib. Wahrscheinlich war er längst wach geworden, genoss aber meine Liebesbezeugungen.

Joshy, wir haben noch eine Stunde, dann beginnt das Street Festival in der Pennsylvania Avenue, flüsterte er abermals mit sehr erregter Stimme.

Verwirrt stoppte ich in meinem Tun und sah ihm verliebt in seine grünen Augen. *Willst du hin?*

Er nickte und erklärte mir: *Jeder Gay Club, Verein oder Gruppierung wird mit Ständen dort anwesend sein. Natürlich gibt es tausend Leckereien zu essen und alles zu kaufen, was sich ein Gay anzuziehen traut oder zum Spielen gebrauchen könnte. Ich will auf jeden Fall hin! Die Bad Angels* ... Als ich meine Nase rümpfte, wechselte Lox das Thema und stand auf, dass die Federn nur so um ihn herumwirbelten.

Während ich alle einzusammeln begann, versuchte Lox seine Flügel zurechtzubiegen und danach mit Sekundenkleber die eingesammelten Federn wieder anzukleben. Er stellte sich dabei echt geschickt an, dass, wenn auch etwas gerupft, die Flügel danach ganz tauglich aussahen.

Da es bis zum *U.S. Capitol* und der *Pennsylvania Avenue* zu Fuß zu weit war, bestellte ich uns ein Taxi mit Gepäckträger, damit wir seine Flügel darauf festschnallen konnten. Kaum beim Stand der Bad Angels angekommen, war Lox schon wieder splitternackt mit umgebundenen schwarzen Schwingen auf dem Rücken und der Zorro-Maske vor dem Gesicht. Manchu-Kun und Emmett waren auch schon eingetroffen – der Asiate natürlich nackt. Mikey hockte auf der Vorderkante des Standes und verteilte neue Flyer. Es war eine Wiederholung von gestern: kaum war Lox nackt unter seinesgleichen, war ich überflüssig.

Über eine Stunde blieb ich in Sichtnähe des Standes der Bad Angels. Nicht ein einziges Mal blickte Lox in meine Richtung. Ungeniert flirtete er mit Hunderten Männern und posierte alleine oder mit anderen der bösen Engel für Fotos. Kontaktscheue zeigte er niemals. Fast jeder legte nicht nur seine Arme um seine Hüfte, sondern tätschelte Lox den Hintern, streichelte seine Brust oder oft sogar die rasierte Schamregion, während der Lustengel nur in die Kameras lachte. Abermals stinksauer schlenderte ich die Street Fair von einem Ende bis zum anderen ab. Nichts gefiel mir. Nichts interessierte mich. Nur einmal traf ich ein bekanntes Gesicht. Es war eine der Cheerleaderinnen, doch sie schien mich nicht gesehen oder erkannt zu haben. Vielleicht ignorierte sie mich auch, da dies nicht der Ort für ihr üblich überdrehtes Heterogetue war?

Captain J.J.?, rief mich später jemand. Eigentlich nannte mich kaum noch jemand so. An der Uni wurde ich Josh genannt oder auf dem Spielfeld einfach Captain. Ein Typ in einer dunklen Hose und vorne fast vollständig offenem Hemd kam lächelnd auf mich zu. Es war der junge Fotograf, dem ich das Arschbild zu verdanken hatte."

„Pascal?", fragt Oliver und unterbricht meine Erzählung.

„Ja!", bestätige ich. „Er schlich sich auf der Street Fair rum, um zu fotografieren. Wie auch immer! Soll ich weiter erzählen?" Als Oliver nickt, räuspere ich mich und fahre fort:

„Pascal kam auf mich zu, umarmte mich kumpelhaft und klopfte mir dabei auf die Schulter. Ich fragte ihn, ob er Journalist sei und er meinte nur, dass er in seinem Job niemals frei habe.

Josh, erinnerte er sich an meinen Namen, *ich habe dich zur Mittagszeit schon einmal im Dunstkreis der Bad Angels ausgemacht. Spielst du mit dem Gedanken, bei ihren Aktionen mitzumachen?* Weil Pascal mich plötzlich mit neuem Interesse von Kopf bis Fuß musterte und sich mich wahrscheinlich nackt vorstellte, schüttelte ich sofort meinen Kopf.

Schade! Josh, du wärst als Bad Angel eine Augenweide!

Die Sonne brannte so heiß, dass ich mir mein Tank Top schon lange ausgezogen hatte, um es mir hinten in die Shorts zu stopfen. *Niemals!*, versprach ich ihm und winkte ab.

Gut! Dann sei gewarnt: Die Bad Angels haben einen zwielichtigen Ruf. Um drei Uhr treffe ich mich deswegen an ihrem Stand mit anderen Fotografen.

Ich verdrehte meine Augen.

Die Bad Angels haben offiziell zur Pressekonferenz eingeladen, erklärte mir Pascal. *Die Exhibitionisten wollen sich und ihre Events promoten. Bei Typen, die öffentlich ihre Schwänze zeigen, taucht immer viel Presse auf. Jeder will natürlich auch von der skandalösen Seite der Gay Days berichten. Josh, wollen wir zusammen hin?*

Auf dem Weg zum Stand fragte mich Pascal: *Als Sohn eines Senators wirst du doch bestimmt oft interviewt?*

Kopfschüttelnd winkte ich ab. *Nur bei Skandalen. Wenn ich bei einem Anlass meiner Eltern als braver Sohn danebenstehe, ignoriert mich die Presse. Als das Captain J.J.-Foto damals rauskam, war es eine Weile anders, doch meine Mutter schirmte mich rigoros ab.*

Pascal schaute interessiert zu mir rüber: *Dein Körper lässt sich sehen. Du verkörperst den gutaussehenden Jungen von nebenan. Als halbnackter Quarterback bringst du die Mädels um den Verstand, und angezogen erfüllst du die Erwartungen künftiger Schwiegermütter.*

Am Stand der Bad Angels wurde in der Zwischenzeit ein kurzer Laufsteg, der mit einem roten Teppich belegt etwa ein Yard oder drei Feet hoch war, (was ungefähr einem Meter entspricht), aufgebaut. Mikey stand in extra hohen High Heels oben und überragte splitternackt die Menge von Schaulustigen. In seiner rechten Hand hielt er ein Mikrofon und bewarb die bald beginnende Show der Bad Angels. Er stöckelte unweiblich die Länge des Laufstegs ab, während seine düsteren Flügel bläulich im grellen Sonnenlicht schimmerten.

Der Stripper verkündete: *Die Bad Angels nominieren den schönsten Nackten der diesjährigen Gay Days!* Mikey zeigte auf eine junge Frau, die sich wild bemerkbar machte: *Sorry, Darling, nur Jungs! Es winkt eine Prämie von fünfhundert Dollar auf die Hand. Boys, Twinks, Hunks, Stallones, Bears und mutige Queers*, zählt er auf und fügte noch eine ganze Menge andere Namen für Männer auf, *die Anmeldung zur Teilnahme erfolgt bei Lox!*

Sofort erhob sich Lox von einem Barhocker bei einem Stehtisch und betrat ebenfalls den Laufsteg. Abermals schmachtete ich ihn verliebt an. Abermals verzieh ich ihm sofort alles. Der hellblonde böse Engel war wieder makellos.

Das ist ja mal ne echte Konkurrenz für Mikey!, boxte mich Pascal in die Seite. Der junge Fotograf knipste die beiden Nackten auf dem Laufsteg und schob sich immer wieder seine schulterlangen Haare aus dem Gesicht. *Wie schade, dass die Engel selbst nicht gewählt werden können. Dieser hellblonde Bengel ist ja extrem! Ich habe ihn gestern schon in Aktion gesehen. Josh, ich sag dir, dieser Lox hat es faustdick hinter den Ohren.*

Ich ignorierte den Kommentar, knirschte aber mit meinen Zähnen. Als sich Lox wieder auf seinen Barhocker neben den Aufgang zum Laufsteg setzte, bildete sich dort bereits eine Warteschlange. *All diese Typen werden sich ausziehen?*, gaffte ich diese sehr unterschiedlichen Männer jeden Alters an.

Es ist kein Strip-Wettbewerb. Dort!, zeigte Pascal die Straße runter, *brin-*

gen weitere Bad Angels bereits die Zelte. Drei schwarze, bereits zusammengebaute Zelte wurden herbeigetragen und hinter Lox aufgereiht, dass so ein langer verdeckter Schlauch entstand. Kaum waren die Zelte an bereits vorhandenen Steinsockel angebunden, verschwanden die anstehenden Männer und Jungs darin, um sich ungesehen auszuziehen.

Mach doch auch mit!, motivierte mich Pascal.

Ich ging nicht darauf ein.

Weitere Bad Angels positionierten sich am Hinterausgang, wo immer mehr Typen ins Zelt reinschlüpften. Weitere Engel bezogen Stellung am Ausgang hinter Lox. Mikey stolzierte einmal mehr die ganze Laufsteglänge ab und stellte sich danach neben Lox an den Bistrotisch. Sogleich erschien der erste Freiwillige aus dem Zelt und bekam eine Startnummer verpasst, die Lox mit einem dicken Filzschreiber auf seinen Rücken schrieb.

Mikey begann detailliert über die nackten Vorzüge des ersten Opfers zu plappern. Die Show war urkomisch und die Typen, meist Spaßvögel; Heteros, die sich vor ihren Girls beweisen wollten; wahrscheinlich ein paar Profistripper, die etwas dazuverdienen wollten oder für sich warben; wie auch jede Menge Studenten, die einfach mal im Rampenlicht stehen wollten oder Mutproben zu bestehen hatten. Irgendwann zeigten sich auch Manchu-Kun und zwei Jungs, die ich beide von der Uni her kannte. Die meisten der Teilnehmer waren blitz-blank rasiert oder getrimmt; echten Wildwuchs gab es nur bei zwei zotteligen Typen mit Rasta Locken zu sehen.

Captain J.J.!, rief plötzlich einer aus einer Gruppe, die ich alle nicht kannte. *Captain J.J. Julius! Rauf auf den Laufsteg mit dir!*

Von meinem Namen angelockt pirschten sich Paparazzi in meine Richtung. Pascal schielte immer wieder mit einem Auge auf mich, ob ich doch noch meine Hosen fallen lasse würde, um bei der Fleischbeschau mitzumachen. *Niemals!*, versicherte ich Pascal bestimmt schon zum zehnten Mal.

Aber der da drinnen!, spielte Pascal mit einem offenen Knopf meiner Shorts, *will sich outen!*

Lass das!, zischte ich den Fotografen an, nahm es ihm aber nicht böse. Irgendwie war mir Pascal total sympathisch. Als ich auf die Schnelle versuchte, mir die Shorts zu schließen, riss ich den Knopf ab. Da ich im Sommer nie Unterwäsche trage, nervte der fehlende Knopf doppelt.

Das ist der Sohn von Senator Julius!, hörte ich einen weiteren der aufdringlicheren Fotografen hinter mir.

Hol ihn doch mal raus!, stachelte mich Pascal weiter an.

Alter, gaffte ich Pascal direkt an, *bist du schwul oder was?* Der Fotograf blieb mir die Antwort schuldig, denn einer der Paparazzi hatte sich vor mich hingekniet und riss mir einen weiteren der Knöpfe vom Hosenstall ab.

Zu verdattert über die Aktion, reagierte ich erst, als der Paparazzo nach meinem Penis grabschte, um ihn rauszuholen. Ohne zu denken, rammte ich dem Typen brutal mein Knie in den Brustkorb, dass er rücklings umfiel. Sofort nahm ich eine Kampfstellung ein. Leider übersah ich, dass mein Pimmel im Freien hing, während der Umgefallene seine Kamera einem Kollegen übergab. Plötzlich boxte er mir grob in die Schulter und fluchte: *Verdammte Schwuchtel!*

Meine Faust schnellte vor. Ich donnerte sie dem Denkzwerg in die Fresse, dass er aufheulte und sofort auf mich einzuprügeln begann. Augenblicklich bildete sich ein Kreis um uns. Als ich mich auf den Fotografen kniete, um ihn mit meinen Fäusten zu bearbeiten und ihm den Arm auskurbelte, zerrte mich sein Kumpel von ihm runter. Ein dritter Paparazzo schlug mir brutal seine Faust ins Gesicht, das mir schwindelte und Blut aus meiner Nase spritzte.

Mikey, wieder auf dem Laufsteg oben, kommentierte den Kampf und winkte gleichzeitig zwei Polizisten herbei, die auf der anderen Seite des Laufstegs das Event beaufsichtigten. Donald und Jeffrey, die sich plötzlich in den Kampf einmischten, versuchten die Schläger von mir zu trennen – oder umgekehrt. Ich war vor Wut wie von Sinnen. Ich preschte immer wieder wie eine Wildsau vor, um den Vollidioten eine Lektion zu erteilen. Irgendwann packten mich die Zwillinge von hinten und trennten mich von den Verwundeten.

Emmett reichte mir ein Handtuch, das ich mir ins Gesicht drückte. Im Nu war es von meinem Blut getränkt und tropfte. Einer der Polizisten schnappte sich den Schläger, während der andere Pascal über den Hergang befragte. Wie aus dem nichts tauchten weitere Sicherheitskräfte und Mitarbeiter der Street Fair auf, um mich wegzuführen. Ausgerechnet Emmett saß später im Taxi ins Hospital neben mir. Seine Präsenz rührte mich, wenn sie mich auch total überraschte. Damals im Football Team an der Highschool hatte ich ihn nie beachtet.

Drei Stunden später – wieder zuhause im Elternhaus – war Emmett noch immer mein Begleiter. Er sorgte sich echt um mich. Mein erster Blick in den Spiegel war ein Schock: Meine Nase war doppelt so breit und dick. Sie war mit weißen Pflastern verklebt, dass sie aussah, als ob ich eine Damenbinde ins Gesicht geklebt bekommen hätte.

Tut es sehr weh?, sorgte sich Emmett.

Ja! Doch auf dem Spielfeld habe ich mir schon oft ähnliche Verletzungen zu-

gezogen. Morgen wird es nur noch halb so schlimm aussehen. Meine Nase war doppelt gebrochen, das hatte mir der Arzt in der Notfallaufnahme verraten. Meinen Zähnen ging es zum Glück gut.

Captain J.J., das wird eine Weile dauern, bis du wieder normal aussehen wirst, sorgte sich Emmett.

Ich bedankte mich mit einem freundschaftlichen Boxhieb für seine Fürsorge. *Ey, Mann, du bist voll in Ordnung! Ich komme jetzt alleine zurecht. Kehrst du an die Street Fair zurück?*

Emmett überreichte mir seine zerknitterte Visitenkarte.

Manchu-Kun ist noch dort. All seine Klamotten sind bei mir im Wagen. Auch wenn der Flitzer nackt in die Metro einsteigen würde, außerhalb des Festgeländes könnte er deswegen verhaftet werden. Hier meine Nummer! Rufe doch gelegentlich mal an.

Danach, alleine in meinem Schlafzimmer auf dem Bett liegend, bemerkte ich, dass bei meiner Hose vorne zwei Knöpfe fehlten und ich wahrscheinlich oft mehr von mir gezeigt hatte, als ich wollte.

Verdammt Presse!, knurrte ich.

„Du hast dich an der Street Fair mit ein paar Paparazzi geschlagen?“, fragt Oliver nach und unterbricht meine Erzählung.

„Alter!“, schüttle ich meinen Kopf, „hast du mir nicht zugehört? Dieser verdammte Vollidiot hat mir den Pimmel rausgeholt!“

„Pascal?“

„Nein!“, winke ich ab. „Wenn Pascal mir auch an die Wäsche wollte, so war es bei ihm nur ein Necken oder ein Flirten. Pascal mache ich dafür nicht verantwortlich.“

„Hast du Lox nochmal gesehen?“, wechselt Oliver das Thema.

Meine Mine verfinstert sich augenblicklich. „Soll ich dir erzählen, wie Lox auf alles reagiert hat?“ Als Oliver nur nickt, hocke ich mich unter den Spots wieder bequemer hin und beende meine Story:

Noch ein Unschuldsengel

„Als es abermals um vier in der Früh an meiner Haustür klingelte, war es abermals Lox. Seine Erscheinung war eine Kopie vom Vorabend: Jeans, die schwarzen Flügel und sein lüsternes Grinsen. Während Emmett, ein Typ, den ich immer ignoriert hatte, sich um mich gesorgt hatte, überließ mich mein sogenannter Lover einfach meinem Schicksal. Lox hatte die Schlägerei genauso beobachtet, doch ihm kam es nie in den Sinn, sich nach mir zu erkundigen oder mir zu helfen.

Joshy, warum hast du unsere Show sabotiert?, schrie er mich nachts um vier Uhr vor meiner Haustür an.

Was soll ich getan haben? Schockiert gaffte ich den Dämon an.

Nach deiner Schlägerei hat die Polizei die Wahl des schönsten Nackten der Gay Pride abgebrochen. Wir waren total angepisst!

Ihr wart angepisst?, knurrte ich.

Weder hatte mich Lox begrüßt, noch sich nach meinem Befinden erkundigt. Er tauchte einfach im Hotel auf und beklagte sich, dass ich seine Show geschmissen hätte. Augenblicklich waren alle meine zärtlichen Gefühle für ihn verpufft. So hübsch Lox auch aussah, so verzehrt und egozentrisch war sein Inneres. Nein, dieser Typ war nicht mein Eros! Ich bezweifelte sogar, ob er mein unschuldiger Frühlingsengel war.

Ich will nur rasch duschen! Mein Bus geht in wenigen Stunden, schob sich Lox an mir vorbei, als ob er in meinem Elternhaus wohnen würde, und *ich* der unerträgliche Gast sei.

Freundchen!, hielt ich ihn an seinen Flügeln zurück.

Danke für die Nachfrage. Ich habe eine doppelt gebrochene Nase! Nur falls dir mein Verband und mein Veilchen noch nicht aufgefallen sein sollte! Einer dieser verdammten Paparazzi fummelte an meinen Pimmel, was ich mehr als nur daneben fand.

Und wenn schon!, zuckte Lox mit der Schulter. Seine Schwingen öffneten und schlossen sich. *Mich haben Hunderte befummelt. Was ist schon dabei?*

Kopfschüttelnd sah ich ihn an.

Du hast mich nicht nur befummelt, du konntest mich gratis ficken!

Mir blieb einfach mein Mund offen stehen, als Lox auch noch genervt seine Augen verdrehte. *Lass mich duschen und wir sind quit!*

Falls es dich interessiert? Der Kumpel des Grabschers verpasste mir das Veilchen und zertrümmerte meine Nase!, fahre ich eiskalt geworden fort. *Langweile ich dich?*, fragte ich ihn direkt, als Lox sich den Mond anschaute, statt mir zuzuhören.

Joshy, ich habe keinen Nerv, mir dein Psycho Gequatsche anzuhören!, funkelte er mich böse an.

Ich ein Psycho? Schockiert gaffte ich den schrägen Vogel an. *Wie bitte darf ich das verstehen?*

Ich geh duschen! Es ist schon spät! Ich hatte einen langen Tag!, erklärte der düstere Engel und versuchte abermals an mir vorbei ins Hotel-Josh zu kommen.

Nicht in meinem Haus!, packte ich ihn am Handgelenk.

Joshy, du schmeißt mich raus?, wirkte er sehr überrascht darüber. *Und das mitten in der Nacht?*

Angewidert von diesem Narziss, schrie ich ihn an: *Penne doch bei deinen Bad Angel-Freunden! Ich interessiere dich ja nur, weil du hier ne Gratisbleibe hast. Du bist kein Freund, und ein Engel bist du schon gar nicht!*

Lox löste die dunklen Schwingen von seinen Schultern, ließ sie zu Boden fallen, drehte sich um und stapfte beleidigt und ohne ein weiteres Wort aus dem Vorgarten meines Elternhauses. Stinksauer schlug ich die Haustür ins Schloss und warf mich auf mein Bett, um aus Wut, Schmerz und Hass zu flennen.

Am nächsten Morgen schmerzte mein Gesicht, als ob mich ein Bus überfahren hätte, sodass ich eine der Pillen einwarf, die mir der Notarzt mitgegeben hatte. Mein rechtes Auge war dunkelblau und dick angeschwollen. Am meisten litt mein Herz. Lox war ein selbstverliebter Egoist, dennoch war er meine erste Liebe. Zerknittert, frustriert und traurig schleppte ich mich nach unten, holte mir die Zeitung aus dem Vorgarten, die dort in Plastik eingewickelt vom Zeitungsjungen hingeschleudert wurde, und entrollte sie in der Küche.

Das Titelbild zeigte mich. Taumelnd hielt ich mich am Waschbecken fest, denn was ich sah, konnte kaum schockierender sein. Der Hosenstall meiner Shorts stand weit offen und mein Pimmel hing zur Hälfte raus, meine Nase war zerschlagener Matsch, und Blut verschmierte meine nackte Brust. All das war schon eine Katastrophe, doch das wirklich schlimme waren meine Flügel. Auf dem Bild hatte ich gewaltige weiße Schwingen. Irgendein Bad Angel musste direkt hinter mir gestanden haben, als das Bild geschossen wurde. Seltsam war nur, dass es keine schwarzen, sondern schneeweiße Flügel waren. Vielleicht war es eine Sonnenreflektion, welche die düsteren Schwingen lichtgetränkt und schneeweiß erschienen ließ? Wie das möglich war, versuchte ich mir gar nicht mit dem Verstand zu erklären. Verwirrt starrte ich das Bild meiner selbst an.

War ich selbst der unschuldige Frühlingsengel? Sicher war: ich verlor meine sexuelle Unschuld an jenem Wochenende, doch nicht nur das. Alles, woran ich bei einer ersten Liebe bisher glaubte, lag an jenem Morgen bereits in Scherben vor mir. Statt süßester Verführung entpuppte sich mein engelhafter Liebhaber als finsterer Dämon.

Unschuldsengel oder Sittenstrolch? So zierte die Schlagzeile mein Bild. Stinksauer darüber knallte ich die Zeitung auf den Kühlschrank, nahm sie aber sogleich wieder auf, um den Artikel unter dieser Schlagzeile zu lesen. *Senator Julius' Sohn prügelt sich an den Gay Days mit der Presse. Kämpft Captain J.J. abermals für Naked Facts?* Unter dem Bild tauchte wieder einmal das Arschbild auf. Mir war sofort klar: Mein Vater würde ausrasten. Da stand ich, beflügelt, mit meinem Penis aus der Hose hängend, blutüberströmt mit meinem Raubtiergrinsen, was zusammengenommen dem Anblick eines Wahnsinnigen ähnelte. Zitternd vor Wut, Scham und Ekel über das Zerrbild, das die Presse von mir gezeichnet hatte, legte ich mich abermals in mein Bett.

Da mich Lox Duft sofort wieder einlullte, zerrte ich das Bettzeug von der Matratze, sodass schwarze Federn aufgewirbelt umherflogen. In der Waschküche stopfte ich alles in eine der Maschinen. Zu faul, mir das Bett neu zu beziehen, wechselte ich ins Gästezimmer, das mir schon in der ersten Nacht kurz gedient hatte. Als kurz danach mein Mobile Phone klingelte, war ich versucht, den Anruf zu ignorieren. Erleichtert hob ich ab, als ich auf dem Display weder die Nummer meines Vaters noch die meiner Mutter erkannte, sondern die von Donald.

Alter!, lachte er, *wie geht es dir heute?*

Kurz brachte ich ihn auf den neuesten Stand, verschwieg ihm aber meine Trennung von Lox. Keine halbe Stunde danach standen die Zwillinge mit einem Korb voller leckerer Köstlichkeiten aus dem Delikatessenmarkt in der Tür und bereiten mir ein ausgiebiges Frühstück.

Wie wirst du reagieren?, befragte mich Jeffrey.

Reagieren?, wunderte ich mich. *Auf was denn?*

Das ist doch eine Verleugnung! Jeff tippte auf die Schlagzeile. *So ist es doch nicht passiert! Oder doch? Wolltest du wirklich als Bad Angel strippen?*

Abermals erklärte ich den Hergang aus meiner Sicht.

Gut, gut, doch warum hängt dein Schwanz aus deiner aufgeknöpften Hose. Warum trägst du Engelsflügel?

Dein Gesicht sieht echt vernichtend aus!, ergänzte Donald seinen Bruder. *Tut es noch sehr weh?*

Jeder – bis auf Lox – sorgte sich um mich. Da erkundigte sich Donald auch schon nach meinem Verflossenen.

Er könne nicht mit einem Psycho zusammenleben!, zitierte ich frei den Typen, der mir eben erst noch alles bedeutet hatte. *Als er es sich um vier Uhr nachts in einem der Gästezimmer bequem machen wollte, habe ich ihn rausge-*

schmissen. Elender egozentrischer ...

Ich hatte dich vor ihm gewarnt, unterbrach mich Donald. *War der Sex mit ihm wenigstens gut? Er soll ja eine Kanone sein!*

Erstmals seit dem Rauswurf dachte ich an die schönen Stunden mit Lox zurück und schwelgte in Erinnerungen. *Der Sex war sensationell. Nur der Typ war der totale Reinfall!*

Die Zwillinge grinsten und Donald klopfte mir danach auf die Schulter. *Dann belasse es dabei. Dein erstes Mal verdankst du einem stadtbekannten Lustknaben und Verführer,* kicherte Donald. Das *haben mir zwei der Gay DC Dancers verraten. Hattet ihr Safer Sex?*

Weil ich am Morgen zwischen den Feldern auch einige Kondome fand, nickte ich.

Ist Lox ein Stricher?, fragte ich, denn ich wollte Gewissheit.

So bezeichnet er sich natürlich nicht. Doch in gewissen Kreisen erzählt man sich diverse Geschichten über ihn, erklärte mir Jeffrey.

Ich wusste nicht, ob ich stolz oder verletzt darüber sein sollte, von einem echten Callboy mehrfach gratis verführt und beglückt worden zu sein.

Dein Vater wird ausflippen, wenn er das Bild in der Washington Post sieht!, tippte Jeffrey auf meinen sichtbaren Penis.

Als das Telefon klingelte und ich Mutters Nummer auf dem Display ablas, verlor ich allen Mut.

Josh, nimm den Anruf an. Besser du stellst dich, bevor deine Eltern überstürzt ihre Kreuzfahrt abbrechen, um hier aufzukreuzen. Mann, echt, du siehst auf dem Bild ziemlich grotesk aus. Deine Mutter sorgt sich bestimmt nur um dich! Donald legte mir seinen Arm um die Schulter und zog mich an sich.

Mutters Mischung aus Vorwürfen und Sorgen nagten an meinen Nerven. *Mum, mir geht es gut! Meine Nase ist doppelt gebrochen und das Veilchen sieht viel schlimmer aus, als es sich anfühlt.* Das war eine Lüge, doch meine Mutter sollte sich nicht mehr Sorgen machen, als nötig. Rasch haspelte ich mit einer Erklärung nach, die ich auswendig gelernt hatte. Es war eine Zusammenfassung der Wahrheit. *Der Journalist hat sich vor mich gekniet und meine Hose aufgerissen. Er wollte den Sohn des Senators diskreditieren! Mutter, ich will ihn verklagen!*

Plötzlich übernahm mein Vater den Anruf. Ich wiederholte meine Worte und betonte nochmals, dass ich Anklage gegen diese Paparazzi und ihre Schlägerkumpels erheben wolle. Als mir mein Vater tatsächlich glaubte und das auch betonte, staunte ich. Vater versprach mir sofort, seine Anwälte einzuschalten.

Am nächsten Tag rief mich Vater aus unserem Ferienhaus auf den Bahamas an. Er habe sich meine Story von Pascal Chapuis von der Medienagentur bestätigen lassen. Pascal habe ihm den Hergang des Zwischenfalls genauso, wie ich das schon tat, erklärt."

„Dein Vater hatte auch mit meinem Chef und mir lange telefoniert", mischt sich Oliver ein und unterbricht meine Story. „Da die Medienagentur deinen Vater durch seine Wahlen und politischen Auftritte begleitet hatte, kamen Charles Tamlyn und dein Vater übereinstimmend zu dem Entschluss, dich zu schulen."

„Ha! Ha!", grinse ich schief und bin mir sicher mit dem Verband im Gesicht muss das schräg aussehen. „Mein Vater hat mich bestraft! So sieht es doch aus!"

„Er sorgte dafür, dass du für drei Monate ein Praktikum in unserer Agentur absolvieren kannst!", korrigiert Oliver. „Du kannst bei uns viel lernen."

„Ja, während meiner Sommerferien!", winke ich ab. „Zudem muss ich in einer Non-Profit-Unternehmung meiner Wahl drei Monate unentgeltliche meine Dienste anbieten. Mein Vater beschuldigte mich, mich an einem Straßenfest rumgetrieben zu haben, wo solche Zwischenfälle vorprogrammiert wären. Dass ich dabei nichts weiter als eine kurze Hose getragen habe, schrieb er nicht der Sommerhitze zu, sondern meiner eh exhibitionistischen Veranlagung."

„Die du ja auch hast!", schielt Oliver auf mein Outfit, das auch heute nur aus Shorts besteht.

„Mann, es ist Hochsommer!", verteidige ich mich. „Zudem ist heute Samstag. Ich will am Nachmittag draußen Sport treiben!"

„Dein Vater betonte immer wieder: Hättest du, wie jeder anständige Bürger, Unterwäsche getragen, wäre es unmöglich gewesen, dass eine solch unschickliche Zurschaustellung hätte passieren können."

„Ja, ja! *Unschicklich!* Wäre, wenn, vielleicht", knurre ich den Medienmenschen an. „Stellst du dich jetzt auf meines Vaters Seite?"

„Ich will dir nur helfen!"

„Ja, ja!" Ich klettere vom Stuhl unter den Spots. „Heute Morgen traf eine Postkarte zuhause ein. Meine Mutter schrieb, dass sie Nicole, ein sehr hübsches Mädchen kennengelernt und nach den Ferien zu uns zum Essen einladen will. Alter, ich habe die Postkarte zerfetzt. Lehr mich, wie ich mich vor dieser Kupplerin schützen kann! Lehr mich, wie ich mich aus Vaters Würgegriff befreien kann! Und ja!", werde ich immer lauter und fokussiere dabei Oliver, „lehr mich herauszufinden, wer ich wirklich bin!"

Oliver lacht. „Das Schicksal hat uns beide zusammengeführt. Machen wir das Beste daraus! Für heute ist Schluss. Morgen ist Sonntag, da brauchst du nicht zu kommen. Am Montag verrate ich dir ein paar Medientricks."

„Was passiert mit den Filmen?"

„Josh, fühlst du dich jetzt besser?"

„Ich habe mich die letzten Tage meinen beiden besten Freunden, einem ehemaligen Highschool Footballkumpel und dir als Schwuler bekannt! Soll ich mich deswegen besser fühlen? Jetzt gehörst auch du zu den wenigen, die wissen, warum ich immer und überall den Macho raushängen lasse. Donald, Jeffrey, Emmett und Manchu-Kun werden niemandem etwas verraten. Nicht auszudenken, was passiert, sollte dieses Geheimnis öffentlich werden."

„Und was ist mit dem Foto von dir an den Gay Days?", fragt Oliver.

„Captain J.J. kämpft für Naked Facts! Im Zeitungsartikel steht nichts von Gay Rights oder ähnlichem! Jeder glaubt nur das, was du selbst zugibst. So ist das in den U.S.A.! Wäre es anders, könnten die Movie Stars und anderen Gays hier nicht überleben. Offiziell bin ich der Macho und hetero Football Captain! Das werde ich nicht dementieren. Ist das klar?"

„Ich werde dich nicht outen!", bestätigt Oliver.

Ungewöhnliche Mentoren

Den Nachmittag laufe ich am *Potomac River* entlang und lege mich beim *Tridal Basin* in der Nähe des *Jefferson Memorial* in den Rasen.

„Captain J.J.!", winkt mir Roswitha, eine Cheerleaderin von Weitem zu. Leider ist an Flucht nicht zu denken, da sie bereits direkt auf mich zu läuft. Der neuen Rummel um meine Person – und mein Pimmel – der die Titelseite der *Washington Post* zierte, verschafft mir eine ungeheure neue Popularität. *Captain J.J.* ist wieder ganz oben und beliebter denn je. Leider stehen die Mädels voll auf harte Kerle, die Pimmel zeigend Prügel einsacken. Als Roswitha näher kommt, singt sie einen neuen saublöden Song, den die Cheerleaderinnen zum Bild in der Zeitung kreierten.

„Hi Rosy", lege ich mich auf den Rücken und stütze mich seitlich mit meinen Armen im Rasen ab. „Sorry, wenn ich dich nicht küsse", setze ich mein Raubtiergrinsen auf, „aber mein Gesicht schmerzt extrem. Es ist, als ob der Teufel mit glühenden Messern darin rumschneiden würde", lüge ich.

„Du hast es mit drei Schlägern gleichzeitig aufgenommen", säuselt

Roswitha und lässt sich viel zu dicht neben mich im Rasen nieder. „In der Zeitung stand", strahlt mich die geschminkte Brünette stolz an, „dass einer von ihnen ebenfalls eine gebrochene Nase hat, ein zweiter hat gebrochene Rippen und der dritte wird einen Zahnarzt brauchen."

„Hätten sich die Zwillinge nicht eingemischt", schwelle ich meine nackte Brust angeberisch, winke dann aber ab.

„Josh, was machst du morgen? Kathryn, Shelly und Shannon wollen in den neuen Dance-Club neben dem Capitol. Kommst du mit?"

„Oh!", rufe ich enttäuscht. „Shit!", fluche ich danach, um meiner gespielten Enttäuschung noch mehr Gewicht zu geben. „Geht leider nicht! Zur Strafe, dass ich die drei Männer zu Mus verhauen habe, muss ich ein Aggressionstraining über mich ergehen lassen!" Wieder eine Lüge!

Roswithas Augen weiten sich, dann lässt sie ihre Blicke über meinen vom vorherigen Laufen noch öligen Körper gleiten und verharrt etwas zu lange auf der Beule in meiner Hose, die, da ich nie Unterhosen trage, sich darunter etwas zu klar abzeichnet. Bevor sie ihre Hand danach austrecken kann, schlage ich im Rasen einen Purzelbaum und springe auf meine Füße. „Ich muss los!", tripple ich vor ihr an Ort und Stelle. „See you!" Winkend ergreife ich die Flucht.

Kaum zuhause, rufen mich meine Eltern an, um mich zu informieren, dass sie nächste Woche von den Bahamas nach Süd-Florida fliegen werden. Sie wollen für ein paar Wochen bei Oma und Opa bleiben und von dort aus politisch arbeiten. Mein Vater müsse unzählige Städte in den Staaten anfliegen, um Stimmen und Mitstreiter für seinen geplanten neuen Gesetzesentwurf zu sammeln. Natürlich informierte sich mein Vater über das Programm, das ich im Medienzentrum durchlaufen muss und gibt sich zufrieden, als ich vom intensiven Interview Training spreche. Würde ich mich inzwischen mit Oliver nicht so gut verstehen, würde ich mich über Vaters Schachzug, mich von ihm zu seinem Politiker-Mustersohn erziehen zu lassen, schrecklich ärgern.

„Schatz", löst irgendwann meine Mutter Vater ab Telefon ab, „Maria, Dolores und Reyez lassen dich grüßen. Ich werde sie im September für ein paar Tage zu uns nach Washington einladen. Sie vermissen dich schrecklich!" Innerlich knurrend, brumme ich meine Grüße für die drei Gören, die in Villen in der Nähe unseres Ferienhauses auf den Bahamas leben.

Als ich auflege, freue ich mich gleich doppelt darüber, Oliver über meine wahren Gefühle aufgeklärt zu haben. So wie der Medienmensch mich ständig angesehen hatte, steht er auf mich.

Endlich Montagmorgen. Weil Oliver mich nochmals anrief und darum bat, im Anzug zu erscheinen, tue ich ihm den Gefallen. Mit einem Taxi lasse ich mich in die Medienagentur im Stadtviertel *Georgetown* am Ufer des *Potomac Rivers* bringen. Es ist ein mehrstöckiges modernes Glasgebäude mit zwei großen und ein paar kleinen Studios. In einem der großen Studios werden ausschließlich Nachrichten und politische Interviews aufgenommen und in einem anderen wird gerade für eine Talkshow umdekoriert. Oliver führt mich durch die diversen Stockwerke und erzählt viele Anekdoten über berühmte Leute, die hier schon interviewt, geschult oder sonst irgendwie ihren bleibenden Eindruck hinterlassen haben. Mich hier barfuß oder so gut wie nackt zu bewegen, wäre mehr als nur unpassend. Die letzte Woche sah ich von all dem nichts. Immer betrat ich das Gebäude durch eine Seitentür und erreichte über einen unscheinbaren Flur das kleine Studio. Faszinierend finde ich das Styling Departement, wie auch den ganzen Bereich, der Kunstprojekte und kulturelle Anlässe entweder organisiert oder bewirbt. Bis auf die Kunstleute trägt jeder – wie auch ich – Anzug und Krawatte und ist so gestylt, dass er oder sie jederzeit vor eine Kamera treten könnte. Wenn mir auch diverse Mediensender durch Vaters Wahlkämpfe, bei denen ich als stramme und brav aussehende Gallionsfigur hinhalten musste, kenne, so ist es jetzt anderes: ich stehe auf der anderen Seite. Ich bin nicht vor, sondern hinter der Kamera; ich bin nicht Akteur, sondern Regisseur – oder hoffe es während meines Praktikums wenigstens einmal zu sein.

Oliver arbeitet nicht nur als Journalist – meist für die freie Szene, wie er es nennt – sondern ist auch einer der Sprech- und Medientrainer. Wenn er auch erst achtundzwanzig Jahre alt ist, so weist er dennoch ein beachtliches Curriculum Vitae mit einigen interessanten Diplomen auf, die alle in seinem kleinen Büro gerahmt die Wände zieren. Ebenso reihen sich unzählige Fotos lokaler Berühmtheiten an, die er entweder interviewt oder trainiert hatte. Dazwischen finde ich auch das Captain J.J. Arschbild.

„Was hat dieses Foto von mir denn hier verloren?", sehe ich mir das Bild an, das vor zwei Jahren für so viel Wirbel gesorgt hatte. Abermals bin ich stolz, schon als Sechzehnjähriger beachtliche Muskeln gehabt zu haben und natürlich gefällt mir mein eigener Knackarsch noch immer. Etwas selbstverliebt erwischt mich Oliver in der Betrachtung.

„Dieses Bild war auch für mich eine wichtige Karrieresprosse. Dein Vater ist bei den Liberalen und in der Kunst- und der Gay-Szene nicht sehr beliebt. Er vertritt einige Ansichten, die nicht nur extrem konservativ sind, sondern – falls sie je durchgesetzt werden – die Freiheit vieler enorm einschränken könnten. Du ahnst gar nicht, wie das Captain-J.J.-Bild die Macht deines Vaters beschnitt. Sein eigener Sohn passt überhaupt nicht in das Bild, das er – und auch deine Mutter – gerne jedem vorgaukeln. Ich verfolge die Karriere von Senator Julius schon lange. Natürlich habe ich auch dich auf den Fotos gesehen und deine Entwicklung mitverfolgt. Deine Interviews bestätigten mir, dass du ganz und gar nicht auf der Wellenlänge deiner Eltern surfst."

„Wüsste mein Vater, dass sein Sohn ..."

„Warte!" Oliver schließt seine Bürotür. „Sprich es niemals an einem Ort wie diesem aus, wenn du nicht damit eine neue Schlagzeile generieren willst. Jeder wartet nur darauf, Senator Julius wieder einen Tritt in die Eier zu verpassen. Falls du dich jemals öffentlich outen möchtest, dann mache es exklusiv und gut geplant!"

„Outen?", frage ich dumm.

„Was wolltest du denn sagen?", schneidet Oliver eine Grimasse.

„Wüsste mein Vater, dass sein Sohn lieber Kunst studieren würde, anstatt Politikwissenschaften, dann ..."

„Aha!" Oliver nickt vielsagend. „Hast du dich schon entschieden, wo du einen Frondienst leisten wirst?"

„Frondienst?", würge ich wenig begeistert hervor.

„Deine Strafstunden für caritative Zwecke!" Als ich meinen Kopf schüttle, bietet mir Oliver gegenüber seinem wuchtigen Pult einen Platz an. „Miguelangelo unterrichtete früher bildende Kunst an einem College in Los Angeles. Seit drei Jahren leitet er das Independence Art Centrum die Straße runter. Er selbst ist Kunstmaler und Bodypainter ..."

„Echt? Der Typ heißt Miguelangelo?"

„Es ist sein Spitzname. Vielleicht wegen seiner italienischen Vorfahren, vielleicht auch wegen seiner Vorliebe für muskulöse männliche Models, vielleicht auch wegen seines aufbrausenden Wesens? Sein richtiger Name lautet Scott Corcoran. Er sucht für die Sommerkurse immer jemand, der ihm die ganzen Büroarbeiten abnimmt. Falls du Interesse hast, kann ich dich ihm empfehlen. Der Student, den er bereits für den Job verpflichtet hatte, brach sich letzte Woche den rechten Arm und taugt so nicht mehr für die administrative Arbeit am Computer oder bei der Hilfe beim Einrichten der Klassenzimmer. Interesse?"

„Klingt gut! Besser als irgendwo Toiletten schrubben oder Parkanlagen zu säubern."

Oliver tippt eine Message in seinen Computer.

„Warte!", unterbreche ich ihn. „Sprichst du vom Kennedy Performing

Art Center?“

„Nein! Es ist eine eigenständige Organisation der freien Kunstszene. Dort wird ziemlich experimentell gearbeitet. Ich bin überzeugt, es dürfte dir gefallen. Magst du es chaotisch?“

„Perfekt!“, rufe ich aus und lehne ich mich in meinem Stuhl zurück. „Ich brauche Abwechslung.“

„Oh, die wirst du dort haben. Miguelangelos Werke und Projekte sind umstritten. Er arbeitet mit Erwachsenen und nimmt keine Artstudenten an, nur Freischaffende aus allen Bereichen der bildenden Kunst. Hier!“, schiebt mir Oliver ein dickes Dossier zum Studium hin. „Für heute ist Feierabend. Genieße das Sommerwetter und lies dir die Seiten bis morgen durch. Ich werde dich morgen mit schwierigen Fragen vor laufender Kamera bombardieren.“

„Echt jetzt?“ Begeistert grinse ich.

„Josh, auch ich musste bei einem Anwalt deines Vaters diverse Dokumente unterschreiben, dass nichts von dem, was du hier vielleicht beim Training verraten könntest, gesendet oder sonst irgendwie ohne vorher ausdrücklich erteilter Genehmigung veröffentlicht werden darf.“

Schon am nächsten Tage erhalte ich einen Brief von Scott Corcoran, der mich für ein Vorstellungsgespräch am Abend im Kunstzentrum sehen möchte. Da ich dort nicht im Anzug erscheinen will, packe ich Freizeitkleidung ein und nehme mir ein Taxi zur Medienagentur in Georgetown.

Das Interview durch Oliver besteht aus langweiligen Standardfragen. Insgeheim hoffte ich, er würde mich endlich zu meinem schwulen Leben provozieren, doch nichts dergleichen passierte. Er hält Wort! Meine sexuelle Vorliebe ist Geheimsache! Seine anschließende Auswertung erfolgt nach einem vorgegebenen Schema. Danach berät er mich drei Stunden lang, wie ich meine Körpersprache effektiver einsetzen könnte, um dies oder jenes künftig zu vermeiden, zu verschleiern oder stärker zu betonen. Nicht einmal geht es dabei um das, was ich sagte, sondern nur um das Wie, meine Betonungen, die Aussprache oder was meine Hände gestikulierten. Oliver beurteilt meine Präsenz vor der Kamera, wohin ich meine Blicke schweifen lasse oder was ich durch mein Schweigen aussage. Da mein Gesicht mit dem Nasenverband und dem verblassenden Veilchenauge noch immer urkomisch aussieht, würden wir meine Mimik erst später detailliert untersuchen können.

Als mich mein Mentor um vier Uhr am Nachmittag gehen lässt, spaziere ich dem *Potomac River* entlang, um in einer der Seitenstraßen ein uraltes

Backsteingebäude, das mit *Independence Art Center* beschriftet ist, aufzusuchen. Das Gebäude ist das totale Gegenteil vom Medienzentrum. Hier ist nichts modern oder renoviert. Alles wirkt wie zu einer Zeit vor der modernen Technologie. Die breite Holztreppe knarrt, als ich mich in den dritten Stock begebe. Überall hängen Zeichnungen, Bilder oder sind direkt auf die Wände gemalt, gesprüht oder geschmiert. Plastiken, Statuen und seltsame Gebilde hängen von den Decken oder stehen auf Regalen oder auf dem uralten farbfleckigen Holzboden. Hier lebt alles: schrill, bunt, beängstigend unkonventionell, nackt und erotisch.

Eine Wand den langen Flur entlang zieren lebensgroße Fotografien eines nackten Mannes, der von Kopf bis Fuß unterschiedlich bemalt ist. Manchmal wirkt sein Körper, wie der eines archaischen Buschmannes, der sich mit Erde und Beerensaft für uralte Rituale geschmückt hat. Andere Körperbemalungen sind akribisch detailliert, extrem bunt voller Muster und Symbole; oder wieder andere ähneln von mit Maschinen hergestellten Drucken. Auf zweien der riesigen Poster steht der fotografierte Mann vor Naturfelsen. Sein Körper ist vom Moos, Holz und der Natur nicht zu unterscheiden. Auf wieder anderen ziert das gemalte orange-schwarz-weiße Fell eines Tigers oder die gescheckte Musterung eines Leoparden seinen nackten Leib. Immer ist der Penis des Mannes halb erigiert und sein Gesichtsausdruck direkt, gefährlich und kompromisslos.

„Gefallen sie dir?“

„Extrem!“, nicke ich und sehe mich um nach dem Mann, der mich in meiner Betrachtung unterbrochen hat. Er trägt einen schwarzen Dreitagebart, der perfekt zu seinem sehr kurzgetrimmten Haupt- und Brusthaar passt, welches unter seinem weitoffenen weißen Hemd und der offenen schwarzen Weste gut zu erkennen ist. Der Mann ist groß und wirkt irgendwie grimmig. Dann erkenne ich ihn, es ist derselbe Mann, dessen bemalten Körper ich seit einer viertel Stunde angaffe. „Abgefahren! Sind das alles Sie?“

Er streckt mir seine Hand zur Begrüßung hin: „Scott!“, stellt er sich mir vor. „Vergiss das Sie und nenne mich Miguelangelo, das tun hier eh alle.“

„Wer hat dich bemalt?“, drehe ich ständig meinen Kopf von den riesigen Fotografien und wieder zum Mann vor mir.

„Ich selbst, nur an den unzugänglichen Stellen ein Kumpel.“

„Wahnsinn!“

Miguelangelo lacht laut, dann legt er mir seine Rechte auf die Schulter. „So wurde ich schon oft benannt.“

„Sorry, so meinte ich es nicht ...“

„Trifft es aber!“, grinst er feist. „Oliver hat dich in den höchsten Tönen gelobt. Bist du echt der Sprössling des konservativen Welt-Verschlechterers?“

„Jonathan Josh Julius!“, nenne ich meinen vollen Namen. „Die meisten nennen mich John oder Josh.“

„Oder Captain J.J.?“, schiebt Miguelangelo mich den langen Flur weiter.

„Oder so“, bestätige ich.

„Junge, du gefällst mir! Hätte ich einen Alten, wie deinen, ich würde auch meinen nackten Arsch zur Waffe machen.“

„Tust du doch!“, schiele ich zurück zu den bestimmt dreißig riesigen Nacktaufnahmen von ihm.

„Hast mich voll durchschaut! Mein alter Herr war auch ne ständige Plage, warum ich wahrscheinlich auch Künstler geworden bin und mich am liebsten …“, Miguelangelo winkt ab. „Lassen wir das. Oliver berichtete mir, du spielst als Quarterback American Football, studierst Politwissenschaften und erhältst von ihm ein Medientraining. Hast du echt Bock hier die Administration meiner diversen Klassen zu tätigen, Models zu buchen, ihre Bezahlung zu überwachen und die Buchhaltung für mich zu erledigen?“

„Bin ich nicht dafür hier?“, bleibe ich vage.

„Schon, aber … Ok, ich zeige dir dein Büro. Erschrick nicht, es herrscht darin ein ziemliches Chaos.“

„Aber?“, hake ich nach.

„Wir werden sehen!“ Damit öffnet Miguelangelo die Tür am Ende des Flurs und lotst mich darin an Leinwänden, diversen Staffeleien und vollgestopften Regalen mit Pinseln und Farbtöpfen vorbei in einen angrenzenden kleinen Raum dahinter. „Das hier ist einer meiner persönlichen Lagerräume“, zuckt der Dunkelhaarige mit der Schulter. „Du würdest hier hinten arbeiten!“, zeigt er auf den kleinen Raum. Dieser ist bis auf einen uralten Holzschreibtisch, auf dem nur ein Laptop steht, vollgestopft mit bestimmt an die tausend Schachteln voll mit Dokumenten, Rechnungen und Ähnlichem.

Schockiert und ohnmächtig vor diesem Papierchaos suche ich schon nach Ausreden, hier keine Ordnung reinbringen zu müssen.

„Ich brauche alle anderen Räume für Sinnvolleres, als Papierkram zehn Jahre zu lagern, wie das Gesetz es vorschreibt. Keine Bange, du hast nur mit den drei Schachteln auf der Kommode zu tun, der Rest ist Vergangenheit und längst gestorben.“

„Uff!“, spiele ich mit.

„Noch was!“ Er mustert meinen Anzug, denn ich bin noch nicht dazu gekommen, mich umzuziehen. „Hier kannst du rumlaufen, wie du willst. Mir ist egal, was oder ob du überhaupt was anhast, nur Anzüge müssen echt nicht sein."

Ich klopfe auf meine Sporttasche. „Ich habe was zum Wechseln dabei. Ich komme direkt aus dem Medienzentrum ..."

„Noch was", sagt er, „hier brauchst du dich niemals für irgendetwas zu rechtfertigen. Lebe deine Kreativität und drücke sie aus. Du hast die Bilder von mir im Flur gesehen. Ich erschaffe mir meine eigenen Wertvorstellungen, vollkommen egal, ob sich andere daran brüskieren oder nicht. Sei, wer du bist! Willkommen im *Independence Art Center*!"

„Danke! Was muss ich tun?"

Miguelangelo lacht auf. „Hast du mir nicht zugehört?"

„Doch!", protestiere ich.

„Dann relax! Mir ist vollkommen egal, ob die Rechnungen sich in Kisten stapeln. Heute habe ich keine Models, also muss heute niemand bar bezahlt werden. Sieht dich einfach hier um und zieh endlich diesen Anzug aus. Der Rest ergibt sich, wenn es so weit ist. Ich muss los, meine nächste Klasse beginnt in zwanzig Minuten. Noch was! Hier gibt es keine verschlossenen Türen, ist eine dennoch zu, dann nur, weil ich nicht immer im ganzen Haus den Geruch von Ölfarbe oder Verdünner ertrage. Während ich arbeite, sprichst du mich niemals an, denn der Musen Küsse sind mir heilig."

„Musen Küsse?"

„Inspiration ist ein zartes Wesen, das flüchtet, wenn der Verstand um sich schlägt. Du bist doch Sportler!" Als ich nicke, fährt Miguelangelo fort: „Dann weißt du, was es bedeutet, sich zu konzentrieren ohne sich zu konzentrieren; wie ein Tiger zu lauern, um im richtigen Moment vorzupreschen und die Beute zu erlegen." Abermals nicke ich, denn beides ist mir nicht fremd. „So ist es mit der Kreativität. Sie kommt und geht auf leisen Sohlen. Geplapper und Störungen können sie verjagen. Oft versteckt sie sich dann für Tage, was mehr als nervig ist. Also ..."

„Niemals einen Künstler bei der Arbeit stören. Ich hab verstanden!"

„Besuch meinen Kurs im ersten Untergeschoss im Gewölbe. Falls du Lust verspürst, spontan einen Pinsel zur Hand zu nehmen oder selbst zu posieren, dann tue es einfach. Du brauchst für beides keine Spezialeinladung. Die nächsten zwei Monate erwarte ich dich dreimal wöchentlich ab sechs Uhr abends, bis du genug hast. Mir ist egal, ob das jeweils nur eine Stunde oder ob es vier oder mehr sind. Mir ist auch egal, an welchen Abenden du hier aufkreuzt, ich werde das nicht kontrollieren. Du bist erwachsen!"

Sprachlos über seine Toleranz, sein Freiheitsdenken und seine Lebenseinstellungen, nicke ich nur immer wieder und grinse, was mit meinem Verband wohl seltsam aussehen muss. Miguelangelo ignoriert auch meine Verletzung. Entweder hat er in der Zeitung darüber gelesen oder es interessiert ihn einfach nicht.

Als er für seinen Kurs abzieht, sichte ich pflichtbewusst die Papiere in den Boxen auf dem Regal und pflichte meinem Kunstmentor bei: kalter Kaffee! Im Computer finde ich einen Outlook-Kalender. Jeder Lehrer verfügt über einen. Ebenso finde ich eine Liste der Models und eine Erklärung wie und wann ich wem wie viel ausbezahlen muss. Die meisten Models bestehen auf Bargeld. Ebenso erklärt Miguelangelos Liste, wo ich das Geld für die jeweiligen Kursmodels deponieren muss. Eigentlich ist es immer gleich: in einem Couvert in einem Hängefach im Kursraum, der sich das Gewölbe nennt. Das Ganze verspricht wirklich, ein easy Job zu werden.

Weil es Anfang Juli auch kurz vor sieben Uhr abends noch immer extrem heiß ist, ziehe ich mich um. Nur in einer zerschlissenen Jeans und einem ärmellosen, knapp über dem Bauchnabel abgeschnittenen T-Shirt begebe ich mich auf Erkundungstour durch das Independence Art Center. Da Sommerferien sind, finden heute Abend nur zwei Kurse statt: einer im Gewölbe mit Miguelangelo; und ein zweiter ohne Kursleiter im Offenen Atelier unter dem Dach. Das Offene Atelier ist ein riesiger Raum, der gleich beim Treppenansatz beginnt. Sieben Männer und drei Frauen zwischen vierzig und achtzig arbeiten entweder an zusammengeschobenen Pulten, hinter Staffeleien oder vor Wänden, die mit Leinwänden oder Stoffen bespannt sind im von unzähligen Dachbalken getragenen Raum. Alle Fenster sind weit offen, um der Schwüle Abhilfe zu schaffen. Neugierig spaziere ich zwischen den Künstlern hindurch. Keiner stört sich an mir, doch jeder ignoriert mich. Niemand spricht, noch gibt es Musik.

Im dritten Stock darunter befinden sich hauptsächlich Lagerräume für Malutensilien und zwei Räume, in denen bestimmt an die fünfhundert bemalte Leinwände in allen Größen gelagert werden. Im zweiten Stock befinden sich zwei vollkommen leere Räume und auf der anderen Seite drei, in denen entweder mit Metall, Stein oder Gips gearbeitet wird. Angefangene Skulpturen und Gipsabgüsse von Gesichtern, Armen und anderen Körperteilen liegen überall auf Tischen oder auf Gesellen. Der erste Stock – das Erdgeschoss – machen eine Kantine mit einer bequemen Couch, Tischen, Sitzkissen und Stühlen aus. An einer Wand stehen zwei Kaffeemaschinen und Kisten mit unterschiedlichsten Getränken, sowie zwei Kühlschränke mit Sandwiches und privaten Mitbringseln darin. Zwei Typen diskutieren zusammen an der Fensterfront mit Blick in den grün überwuchernden Innenhof. Auch die beiden lassen sich durch mich von ihrem Gespräch nicht ablenken und ignorieren mich vollkommen.

Im Keller finde ich das Privatatelier von Miguelangelo, so vermute ich, denn auch hier stehen weitere dieser lebensgroßen Fotos von ihm mit neuer Körperbemalung, sowie großformatige Leinwände. Miguelangelo hat wirklich eine Vorliebe für nackte Sportler, die er in jeder nur erdenklichen Pose malt. Einige der Bilder würde ich sofort in meinen Zimmern zuhause aufhängen, denn die Typen sind alle erotisch oder eindeutig in sexuellen Posen dargestellt. Meine Eltern würden ausflippen!

Miguelangelos Klasse im Gewölbe gegenüber zeichnet oder malt einen nackten Mann, der posiert. Das Model dürfte bestimmt schon siebzig oder älter sein, wie er auf seinem Marmorpodest sitzt und gelangweilt eine Wand anstarrt. Auch hier ignoriert jeder vollkommen meine Anwesenheit, als ich zwischen den Staffeleien hindurch mir die diversen Skizzen der Schüler – ausnahmslos Männer ab fünfzig – ansehen.

Nur Miguelangelos Blicke folgen mir interessiert. Ich fühle, wie er meinen halbnackten Körper abcheckt und mir mit einem stummen Nicken dafür dankt. Er spricht mich nicht an, sondern spricht nur manchmal mit einem seiner Schüler, um ihn auf Proportionen oder Schatten aufmerksam zu machen. Immer wieder streifen mich seine Blicke, bis ich verlegen darüber die Flucht ergreife.

Miguelangelo

Seit inzwischen drei Wochen trainiert mich Oliver in Medienpräsenz. Es wird niemals langweilig. Je mehr ich über mich selbst erfahre, desto interessierter beobachte ich seither andere. Ob immer alles der Wahrheit entspricht, was ich aus Gesten, Körperhaltungen und Mimik lese, ist mir egal – jeder sieht die Wahrheit oder die Realität eh nur nach eigenem Ermessen. Doch was ich lese, verrät mir viel über mich selbst. Oliver zeigte mir auch Mitschnitte von Pressekonferenzen des Präsidenten der Vereinigten Staaten, wie auch Reden meines Vaters. Seltsamerweise erkenne ich heute viel rascher, ob jemand lügt – also etwas anderes erzählt, als das, woran er oder sie selbst glaubt. Ich unterscheide zwischen ehrlichen Aussagen, die aus eigenen Erfahrungen und dem eigenen ethischen Empfinden entspringen gegenüber angelernten Maschen und Tricks. Mir ist bewusst, dass Politiker oft Meinungen vertreten müssen, die sie selbst nicht wirklich verinnerlicht haben, um ihre Ziele, die ihrer Parteien oder die der Nation zu repräsentieren. Dennoch gibt es gerade in dieser Sparte extreme Lügner; Männer und Frauen, denen ich einfach nichts abkaufe. Andere schätze ich heute umso mehr, weil ich ihre Liebe und Wertschätzung für andere in ihrer bloßen Präsenz ablesen kann, auch wenn ihre Worte oft geradezu banal klingen.

Oliver betont immer wieder, dass das gesprochene Wort nicht einmal zehn Prozent dessen ausmacht, was wir durch unsere Erscheinung mitteilen. Der Hauptteil, wie andere uns einschätzten, passiert durch unser Bewusstsein, dass als unsichtbare Ausstrahlung unser wahres Wesen ausrückt. Jeder, ob bewusst oder unbewusst spricht darauf an. Gefährlich sei es nur, wenn man wortwörtlich alles glaubt, was andere einem eintrichtern wollen. Denn dann reduziert man sich auf zehn Prozent, die niemals die Fülle der Wahrheit ausmachen können, vollkommen egal, wer sie uns einzutrichtern versucht. Ebenfalls lehrt mich Oliver wie Hypnose funktioniert, und wie ich erkennen kann, wenn jemand versucht, mich gegen meinen Willen zu etwas zu zwingen – mich also hypnotisieren oder verhexen will. Mein Mentor spricht von der modernen Magie, der Meinungsbildung, die vorwiegend über unsere Ängste und unsere Lust wirkt. Diese moderne Magie benutzt Bilder, um sich tief in unserem Unterbewusstsein zu verankern. Das sei mit ein Grund, warum auch angesehene Tageszeitungen immer mehr Bilder in ihre Berichte einfließen lassen. Oft sind diese so platziert, dass sie wohl oberflächlich betrachten einen Artikel illustrieren, jedoch die Wirkung eines ganz anderen hervorheben. Auch hier wirken Bilder von Gewalt, Blut, Mord und Totschlag am wirkungsvollsten, um vielleicht ein neues Medikament, eine Erhöhung von Prämien, eine kriegerische Handlung und Ähnliches, dass dann erst ein paar Seiten später in der Zeitung auftaucht – oder gar erst in der nächsten Ausgab – zu bewerben. Wir werden ständig mit Informationen und Bildmaterial beschossen und beeinflusst: hypnotisiert!

Der Ausgleich zum Medientraining bei Oliver bietet meine Freiwilligenarbeit im *Independence Art Center*. Der Kontrast könnte kaum krasser sein. Während die Medienleute ständig sprechen, schweigen die Künstler. Ohne dass mich Miguelangelo belehrt, erfasse ich, was Kunst sein könnte. Ich bin dabei, wenn sie entsteht. Niemand muss es mir erklären. Entweder ist der kreative Fluss in einem Werk spürbar oder er ist es nicht. Es ist ganz simpel! Wo nichts ist, kann man wohl viel interpretieren, doch Tatsache bleibt: Es ist eine Totgeburt.

Im Kunstzentrum bin ich konsequent barfuß und trage niemals mehr als Shorts und irgendein Tank Top oder eines meiner Sportshirts, die ich alle unter meinen Shoulder Pads trage und die deshalb alle schon eine Handbreit über meinem Bauchnabel abgeschnitten sind. Miguelangelo sprach mich nie darauf an. Je kürzer ich meine T-Shirts abschneide, desto heller ist seine Mimik, wenn er mich darin sieht. Ich stehe nicht auf den oft grimmig blickenden Italo-Amerikaner, doch ich genieße diese Freiheit mich hier zu geben, wie es mir gerade passt. Auch wenn ich mir ziemlich sicher bin, dass er mich nicht nur mit Künstleraugen ansieht, ist es mir egal. Oft denke ich im Kunstzentrum selbst schon wie ein Künstler, wenn ich mir die posierenden Models ansehe.

Längst habe ich kapiert, dass sich im Gewölbe unten eine sehr aktive Gay Artist Community regelmäßig trifft. Jeden Kalendertag steht etwas anderes auf dem Programm: montags sind es Anatomiestudien, wozu meist Models gebucht werden, die weder den gängigen Schönheitsidealen entsprechen, sondern übergewichtige Kerle, alte oder wahre Charakteren. Mit diesen Models verstehe ich mich immer sehr gut, denn keiner von ihnen ist eitel oder eingebildet. Dienstags und mittwochs kommen meist die gleichen Models wieder, denn da wird entweder mit Öl oder mit Acrylfarbe gearbeitet und das meist großformatig auf Leinwand. Der Donnerstag ist der Tag des Skizzierens. Die Models müssen viertelstündig ihre Posen verändern, um möglichst eine breite Palette diverser Stellungen zum Zeichnen zu bieten. Der Freitag ist ganz der Erotik gewidmet und der Samstagabend gehört der Pornografie. Am Sonntag kann dann jeder individuell an seinen angefangenen Werken arbeiten. Bis auf die Montage tragen die Models oft Kleidungstücke, Reizwäsche oder Kostüme. Am Freitag natürlich nur erotische Wäsche und am Samstag ist nichts erlaubt, was die Intimbereiche verdeckt; ansonsten macht jeder, was er will.

Jetzt während der Sommerferien kommen viele Künstler fast täglich ins *Independence Art Center*. An einigen Abenden – speziell an Freitagen und Samstagen – kann es schon mal dreißig oder gar mehr Künstler im Gewölbe haben. Es sind ausnahmslos Männer jeden Alters, Hautfarbe und kulturellem Hintergrund. Viele von ihnen kenne ich inzwischen persönlich, denn nach den Kursen – ich bleibe immer bis zum Schluss – trifft man sich im hauseigenen Café, um über die entstandenen Werke zu diskutieren. Da während der Sommerferien alle anderen Kurse im Kunstzentrum pausieren, beginnen diese Besprechungen immer im Offenen Atelier. Geschwiegen wird nur konsequent während die Musen wandeln, danach schwatzen die schwulen Künstler wie jeder andere Mensch auch. Ebenso üblich ist es, dass sich die Models dazugesellen, um sich anzusehen, was die Künstler in ihnen sehen oder wie sie getroffen wurden.

Am Freitagabend habe ich mich abermals für die Erotikklasse als freiwilliger Helfer zur Verfügung gestellt. Die Staffeleien habe ich schon alle rechts und links zum langen Podest, das ich dafür aufbauen musste, aufgestellt. Anders als bei Anatomie und den Malklassen, bei denen die Models meist stehen oder auf Podesten oder Stühlen sitzend posieren, tun das die Erotik-, wie auch die Porno-Models meist liegend auf einem Bett im Zentrum des Raumes.

„Josh, Erotik ist auf Bildern nicht so einfach festzuhalten, wie du vielleicht annimmst", erklärt mein Kunstmentor.

„Geht es dabei nicht um harte Schwänze oder eindeutige Posen?", frage ich verwundert.

„Bei der pornografischen Zeichnungen oder gemalten Abbildungen davon schon. Erotik ist etwas anderes. Dabei dreht sich alles um die Fantasie und nicht um Tatsachen. Natürlich spielt nackte Haut eine Rolle, doch genauso wichtig sind das Spiel mit Blicken, die richtige Pose oder das Zeigen oder das Weglassen. Alles dreht sich um das Geheimnis. Nicht viele Models lassen sich darauf ein. Es ist ein Spiel mit dem Feuer."

„Warum?"

„Der stumme Dialog zwischen Model und Künstler ist eine stille Übereinkunft, ein Flirten und Ein-sich-verweigern. Ein gutes Werk erzählt jedem Betrachter, zu welchem Zweck es erschaffen wurde. Wir hatten schon Models, die anfänglich scheu, dann plötzlich aggressiv wurden, weil sie vor ihren eigenen Gefühlen Panik bekamen. Selbst wenn die Posen und die Mimik solcher Bilder stimmen, erzählt das fertige Bild vielleicht eine ganz andere Geschichte."

„Ein Bild tratscht doch nicht!", lache ich ungläubig.

„Den meisten Betrachtern fällt so etwas nicht auf. Vergiss nicht, jeder Mensch kann nur das sehen, was er sehen kann. Erkennt er seinen Frust oder seine Wut in einem Bild wieder, gefällt ihm das Bild, oder er verabscheut es. Andere Betrachter mögen es, im Liebesspiel andere zu dominieren, zu diskriminieren oder zu prostituieren. Gewalt, Frustration, Hass, Angst, moralische Zwänge und religiöse Vorurteile gehören genauso zur Erotik wir Sehnsüchte, Träume, Sentimentalität oder Schönheit. Erotik ist ein Spiel zwischen Unschuld und Gewalt, zwischen Leben und Tod."

„Bist du da nicht ziemlich ...?"

„Extrem?", verdreht Miguelangelo seine Augen. „Ja, das bin ich. Ich liebe die Erotik, dieses Knistern und Funken der Gegensätze. Bringt das ein Typ nicht rüber, vergiss ihn!"

„Aber hat das nicht eher mit deinen Vorlieben und deinen Abneigungen zu tun?", frage ich.

„Mit meiner Wahl. Das ist der Grund, warum ich nur sehr selten selbst zum Pinsel oder zur Kreide greife, wenn sich hier Models auf dem Bett wälzen. Die wenigsten inspirieren mich."

Miguelangelo hält Wort, nicht einmal überprüfte er meine Arbeit im Büro. Er zollt mir aber stumm Respekt, dass ich nicht einmal vergessen habe, den Umschlag mit dem Geld für die Models in sein Fach zu legen. Oft hoffe ich, er würde mich einmal bitten, als Model einzuspringen. Er tut es nie!

Seit ich Oliver fast täglich im Anzug vor der laufenden Kamera oder vor diversen Fotoapparaten posieren muss, ist es mir zur zweiten Natur geworden, mich dabei zu entspannen. Auch wenn ich mich niemals nackt an einem Montag oder für die erotische oder die pornografische Kunst vor die Künstler stellen würde, dann doch in einem sexy Outfit für die Dienstag- oder die Mittwochklasse.

Heute trage ich zum ersten Mal – wie Miguelangelo gewöhnlich – eine offen Weste, jedoch ohne Hemd darunter, dazu eine abgeschnittene Jeans mit Löchern und Schnitten, sodass darunter gelegentlich meine Boxershorts zu sehen sind. Ich räume im Gewölbe auf und arrangiere die Staffeleien im weiten Halbkreis ums Zentrum mit der erhöhten Plattform. Zwei Typen, die immer als Erste auftauchen, ein Japaner um die vierzig, und ein etwas konservativ wirkender New Yorker, wundern sich auch heute, warum ich mich niemals entweder als Künstler beweise oder wenigstens zum Spaß in die Rolle des Models schlüpfe. Die beiden Typen sind die Einzigen, die das thematisieren und mich auch ganz direkt darauf ansprechen. Wie jeden Tag winke ich nur grinsend ab und gehe meiner Arbeit nach.

Der Japaner holt seine gestern begonnene Acrylarbeit und platziert sie auf die Staffelei, um daran aus der Erinnerung weiter zu malen, bis der heutige Kurs beginnt. Wie immer arbeitet er ausschließlich in Rot und Schwarz, was dem Model etwas Entrücktes aber auch Gefährliches verleiht, als ob der dicke nackte Mann ein Samurai-Krieger sei, der zum Baden nur eben kurz seine

Rüstung abgelegt hätte.

„Kannst du mir bei etwas helfen?“, tippt mich Miguelangelo plötzlich sanft an der Schulter.

„Ich posieren nicht als Erotikmodel im folgenden Kurs!“, antworte ich, ohne seine Bitte abzuwarten.

„Nichts dergleichen! Josh, du kennst die Regeln hier: Jeder so wie er will. Weder die Künstler, noch die Models werden in meinen Kursen zu etwas gezwungen, was sie nicht selbst wollen. Alles klar?“

Ich nicke.

„Komm mit!“ Miguelangelo führt mich in sein privates Atelier ins Gewölbe gegenüber. Dort hängen bestimmt an die hundert Fotos von seiner neuesten Selbstbemalung an zusammengeschobenen Pin-Wänden. Die Kamera mit Selbstauslöser und die Scheinwerfer für seine Selbstporträts hat er noch nicht wieder weggeräumt. Jedes der aufgehängten Fotos zeigt meinen Kunstmentor aus unterschiedlichsten Winkeln und in diversen Posen.

„Bist du das?“, frage ich überflüssigerweise, auch wenn sein Gesicht diesmal durch die Bemalung kaum wiederzuerkennen ist.

„Ja, als Sexgott!“, Etwas verlegen nickt er.

„Allerdings!“ Neugierig spaziere ich vor den Stellwänden auf und ab. Auf jedem zweiten Bild betont Miguelangelos harte Erektion, wie ernst es ihm mit der Darstellung war. Der Body Painter hat sich hauptsächlich golden und rot bemalt. Auf seinem Torso strahlt eine Sonne und gezackten Blitzen als Schamhaar spielen mit roten Flammen, die seinen ganzen Leib umzüngeln. Sein Penis ist mit griechischen Ornamenten verziert und gleicht einer Goldsäule eines Tempels, genauso sind auch seine Arme, seine Beine und sein Hals bemalt. Die Linien und Muster, die er darauf angebracht hat, sind absolut präzise und die Schatten so gekonnt gemalt, dass das Auge sich täuscht. Aus dieser Mischung aus Sonne, Flammen und Architektur entsteht ein Wesen, das halb Tempel, halb Mensch oder Dämon ist.

„Welches Bild gefällt dir am besten?“, will Miguelangelo von mir wissen und stellt sich nach einer Weile stiller Betrachtung hinter mich. Er zeigt nach vorn. „Hier blicke ich zu ernst!“ Er deutet auf ein Bild, das ihn im Profil zeigt. „Leider, denn mein Penis ist darauf besonders hart!“

Ich verschlucke mich und nicke, wahrscheinlich bin ich gerade noch roter geworden, als eh schon. Jetzt, da ich endlich den hässlichen Verband losgeworden bin und nur noch kleinere Pflaster tragen muss, welche die Nasenkorrektur fixieren sollen, kann ich mich nicht mehr so gut verstecken. Mein Veilchen ist beinahe ganz verschwunden. Künftig werde ich eine krumme und eine etwas flachere Nase haben, was mir aber komischerweise sehr gut gefällt. Dieser neue Look passt zu meinem Raubtiergrinsen und Draufgänger-Image, dass ich sorgsam pflege. Meine Mutter wird mich bestimmt zum Schönheitschirurgen schleppen wollen.

„Ja, die Potenz ist hier wirklich säulenartig!“, bestätige ich und verschlucke mich, weil ich es laut ausgesprochen habe.

„Bist du mit der Mythologie von Eros vertraut?“ Miguelangelo sieht mich plötzlich sehr direkt an.

„Eros?“, hasple ich und verschlucke mich abermals. Auch wenn Lox sich nicht als mein Eros entpuppt hat, bin ich dennoch nach wie vor auf der Suche nach dem Gott der Liebe. „Etwas!“, deute ich an, denn mehr will ich Miguelangelo nicht verraten, dass ich absolut jedes Buch und jeden Artikel über Eros ausfindig gemacht und mehrfach gelesen habe.

„Für mich ist Eros kein kleiner Junge oder ein hübscher Engel, sondern eine Naturgewalt. Die Liebe duldet keine halben Sachen, weshalb mir eine wirklich harte Erektion bei dieser Darstellung wichtig war. Josh, was denkst du darüber?“

„Die Liebe ist absolut. Nur unsere beschränkten Vorstellungen der Liebe kastriert sie oder macht sie lieblich und scheu. Das ist aber eine weibliche Sicht auf die Liebe, die eher zu einer Aphrodite passt. Ich pflichte dir bei, einem Mann erscheint die Liebe steinhart und als Krieger.“

„Mir ist bewusst, dass diese Darstellung nur einem der vielen Gesichter des Eros gerecht wird.“

„Aber diesen Aspekt der Liebe hast du sehr gut getroffen.“

„Du bist ja ein echter Philosoph!“, spöttelt Miguelangelo und zieht seine Stirn in Falten. „Weiter! Lass hören, was du sonst noch in meiner Darstellung als potenter Eros erkennst.“

„Ich soll dein Werk kritisieren?“

„Nein, Josh! Sage, was dir spontan dazu einfällt. Wie wirken die Bilder auf dich? Was verraten sie dir ganz persönlich über Eros?“

„Stufst du es selbst als erotische oder als pornografische Kunst ein?“, versuche ich es abzuwägen.

„Mal das eine, mal das andere“, zuckt der Selbstdarsteller mit der Schulter.

„Hier!“, zeige ich auf ein weiteres Foto. „Dieses Bild spricht von Leidenschaft, dem Aspekt der Liebe, wie wir sie beim Sex erfahren. Dennoch“, ich schlucke leer, weil ich wieder über die Latte meines Mentors reden soll. Zudem verfüge ich kaum über eigene Erfahrungen. „Dein Ding!“

„Nenne es beim Namen! Was ist mit meinem Schwanz, meinem Steifer, meiner Latte …“

„Deiner Lanze …“

Miguelangelo lacht auf. „Ok, so kannst du den Prügel auch bezeichnen.“

„Also dieser fleischige dicke Dildo“, als mein Mentor wieder lacht, setzt ich fort, „weist dem Sucher nach Liebe den Weg. Niemals sollte man vergessen, dass Sex nur eine erste Sprosse zur Himmelsleiter hoch ins wahre Zentrum der Liebe darstellt. Liebe ist nicht fassbar, selbst wenn deine Latte regelrecht aus dem Bild schnellt. Sie ist wie der Kompass, der stetig die Richtung zur Liebe weist. Wer jedoch den Kompass mit dem Ziel verwechselt, sollte nicht zur See fahren.“

„Wer bist du?“, lacht Miguelangelo noch lauter. „Bringt dir Oliver solches bei?“

„Eros ist der Gott, der mich seit frühester Kindheit inspiriert“, gestehe ich dem Body Painter. „Eros erschien mir schon im Traum.“

„Verstehe! So?“, zeigt der Leiter des Kunstzentrums auf ein weiteres Foto, auf dem seine Latte im Profil absteht. Als ich mehrfach nicke, sucht Miguelangelo nach einer Mappe, die auf einem hinteren Tisch liegt. Als er damit zurückkommt, stapeln sich darin weitere Vergrößerungen seiner Selbstdarstellung als Gott der Liebe. Die ersten Abbildungen zeigen den Meister beim Bearbeiten seiner Erektion mit der rechten Hand. Weitere Bilder zeigen das Gleiche mit beiden Händen. Mir Fotos von meinem Lehrer beim Masturbieren anzusehen, lässt mich verlegen noch tiefer erröten.

„Sag mal, Josh“, legt Miguelangelo seinen rechten Arm um meine Schulter, „ist es dir peinlich, mit mir über erotische Kunst zu diskutieren?“

„Nein!“, lüge ich. „Nur ungewohnt.“

„Wie lange versteckst du dich nun schon im Gewölbe, um dir die Akt- und Erotik-Models anzusehen? Du warst doch bestimmt auch schon bei einer Porno-Session gegenwärtig. Da haben sich die Models auch einen runter geholt. Ich hätte echt nicht gedacht, dass dich eine Latte so in Verlegenheit bringen könnte.“

„Es ist nur …“

„Falls es mich selbst stören würde“, winkt Miguelangelo ab, „hätte ich mich nicht so fotografiert, oder ich würde dir diese Bilder jetzt nicht zeigen. Josh, was hältst du davon?“ Der Provokateur wühlt durch den Stapel und zieht ein weiteres dieser Wichsbilder vor. Diesmal trägt der Sexgott noch rote Flügel auf den Rücken gebunden und sein mit Ornamenten und Farbe übermaltes Gesicht glüht vor Lust.

„Das ist es!“, schnappe ich mir das Bild und hefte es an die Pinnwand. „Das ist Eros im Schöpfungsakt! Das ist Eros bei der Befruchtung der Welten. Hier fehlt nur noch dein Sperma, um die Zeugung zu vollenden. Dieses Bild ist extrem gut!“ Sehr darauf achtend, dass mich der Body Painter nur von hinten sieht, versuche ich meine Verlegenheit weiter vor ihm zu verbergen.

Miguelangelo fischt ein weiteres Foto aus der Mappe, um es mir stumm, doch sehr breit grinsend unter die Nase zu halten. „Etwa so?“

Als reifer Sommer bringe ich dein Blut in Wallung und zerrt dich in die Abgründe der Lust. Eros Prophezeiung erfüllt sich. Miguelangelo ist es gelungen, diesen Aspekt des Eros‘ künstlerisch zum Leben zu erwecken.

„Dieses Bild spritzt vor Energie!“, bestätige ich. „Diese Art der Liebe ist Ekstase, die den Verstand auslöscht, um die Seele nach der Erleichterung in die Erleuchtung der höheren Welten zu ziehen. Hier transzendierst du die Lust, selbst wenn dein Orgasmus gerade seinen Zenit erreicht.“

„Verstehst du etwas von Kamasutra?“, wundert sich Miguelangelo, der auch dieses Bild, das er erst verheimlichen wollte, an die Wand pinnt.

Kopfschüttelnd gaffe ich das Bild an. Der Künstler fokussiert frontal den Betrachter, doch seine Hüfte ist so abgedreht, dass seine säulenartige Erektion riesig erscheint.

„Der rausspritzende weiße Samen vor dem dunklen Hintergrund lässt die Schöpfung eines galaktischen Nebels erahnen. Die roten Flügel bieten den perfekten Gegensatz zum Dämonischen, was diesem Bild seine Erdgebundenheit verleiht. Du bist der Tempel der Lust, aber gleichzeitig bist du auch der Hohepriester, der dem Gott huldigt. Geleichzeitig transzendieren dein inneres Glühen und deine Zufriedenheit in deinem Gesichtsausdruck den Dämon und verleihen ihm seine blutigen Flügel. Das ist pure Lust! Es ist ein ehrliches Bild von dir als Eros, der auch den Abgrund und die Qual des Menschseins ausdrückt. Das ist mit Abstand dein bestes Werk dieser Serie!“

„Es gefällt dir wahrhaftig!“, grinst Miguelangelo sehr breit, als er auf meine Hose schielt, in der meine eigene Lust überdeutlich mein Gefallen mit einer stehenden Ovation zollt. Meine weißen Jockstraps beulen sich durch eine der gewagteren Schlitze in meiner bearbeiteten Jeans und outet mich als harter Fan des Werkes meines Mentors.

„Josh, ich schenke dir einen Abzug in Lebensgröße. Danke! Du hast wirklich ein Auge für gute Kunst.“

„Du schenkst mir das Bild?“

„Ich stelle von jeder meiner Selbstbemalungen zehn Fotografien des idealen Fotos in Lebensgröße her. Ich schenke dir das Erste von zehn und signiere es für dich. Ohne dich hätte ich ein braveres gewählt. Alles was du gesagt hast, spricht mir aus tiefstem Herzen. Ganz oder gar nicht! Die Liebe und ihre Facetten kennen keine halben Sachen. Liebe ist kompromisslos, ehrlich, erschreckend und oft auch schockierend. Die Liebe kümmert das nicht. Sie drückt sich aus – und das auf allen Ebenen der Existenz, vom geilsten Sex bis zu den elysischen Höhen eines befreiten und geläuterten Geistes."

Während des Abendkurses denke ich über diese weitere Offenbarung des Eros' nach – und über die Latte meines Kunstmentors. Kann es sein, dass Miguelangelo mein Eros ist? Warum entflamme ich dann nicht in Liebe für ihn? Der verrückte Body Painter ist mir heute zu einem wirklich guten und vertrauten Freund geworden, doch mehr ist da nicht, egal, wie geil mich sein Bild auch gemacht hatte. Sicher ist nur, ich bin im vorhergesagten Sommer aus Eros' Prophezeiung angekommen. Weil mich Miguelangelos Fotos zu sehr vom heutigen Model ablenken, ziehe ich mich vorzeitig zurück. Keiner zwingt mich, hier zu bleiben.

Alleine zu Hause lege ich mich nackt aufs Bett und starre die Zimmerdecke an. „Wer bist du?", flüstere ich in die Lichtreflektion der Straßenlaterne, die sich wie ein ferner Mond darauf abgebildet hat. Mit diesem letzten Gedanken schlafe ich ein.

„Ich bin der Anfang", umhüllt mich eine Stimme. Mir ist es unmöglich ihren Ursprung auszumachen, es ist, als ob die Stimme von überall gleichzeitig zu kommen scheint.

„Durch das Chaos kämpfte sich mein Wesen in die Schöpfung, um sie zu vollenden, sie zu bevölkern und stetig zu erneuern. Meine Schwester gebar alles Sichtbare und verlieh allem Körper und Gestalt. Doch ich wohne im Herzen jedes Geschöpfes. Nach mir verzehrt sich alles Erschaffene."

Noch während ich der körperlosen Stimme lausche, erinnere ich mich im Traum an meine Kindheitsalbträume. Auch ich musste Wesen zeugen, um mich durch sie selbst manifestieren zu können. Auch wenn ich in all meinen Träumen niemals Gesichter wahrgenommen habe, so verstehe ich die Aussage dieser unsichtbaren Stimme.

„Alles Geschaffene wird von meinem Bruder in den Abgrund gezogen, um aus dem Nichts oder aus der Leere in die Fülle der Welten gezogen zu werden."

„Bruder Nichts und Bruder Schwerkraft", bestätige ich, denn so bezeichnete ich die Wesen, die mich all die Jahre meiner Kindheit traktiert hatten.

„Warum zeigst du dich nicht?“, frage ich herausfordernd. „Wir sind uns schon begegnet. Ich habe dein Gesicht schon einmal gesehen!“

„Alles, was du erblickst, trägt mein Gesicht. Als Eros bin ich gestalt- und gesichtslos. Mich kannten die alten Griechen als Pteros, als Eros oder als Cupido; die Römer nannten mich Amor; die Christen bezeichnen mich als Heiliger Geist. Mich kennt man als die Liebe. Als die Liebe lebe ich in jedem Geschöpf.“

„Ich habe dich aber gesehen!“, beharre ich.

Eros‘ Manifestationen

Im Kunstzentrum in meinem Fach finde ich einen Zettel von Miguelangelo. Er lässt mich wissen, dass er in San Francisco zu tun habe. Ich sei bis auf Weiteres entlassen. Da gleichzeitig auch mein intensives Medientraining mit Oliver früher als geplant zu Ende geht, verfüge ich plötzlich über sehr viel Freizeit, die ich fürs Footballtraining verwende. Als ich in einer kurzen Turnhose, meinen Shoulder Pads und meinem Helm das Spielfeld betrete, trainieren bereits vier andere Jungs aus meinem Team. Das offizielle Training startet erst im letzten Monat der Sommerpause, doch meine Kumpels sehen das genauso wie ich: Jeder Tag ist ein guter Tag für Football. Mehrere Stunden werfen wir uns gegenseitig Bälle zu, kämpfen gegen die rollbaren dick gepolsterten Metallgegner und laufen zum Abschluss noch zehn Mal um den Platz. Nach einer langen Dusche fühle ich mich so frei und wohl, wie schon lange nicht mehr. Mein Gesicht verheilt sehr gut und auf die Nasenpflaster kann ich heute zum ersten Mal vollkommen verzichten. Meine Nase ist jetzt wirklich flacher und krumm.

Weil auch Donald und Jeffrey noch einige Tage in Los Angeles bei Verwandten verbringen werden, und meine Eltern von Florida aus arbeiten, hänge ich meist mit meinen Footballkumpels ab und erkunde das hochsommerliche Washington. In diesem Jahr ist es besonders schwül.

Schon nach wenigen Tagen ruft mich Miguelangelo auf meinem Mobile Phone an. Er möchte mir einen Vorschlag unterbreiten. Nach einem besonders anspruchsvollen Trainingstag packe ich mit brennenden Muskeln mein Zeug in meine Sporttasche. Heute muss ich auch meinen Tiefschutz, meinen Helm, meine Shoulder Pads und meine Ersatztrikots, sowie allerlei andere

Ausrüstungsgegenstände mitnehmen, weil für die kommenden Tage eine Intensivreinigung des gesamten Sportareals angekündigt wurde. Schwer mit drei Taschen beladen, finde ich mich pünktlich im Kunstzentrum ein.

Miguelangelo erwartet mich bereits vor dem uralten Backsteingebäude. „Willst du hier einziehen?"

„Ist nur mein Trainingszeug", kläre ich ihn auf.

„Mir ist bewusst, dass du bereits ein Praktikum bei Oliver in der Medien Agentur laufen hast, doch ..."

„Abgelaufen!", winke ich ab.

Miguelangelo nimmt mir zwei meiner drei Taschen ab und trägt sie für mich in den hauseigenen Coffeeshop, um mir von seiner Reise nach San Francisco zu berichten. Er habe einige befreundete Künstler besucht, wie auch seinen Kunstagenten getroffen, der ihm ein Angebot gemacht habe, dass er nicht ausschlagen könne. „Es handelt sich um einen Jubiläumskatalog. Ich werde mit Fotografien aus unterschiedlichen Body Painter Sessions vertreten sein, wie mit zehn großformatigen Ölbildern. „Ich habe der Jury bestimmt an die hundert Fotos meiner diversen Selbstbemalungen mitgebracht. Rate mal, welches Bild die Jury einstimmig als Titelbild meines Katalogkapitels gewählt hat?"

„Echt jetzt?", gaffe ich meinen Mentor an. „Die wollen dich als Weltenbefruchter?"

„Ich sagte dir schon, du hast ein Auge für gute Kunst."

„Bestimmt dieses Bild dein weiteres Werk?"

„Weil die Stiftung für den Jubiläumskatalog unbedingt neues und bisher unveröffentlichtes Material will, muss ich die nächsten Monate mindestens fünfzehn Werke liefern."

„Gratuliere!"

„Josh!" Der Künstler sieht mir starr in die Augen. „Ich brauche ein Model, das mich sowohl inspiriert wie provoziert."

„Klar, ich kann dir Models organisieren. Wirst du ein Casting durchführen?"

Lachend schüttelt der Künstler seinen Kopf. „Das Casting fand schon statt. Ich habe den Sieger für die ersten Werke bereits gewählt."

„Cool! Soll ich gleich mit ihm die Daten buchen? Wie oft brauchst du ihn?" Augenblicklich erwacht wieder der freiwilligen Arbeiter in mir.

„Es soll eine Mini-Serie werden. Wie gesagt, das Thema dreht sich um Eros' Manifestationen."

„Eros' Manifestationen? Mann, das Thema interessiert mich total. Ich hoffe für dich, dass dein Wunschkandidat Student ist und im Herbst keine wichtige Zwischenprüfung schreiben muss!“ Lachend notiere ich mir auf einem Stück Papier mögliche Daten für das Model. „Wirst du parallel zu den Abendklassen arbeiten oder buchst du das Model auch gleichzeitig für die Dienstage und die Mittwoche?“

„Du bist unglaublich! Das ist eine super Idee. Warum nicht gleich zwei Fliegen mit einer Klappe schlagen? Doch wahrscheinlich werde ich erst nach Halloween mit dem Katalog-Projekt beginnen können. Eine Ausstellung in San Francisco wird mich den restlichen Sommer über beschäftigen.“

„Vielleicht provoziert dich das Model an einem Freitag für erotische Impulse?“ Obwohl es Miguelangelos Projekt ist, bin ich ganz kribbelig geworden und hoffe, ich darf das Management seiner Models übernehmen.

„Josh, machst du echt mit?“

„Aber sicher!“

Verschmitzt schmunzelt Miguelangelo, dem meine Nervosität nicht entgangen ist. „Josh, das wäre eine wirklich wichtige Arbeit. Ich kann dir dafür keinen guten Lohn bezahlen, doch ich werde deine Tätigkeit als offizielles Praktikum geltend machen.“

„Klingt gut! Meinem Vater wird es gefallen, wenn ich mich abermals für einen guten Zweck engagiere.“ Des Künstlers antwortendes Lachen ist so erheitert, dass ich mich frage, ob ich wirklich so komisch war. „Mein Vater wollte mich mit der freiwilligen Arbeit hier im Kunstzentrum bestrafen. Das hat nicht funktioniert! Ein zweites Praktikum wäre super!“

„Josh, so sei es!“

„Wen nimmst du? Den geilen Perser aus der Pornoklasse oder den Leichtathleten mit der Riesengurke aus Anatomie? Nein!“ Ich winke ab. „Es ist der süße Rotschopf, der vorletzte Woche im Lederharness ...“

„Ich will dich!“, unterbricht mich Miguelangelo.

„Klar, ich organisiere dir alle Daten und ...“ Plötzlich dämmert mir, was vorhin so komisch war. „Mich?“

„Du inspirierst mich, du provozierst und du forderst mich heraus. Du hast dieses Etwas, das ich suche. Du bist scheu und unschuldig, doch du bist gleichzeitig eine Wildsau und ein Spielmacher. Dein Gesicht ist einfach perfekt – jetzt mit der gebrochenen Nase umso mehr. Dein – wie nennst du es selbst – Raubtiergrinsen ist eine Mischung aus dem coolen Hetero-Mädchenschwarm und dem schwulen Jungen, den man einfach lieben muss. Ich muss dich als eine von Eros‘ Manifestationen haben. Unbedingt!“

Während Miguelangelo meine Vorzüge beschreibt, beginne ich unruhig auf meinem Stuhl herumzurutschen. Ich höre nur noch mit einem Ohr zu und lasse den Wasserfall aus Komplimenten auf mich niederprasseln.

„Mich?“, japse ich irgendwann.

„... deinen Arsch kenne ich schon von den Captain-J.J.-Postern. Deinen restlichen Körper hast du mir die vergangenen Wochen immer mal wieder in appetitlichen Häppchen serviert. Du hast was in der Hose. Du hast dich nie gescheut, wenn deine Beule aus einem deiner absichtlich angebrachten Schlitze in deiner zerschlissenen Jeans raushing. Du bist ...“

„Ich bin der Falsche!“, unterbreche ich diese Endlosschwärmerei. „Ich bin kein Model – schon gar keines, das sich halbnackt oder ganz nackt malen lässt. Sorry, so toll ich dein Projekt auch finde, da mache ich definitiv nicht mit! Ich bin nicht Eros! Ich suche ihn, das ist was anderes.“

„Wie kann ich dich umstimmen?“

„Gar nicht!“, protestiere ich. „Ich bin Footballspieler, aber kein Model.“

„Und doch hast du für das Captain-J.J.-Poster deinen Knackarsch gezeigt“, versucht mir Miguelangelo mit meiner eigenen Zeigefreudigkeit zu überrumpeln.

„Das war niemals so geplant. Nach jedem Match drehte unsere Mannschaft in Jockstraps eine Ehrenrunde. Ich war nicht der Einzige! Mein Bild schaffte es nur in die Tagespresse, weil ein paar Journalisten meinem Vater und seiner konservativen Wahlkampagne eins auszuwischen wollten.“

„Nackte Tatsachen!“, zitiert Miguelangelo, was sonst noch an Text auf dem Arschbild stand.

„Genau!“

„Dieses Bild hängt heute noch in einigen Gay-Lokalen. Ich selbst besitze einen Abzug davon.“

„Mein Vater wird mich steinigen, dann kreuzigen und auf dem Scheiterhaufen verbrennen, sollte ich mich nochmals mit nacktem Arsch ablichten lassen. Warum glaubst du, musste ich hier Frondienst leisten?“

„Weil du es nicht lassen konntest, deinen Pimmel in der Hose zu lassen? Auch dieses Bild hängt bei mir zuhause.“

„Ich wurde gelinkt!“

„Das tue ich nicht! Josh, ich frage dich ganz direkt und offen: Willst du mein Model für eine von Eros‘ Manifestationen sein? Überlege es dir wenigstens. Schlaf darüber. Bitte!“

„Du bettelst?“ Schief grinsend rümpfe ich meine krumme Nase.

„Na also! Da ist es wieder, dieses Raubtierlächeln.“

„Versprochen! Ich werde darüber schlafen. Doch du musst meine Entscheidung respektieren, egal, wie sie ausfallen wird."

„Einverstanden! Nur kann ich dir keinen Praktikumsplatz zusichern, falls du ablehnst. Ich hoffe, dass du das verstehst und es nicht als Erpressung ansiehst."

„Miguelangelo!", ruft der ältere Japaner, der immer als Erster im Gewölbe unten ist, „das heutige Model ist so verschnupft, dass wir den Typen heimgeschickt haben. Keiner von uns hat Bock, sich all die Viren reinzuziehen. Hast du einen Ersatzmann, den wir anrufen könnten? Hi, Josh!", begrüßt mich der Japaner. „Arbeitest du wieder hier im Kunstzentrum?"

Miguelangelo wechselt einen vielsagenden Blick mit mir, bis ich grunze. „Ok, aber nur heute! Es ist Donnerstag, da geht es um schnelles Skizzieren. Ich werde meine Trainingssachen anziehen. Es bedeutet für das Projekt weder ein Ja noch ein Nein!"

„Ich sag ja nichts!", entgegnet Miguelangelo und macht mit seinen Händen eine abwehrende Geste. Nach einem Blick auf seine Armbanduhr ruft er zum Japaner: „Wir fangen in zehn Minuten an. Josh, schaffst du das?"

„Wo kann ich mich umziehen?"

„Du kennst das leere Klassenzimmer, das die Porno-Models als Garderobe verwenden. Der Schlüssel liegt oben auf dem Türrahmen." Damit verlässt mich der manipulierende Typ. Ich bin mir sicher, es gab heute kein verschnupftes Model.

Keinem der unten wartenden Künstler wird es seltsam erscheinen, wenn ich heute einspringe. Die meisten warten eh darauf, mich einmal zu zeichnen. Leider erwacht mit meinem Entschluss auch Panik. Da ich eh all mein Trainingszeug dabei habe, ziehe ich mir meine Shoulder Pads an und schlüpfe in meine Turnhose. Da die Hose durchschwitz ziemlich streng riecht, kann ich damit nicht vier Stunden lang die Luft im Gewölbe verpesten. Ich suche nach meiner Jockstraps, kann sie aber nicht finden. Wahrscheinlich habe ich sie im Spint vergessen. Auch das noch! Ich kann jetzt nicht mehr kneifen! Das heutige Posieren ist meine Generalprobe. Gefällt es mir, sage ich Miguelangelo vielleicht zu; falls nicht, brauche ich keine Nacht Bedenkzeit. Wenn einer versteht, dass ich nichts tun werde, wozu ich nicht voll und ganz stehe, dann mein Kunstmentor.

Das einzige Kleidungsstück, das als Hosenersatz dienen könnte, ist mein rot-schwarzer Tiefschutz. Leider weist das Plastikteil unzählige Luftlöcher auf und wird gewöhnlich unter einer Jockstraps getragen. Kritisch drehe ich mir das Ding durch meine Finger. Wie soll ich es ohne eine Jockstraps vor

Ort fixieren? Kurzentschlossen hole ich mir in einem der Lagerräume eine durchsichtige Schnur und fessle mir den Tiefschutz um die Hüfte und Oberschenkel. Mein dunkelblonder Busch bleibt unverdeckt. Das stört mich nicht! Auch nicht, dass mein Arsch vollkommen unbedeckt bleibt. Ich bin *Captain J.J.* Um das Bild eines Footballers abzurunden, setze ich mir meinen feuerrot-schwarzen Helm auf, schiebe das Gesichtsgitter vorne runter, ziehe mir meine Turnschuhe an und spaziere mit dem Football in meiner linken Hand, die Treppe nach unten ins Gewölbe.

Die heute versammelten Künstler warten hinter ihren Staffeleien aufs Model – auf mich! Keine sagt ein Wort, als ich mich durch die Reihen nach vorne begebe, um auf dem erhöhten Podest eine stehende Pose einzunehmen.

„Leute, wir haben heute ein neues Model!“, kündigt mich Miguelangelo an. Normalerweise tut er das nie. Jeder fängt einfach an zu zeichnen oder zu malen, kaum dass das Model seine erste Pose eingenommen hat. „Unser Gastmodel wird viertelstündig seine Stellung wechseln: mal sitzend, mal kniend, mal liegend und so weiter.“

Diese Erklärung war für mich. Auch wenn ich das bei anderen Models schon oft beobachtet habe, bin ich jetzt dennoch froh, dass er es für mich wiederholte.

„Wer fürs schnelle Skizzieren noch ein Brett, Papiere, Kreiden oder Rötel braucht, es steht alles auf dem Regal dort drüben“, beendet Miguelangelo die Ansprache.

Ein fünfzigjähriger Chinese öffnet seine Tasche und holt daraus Tusche und Pinsel hervor, wie man sie in der chinesischen Kalligraphie verwendet. Er richtet sich mit seinen Werkzeugen frontal vor mir stehend ein. Zwei Übergewichtige reichen Bretter an drei zu spät eingetroffene Kollegen weiter, und ein athletisch aussehender Koreaner hilft zwei der Jüngeren, die sich heute neu dem Kurs angeschlossen haben beim Befestigen ihrer Papiere.

Als die ersten Künstler mit Stiften und ausgestreckt Fingern meinen Körper aufs Papier übertragen, atme ich auf. Aus dem Augenwinkel nehme ich Miguelangelo wahr, der mich schweigend beobachtet. Plötzlich schnappt er sich eine eigene Staffelei, stellt ein Brett drauf und montiert sich mit Reißzwecken einen großen Bogen Papier. Statt Kreide holt er sich Farben und eine Palette. Ich habe den Künstler bisher noch nie in einer Klasse selbst malen oder zeichnen gesehen. Aus seiner Position hat er seitlich einen guten Blick auf meinen nackten Arsch, was mich ziemlich kribbelig macht. Bis auf meine Shoulder Pads, den Helm, den schmalen Tiefschutz und meine Turnschuhe bin ich nackt. Plötzlich beginnen sich die dünnen Schnüre anzuspannen. Leer schluckend versuche ich, es zu ignorieren.

Nach der ersten Viertelstunde, in der sich mein hartes Übel nicht wieder gelegt hat, bittet mich Miguelangelo eine neue Pose einzunehmen. Um die Schnüre nicht weiter zu strapazieren, lasse ich mich auf meine Knie sinken und stütze mich mit meinen Armen rücklings ab. Mein Tiefschutz sitzt. Komischerweise fühlt sich diese Art des Beobachtet-werdens nicht viel anders an, als auf dem Spielfeld. Der einzige Unterschied besteht darin, dass ich während eines Matches das Publikum fast immer vollkommen ausblenden kann – was mir hier schwerfällt.

Glücklicherweise halten die Schnüre, dummerweise erregen mich die direkten Blicke mehr, als ich es jemals für möglich gehalten hätte. Da mich jeder ununterbrochen im Visier hat, ist es jedem längst aufgefallen, wie sehr mir dieser Job gefällt. Anders als auf dem Spielfeld, wo ich etwas leisten muss, um gefeiert zu werden, tun das die Künstler bereits bei meinem bloßen Anblick. Ein Gemisch aus Wertschätzung, Neugier und Lust überlagert das konzentrierte Schauen der Profis beim Werk.

Während des Wechsels zur dritten Pose passiert es. Noch während die Zeichner neue Papierbogen auf ihren Brettern befestigen, platzt die Schnur um meinen rechten Schenkel, dass der Tiefschutz meine Hoden nicht mehr fassen kann. Miguelangelo hatte mir zuvor schon einen Hocker auf die Plattform geschoben, damit ich mich draufsetze. Weil ich mich gerade frontal gezeigt habe, hocke ich mich rücklings auf den Stuhl. Ich stütze mich mit dem linken Ellbogen auf der Rückenlehne ab und halte mit meiner rechten den verrückten Tiefschutz. Weil mich die Schnur um den Bauch plötzlich juckt, zerreiße ich sie und löse auch die letzte Verschnürung. Da es hier keine Zwänge gibt, reklamiert niemand, noch versucht mich einer zu ermutigen, mehr zu zeigen, als mir wohl ist.

Wechsel um Wechsel entspanne ich mich mehr. Einmal in einer relaxten Stellung seitlich an eine Wand gelehnt, bemerke ich erst, als einer der Künstler immer mehr errötet, dass sich mein Tiefschutz seitlich so verschoben hat, dass ich unbeabsichtigt fast alles zeigte. Ohne viel Aufhebens rücke ich das Plastikteil zurück, wo es hingehört und registriere Migelangelos breites Grinsen. Ob er längst ahnt, dass ich sein Angebot annehmen werde?

„Uns bleibt noch Zeit für eine letzte Pose“, unterbricht der Lehrer nach einer weiteren Viertelstunde. „Josh, hältst du noch weiter durch?“ Als ich nicke, bittet mich Miguelangelo den Helm abzunehmen. Ich drehe mich kurz ab und wuschle mir mit meiner rechten Hand durchs Haar, um keine Frisur wie ein Nerd zu haben. Da ich weiß, wie detailgetreu einige der Künstler zeichnen können, will ich bei meinem ersten Modeling wenigstens gut aussehen. Bestimmt wird der eine oder der andere auch mein verblassendes Veilchen, meiner krummen Nase oder meinem Raubtiergrinsen festgehalten haben.

Mein Herz hämmert in meinen Schläfen, als ich mir statt des Tiefschutzes jetzt den Helm mit beiden Händen so vor meine Blöße halte, dass alles darin eingesperrt wird. Jeder hoffte, ich würde zum Finale auf den Helm verzichten. Ich lasse ihn genau dort, wo er ist.

Komischerweise wechseln mit meiner letzten Pose einige die Plätze. Plötzlich befinden sich restlos alle zu meiner linken Seite. Miguelangelo rückt einen Spott direkt auf meinen Helm und bittet mich über die Köpfe hinweg in die Weite zu blicken. Da ich das bei anderen Models auch schon beobachtet habe, vermute ich, sie wollen einfach meine krumme Nase aus einer vorteilhafteren Perspektive einfangen. Mein Kopf glüht, mein Penis zuckt unter dem Helm und mein Stolz, den Mut fürs Modelstehen aufgebracht zu haben, ist dabei mich aufzufressen. Mein Zeitgefühl habe ich längst verloren. Selbst wenn ich es den Künstlern ansehe, wie sie sich konzentrieren, erkenne ich bei drei von ihnen Schweißperlen auf der Stirn, und bei einem ein ziemlich aufrechtes Zelt in seiner locker sitzenden Hose. Je länger es dauert, desto unwohler wird mir. Alle Blicke fokussieren meinen Helm. Die letzte Session dauerte vierzig Minuten.

Endlich erlöst suche ich den Tiefschutz und flüchte, den Helm noch immer vor meine Latte haltend, aus dem Gewölbe, um mich für die Besprechung im Offenen Atelier anzuziehen.

Meine Neugier weicht dem Schock. Schon die erste Zeichnung verrät mir, dass der Künstler seine ganze Fantasie auf Papier gebannt hat. Mein Tiefschutz ist auf seiner Interpretation so verrückt, dass meine Latte seitlich der ganzen Länge nach sichtbar ist. Ich schlucke leer, denn dieses Phänomen wiederholt sich von Zeichnung zu Zeichnung. Viele meiner Bekannten klopfen mir anerkennend auf die Schulter oder zollen mir mit zweideutigen Augenwinkern Achtung für meinen Mut.

„Du hast sämtliche Erwartungen an dich übertroffen!“, lobt mich auch Miguelangelo. „Ich habe immer vermutet, dass du weit weniger scheu bist, als du immer vorgibst zu sein. Doch was du uns heute gezeigt hast ...“

„Was?“, fauche ich ihn an. „Das sind doch alles fantasievolle und freierfundene Interpretationen.“

„Ist das so?“, schneidet Miguelangelo eine Grimasse. „Und was ist hiermit?“

Alle Bilder sind nach Posen sortiert. Bis zur letzten Pose bin ich noch gar nicht gekommen, da mich das bisher Gesehene schon fassungslos überraschte, schockierte, aber mir vor allem schmeichelte. Natürlich würde ich es niemals offen zugeben. Tatsache bleibt, dass mir mein unter dem Tiefschutz rausschauender Penis wirklich gefällt. Endlich folgen meine Blicke Miguelangelos Zeigefinger. Schlagartig wird mir klar, warum sich jeder zum Finale zu meiner Linken eingefunden hat. Ohne es zu ahnen, hielt ich meinen Helm so vor meine Latte, dass nicht das Kopfteil ihn verdeckte, sondern das Gesichtsgitter. Hart, nach oben gebogen und überdeutlich durch den Spot beleuchtet habe ich gezeigt, worauf jeder hoffte.

„Musst du noch darüber schlafen?“ Kumpelhaft boxt mir Michelangelo in die Seite.

Bloßgestellt schüttle ich meinen Kopf. „Ich will einen Praktikumsvertrag und ein Bild von mir als Eros‘ Manifestationen.“

Nach meinem Probemodelstehen bleibe ich dem *Independence Art Center* fern. Am Tag danach war es mir peinlich, dass ich mich als geiler Footballer outete. Da Miguelangelo eh mit seiner Ausstellungsvorbereitung für San Francisco beschäftigt ist, lässt er mir erst eine Woche nach der mündlichen Vereinbarung einen Vertrag zukommen, bei dem ich mich für ein dreimonatiges Praktikum von November bis Januar bei ihm verpflichten soll. Details sind zum Glück keine genannt, sondern in einem separaten Brief, den ich meine Eltern jedoch verheimlichen werde. Darin listet Miguelangelo alles nochmals auf, worauf wir uns geeinigt haben, lässt aber die Art, wie ich ihm als Model zur Verfügung zu stehen habe, offen. Es gibt nur die Bedingung: als eine von Eros‘ Manifestationen.

Meine Eltern sind über mein Engagement in der Kulturszene von Washington sehr zufrieden, wie auch über mein Diplom, das mir Oliver nach dem Medientraining ausgestellt hat. Ich scanne es ein und schicke es ihnen per E-Mail nach Florida. Da ich inzwischen keine Dummheiten angestellt habe, lassen mich meine Eltern in Washington weiterhin in Ruhe.

So verläuft der Rest der Sommerferien ohne nennenswerte Zwischenfälle.

Auch wenn mein Medientraining bei Oliver zu Ende ging, so treffe ich ihn dennoch ab und zu in der Stadt. Er lädt mich auch gelegentlich ins Studio ein, wenn Politiker interviewt werden, von deren Art der Selbstdarstellung oder ihren Sprachtechniken ich etwas lernen könnte. Auch wenn ich anfangs Sommer eine Führung durch das mehrstöckige Glasgebäude in Georgetown bekommen, und ich beide Studios mehrfach besucht hatte, zeigt mir Oliver bei diesen neuen Terminen immer wieder Räume, von denen ich bisher keine Ahnung habe. So auch das Stockwerk für die Sonderprojekte. Abermals fasziniert mich das Styling Departement, wozu ein hauseigener Frisörsalon, zwei Maskenbildner und natürlich allerlei Garderoben gehören.

„Welcher Art sind die Kunstprojekte, die hier beworben und organisiert werden?"

„Dies und das!", weicht mir Oliver aus. „Unser Chef hat Zukunftspläne. Im Moment unterhalten wir nur einen kulturellen Radiosender und führen Regie bei kleineren TV-Produktionen. Diese Abteilung soll sich irgendwann ganz von der Medienagentur ablösen und eigene Projekte verfolgen."

„Welcher Art von Projekten?"

„Ich kann dich gelegentlich mit Charles Tamlyn, dem Leiter der Agentur bekannt machen. Du hast ihn bestimmt auch schon hier gesehen. Er ist ein rotblonder Typ anfangs vierzig mit stacheligen Dreitagebart."

„Ich glaube, dem bin ich schon begegnet", nicke ich. „Produziert ihr auch Kunstkataloge?"

„Das gehört zu den Zukunftsprojekten."

„Wie läuft so was ab?", hake ich nach.

„Ich war in meinen Anfangszeiten selbst mit so einer Produktion betraut. Ich musste die Reisen und Aufenthalte der Models organisieren und alle Daten koordinieren."

„Welche Art von Katalogen?"

„Damals waren es meist Portfolios berühmter Schauspieler, Sänger und Musiker. Ihre Agenten bezahlen eine Menge Geld für die Promotion ihrer Schützlinge. Wir stellen noch immer Flyer, Autogrammkarten und Pressemitteilungen für einige unserer Kunden aus, ebenso schneiden wir aus Auftritten Kurzbiografien oder Dokumentationen zusammen. Das ergänzende Material, wie Interviews oder illustrierendes Material, filmen wir im Studio." Plötzlich lacht Oliver. „Josh, du solltest es eigentlich wissen. Deine Freunde, diese mexikanischen Zwillinge ..."

„Donald und Jeffrey“, werfe ich ein.

„Genau die! Die Zwillinge hatten mich vor zwei Jahren kontaktiert, um für dich die Werbeposter und Autogrammkarten deines Captain J.J.-Bildes in Auftrag zu geben.“

„Du warst auch für diesen Wirbel zuständig?“

„Pascal schoss das Foto, ich bearbeitete das Bild für die Tagespresse und die Plakate, und Charles schrieb den Artikel.“

„Dank diesem Poster wurde ich zum Schulsprecher gewählt. Zudem war es für mehr als nur einen Zornausbruch meines Vaters verantwortlich“, lächle ich schief.

„Ist das wirklich schon zwei Jahre her?“, fragt Oliver etwas überrascht, als könne er es selber nicht fassen. „Obwohl, wenn ich dich heute so ansehe, hast du kaum noch Ähnlichkeiten mit jenem Teenager auf dem Bild.“

„Ich bin immer noch ein Teenager! Damals war ich sechzehn – na ja, fast siebzehn – und heute neunzehn.“

„Trotzdem! Deine Muskeln sind seither um einiges dicker, deine Züge männlicher und dein Körper ist jetzt der eines ausgewachsenen Mannes.“

„Meine Züge“, dabei stupse ich mir auf die schiefe Nase, „haben sich wirklich verändert.“

„Ich war schon immer ein Fan von dir“, zwinkert mir Oliver verstohlen zu, „und deinem geilen Arsch. Wärst du damals älter gewesen, hätte ich dich bestimmt auch noch dazu gebracht, deine Jockstraps für ein besseres Bild auszuziehen.“

„Niemals!“, winke ich ab. „Auf dem Bild sehe ich ja eh schon fast nackt aus. Die Gummibänder der Jockstraps kann man ja kaum als Bekleidung ansehen.

„Dreh dich um!“

Weil ich hoffe, Oliver möchte mich Charles Tamlyn, dem Big Boss der Agentur vorstellen, tue ich es sofort. Doch der lichtdurchflutete Flur ist menschenleer.

„Er ist heute noch viel besser als damals!“, gafft mir Oliver auf den Hintern. „Wärst du selbst nicht stolz darauf, würdest du wohl kaum Hosen tragen, die so geschnitten sind, dass deine steinharten Rundungen voll zur Geltung kommen.“

„Na hör mal!“, lache ich. „Das ist bei dieser Marken Jeans normal.“

„Aber sicher doch!“

Später im Studio mache ich mir Notizen zum Auftritt eines Redners. Oliver erwähnt danach die herausstechende Gestik des Sprechers und wie der Mann gewisse Sätze betonte, um Emotionen zu erwecken. Wie immer bin ich nach so einem Gespräch sehr viel aufmerksamer und lese Olivers Blicke mit ganz neuen Augen. Hat er sich in mich verliebt? Diesen Verdacht habe ich schon lange. Liebt er mich vielleicht schon seit damals, als er mich überredet hatte, für Pascal zu posieren? Oliver ist ein cooler Typ und seine wilden dunklen Locken gefallen mir, wie sein Schmollmund und seine Latinozüge. Meine Schwärmerei für ihn habe ich bisher immer der Tatsache zugeschrieben, dass er mein Lehrer und Mentor ist. Er hat mir so vieles beigebracht, das mir zu einem gesünderen Selbstwertgefühl verholfen hat. Nicht, dass ich ein verklemmter Prügelknabe gewesen wäre, doch seit seinem Training gelingt es mir besser, meine früher oft unkontrollierten Zornausbrüche zu kanalisieren. Wohl stürme ich noch immer mit gesenktem Haupt in die wildesten Schlachten, doch ich prügle mich kaum noch mit Gegner, wenn die mir dumm kommen. Zudem kann ich heute viel gezielter ein falsches Bild von mir in den Köpfen anderer erzeugen. Hatte ich bis vor kurzem noch Angst, mich unbeabsichtigt als schwuler Quarterback zu entlarven, weiß ich heute genau, wann ich was tun muss, um jeden Verdacht darüber im Keim zu ersticken. Eine falsche Fährte hier, ein gezieltes Lächeln dort, ein derber Witz oder eine Angeberei und schon machen meine Kumpels daraus unabsichtlich den Rest, um mein Image als Macho zu bestätigen.

„Was hast du?", fragt mich Oliver. „Du bist plötzlich so still geworden."

„Ich dachte nur über unsere erste Begegnung auf dem Sportplatz nach", lüge ich. „Warum waren du und Pascal wirklich vor Ort? Wegen des Matchs doch wohl kaum. Wen interessiert denn schon der Auf- oder Abstieg einer Highschool Footballmannschaft?"

„Dein Vater war die Tage zuvor oft bei uns im Studio und prahlte von den Leistungen seines Sohnes als Football Captain. Als hellhöriger Journalist witterte ich eine Chance und ergriff sie. Ich hatte zuvor schon Bilder von dir in der Zeitung gesehen und war auf den Jüngling neugierig, der so brav neben Mutter und Vater stehen konnte, doch gleichzeitig als die Wildsau auf dem Spielfeld bekannt war. Lach nicht, ich hatte mich natürlich vorab über dich erkundigt. So kam es zu unserer ersten Begegnung."

„Ja!", lache ich. „Wir waren ein wilder Haufen verrückter pubertierender Jungs, dauergeil und stolz auf unsere trainierten Körper und den Wirbel, den wir mit unserer Beinahenacktheit bei den Mädels auslösen konnten. Dennoch", fokussiere ich Oliver, „bin ich mir ziemlich sicher, dass die ganze Aktion damals geplant war. Habe ich recht?"

„Deine Kumpels zu motivieren war nicht schwer. Ein paar Komplimente hier, ein gezielter Blick auf die kreischenden Cheerleaderinnen, die sie alle anhimmelten, da war es nur logisch, dass jeder seinen Arsch für die Nachwelt dokumentiert haben wollte."

„Damit war das Fundament meiner Manipulation gelegt", schlussfolgere ich. „Weil es all meine Kumpels machten, tat ich es auch – noch provozierender und frecher natürlich! Ich war ja ihr Captain!"

„Ertappt!", lacht Oliver. „Aber gib zu: Das Captain-J.J.-Bild ist einfach perfekt."

„Ist es! Würde mein Vater dabei nicht ständig an eigene Niederlagen erinnert werden, würde ich es bei mir zuhause aufhängen. Es hat mir immer gefallen."

„Deinen Arsch zu zeigen?", stochert Oliver tiefer.

Seit meinem Modelstehen im Kunstzentrum kann ich mir diesbezüglich selbst nichts mehr vormachen, daher nicke ich und setze mein Raubtiergrinsen auf.

„Würdest du es wieder tun?"

„Was?"

„Ach nichts!", winkt Oliver ab.

„Jetzt sag schon!"

„Da ist Charles!" Oliver lenkt mich ab und steuert auf den rotblonden Mann mit den kurzen Haaren im dreiteiligen Anzug zu, um mich ihm vorzustellen. „Jonathan Josh Julius ist an einem Praktikum in der Kulturabteilung interessiert. Charles, glaubst du, du könntest ihn in der Abteilung unterbringen?" Überrumpelt drehe ich mich Oliver zu und reiße meine Augen zur stummen Frage auf. „Josh ist sehr an Sonderprojekten interessiert", bewirbt mich Oliver weiter.

Charles Tamlyn nickt mehrfach. „Junger Mann, dein Vater rief mich deswegen auch schon an." Danach weist mir Charles den Weg den Flur entlang. Verwirrt über den Verlauf der Ereignisse, folge ich dem Big Boss in sein Büro, während sich Oliver verabschiedet.

„Die Kulturabteilung befindet sich im Umbruch!", kommt Mister Tamlyn direkt zur Sache, als ich mich ihm gegenüber an sein Pult setze. „Der Vorstand konnte sich noch nicht entscheiden, die Abteilung zu verkaufen, sie aufzustocken oder zu schließen. Solange wir uns politisch korrekt verhalten und neutral blieben, gibt es keine Konflikte. Doch seit sich dieser schwachsinnige Cowboy Präsident der Vereinigten Staaten nennt, und jedem den Krieg erklärt, der gegen ihn ist, hat sich das verändert. Achse des Bösen!", knurrt Mister Tamlyn verachtend. „Ich habe ja in meiner Zeit als Werbefachmann und Journalist so einiges gehört, doch das ist der Schwachsinn des Millenniums."

Da ich mich auf keine politische Diskussion einlassen soll – allein schon, um meinem Vater nicht wieder einen Vorwand zu liefern, mich zu bestrafen – schweige ich dazu.

„Wie auch immer", fährt Mister Tamlyn fort, dem mein Schweigen natürlich sofort klar ist, „einige der Künstler, die wir bisher vertreten haben, rebellieren jetzt ganz offen gegen das Establishment. Es wird immer schwerer, uns neutral zu verhalten, denn ihre Portfolios gleichen Kampfansagen. Weil ein Großteil unserer politischen Auftraggeber darin einen Konflikt sieht, wird es wahrscheinlich auf eine Abspaltung hinauslaufen, denn gegen eine Schließung der Kulturabteilung werde ich ankämpfen."

„Ich arbeitete in Independence Art Center. Auch viele der Künstler dort ..."

„Scott Corcoran ist einer der aktivsten hiesigen Künstler im Untergrund."

„Wer?"

„Er nennt sich selbst Miguelangelo."

„Ja, natürlich, das habe ich vergessen." Wenn mein Vater wüsste, mit wem ich in Wahrheit zusammenarbeite, bekäme ich sofort Lokalverbot. Da mein Vater nichts ahnt, kann das nur bedeuten, dass Miguelangelo wirklich tief im Untergrund für mehr Rechte und Freiheit kämpft.

„Jonathan Josh Julius ..."

„Nennen Sie mich Josh oder Captain J.J., das tun alle."

„Also Josh! Dann hat dir unser Seitenhieb auf deines Vaters Karriere nicht geschadet?" Damit spielt Mister Tamlyn auf seinen damaligen Artikel in der *Washington Post* an.

„Ich habe es überlebt!"

„Dein Vater plant ein neues Gesetz einzuführen, dass die Rechte vieler ziemlich einschränken wird. Er steht da nicht alleine. Solange ein Wahnsinniger die Gallionsfigur im Weißen Haus ist, muss alles getan werden, um das zu verhindern."

Dummerweise nicke ich, statt mich aus allen Angelegenheiten meines Vaters und seiner Politik herauszuhalten. Oliver warnte mich immer, dass selbst minimale Gesten als Zugeständnisse gewertet oder zum Stoff für Spekulationen werden können. In Mister Tamlyns Gesichtsausdruck lese ich ab, dass seine Kreativität gerade mächtig Funken schlägt. Er brütet etwas aus und ich gehöre mit zu seinem Plan.

„Josh, ich werde mit deinem Vater telefonieren. Unsere Agentur begleitete ihn in seiner Wahl zum Gouverneur. Dein Vater vertraut mir, wenn ich bei seinem aggressiven Kurs in seiner Politik auch nicht mehr neutral bleiben kann."

„Sie arbeiten gegen meinen Vater?", frage ich sofort.

„Die Agentur bleibt neutral!", korrigiert mich Mister Tamlyn sofort. Falls dein Vater einverstanden ist, kann ich dich bis April hier als Praktikant für ein paar Stunden wöchentlich verpflichten", wechselt er das Thema. „Natürlich nur, falls sich das zeitlich mit deinem Studium vereinbaren lässt?"

„Cool! Ja, gerne! Meine Eltern sind seit ein paar Tagen aus ihrem Sommerexil zurück in Washington. Mein Vater wird bestimmt nichts dagegen haben. Miguelangelo hat mich auch zu einem Praktikum überredet. Falls es sich wirklich nur um ein oder zwei halbe Tage die Woche handelt – und falls mein Vater zustimmt", füge ich noch an, „dann sehr gerne!"

Mister Tamlyn erhebt sich von seinem Stuhl, kommt um sein Pult herum und schüttelt mir leise lächelnd seine Hand. „Wir brauchen junge Männer wie dich. Heute mehr denn je!"

„John", ruft mich meine Mutter, kaum dass ich mein Elternhaus betrete, „Marie-Louise kommt mit Jasmine in einer Stunde zum Tee. Schatz, ich will, dass du dabei bist."

„Wozu!", schnauze ich genervt über den neuen Verkupplungsversuch. Kaum sind meine Eltern aus Florida zurück, dreht sich wieder alles um geeignete Mädchen für mich.

„John!", ermahnt mich meine Mutter. „Nicht in diesem Tonfall!"

„Ja, ja!" Wütend ziehe ich mich in meine Zimmer im oberen Stockwerk zurück und knalle absichtlich die Tür hinter mir ins Schloss. Gibt es auch nur einen Menschen auf diesem Planeten, der mich nicht für seine Zwecke manipuliert? Wild entschlossen, dieser Jasmine und dieser Marie-Louise nachher auf keinen Fall beim Tee zu begegnen, rufe ich Donald an. Wie meist, weiß mein bester Kumpel Rat. Er ruft Oliver an, der wiederum kurz danach meine Mutter kontaktiert, um ihr mitzuteilen, dass ich umgehend zurück ins Studio soll, da der Big Boss Mister Charles Tamlyn mit mir ein Projekt besprechen müsse. Das dies schon passierte, braucht niemanden zu interessieren.

Keine zehn Minuten später klopft es an meiner Zimmertür und meine Mutter streckt ihren Kopf hinein. „John, Oliver Whitehurst von der Medien Agentur rief gerade an, du sollst für eine Besprechung zurückkehren."

„Muss das sein?“, stöhne ich theatralisch. „Kommt nicht gleich Besuch für mich?“

„Mister Whitehurst betonte, wie wichtig die Unterredung sei. Sein Boss, Mister Tamlyn sucht einen Praktikanten und dachte dabei an dich. John, das ist wirklich wichtig!“

„Ich war doch eben erst dort!“, spiele ich den Unwilligen.

„John, jetzt reiße dich zusammen! Das ist eine Chance, die du dir nicht entgehen lassen darfst. Mister Tamlyn ist ein wichtiger Mann in der hiesigen Medienwelt und ein Freund deines Vaters. Er gehörte während des Wahlkampfes zu seinen Imageberatern.“

Missmutig binde ich mir eine Krawatte um und verlasse keine Minute später in einem hellblauen Hemd, einer Jeans und Flip-Flops das Haus. Meine Mutter steht in der Tür und winkt mir nach: „Viel Erfolg, Schatz!“

Kaum habe ich die nächste Nebenstraße erreicht, lauern mir dort Donald und Jeffrey auf. Donald zieht mich von der Straße in eine Hausnische.

„Josh!“, lacht er. „Mann, das hat ja viel besser geklappt als geahnt.“

„Donald, wie hast du Oliver dazu gebracht, darauf einzusteigen?“

„Der Alte war mir noch einen Gefallen schuldig.“

Jeffrey legt mir seinen Arm um die Schultern und grinst dabei feist. „Heute schon was vor?“

„Wie lange wird denn diese Besprechung mit Mister Tamlyn dauern?“, frage ich, da ich ahne, dass die Zwillinge auch dazu bereits eine Lösung haben.

„Natürlich den ganzen Abend! Oliver wird in zwei Stunden abermals telefonieren, um zu erzählen, dass du und sein Boss alles weitere bei einem kleinen Imbiss bereden werdet. Keiner wird vor dich vor Mitternacht zurückerwarten.“

„Was plant ihr?“, sehe ich von einem der Zwillinge zum anderen. Dabei schlendern wir in Richtung Dupont Circle.

„Wir entführen dich zu einer White Party!“

„Ich trage das falsche Outfit“, zeige ich auf mein hellblaues Hemd und meine Bluejeans.

„Es handelt sich um eine vorverschobene Halloweenparty im *Bunny's*!“

„Dem berüchtigten Gay Club in Arlington?“

„Warst du schon mal dort?“, wundert sich Jeffrey.

„Nein! Bestimmt nicht!“, schüttle ich meinen Kopf. Seit mich Lox abserviert hatte, blieb ich der Szene vollkommen fern. Ich wollte weder ihm, noch einem der anderen Bad Angels zufällig wiederbegegnen, um an meinen Herzschmerz erinnert zu werden – und meine Blödheit, auf den Callboy reingefallen zu sein. „Was ist mit Outfits? Ihr beide tragt schwarz!“, nicke ich auf den Partnerlook der Zwillinge aus Shorts und Hemden.

„Schon eingekauft! Liegt alles in unserer Bude auf dem Campus. Bezahlst du das Taxi oder nehmen wir die Metro?“

„Ja, ja, schon recht! Das reiche Söhnchen bezahlt gerne für seine Entführung!“ Abenteuerlustig winke ich einem Taxi.

White Party

Die Bude der Zwillinge befindet sich im vierten Stock eines der Uni-Gebäude, das jedoch zu keiner der Studentenverbindungen gehört. Die Wohnung ist nicht allzu groß mit zwei identischen Zimmern, einer kleinen Küche und dem Badezimmer. Im einen der Zimmer stehen zwei uralte Sofas, die ich damals half, aus dem Second Hand Laden hier hoch zu schleifen, und andere Möbel, die es zum Wohnzimmer machen. Im zweiten Zimmer steht ein sehr breites Doppelbett, das die Zwillinge gemeinsam benutzen. Unzertrennlich, wie sie sind, wunderte es mich bei meinem ersten Besuch nur kurz, dass sie im selben Bett schlafen. Kaum in der Bude schlüpft Jeffrey aus seinen Klamotten und huscht splitternackt ins angrenzende Badezimmer.

„Willst du jetzt duschen?“, wundere ich mich.

„Normalerweise frönen wir zuhause unserem neuen Lifestyle, den wir in Los Angeles aufgegabelt haben.“ Keck dreht er sich wieder halb zu mir um.

„Und was soll das sein?“, sehe ich Jeffrey nach.

„Nudismus!“

„Ihr beide seid unter die Nackten gegangen? Seid ihr den Bad Angels beigetreten?“ Ungläubig schüttle ich meinen Kopf.

Donald holt uns zwei Büchsen Bier und eine Coke aus dem Kühlschrank und reicht mit das alkoholfreie Getränk. „Ich habe dir doch schon von unserem ehemaligen Nachbarn erzählt, der nach Los Angeles ausgewandert ist, und den wir vor ein paar Wochen dort besucht haben. Er arbeitet jetzt in einer ziemlich abgefahrenen Bude in Venice Beach.“

„Venice Beach? Ist das der ehemalige Hippie Ort mit Muscle Beach?“

„Genau dort! Eigentlich ziemlich genau dahinter. Alfonso fand in L.A. einfach keinen Job, der ihm zusagte, denn als Hilfskellner oder Taxichauffeur wollte er nicht arbeiten.“

„Alfonso, ist das dieser lange Kolumbianer, der im Büro der Campus-

Registration für die Anmeldungen zuständig war?"

„Genau der!", nickt Donald. „Er stolperte über ein Inserat, bei dem ein Fachmann für …" Er winkt ab. „Egal! Alfonso wurde zum Vorstellungsgespräch eingeladen. Natürlich erschien er in Schlips und Kragen. Vielleicht hatte er im Inserat das Kleingedruckte übersehen. Sicher ist nur, er hätte sich definitiv vorab im Internet über die Firma erkundigen sollen."

„Wer kann so ignorant sein?"

„Alfonso! Als er sich am Empfang anmeldete, wunderte er sich, dass der Typ dort nur ne offene Weste und eine Unterhose trug und Alfonso so zu den Aufzügen begleitete. Auch der Rotschopf am Empfangstisch oben hatte nur einen enorm kurzen Schottenrock getragen und dazu eine Krawatte im gleichen Stoffmuster."

„Hat sich Alfonso in einer Stripperbude beworben?", lache ich. „Was treibt eigentlich Jeffrey so lange?", wechsle ich das Thema.

„Er wird dir unsere Outfits vorführen. Wir drei gehen heute Abend als Trio ins *Bunny's*! Jeff, jetzt komm schon raus!"

Kurzdarauf erscheint Jeffrey wieder aus dem Badezimmer. Er trägt nur weiße Jockstraps, dazu ein weißes Halstuch umgebunden und eine wuchtige Halbmaske mit langen Kaninchenohren. Als er sich uns keck umdreht, wackelt er mit seinem Hinterteil und einem flauschig weißen Häschen Schwänzchen, das am Gummiband um die Hüfte festgenäht ist. „Ich musste diese Dinger!", streckt er uns seinen nackten Hintern entgegen, „erst noch annähen."

„Als Bunny ins *Bunny's*? Leute, wie überaus originell!"

„Diese Masken haben im *Bunny's* Tradition!", zwinkert Jeffrey seinem Zwillingsbruder zu. „Wir drei werden sie heute Nacht tragen. Und", fokussiert mich der Halbnackte, „Josh, was hältst du davon?"

Lachend schüttle ich meinen Kopf, kann aber meinen Blick nicht von Jeffrey losreißen, denn in diesem Outfit sieht er nicht nur lustig, sondern auch extrem scharf aus. Sein schlanker Tänzerkörper mit den ausgeprägten Oberarmmuskeln sieht in diesem Outfit einfach nur geil aus. Natürlich habe ich die Zwillinge schon sehr oft nackt gesehen. Seit die beiden aus Los Angeles zurückgekommen sind wirklich häufig. Jeffrey macht mich richtig an. Seit meiner Trennung von Lox hatte ich keinen Sex mehr. War ich vor Lox eine Jungfrau, die es einfach nicht besser wusste und ihr Schicksal erduldete, ist es jetzt anders. Ich sehne mich nach Sex und körperlicher Nähe. Jeffrey muss meinen hungrigen Blick bemerkt haben, denn er schickt Donald ins Badezimmer, damit auch er sich umzieht.

„Erzähl ihm von Alfonsos Vorstellungsgespräch bei der NAWA!“, brüllt Donald aus dem Badezimmer.

„Willst du es hören?“

Als ich interessiert nicke, fährt Jeffrey dort fort, wo Donald geendet hatte. Offensichtlich hatte er vom Badezimmer aus gelauscht. „Auch ich habe diesen jungen Schotten kennengelernt. Mann-o-Mann! Alter, ich sage dir, das ist ein extrem heißer Feger.“

„Bist du und Donald nicht hetero?“, verdrehe ich meine Augen wegen Jeffreys Glitzern und Schmachten darin.

„Ja, oft!“, weicht er aus. „Alfonso wurde von Sebastian, so heißt der geile Schotte, ins Büro seines Bosses und Lebenspartners geführt, wo er es sich gemütlich machen sollte, da der Big Boss der Firma noch in einem anderen Vorstellungsgespräch weile. Sebastian reichte Alfonso Broschüren. Da realisierte der lange Kolumbianer erstmals, von welcher Art die Firma war.“

Als Donald wieder rauskommt, trägt der Kindskopf seine Halbmaske über seinem Arsch und hat sich die Jockstraps mit dem Hoppelschwänzchen über den Kopf gestülpt, was uns lauthals loslachen lässt. Mit dem Halstuch fesselte er seinen Penis an seinen rechten Oberschenkel, was extrem grell aussieht, da sein tiefschwarzes gekräuseltes Schamhaar einen guten Kontrast dazu abgibt. Scham kennen die Zwillinge seit ihrem Besuch in Los Angeles nicht mehr, was uns Donald, immer härter werdend, gerade wortlos beweist. Bisher hatte ich noch niemals über Sex mit den Brüdern nachgedacht – jetzt schon. Am liebsten würde ich diesem sexy Bunny sein Halstuch aufknoten.

„Du bist der Nächste!“, schickt mich Donald ins Badezimmer, nach dem er sich bäuchlings neben seinen Bruder aufs Doppelbett gelegt hat, dass mich seine Häschenmaske verführerisch anlächelt.

„Und was passierte mit Alfonso?“

„Erzählen wir dir, wenn du umgezogen bist!“, schickt mich Jeffrey fort.

Im Badezimmer, auf der kleinen Kommode, liegt alles für mich bereit. Die einzige Variante zu Donalds Ulk ist, mir die Maske vorne vor meinen Penis zu binden, das Halstuch als Stirnband umzufunktionieren und auf die Hose zu verzichten. Leider erregt mich diese Kapriole so sehr, dass ich Donald in nichts nachstehen würde, sollte ich mich den Zwillingen so zeigen. Seit die beiden aus Kalifornien zurück sind, benehmen sie sich noch schwuler und verrückter als zuvor. Von wegen oft hetero! Ich bin mir sicher, die beiden hatten noch nie was mit einer Frau. Obwohl ich sie auch noch nie mit einem Kerl gesehen habe. Treiben sie es zusammen?

„Brauchst du eine Gebrauchsanweisung?“

„Ta-da!", brülle ich und öffne die Tür, um auch mich dem heutigen Anlass entsprechend schräg zu benehmen.

„Diese Version nehmen wir!", pflichtet mir Jeffrey bei, zieht sich seinen Slip aus und bringt seine Langohrhalbmaske in die gleiche Position, wie ich sie trage. Zum Glück sind diese Masken so geschnitten, dass sie alles gut wegpacken und sich so echt angenehm tragen lassen. Nur die langen Ohren, die rechts und links aus meinem Busch wachsen, sind etwas lästig und kitzeln meinen Bauch. An Jeffrey, mit seinem dunklen Schamhaar, sieht es noch aufregender aus. Seinen Slip stülpt er sich, wie sein Bruder, über den Kopf, dass das flauschige Ding seine Stirn ziert. Nur das Halstuch bleibt seinem wahren Zweck treu. Kurzdarauf stehen wir alle drei mit umfunktionierten Kostümen vor dem Wandschrankspiegel und bewundern uns gegenseitig.

„Leute, wir werden heute Nacht auffallen!", boxt Donald erst mir, dann seinem Bruder in die Rippen.

„So sei es!", bestätigt Jeffrey. „Für eine Nacht sind wir echte Bunnys!"

Heftigen mit meinen Hüften wackelnd, teste ich, ob die Plastikmaske verrückt oder meine Latte sich daraus befreien kann. Als nichts dergleichen passiert, willige ich ein, den Blödsinn mitzumachen: „Na gut, Jungs! Was das auch immer bedeuten mag!"

„Wir drei sind schon ein affengeiles Trio!" Donald packt mit seiner rechten Hand nach meinem Arsch und mit der linken nach dem seines Bruders. „Männer, würde ich euch beide nicht längst lieben, ich würde hier und jetzt über euch herfallen."

Dann langt Donald nach vorne, lüftet kurz meine Halbmaske, sieht oben rein und grinst noch breiter. „Mann, wächst der noch weiter?"

Für die Taxifahrt ins *Bunny's* ziehen wir uns wieder normal an und packen unsere Mini-Kostüme in eine Sporttasche, die sich Donald schultert. Vor dem *Bunny's* hat sich bereits eine lange Warteschlange gebildet. Die meisten der Jungs und Männer sind schon schneeweiß gekleidet. Weil wir eh warten und Zeit totschlagen müssen, erkundige ich mich nach Alfonso.

Jeffrey lacht, legt mir kumpelhaft seinen linken Arm um die Schulter und zieht mich verschwörerisch näher an sich ran. „Du hast ja Alfonso auch kennengelernt. Wie schätzt du ihn ein: als Draufgänger oder Drückeberger?"

„Ich kenne den Typen echt nur vom Sehen. Er wirkte eher etwas verklemmt. Warum?"

„Da saß also der schüchterne Alfonso im Büro des Big Bosses. Er brauchte dringend einen Job, der seinen Fähigkeiten entsprach. Nach all den Wochen ohne und auch ohne Lust vielleicht doch als Hilfskellner zu enden, setze er alles auf eine Karte."

„Macht man das nicht bei jedem Vorstellungsgespräch? Oliver lehrte mich: Ich solle jede Neigung eliminieren, die mich einschränkt. Ich solle niemals über Umstände klagen. Wenn mir etwas nicht passt, dann soll ich alles in meiner Macht mögliche tun, um es zu ändern. So handeln Helden! Ein Held nimmt sein Leben in die eigenen Hände und formt daraus, was er haben will."

„Kannst du mir das aufschreiben, damit ich es mir an den Kühlschrank posten kann?", boxt mir Donald in die Seite.

„Offensichtlich muss Alfonso diese Wahrheit ebenfalls gekannt haben, denn er nahm sein Leben in die eigenen Hände und mehr noch ..." Plötzlich grinst Jeffrey.

„Mach es nicht so spannend! Hat er seinen Job nun bekommen oder nicht?"

„Josh, sei nicht so ungeduldig. Was hättest du getan, wenn du in einem hochmodernen Büro auf einen Big Boss hättest warten müssen, der eine Firma mit dem Namen *Nudist at Work Agency* leitet?"

„Ist nicht wahr?" Amüsiert lache ich los und versuch mir den verklemmten Alfonso in seiner Situation vorzustellen. Was hätte ich getan? Ich wäre aufgestanden und hätte mich beim Schmacko im Schottenrock entschuldigen lassen. Hätte ich? Ein Blick auf Donalds Sporttasche lässt mich zögern. Ich werde mich heute Abend mit einer Unterhose auf dem Kopf und einer beknackten Häschenmaske unters Publikum mischen. „Keine Ahnung!", gebe ich schließlich zu.

„Du willst den Job unbedingt und brauchst dringend das Geld", bohrt Jeffrey weiter.

„Hat sich Alfonso wirklich ausgezogen?", greife ich vor.

„Was glaubst du?", zwinkert mir Donald zu.

„Ihr habt gesagt, er arbeitet jetzt dort. Daher ..."

„Sorry, Jungs!" Ein kräftiger Türsteher verwehrt uns den Eintritt, als wir zuvorderst ankommen. „Heute ist Themenabend." Donald öffnet die Sporttasche und lässt den Typen einen Blick drauf werfen. „Ihr drei werdet nur das anziehen?", hebt der Türsteher eine der präparierten Jockstraps heraus. Als Jeffrey frech grinst, hält der Türsteher auch eine der Häschenmasken in der Hand. „Ihr drei seit heute Abend Bunnys?" Noch während die Zwillinge synchron nicken, werden wir hineingelassen und zur Garderobe geführt. Dort sollen wir uns in einem etwas abgesonderten Bereich umziehen.

Wir bleiben bei der erprobten Variante und führen kurz darauf drei Häschenmasken vor: zwei mit dunklem gekräuselten und eine mit buschigem dunkelblondem Haarschopf. Der Türsteher gafft uns auf die blanken Ärsche, dann auf unsere Unterhosen auf dem Kopf, schüttelt lachend seinen Kopf und lässt uns ohne Bezahlung in den Innenbereich des *Bunny's*.

Kaum durch die Schleuse, erschlagen uns die lauten Bässe, die Lasershow blendet und das ultraviolette Licht lässt unsere aufleuchtenden weißen Masken noch eindrucksvoller erscheinen. Die dunklen Löcher, aus denen man gewöhnlich hinaussieht, ziehen die Blicke der Herumstehenden geradezu hypnotisch an. Das alleine hätte schon vollauf gereicht uns zur Zielscheibe von Bewunderung und Hohn zu machen, doch mit den Unterhosen und den daran genähten Hoppelschwänzchen auf dem Kopf, gafft uns jeder mindestens zweimal an.

Ich habe schon oft erlebt, wie befreiend es ist, sich mit unbedecktem Arsch zu bewegen; so zu tanzen ist noch besser, als Ehrenrunden auf dem Spielfeld zu drehen. Wir drei sind natürlich in einem Schuppen wie dem *Bunny's* nicht die einzigen Provokateure. Drag Queens heischen mit aufwendig weißen Outfits genauso um Aufmerksamkeit, wie halbnackte Cowboys, Indianer oder Typen in Toga. Mir sind bestimmt schon zehn in Tangas und einer mit nichts weiter auf dem Leib, als grobmaschigen Strumpfhosen, begegnet. Je nackter die Typen sind, desto offensichtlicher wird mir bald, dass es mit diesen Häschenmasken etwas auf sich haben muss. Denn ausnahmslos jeder, der sehr viel nackte Haut zeigt – speziell im Intimbereich – trägt eine dieser identischen Masken. Jeffrey, Donald und ich sind hingegen die Einzigen, die damit nicht ihr Gesicht verbergen.

„Was haben diese Masken zu bedeuten?“, schreie ich die Zwillinge, den Sound übertönend an.

„Wirst du schon noch rausfinden!“ Frech wackelt Jeffrey mit seinem Hintern und wird sofort dort von zwei Händen gestreichelt. Er wendet sich ab und zieht seinen Zwillingsbruder an seiner Hand mit sich fort.

Alleine erkundige ich den dreistöckigen Club. Von jeder der Etagen hat man durch entweder fehlende Wände, Terrassen oder Balkone einen Blick auf die zentrale Bühne im Erdgeschoss. Immer wieder fühle ich Hände meinen Po betatschen, doch bei dem Gedränge im Club, kann sich das auch um zufällige Berührungen handeln, weshalb ich jede davon genießerisch ignoriere. Die heimlichen Streicheleinheiten müssen als Sexersatz genügen. Um Mitternacht wird eine Show angekündigt. Mit gewaltigem Auftakt schwenken alle Spots und Laser aufs neue Zentrum, wo ein Engel von der Decke auf uns zu schwebt. Bis auf seine gewaltigen schwarzen Flügel und eine dieser Häschenmasken aufgesetzt, ist er splitternackt.

Für einen Moment steht mein Herz still. Ist das Lox? Je tiefer der erotische Engel sinkt, desto nervöser werde ich. Nicht nur, dass der Typ affengeil aussieht, er hat auch sein Erzeugerwerkzeug ölig glänzend für die sofortige Anwendung vorpräpariert, was bei mir augenblicklich die gleiche Reaktion auslöst – und wahrscheinlich bei den meisten anderen Gästen ebenfalls. Selbst wenn ich Mikey erste zwei Mal in meinem Leben gesehen habe, das erste Mal bei seinem Strip beim Tanzwettbewerb und das zweite Mal als Moderator am Straßenfest, so erkenne ich ihn dennoch sofort wieder, als er näher fliegt. Diesen Prügel vergisst man nicht so schnell wieder. Als der geile *Bad Angel* auf seinen Füssen landet, bringt ihm ein zweiter Bad Angel, genauso nackt und erregt mit diesen Flügeln auf dem Rücken, weiße Pumps, in die Mikey hineinschlüpft. Ein Mikrofon erhält er von einem dritten dieser Sex-Angels ausgehändigt und aufatmend verkündet er: „Endlich wieder richtig angezogen!"

Gelächter und donnernder Applaus eröffnen die Show. Weitere dieser schamlosen Engel schweben an Drahtseilen aus anderen Ecken von der Decke, um sich entweder um Mikey zu versammeln und mit ihrer Tanzperformance zu beginnen oder in den Drahtseilen hängend mit ihren dunklen Flügeln zu flattern. Mit jedem weiteren Engel, der sich nicht als Lox entpuppt, keuche ich leise auf. Die Show ist nichts für prüde Sockensortierer und durch Mikeys Kommentare auch immer wieder urkomisch.

Plötzlich fühle ich eine Hand auf meinem nackten Arsch. Da mich beim Tanzen viele so berührten, entweder nur kurz angefasst, getätschelt oder auch mal flüchtig gestreichelt haben, reagiere ich abermals nicht darauf. Doch diese Hand bleibt liegen und knetet etwas zu intim. Nur weil es total flashed, erwacht in mir nicht der angriffslustige Football Quarterback oder der Schläger, sondern ein sich nach Sex dürstender auf Entzug. Weil die Berührungen immer intimer werden, drehe ich mich schließlich doch um.

„Oliver?", stottere ich und erkenne den Täter.

Auch er trägt heute nur Cowboystiefel, einen dieser Hüte und unter weißen Chaps einen extrem knappen Tanga, der seine Latte nicht mehr ganz fassen kann. Ich habe den Latino noch nie so nackt gesehen, warum ich ihn schockiert und lüstern angaffe. Sein Körper ist vollkommen enthaart, und da sein Tanga nicht alles wegpackt, ist auch offensichtlich, dass Oliver ein Fan der Intimrasur ist.

„Mikey ist schon ne Nummer!", brüllt mir Oliver ins Ohr und kneift mich in den Po. „Doch du bist ja auch ein echter Blickfang. Die Zwillinge …“

„Hammerstarkes Outfit!“, unterbreche ich den Medienmenschen und lasse meine Blicke abermals über seinen nackten Oberkörper wandern und tiefer auf seine Hormonlanze im gleißend weißen Tanga. Oliver hat mir immer gefallen, doch ihn jetzt endlich mal ohne seine Hemden und Sakkos zu sehen, löst Gefühle in mir aus, die ich bisher nie zugelassen habe.

Weil eine Unterhaltung bei dem grellen Sound unmöglich ist, lasse ich mir während der Show von Oliver weiter meinen Arsch streicheln und entflamme in Lust und Liebe für den schönen Latino mit dem Schmollmund und der etwas dicken Nase.

Als der erste Teil der Show der Bad Angels endet, legt Oliver seine Arme um meinen Hals und zieht mich über die Treppen zum nächsten Tanz auf die Tanzfläche hoch, wo die Bad Angels sich bereits unters Publikum gemischt haben. Eng umschlungen drückt Oliver seinen Leib an meinen, dass ich befürchte, die Häschenmaske könnte es beim Druck von innen und von außen nicht überleben. Zum zweiten Mal in meinem Leben tanze ich mit einem anderen Mann. Es fühlt sich fast nackt extrem funky an. Leider ist die Maske aus Hartplastik, warum ich Olivers Beule auf meiner nicht fühlen kann. Meine Hände liegen auf seinen Hüften und nur einmal wage ich es, seinen nackten Arsch im Tanga kurz so zu berühren, dass es auch als ein Versehen ausgelegt werden könnte. Dass ich mich extrem verklemmt anstelle, ist mir schon klar, aber zu mehr bringe ich den Mut nicht auf, selbst wenn ich an nichts anderes als diesen heißen Körper in meinen Armen denken kann.

„Ist diese Maske aus Holz?“, fasst Oliver stinkfrech nach unten, um seine Hand einfach oben durch mein Schamhaar streifend tiefer zu schieben. Erschrocken über seine Direktheit, trete ich einen Schritt von ihm zurück.

„Ich wollte dich nicht …“

„Schon gut!“, brülle ich ihn an, schlucke leer und würde mich am liebsten wieder in seine Arme schmiegen. Doch der Moment ist zerstört. Ich habe ihn im falschen Moment von mir gestoßen. So sensibel Oliver ist, ahne ich, er wird mich jetzt in Ruhe lassen. Noch bevor ich den nackten Latino-Cowboy wieder an mich ziehen kann, klopft Mikey bereits ab, um mir Oliver zu entführen. Offensichtlich kennen sich die beiden, denn sie entschweben, bevor ich reklamieren kann.

So stehengelassen, ärgere ich mich erst über meine Feigheit, dann über meine aufkeimende Eifersucht. Dass die beiden mit Walzerschritten zu House Musik tanzen, schert keinen, zumal Mikey wirklich das Mulitvitamin Pack ist – egal ob von vorne oder von hinten.

Abermals fällt mir auf, dass die sogenannten Bunnys alle irgendwie betatscht werden. Natürlich begrabschen sich auch die Pärchen, doch da sieht es irgendwie anderes aus.

Von Donald oder Jeffrey fehlt jede Spur, warum ich mich weiter auf der Tanzfläche rumdrücke und von weitem Oliver anstarre, der noch immer mit Mikey abhängt. Wenn mir gelegentlich wieder eine Hand über den Arsch fährt, stelle ich mir vor, es sei Oliver. Warum ich Mikey und diesem geilen Cowboy in sicherer Distanz folge, als sie sich über eine Treppe in eines der Zwischengeschosse begeben, verstehe ich selbst nicht.

Das *Bunny's* ist riesig und immer neue Aufrisszonen, teilweise so dunkel, dass man seine Hand nicht vor dem Gesicht sehen kann, oder Balkone auf die Tanzflächen hinaus, laden zum Chillen oder zum Ein- oder Zweihandsegeln ein. Dass ich hier neben den bösen Engeln ebenfalls zum Blickfang gehöre, genieße ich ganz still und heimlich.

Augen habe ich nur für Oliver und sein prallgefülltes Höschen. Bei einer der Bars im oberen Stockwerk setzt sich Mikey auf einen freien Barhocker. Oliver stellt sich hinter ihn, um dem Bad Angel erst den Bauch, dann ganz selbstverständlich die Eier zu kraulen. Abermals sticht mir ein Dolch ins Herz, und abermals überwältigen mich meine eigenen Gefühle. Habe ich mich wirklich in Oliver verknallt oder beamt mich nur sein Outfit aus meiner Umlaufbahn?

Mikey lässt sich an der Bar von Oliver bearbeiten und schert sich nicht um die Zuschauer, die ungeniert einen Halbkreis um die beiden gebildet haben. Weil auch ich zu den Schaulustigen gehöre, enthalte ich mich einem Urteil darüber. Als mich Mikey in der zweiten Reihe seiner Bewunderer entdeckt, winkt er mich zu sich ins Zentrum. Leider hat mich auch Oliver in meinem voyeuristischen Versteck ausgemacht und wiederholt Mikeys Einladung mit einem Lächeln. Widerstand ist zwecklos!

„Ihr beide kennt euch?", fragt mich Oliver, als ich mich dicht vor sie stelle, um etwas vom Gesagten zu verstehen.

Als ich nicke, zwinkert mir Mikey zu. „Lox redet noch immer gelegentlich von dir!", brüllt mir der Stripper ins Ohr, um den Sound zu übertönen und lässt sich weiter von Oliver melken. Ein scheues Streicheln ist das schon lange nicht mehr! „Eigentlich hätte der süße Lox heute Abend auftreten sollen, doch …"

„Ja, ja!", knurre ich und winke ab. „Lox kann tun und lassen, was er will. Ich bin fertig mit ihm!" Weil mich Mikey bei dem Lärm hier oben so nahe ein paar Boxen einfach nicht verstehen kann – oder will – zucke ich nur mit der Schulter, grinse schief und lasse es auf sich beruhen. Mit Handzeichen bestelle ich mir beim Bartender eine Coke und versuche Mikeys Latte in Olivers Hand auszublenden. Irgendwann ertönt mitten im Musikstück eine Posaune.

„Die Engelsposaune! Leute, mein Typ wird anderswo benötigt!“ Mikey schält sich vom Barhocker, küsst Oliver auf den Mund und tänzelt in seinen weißen Pumps über die Treppe, um wahrscheinlich auf der Bühne den zweiten Teil seiner Show mit den Bad Angels zu moderieren.

„Woher kennt ihr euch?“, drücke ich meine Lippen an Olivers Ohrmuschel und fühle, wie mich diese scheue Nähe sofort so erregt, dass ich rasch mit meiner linken Hand checke, ob die Maske noch alles wegpackt.

„Von Interviews und Shows!“, nuschelt mir Oliver genauso intim in mein Ohr und zieht mich dabei sehr nahe an sich heran, dass ich sein Eau de Toilette und ein Apfel Shampoo reichen kann. Ohne dass ich es beabsichtigt habe, sitze ich plötzlich auf dem Barhocker, den Mikey eben noch besetzt gehalten hatte. Ganz natürlich legt mir Oliver von hinten seine Arme um meinen Bauch um mich freundschaftlich zu umarmen – gerade so, als ob wir ein Liebespaar wären. Da er mich nicht mehr loslässt, werde ich immer verlegener, auch, weil sich der Halbkreis aus den stehenden Gaffern um uns herum nicht aufgelöst hat. Unten auf der Bühne, auf die wir von hier oben einen super Ausblick haben, stöckelt Mikey und labert allen möglichen Unfug ins Mikrofon. Doch dafür habe ich weder Augen noch Ohren, denn Oliver steht jetzt so dicht hinter mir, dass ich die Körperwärme seines nackten Leibes überall auf meiner Haut spüren kann. Er streckt seinen Kopf über meine linke Schulter und legt sein Kinn darauf, dass sich unsere Wangen berühren. Als ob das noch nicht intim genug wäre, kräuselt er mit seiner rechten Hand in meinem dichten Schamhaar über der Häschenmaske. Mein ganzer Körper vibriert vor Geilheit. Natürlich kriegt dass der Mann, der mir alles über Körpersprache, Gestik, Mimik und Haltung beigebracht hat, mit. Meine Wange an seiner glüht und der Tiger versucht sich aus dem Käfig zu befreien. Zu feige, um irgendetwas anderes zu tun, als heimlich Olivers Annäherungsversuche zu genießen, tue ich so, als ob ich interessiert den erotischen Kapriolen der verrückten Engel auf der Bühne folgen würde.

Sachte schiebt sich Olivers Hand noch tiefer in meinen Busch. Sein Kraulen darin wird voll porno. Da ich ihn diesmal nicht daran hindere, wandert sein Zeigefinger unter die Häschenmaske und streichelt erstmals den Tiger. Die Bestie zuckt und ist augenblicklich bereit durch den Feuerring zu springen. Sanft, als ob Oliver ein gerade geschlüpftes Küken liebkosen würde, wandert sein Zeigefinger tiefer und streichelt das Raubtier. Während der kommenden Stunden – oder Sekunden? – gibt es nur noch diese Hand, die mein Fell krault und den Tiger immer wieder sanft neckt. Ich schnurre und fauche abwechselnd.

Überfordert von meinen Gefühlen, meiner lodernden Lust und der Tatsache, dass wir dabei von bestimmt zwanzig weiteren Barbesuchern beobachtet werden, sehe ich mich unsicher um. Oliver schließt seine Arme noch etwas enger um mich und knabbert an meinem Ohr. Gleichzeitig verschwindet seine Hand erstmals ganz in der Maske um dort den Tiger einfach zu packen.

Mein spontanes Aufstöhnen belustigt die Voyeure und gibt meinem Entsafter zu verstehen, dass er genau richtig liegt. Auf der Bühne verrenken sich die Sex-Engel und hier oben versuche ich nicht zu japsen, als Olivers Hand unter der Maske anfängt, meinen Penis zu reiben. Er tut es so selbstverständlich und zärtlich, dass ich plötzlich alles um mich herum vergesse und mich enger in seine Umarmung schmiege. Mir ist inzwischen egal, wo wir uns befinden oder wer uns dabei zuschaut. Ich will nur noch diese Hand genau dort spüren, wo sie jetzt ist. Auch als Oliver mir die Häschenmaske hochschiebt, um mit seinem neuen Spielzeug anzugeben, lasse ich es einfach geschehen.

„Willst du hier absahnen?“, fragt mich mein Verführer, in mein Ohr nuschelnd. Aus Angst, den Moment abermals zu verpassen oder zunichtezumachen, nicke ich. Olivers Zupacken wird noch fordernder und die Maske befreit den Tiger vollkommen aus seinem Käfig.

Leider passierte es dann viel zu schnell. Ich stöhne für einen Moment so orgastisch, dass ich in der Bar sogar den Sound übertöne. Vierzig bis sechshundert Millionen Astronauten treten ihre Reise in die unendlichen Weiten des Alls an, um neue Zivilisationen zu erobern oder sich im Nichts zu verirren. Bevor ich mich verlegen abwenden oder die Maske wieder vor Ort schieben kann, massiert Oliver einfach weiter. Viele der Voyeure nicken mir aufmunternd zu, als ob ich ihre Zustimmung bräuchte, mich weiter meiner Lust hinzugeben. Noch bevor die Show auf der Bühne endet, müssen weitere Millionen sich auf den Weg ins Nirwana machen.

Der Bartender, der uns ebenfalls zugesehen hat, reicht mir ein paar Servietten, grinst und schiebt mir eine neue Coke zu. „War das dein erstes Mal?“, schreit er mich über den Tresen hinweg an, bis ich extrem verlegen meinen Kopf schüttle, die Coke schnappe und flüchte.

Erst in einer der hinteren Toiletten holt mich Oliver ein. „Ich wollte dich seit dem Moment unserer ersten Begegnung!", gesteht er mir. Erstmals müssen wir uns nicht gegenseitig anschreien, da der Sound hier hinten nur noch gedämpft ankommt.

„Wirklich?", frage ich und könnte mich dafür ohrfeigen.

Statt es zu bestätigen, kniet er sich vor mich hin, zieht mir die Häschenmaske abermals bis zum Bauchnabel hoch und spielt mit seiner rechten Hand mit meiner klebrigen Vorhaut. Weil zwei Typen diese verstecktere Toilette aus demselben Grund aufsuchten, bedecke ich mich rasch mit meinen Händen und tue so, als ob nichts vorgefallen sei.

Oliver erhebt sich schmunzelnd. „Josh, ist das dein erster Besuch im *Bunny's*?"

Mein Nicken lässt ihn noch breiter grinsen.

„Donald oder Jeffrey haben dir nicht verraten, was hier so abgeht?"

„Sind die beiden denn öfters hier?", lenke ich ab.

Als die anderen Typen nach einer Weile abziehen, schiebt mich Oliver vors Waschbecken und wäscht dort meine Rakete. Zu verdattert darüber, lasse ich es einfach geschehen, zumal er das wirklich gründlich macht. Statt mir danach ein Papiertuch zum Abtrocknen zu reichen, schiebt er mich an eine der Rückwände und kniet sich abermals vor mich hin, um mit seinem Mund die Wasserperlen weg zu küssen.

„Alles wieder sauber!", schiebe ich Oliver sanft von mir und bereue abermals meine Feigheit, mich von ihm nicht nochmals verwöhnen zu lassen.

Der Latino zieht mich an seiner Hand nach draußen. Es gelingt mir gerade noch die Hartplastikmaske wieder so zu platzieren, dass meine abermals startbereite Mondfähre im Hangar verschwindet.

Erneut oben an der Bar lehne ich mich an einen Pfosten mit dem Rücken zum Bartender und brutzle im Feuer meiner Lenden. Oliver hat sich verzogen. Ob er sich noch einen weiteren Bunny erobern will? Inzwischen ist sogar mir klar geworden, dass ein Bunny – naja, eben ein Bunny ist.

Eine starke Hand fasst nach meiner linken Schulter, und als ich mich umdrehe, steht der Bartender neben mir und zeigt hinter sich zur Bar, wo zwischen Spirituosen Flaschen das Captain-J.J.-Bild hängt. „Das bist doch du? Ich habe deinen Arsch sofort wieder erkannt, als du ihn an den Pfosten gelehnt nach hinten gestreckt hast. Du bist älter, doch diese Backen", streichelt er sie. „Diesen Arsch würde ich aus Tausend heraus sofort wiedererkennen. Gibst du mir ein Autogramm aufs Poster?"

Bevor ich die Flucht ergreifen kann, schiebt mich der Bartender schon zur Theke. „Er ist es!", brüllt er den Sound übertönend. Kaum dreht er sich zum

Tresen, um nach einem Filzschreiber zu suchen, flüchte ich entlarvt und in Panik geraten. Was wenn mich noch andere erkannt haben? Was, wenn an der Uni bald alle über den Karnickel sprechen, der am liebsten vor Zuschauern gerammelt wird? Shit! In einer Nische versteckt, ziehe ich mir meine Honny-Bunny Hose an und verstecke mein Gesicht unter der leicht versifften Häschenmaske.

Unten im Gedränge stoße ich nach einer weiteren Stunde alleine vermummt tanzend auf die Zwillinge. Sie tanzen eng umschlungen zu dritt mit einem Bodybuilder. Ihre glasigen Augen verraten, dass die beiden voll auf ihre Kosten gekommen sind.

„Lasst uns gehen!“ Sehr befriedigt klingend, boxt mir Donald in die Seite.

Auch Jeffrey hat dieses erleichterte Grinsen aufgesetzt, als er sich vom Bodybuilder losreißt und ihm zuruft: „Morgen bei uns!“

In der Garderobe ziehen wir uns wieder an. Ich lasse meine Ohrenmaske liegen.

Kurz nach drei Uhr in der Früh schleiche ich mich ins Haus und in mein Schlafzimmer, um nackt auf dem Bett liegend über alles nachzudenken. Bin ich jetzt Olivers Sex-Bunny, sein künftiges Betthäschen oder bin ich nur ein verschreckter Hase, der zum ersten Mal in seinem Leben den engen Bau seiner beschränkten Sichtweise auf die Welt verlassen hat?

Missverständnisse und Rollenspiele

Nach meiner angeblichen Sondersitzung mit Charles ruft der tatsächlich meinen Vater an und vereinbart mit ihm, dass ich im kommenden Frühjahr für mindestens drei Monate in der Medienagentur ein Praktikum absolvieren könne; früher würde nicht gehen, da die Agentur interne Umstrukturierungen vornehmen müsse. Mehr erfahre ich auch nicht.

Natürlich löchern mich meine Eltern über Details meines angeblichen Treffens mit Mister Charles Tamlyn in der Medienagentur. Was denn so wichtig gewesen sei, dass ich erst weit nach Mitternacht nach Hause gekommen wäre. Oder warum das Praktikum jetzt doch verschoben werden müsse. Das Verhör mit meinem Vater dauerte und dauerte und ich lese aus seiner Mimik und Körperhaltung, dass er mir nicht alles abkauft, was ich ihm auftische. Hätte Oliver nicht mitten in diesem Fiasko angerufen, und hätte mein

Vater nicht sofort ihn mit den gleichen Fragen gelöchert, um befriedigende Antworten zu erhalten, ich weiß nicht, was passiert wäre.

„Mister Tamlyn will dich in seinem Team!", stellt Vater nüchtern fest, als er den Anruf mit Oliver beendet. „Du sollst mit Mister Whitehurst wegen eines Projektes, bei dem du mitwirken sollst nach Los Angeles?" Als ich ihn daraufhin mit riesigen Augen anstarre – denn davon wusste ich natürlich nichts! – nickt mein Vater einige Male, checkt seinen Tischkalender und schüttelt dann seinen Kopf.

„Was ist?", frage ich verwirrt.

„Deine Mutter und ich werden die Weihnachtszeit auf den Bahamas verbringen."

„Wie jedes Jahr!" Ich versuche ruhig zu bleiben, denn auf zwei Wochen mit Mutter-Kupplerin in der Karibik, wo sich inzwischen einige ihrer Bekannten – natürlich mit Töchtern in meinem Alter – Häuser angelacht haben und auf einen strammen Schiegersohn hoffen, kann ich verzichten.

„Mister Whitehurst bot zwei Daten für diese mehrtägige Geschäftsreise an. Die erste Novemberwoche, also in wenigen Tagen oder über die Weihnachtstage. Junge", fokussiert mich mein Vater, „du engagierst dich am College als Schulsprecher. Ich habe deinen letzten Artikel in der Collage-Zeitung gelesen. Dein Stil ist gut, nur inhaltlich fehlten dir einfach die Lebenserfahrungen, um gewisse Themen im Ganzen zu erfassen."

„Aha", brumme ich. Ich schrieb über das Thema *Meinungsfreiheit*, wobei ich das meiste Material aus diversen Internetseiten abgeschrieben hatte. Es war weder ein interessanter, noch tiefgründiger Aufsatz, sondern nichts weiter als eine dieser Pflichterfüllungen, die ich mit dem Amt übernehmen musste. Natürlich würzte ich den Artikel mit ein paar Lektionen, die mir Oliver beigebracht hatte und schimpfte etwas über dies und jenes, doch ich blieb langweilig gemäßigt.

„Mister Whitehurst hat einen guten Einfluss auf dich! Er versteht es, den Mann in dir zu erwecken!"

Und wie! Dabei versuche ich nicht wie ein dummes Chicken zu kichern, sondern das Lob annehmend, zu nicken. Wenn Vater wüsste, wie geschickt Oliver meine Männlichkeit erwecken kann, dann würde dieses Gespräch jetzt ganz anderes verlaufen.

„Ja!", beteuerte mein Vater. „Du bist seit dem Training mit ihm wirklich reifer geworden."

Krampfhaft beiße ich mir auf die Zunge und weiß bald nicht mehr, wohin ich sehen soll, denn geistig fühle ich Olivers Hände genau die Stelle bearbeiten, die mein Vater ganz bestimmt nicht mit dieser neuen Reife und erwachten Männlichkeit gemeint hat. Zum Glück trage ich eine lange Strickjacke, die ich mir vorne, mit übereinandergeschlagenen Beinen, auf das wachsende Übel drücken kann.

„Jetzt sei doch nicht so verlegen!" Natürlich bemerkt mein Vater mein komisches Getue. „Gewinnst du auf dem Spielfeld ein Footballmatch, benimmst du dich wie ein brünstiger Hirsch, der stolz mit seinem Geweih wedelt und mit den Hufen scharrt, bis auch die letzte der Cheerleaderinnen deine volle Aufmerksamkeit hat. Und jetzt? Warum so verkrampft? John, du musst lernen, auch deine intellektuellen und später deine politischen Siege – oder Niederlagen", fügt er leiser an, „wie ein Mann zu nehmen. Was Whitehurst aus dir gemacht hat, erfüllt mich mit Stolz. Auch deiner Mutter ist aufgefallen, dass du seit dem Medientraining und deiner freiwilligen Arbeit im Kunstzentrum selbstsicherer und erwachsener geworden bist. Wenn wir gerade beim Thema sind", lächelt mir Vater plötzlich zu, „Jeannine hat gestern Abend für dich angerufen. Sie wird dich nachher fürs Training abholen."

„Ich habe *leider*", betone ich das letzte Wort, „keine Zeit für eine Cheerleaderin." Dann stöhne ich genervt und hoffe, es hört sich nach Enttäuschung an. „Es steht bald ein wichtiges Spiel an. Ich muss mein Team ..."

„Jeannine wird das verstehen!" Mein Vater steht auf, kommt um sein Pult seines Arbeitszimmers herum und klopft mir anerkennend auf die Schultern. „Mir ist schon bewusst, dass das Meeting gestern Abend nicht bis nach drei Uhr in der Nacht gegangen ist. Sohn", hebt mein Vater verschwörerisch seine linke Augenbraue, „tob dich aus! Stoße dir die Hörner ab, aber erzähle Mutter nichts davon."

Ertappt! Wenn mein Vater auch keine Ahnung hat, wer mir gestern Nacht mein *Horn* bearbeitet hat, versuche ich dennoch wie ein echter Macho auf sein Spiel einzugehen. Ich verdrehe meine Augen, winke ab und frage: „Wann kommt Jeannine?"

„Das ist mein Sohn!", klopft mir mein Vater abermals stolz auf die Schulter. „Deine Mutter hofft, dass du bald ein Mädchen zum Abendessen mit nach Hause bringst. Lass dir damit Zeit. Bevor ich deine Mutter kennengelernt habe ..."

„Vater!", unterbreche ich ihn und spiele den Entsetzten.

„Du verstehst mich schon", zwinkert mir mein Vater abermals zu. „In Los Angeles soll es ja wirklich heiße Surfer-Bräute geben; und falls du auf Mexikanerinnen stehen solltest", boxt mich mein Vater jetzt in die Rippen, „dann mein Sohn ..."

Natürlich denke ich an die Zwillinge mit ihren mexikanischen Ahnen, ihren schlanken muskulösen Körpern und wie sexy die beiden gestern Nacht mit nichts mehr als Häschenmasken ausgesehen haben.

Mein Vater deutet mein kurzes Schwärmen abermals falsch. „Mein Junge, die nächsten Wochen wäre ich froh, wenn du und deine Mutter mir durch eure Präsenz bei meinem neuen Gesetzentwurf Rückendeckung geben könntet. Ich werde öfters vor die Presse treten müssen. Ich gebe daher Mister Whitehurst Bescheid, dass du den Weihnachtstermin akzeptieren wirst. Hänge ein paar Tage in Los Angeles an und ..." Abermals boxt er mich und zwinkert mir schelmisch grinsend zu. „Aber schweige darüber, wie ein echter Gentleman!"

„Ja!", verspreche ich. „Vater, ich halte meine Affären geheim. Ehrenwort!" Kaum verlässt mein Vater vor mir sein Arbeitszimmer im oberen Stock unseres Hauses, lasse ich mich tiefer in den Sessel sinken. „Oliver will mit mir nach Los Angeles? Warum?"

Leider sehe ich Oliver nach jener Nacht im *Bunny's* erst nach über zwei Wochen wieder. Mein süßer Engel der Leidenschaft, wie ich ihn heimlich nenne, lädt mich zum Dinner ein. Wären wir konventionell und hetero, könnte man eine solche Einladung durchaus als erstes Date ansehen. Aber zum Glück ticke ich anderes als meine Mutter. Dennoch stürze ich mich für den Abend in Schale und trage einen meiner besten Anzüge und meine pinkfarbene und leuchtende Seidenkrawatte, die ich nur anziehe, wenn ich Vater ärgern will. Mich hat noch niemals ein Mann zum Essen ausgeführt – zumal nicht in diesem Sinn und Stil.

Ich treffe Oliver im Gay Viertel, das sich praktischerweise gleich bei mir um die Ecke, also nahe dem *Dupont Circle* befindet, in einem italienischen Restaurant. Den Latino in einem seiner Nadelstreifenanzüge zu einem bunten Hemd – ohne Krawatte – zu sehen, ist die blanke Enttäuschung, da ich ihn mir immer nur in seinem knappen Tanga und den weißen Chaps vorgestellt habe. Wie gut mein früherer Medientrainer aussieht, wird mir erst wieder bewusst, als er mir an unserem Tisch gegenüber Platz nimmt.

„Heute keine Häschenmaske?", fragt er als Erstes. Offensichtlich bin ich nicht der Einzige, der sich ein anderes Bild vom Gegenüber heraufbeschworen hat.

„Dieses Ding habe ich leider im *Bunny's* liegen lassen. Es war zu havariert!"

„Leider?", forscht Oliver und sieht mich an, wie das mein Vater heute

Nachmittag in seinem Arbeitszimmer getan hat, nur dass ich Olivers Zwinkern nicht missverstehe. „Würdest du denn abermals eine Häschenmaske anziehen?“

„Warum denn nicht?“, zucke ich mit meiner Schulter. „Ich war ja nicht der Einzige.“

„Im *Bunny's* hat es immer ein paar Häschen, das gehört zum Konzept des Schuppens und macht seinen Erfolg aus.“

„Die Zwillinge kauften diese Masken ...“

Plötzlich lacht Oliver auf, als ob ich etwas wirklich Komisches gesagt hätte.

„Was?“, frage ich leicht genervt, als er einfach nicht aufhören will, so blöd zu lachen.

„Du weißt es wirklich nicht?“

„Was?“, wiederhole ich und vermute plötzlich, dass mich die Zwillinge über Ohr gehauen haben.

„Dann hast du dir die Häschenmaske nicht selbst im *Bunny's* besorgt?“

„Nein! Das sagte ich doch eben!“, knurre ich. „Einen frischgepressten Orangensaft für mich“, schnauze ich den Kellner, der mir die Karte reicht, im gleichen Ton an und entschuldige mich sofort dafür.

Oliver nimmt mir die Karte aus der Hand, bevor ich auch nur einen Blick auf die Pizza-Auswahl werfen konnte und bestellt ein dreigängiges Menü und für sich einen Martini zum Aperitif. Erst als der Kellner mit der Bestellung abzieht, lehnt sich Oliver über unseren Tisch. „Warst du schon vorher mal im *Bunny's*?“

Kopfschütteln murmle ich: „Ich war überhaupt noch nie in einem Gay Tanzschuppen oder einer Gay Bar!“

„Das erklärt so manches“, schmunzelt der Latino.

„Woher kommst du ursprünglich?“

„Meine Mutter ist aus Venezuela und mein Vater aus Chicago!“ Ertappt schüttelt der dunkelgelockte, etwa zehn Jahre ältere Mann, seinen Kopf. „Geschickter Themenwechsel und das mit einer Frage, die dir jeder spontan beantwortet. Gut! Ich sehe, du hast etwas von mir gelernt. Zurück zu deiner Rolle im *Bunny's*.“

„Welche Rolle? Ich war Gast bei einer White Party, wie bestimmt tausend andere auch!“

„Nein, du warst kein Gast, du warst Animator.“

„Spinnst du? Ich bin doch kein *Bad Angel*“!

„Die hatten ebenso ihre Rolle zu spielen!“ Oliver winkt ab. „Die Bad Angels kann man für sexuelle Shows und bei einem Aufpreis auch für eine gewagtere Show buchen."

„Callboys?"

„Einige von ihnen schon, aber nicht alle. Gemeinsam haben die Mitglieder der Sex-Engel nur die Bereitschaft, sich wirklich splitternackt und schamlos zu präsentieren. Vom zweiten Teil der Show hast du ja nicht viel mitbekommen, sonst wüsstest du, wovon ich rede."

„Ich war abgelenkt!"

„Mit deiner eigenen Rolle?", foppt Oliver weiter.

„Das war für mich kein Spiel!" Der Stich, den mir die neue Erkenntnis verschafft, tut höllisch weh. Hat mich Oliver nicht verführt, weil er auf mich steht, sondern nur weil ich eine dieser Häschenmaske getragen habe? „Animator für was?", frage ich mutig und wappne mich innerlich für die Antwort.

„Die Häschenmasken kann ein junger Mann zwischen achtzehn und achtundzwanzig im *Bunny's* beziehen. Dafür erhält er eine Jahreskarte. Damit kann er gratis an allen Veranstaltungen teilnehmen und muss auch für die Getränke nichts bezahlen. Als Gegenleistung dafür muss er ..."

„Ich habe keine solche Karte erhalten!", protestiere ich.

„Dann haben sie die Zwillinge für dich in Gewahrsam. Egal! Die Bedingungen sind ..."

„Nicht egal! Donald und Jeffrey haben mich gelinkt."

„Oder dir lange Ohren verpasst!", grinst Oliver und kann kaum noch deutlich sprechen. „Jeder, der sich seine Ohren", betont Oliver genüsslich, „im *Bunny's* abholt, unterschreibt, dass er im Gegenzug dazu die Gäste mit optischer Freizügigkeit animiert."

„Also seinen Arsch zeigt?"

„Das oder anderes. Alles, was nicht bedeckt ist, darf angefasst werden."

„Jetzt wird mir so einiges klar!" Nachträglich erröte ich angesichts der Blamage, in die ich mich unbeabsichtigt hineinmanövriert hatte.

„Dachtest du, es sei normal, dass dir jeder deinen nackten Arsch streichelt?"

„Ehrlich? Ja!"

„Mir ist bewusst, dass du in Europa geboren wurdest und dort auch deine Kindheit verbracht hast. Glaub mir, mein hübscher unfreiwilliger Bunny, in Amerika mietet man sich einen Animatoren, Tänzer oder Performer, wie ein *Bunny* oder einen *Bad Angel*, um die Stimmung in den Clubs zu lockern."

„Hast du mich deshalb ...", nehme ich meinen ganzen Mut zusammen, um Oliver das zu fragen, worauf ich seine Antwort scheue.

„Es ist so, wie ich dir vor zwei Wochen in der Toilette im *Bunny's* gesagt habe", unterbricht er mich. „Was ich dir da eingestand, war und ist mein voller Ernst. Josh, ich wollte dich vom ersten Tag an. Dass du als Bunny aufgetreten bist, hat es mir leichter gemacht. Ich war wirklich fest davon überzeugt, du wusstest über deine eigene Rolle Bescheid."

„Mir an der Bar einen runterholen zu lassen?"

„Einen?", schmunzelt Oliver. „Als du mich nicht abgewimmelt hast, ging ich weiter. Ein Bunny ist kein Sexspielzeug, außer er lässt sich bewusst und freiwillig darauf ein. Da du ..."

„Du siehst in mir dein Sexspielzeug!", fahre ich ihn wütend an und verstumme, als unsere Getränke vom Kellner serviert werden.

„Hat es dir denn nicht gefallen?", will Oliver wissen, als er wieder abzieht. „Josh, ich kenne dich inzwischen gut genug, um zu fühlen, wenn du dich unwohl fühlst, hemmst oder blockierst. An der Bar fühlte ich nichts davon."

Weil ich beleidigt und stinksauer auf die Zwillinge, Oliver und meine Naivität bin, nuckle ich am Strohhalm meines Orangensaft und weiche Olivers Blicken aus.

„Josh?" Der Latino hält seinen Kopf schief und flüstert jetzt beinahe so, als ob er ein erschrecktes Tier beruhigen wolle: „Josh, hast du dich in mich verliebt?"

Seit unserer Verabredung hoffte ich, das Gespräch käme auf dieses Thema. Jetzt bin ich mir nicht mehr sicher, was ich davon halten soll. Stimme ich zu, sieht Oliver in mir doch nur den dummen Jungen, der sich in seinen gutaussehenden Lehrer verknallt hat. Ich war für Oliver nur ein williges Sexspielzeug, mit dem er im Club Punkten konnte.

„Josh", berührt Oliver sanft die Finger meiner linken Hand, die auf dem Tisch auf meiner Serviette ruhen, „*ich* bin in dich verliebt!" Als ich nicht aufblicke, sondern nur noch intensiver am Strohhalm ziehe, bis das leere Glas süffelnde Geräusche macht, legt er seine Hand ganz auf mein. „Dank deiner Häschenmaske fand ich den Mut, dich anzumachen. Glaub mir, mein starrköpfiger Quarterback ..."

Erstmals sehe ich hoch und direkt in Olivers Augen. Sie blitzen gläsern, als ob sie von Tränen benetzt worden wären. „Was soll ich dir glauben?", schnaube ich ihn an und fühle, wie meine Wut sich in Neugier, dann in Hoffnung verwandelt.

„Als du während dieser sechs Wochen täglich vor mir gestanden hast, ich dich filmen und fotografieren durfte, ja ich dich alles fragen durfte, was ich wollte, da wünschte ich mir mehr als nur einmal, ich könnte dir einfach deine

Kleider vom Leib reißen, um dich ...“

„Zweimal hintereinander zum gigantischsten Orgasmus führen?“ Dann bricht es einfach aus mir heraus und ich lache befreit und erleichtert.

Auf italienisches Essen habe ich kaum Appetit, denn wir haben es plötzlich beide sehr eilig, damit fertig zu werden. Oliver lässt uns ein Taxi kommen und wir fahren zu ihm nach Arlington in seine Wohnung, die nur wenige Blocks vom Pentagon entfernt liegt.

Noch während er seine Haustür aufschließt, bitte ich ihn: „Kannst du es mir auch leichter machen und dir nochmals dein Kostüm von der White Party anziehen?“

Oliver zeigt schweigend auf eine von zwei Sofas, entzündet Kerzen, die dort bereitstehen, drückt einen Knopf und romantische Musik rundet die verführerische Stimmung ab. Schlagartig wird mir klar, dass all dies so von ihm geplant war. Der Abend sollte hier enden. Endlich antwortet er mir auf meine Bitte: „An der Party warst du mein Häschen, lass mich heute Nacht deines sein!“ Damit verschwindet Oliver in sein Schlafzimmer, um sich für mich umzuziehen.

Extrem nervös geworden lausche ich der Schnulze und starre ins flackernde Kerzenlicht. Die Häschenmaske aus dem Club wäre jetzt abermals eine Hilfe.

„Bleib angezogen!“, ruft er mir aus seinem Schlafzimmer zu. Schlagartig wird mir bewusst, wie gut er mich inzwischen kennt. „Josh, heute animiere ich dich!“

Die Wartezeit kommt mir wie Stunden vor. Wie vor jedem wichtigen Match tigere ich unruhig hin und her, bis ich über einer Kommode hängend das *Captain-J.J.-Bild* als Poster vergrößert entdecke. Davor stehen weitere Fotos von mir in diversen Anzügen und ebenso der Schnappschuss nach meiner Schlägerei, bei der mein Penis aus den offenen Shorts hängt. Oliver baute mir einen Schrein? Ist das Liebe?

Plötzlich wechselt die Musik. Oliver muss sich reingeschlichen haben, um für seinen Auftritt für das richtige Ambiente zu sorgen. War vorhin alles irgendwie auf Zeitlupe geschaltet, motiviert jetzt eine der bekannten Rock Diven mit einem rhythmischen Song. Noch während ich mich umdrehe, fühle ich die Veränderung an Oliver. Er ist extrem verlegen, tanzt aber provozierend und etwas zu angestrengt mit gutem Hüftschwung, um mich anzumachen. Er müsste sich gar nicht so viel Mühe geben, denn sein Outfit reicht aus, mir weiche Knie und eine harte Latte zu verpassen. Wie versprochen, trägt er nur den Mini-Tanga zu seiner weißen Chaps. Er muss sich seinen

Oberkörper eingeölt haben, denn seine rasierte Brust glänzt im Kerzenlicht. Mit über seinem Kopf erhobenen Armen nähert er sich mir mit Samba Schritten. Das Mini-Säckchen ist so prall gefüllt, dass kaum alles darin Platz findet. Ich ahne, dass er heute einen mindestens um eine Nummer kleineren Tanga als im Club gewählt hat.

Im *Bunny's* war es wirklich einfacher! Selbst wenn mir Oliver mit seinem Tanz versucht, die Hemmungen zu nehmen, starre ich meinen ehemaligen Lehrer, dem ich so viel zu verdanken habe, wie versteinert an. Mein Kopf muss tiefrot glühen, während ich hypnotisiert den Bewegungen des Tänzers folge.

Schritt um Schritt kommt er näher.

Im Club war er derjenige, der die Initiative ergriff, jetzt erwartet er es von mir. Warum ich zögere, kann ich mir nicht erklären. Wie oft habe ich von so einer Situation geträumt? Wie oft habe ich Oliver in Gedanken die Hose vom Leib gerissen? Warum schaffe ich es jetzt nicht? Oliver glüht vor Lust, doch auch er wirkt zurückhaltend. Er spielt für mich den Animator, wenn diese Rolle auch nicht wirklich zu ihm passt. Ist er scheu? Der mutige Draufgänger, den er im Club vorgab zu sein, ist er nicht – zumal nicht in der Rolle als sexy Häschen. Nur noch ein Schritt trennt uns. Würde ich meine Hände nach dem Pin-Up ausstrecken, ich könnte ihn anfassen. Warum zögere ich?

„Du bist der Captain", spricht Oliver zum ersten Mal seit seinem Auftritt.

„Strip für mich!", fordere ich ihn auf und hoffe, meine Stimme kratzte nicht zu sehr. Er hat mit seinen Worten etwas in mir angesprochen, das gewohnt ist zu kommandieren. Als Captain J.J. zögere ich nie.

Die neue Wendung scheint Oliver zu gefallen, denn jetzt sind die Fronten geklärt. Erstmals fühle ich, wie er wirklich in seine Rolle als mein Sexspielzeug schlüpft. War sein Hüftschwung vorhin tänzerisch, ist er jetzt eindeutig sexuell, genauso wie seine neuen Blicke. Hielt er seine Arme gerade noch lässig über seinem Kopf, um den Coolen zu mimen, wandern sie jetzt streichelnd über seinen Oberkörper. Von einer Sekunde auf die andere ist Oliver wie ausgetauscht. Jetzt ist er wirklich zu meinem Betthäschen geworden. Wenn ich es auch nicht verstehe, so habe auch ich die Rolle gewechselt. War ich gerade noch ein verklemmter Teenager, der seinen halbnackten Lehrer anschmachtet, erwacht jetzt das Raubtier in mir, das ich sonst nur beim Football rauslasse.

Oliver deutet mein Raubtiergrinsen richtig und ergibt sich seinem Schicksal. Niemals zuvor schätzte ich, was die Cheerleader auf dem Spielfeld für uns Jungs machen – bis jetzt. Oliver tut es jetzt für mich: Er heizt mich auf, motiviert mich und reißt meine Barrieren nieder. Ob meine Kumpels so auf die Mädels in ihren kurzen Röcken abfahren, wie ich gerade auf Olivers nackten Arsch und seine pralle Beule? Mein Adrenalin schießt durch meinen Körper und meine Lust verwandelt den schlafenden Tiger zur Bestie, die erst ruhen wird, wenn die Beute erlegt ist. Mein Hunger wächst von Sekunde zu Sekunde.

Doch statt mich auf Oliver zu stürzen, um ihn niederzuwerfen und zu nehmen, hocke ich mich breitbeinig auf die breitere der beiden Sofas und lege meine Arme ausgestreckt über die Lehnen. Mit meinen fordernden Blicken befehle ich dem Tänzer, sich mir zu nähern.

Oliver gehorcht und steht sofort dicht vor mir. Genüsslich wandern seine Hände über seinen Torso und spielen mit der Beule in seinem Slip, während er mich lüstern fokussiert. Er genießt es, von mir herumkommandiert zu werden. Seine Augen blitzen vor Lust und Bereitschaft. Knopf um Knopf öffnet er den Verschluss der Chaps an seinem rechten Bein, danach an seinem linken und lässt die weißen Lederteile zu Boden segeln.

Gebannt lasse ich mich von ihm in einen sinnlichen Rausch katapultieren. Als er sich vor mir umdreht, um den Tanga hinten runter zu ziehen, taumle ich beinahe, und bin froh zu sitzen. Obwohl es nur ein dünnes Band ist, das sich aus seiner Kimme löst und nicht mehr zeigt als zuvor, ist es doch seine Bereitschaft, die mich umhaut. Als er sich wieder umdreht, hält das bisschen Stoff noch genauso vor Ort wie zuvor. Langsam wandern Olivers Finger vorne an seiner rasierten Scham vorbei tief in den Stoff hinein.

Ich keuche und fühle, wie meine eigene Erektion zuckt und sich befreien will.

Olivers Ding hüpft aus dem Stoff. Sehr langsam steigt mein früherer Lehrer ganz aus seinem Tanga, um ihn mir danach über den Kopf zu stülpen, genauso wie ich meine Unterhose als Bunny getragen habe. Sein Eau de Toilette betäubt mich und seine Lust stachelt mich gleichzeitig an. Lox war genauso haarlos. Ob sich auch Olivers Körper so samtig anfühlt? Noch immer traue ich mich nicht, ihn zu berühren.

Ein kurzer Blickwechsel. Mehr braucht es nicht. Oliver setzt sich breitbeinig auf meinen Schoss und platziert sich so auf mir, dass meine Erektion durch meine Hose hindurch den Ort findet. Sein neues Beckenkreisen lässt mich aufstöhne, dann fühle ich seine Lippen auf meinen. Heißhungrig erforschen wir gegenseitig den Mund des anderen, während Oliver mit seiner rechten Hand meine Latte auspackt und sie so in Position bringt, dass ich bald einfach in ihn hineingleite.

Danach fällt mir das Denken schwer, bis es aussetzt.

Als ich nach bestimmt zwei Stunden nackt neben ihm in seinem Bett liege und seine lockigen Haare meine Brust kitzeln, weiß ich nur noch: Oliver war mein, ganz und gar! Und noch etwas wird mir bewusst: ich bin der Boss.

Ich weiß nicht, was beim Sex mit Oliver sonst noch passiert ist, denn er benimmt sich ganz und gar nicht so, wie ich das erhofft habe. Wohl sehen wir uns meist einmal die Woche. Bei jedem dieser Treffen verschlingen wir hastig unser Essen, um uns danach für Stunden sexuell übereinander herzumachen. Trotzdem habe ich nie das Gefühl, dass wir ein Paar sind. Komischerweise stört mich das überhaupt nicht.

So vergehen Wochen mit Studium, gelegentlichem Schulterklopfen von meinem Vater, wenn er wiedermal Lippenstift an einem meiner Hemdkragen entdeckt – den Oliver geschickt dort anbringt, denn als Medienmacher und Imageberater kennt er die Tricks, wie man falsche Fährten legt und Bilder in den Köpfen anderer erzeugt. Solange mein Vater denkt, ich stoße mir mit diversen Cheerleaderinnen die Hörner ab, lassen sogar Mutters Verkupplungsversuche etwas nach.

Miguelangelo ruft mich in all den Wochen nur ein einziges Mal an, um mich weiter zu vertrösten, denn seine Ausstellung in San Francisco erfordere all seine Kreativität. Zudem sei die Deadline für die zehn Bilder für den Sonderkatalog nochmals verschoben worden.

Als Weihnachten immer näher rückt, freue ich mich auf die baldige Reise mit Oliver nach Los Angeles.

Die Stadt der Engel

Am ersten Tag nach den Feiertagen ist es dann so weit. Ich besteige ein Taxi, um Oliver am Flughafen zu treffen, damit wir zusammen nach Kalifornien fliegen. Wie immer, wenn wir uns in der Öffentlichkeit begegnen, schütteln wir uns nur die Hände, ziehen uns in eine kurze Umarmung und klopfen uns kumpelhaft auf die Schultern. Einen neuen Skandal um den Sohn des Senators wollen wir beide vermeiden.

Los Angeles entpuppt sich nicht als meine Traumstadt; und einem echten

Engel begegne ich auch nicht. Oliver muss während der gemeinsamen Woche, die wir dort verbringen, leider diverse Vertreter aus der Medienwelt besuchen. Jedes dieser Treffen dauert um Stunden länger als geplant. Weshalb ich die meiste Zeit im Hotel in West-Hollywood mit Warten verbringe, oder nach einem seiner entschuldigenden Anrufen alleine Shopping Touren durch die *Melrose Avenue* unternehme, oder zum wiederholten Mal die schwule Meile, den *Santa-Monica-Boulevard,* auf und ab schlendere. Selbst die Abende sind uns missgönnt, denn Oliver wird täglich zu privaten Dinners eingeladen, bei denen ich leider nicht mit kann. Warum er mich auf seiner Geschäftsreise dabeihaben wollte, entzieht sich meiner Kenntnis. Ob er nachts einfach einen Entsafter braucht? Mehr bin ich längst nicht mehr – selbst wenn unser Sex noch immer fantasievoll und extrem aufregend bleibt. Wenn er – bis auf die Kurzepisode mit Lox – auch mein bisher einziger Sexpartner ist, lerne ich trotzdem noch immer viel vom ihm und fühle mich inzwischen als schwuler Mann erfahrener und selbstsicherer. Am vorletzten Tag – ausgerechnet die Tage, die er keine Termine haben sollte – wird Oliver frühzeitig zurück nach Washington beordert.

So bleibe ich alleine in Los Angeles. Ich wechsle das Hotel. Von West-Hollywood habe ich die Nase voll und die Gay Szene interessiert mich nicht die Bohne. Am Strand von *Venice Beach* finde ich eine kleine Gay-Pension, in der ich mich total happy fühle. Der Besitzer ist ein mitteilsamer Typ anfangs fünfzig und hat wirklich Freude daran, schwule Jungs und Männer aus der ganzen Welt in seiner kleinen Drei-Zimmer-Pension mit Bed, Breakfast sowie mit dem Lokalklatsch zu versorgen.

Kaum ist Oliver fort und ich am Strand neu einquartiert, rufe ich Donald an, ob er einen Geheimtipp für *Vencice Beach* hätte. Er rät mir unbedingt die *NAWA* zu besuchen, die dort ihre Hauptfiliale habe. Wenig interessiert notiere ich mir die Adresse dieser suspekten Agentur, denke aber nicht daran, mich dort zu zeigen. Mich locken der Ozean und der Sand. Heiß brennt die Sonne Südkaliforniens auf meinen Leib und ich fühle mich in der Stadt der Engel erstmals wirklich wohl. Immer wieder setze ich mich in eines der Strandcafés, um das Treiben der Touristen zu beobachten oder ich schlendere über die Strandpromenade. Nur einmal beobachte ich die schwitzenden Bodybuilder in ihrem Käfig am *Muscle Beach* und verstehe die Aufregung darum überhaupt nicht. Aber vielleicht war das damals, als die Idee aufkam, eine Revolution? Was weiß ich! Heute ist es in jedem Sportzentrum interessanter, als hier am Strand den alternden Ex-Hippies beim Fitness zuzusehen.

„Ist es noch weit?"

„Nur noch zwei Blocks die nächste Querstraße hoch. Die NAWA ist das Glasgebäude …"

Mehr höre ich nicht von dem Gespräch, das ich zufälligerweise aufschnappe, da die beiden Typen auf Fahrrädern schon an mir vorbeigerauscht sind. Soll ich doch dem Ort einen Besuch abstatten, der die Zwillinge so begeistert hat? Ich nehme das zufällige Gespräch der beiden Fahrradfahrer als Wink des Schicksals und stehe keine zehn Minuten später vor dem besagten Gebäude. Über dem Eingang steht: *NAWA – Nudist at Work Agency*. Ob ich hier barfuß in einer zerschlissenen, über den Knien abgeschnittenen Jeans und einem Tank Top rein kann? Ich tue es einfach. Der Eingangsbereich ist riesig und ein wuchtiges Pult verwehrt den Zugang zu drei Liften, die hinter einer Stellwand etwas verborgen bleiben.

Ein junger Typ mit nichts weiter am Leib als einer dunkelblauen Concierge-Mütze mit Goldborden und dem NAWA-Symbol darauf gestickt, passend zu einer Krawatte und einer schicken Unterhose in der gleichen Farbe und Machart begrüßt mich freundlich und fragt nach meinem Begehren. Überrumpelt zucke ich mit der Schulter und erkläre ihm, dass Freunde mir geraten hätten, mich hier umzusehen. Der braunhaarige Typ kommt ums Pult herum. Er sieht – bis auf sein Outfit – unauffällig aus.

„Ich bin Elton", stellt er sich mir mit breitem britischen Akzent vor. Ich nenne auch meinen vollen Namen und der Concierge notiert ihn sich. „Jonathan Josh Julius, du hast Glück! In wenigen Minuten wird Sebastian zwei gerade eingetroffenen Gästen eine Führung anbieten. Falls du daran interessiert bist, wie es bei uns hinter den Kulissen zugeht, frage ich Sebastian, ob du dich der Führung anschließen kannst. Normalerweise geht das nicht, doch …"

„Ja, danke! Falls es sich so ergibt, gerne! Bist du Engländer?", frage ich neugierig.

„Ja! Ich komme ursprünglich aus London. Ich lernte Martin Holmström dort kennen, als er noch Praktikant im Hotel war, in dem ich als Concierge gearbeitet hatte. Martin versprach mir, mich hier zu beschäftigen, falls ich dem Nudisten in mir endlich nachgeben würde. Dabei bin ich …"[1]

„Ähm, cool!", unterbreche ich ihn.

„Die beiden Gäste warten dort drüben", zeigt der halbnackte Elton zu roten Ledercouches, auf denen die beiden Fahrradfahrer sitzen, denen ich zuvor

[1] …Eltons Geschichte wird im Buch: „Nackte Geheimnisse" erzählt

am *Muscle Beach* begegnet bin.

„Danke, Elton!"

„Falls du was brauchst, findest du mich hier am Empfang."

„Kann ich mich barfuß und in diesem Outfit bewegen?", frage ich überflüssigerweise. Wenn Elton in einer Uniform, die nur aus einer Unterhose, einer Krawatte und einer Mütze besteht, den Empfang der Kunden tätigen kann, dann dürfte hier im Hause Kleidung keiner allzu großen Aufmerksamkeit gelten.

„Hier im Empfang müssen wir wenigstens einen Slip tragen", kichert Elton und führt sein golden besticktes dunkelblaues Outfit vor, „doch sonst", sein Gesicht leuchtet auf, „wie es dir gefällt!"

Ich geselle mich zu den beiden Gästen und stelle mich ihnen vor. Sie berichten ganz aufgeregt, dass sie extra aus Boston hergeflogen wären, um die NAWA hier in L.A. zu besuchen.

„Ihr fliegt so weit, nur um euch einen Schuppen für Nudisten anzusehen?", wundere ich mich.

„Oh, die NAWA ist weit mehr!", lächelt mich der jüngere der beiden an. Er dürfte in meinem Alter sein. „Martin Holmström spielt mit Expansionsplänen. Eine Zweitfiliale gibt es bereits in Miami Beach. Mein Partner und ich", zeigt der jünger auf den vielleicht Mitte Zwanzigjährigen, „hoffen, dass uns Mister Holmström in Boston besuchen kommt, um sich unsere Lokalität anzusehen."

„Vielleicht", leuchten die Augen des Älteren jetzt genauso aufgeregt, „übernimmt uns die NAWA als weitere Filiale."

„Seid ihr beiden etwa auch Nudisten?", frage ich und lasse meine Blicke über das ungleiche Paar in Freizeitklamotten gleiten. Der Jüngere könnte Jude sein und der Ältere sieht irgendwie Indisch aus.

„Ich schon!", bläht der junge Jude stolz seine stark behaart Brust und knöpft sich dabei sein Hemd bis zum Bauchnabel auf, sodass ich einmal leer schlucke und hoffe, er würde jetzt nicht gleich strippen.

Der andere räuspert sich und erzählt: „Ich betreibe seit drei Jahren eine Event Agentur. Vor allem verkaufe ich Gay Reisen und organisiere gelegentlich kleinere Nudistenausflüge."

„Arrubindu, sei nicht so bescheiden!", korrigiert der Jude, der sich gerade sein Hemd ganz auszieht. „Mein Lover ist zudem der Organisator der Gay Pride in Boston und ..."

„Hör gar nicht auf Abraham. Das war nur dieses Jahr, weil ..."

„Abraham und Arrubindu?", höre ich jemanden die Namen aufrufen, bevor mich die beiden mit ihrer Geschichte zutexten können. Als ich mich nach der Stimme umdrehe, steht da ein rothaariger Schönling von vielleicht Mitte Zwanzig, oben ohne, in einer hellbeigen Wildlederhose, die vorne um den sehr tiefsitzenden Bund nur lose mit Lederbändern zusammengeschnürt ist. Sein hellhäutiges Prachtstück wird dadurch nicht verdeckt, was extrem ungewohnt, aber dafür voll abgefahren kinky aussieht. Um seine Oberarme hat er sich breite Wildlederbänder gewickelt, was perfekt zu seinen hellroten Haaren und seinem für Los Angeles ungewöhnlich bleichen Teint passt. Doch all das ist nicht das Sonderbare an dem Typen. Da ist etwas an ihm, das mir total bekannt vorkommt. Ich habe ihn noch niemals zuvor gesehen – auch nicht auf einer Abbildung in der Zeitung – doch ich kenne ihn oder das ETWAS, das ihn umgibt.

„Arrubindu und Abraham, das sind wir!", antwortet der behaarte Jude und reicht dem Schönling seine Hand zur Begrüßung.

„Ich bin Sebastian Montgomery. Ich werde euch erst durch die NAWA-Filiale und später zum Termin mit Martin Holmström führen. Bist du der Überraschungsgast?" Sebastian checkt mich von meinen Zehen bis zum Scheitel an. Als er sich etwas mehr Zeit für mein Gesicht nimmt, blitzt für den Moment dieses ETWAS in seinen Augen auf. Ein Funke des Erkennens? Doch, statt mich danach zu befragen, schmunzelt der Rothaarige nur, als ob ihm Ähnliches zuvor schon oft passiert sei.

„Jonathan Josh Julius aus Washington, D.C.", schüttle ich dem Model ebenfalls die Hand. Plötzlich schäme ich mich, hier nur in einer zerrissenen Jeans und einem verwaschenen Tank Top aufgetaucht zu sein. Auch wenn Sebastian so gut wie nackt vor mir steht, dann doch in einer extrem geschmackvollen Luxus-Sonderanfertigung. Seine nackte Schulter wie auch seine Nase zieren Sommersprossen. Er ist wirklich ein affengeiles Schnitzel.

„Julius aus Washington?" Neugierig zieht der Schönling seine Stirn in Falten. „Sag jetzt bloß, du bist mit Senator Julius verwandt?"

„Das ist mein Vater!"

„Weiß dein Vater, dass sich sein Sohn hier bei uns rumtreibt?" Als ich lachend den Kopf schüttle, nickt Sebastian mehrfach. „Demzufolge bist du kein Fan seiner Politik?"

„Nicht unbedingt!", bejahe ich. Mehr will ich nicht sagen. Mein Vater kriegt es immer raus, wenn ich hinter seinem Rücken gegen ihn oder seine Kampagne politisiere.

„Was führt ausgerechnet den Sohn des meistgehassten Senators hierher?", will der schöne Sebastian weiter wissen.

„Ist mein Vater echt so schlimm?", rutscht es mir raus.

„Vereint er die Konservativen des Landes mit den Extremen, dann wird er seinen Gesetzesentwurf durchbringen. Was danach passiert, ist klar: Die Rechte jedes schwulen Mannes in den Vereinigten Staaten von Amerika werden mit Füssen getreten. Ja!", nickt Sebastian. „Dein Vater gehört nicht zu den Beliebtesten."

Arrubindu und Abraham gaffen mich mit riesigen Augen an, als ob sie gerade dem Sohn des Satans oder einem von Kalis schlimmsten Vollstreckern begegnet wären.

„Ich rufe Martin an! Er muss wissen, dass du hier bist. Ich bin mir sicher, er wird alles stehen und liegen lassen, um dich zu treffen. Hast du Zeit?" Dumm nickend bejahe ich. „Da ist noch etwas anderes an dir, das Martin interessieren dürfte. Arrubindu, Abraham, nur noch einen Moment, ich bin gleich voll und ganz für euch da!" Damit schreitet der Rotschopf in edlen Sandalen zum Empfangspult, nimmt dort einen der Telefonhörer von Elton entgegen und redet danach auf jemanden ein.

Ich kann Sebastians Worte aus der Ferne nichts verstehen, doch da er immer wieder nickt, vermute ich, dass Mister Holmström mich empfangen wird.

„Wie hältst du es mit deinem Vater bloß aus?", erkundigt sich Abraham, und schlüpft dabei aus seinen Turnschuhen, um diese, zusammen mit seinem ausgezogenen Hemd in seinen kleinen Rucksack zu stopfen. „Ich verfolge seine Kampagne *Real Facts* mit Schrecken."

„He!", klatscht sich Arrubindu plötzlich an seine Stirn. „Real Facts, das sagt mir etwas. Gab es da nicht noch ein anderes Plakat, das mit *Naked Facts* warb? Da war doch dieser nackte Footballspieler mit geilem Knackarsch?"

„Ja, Captain J.J.! Leute, das bin ich!"

„Ich habe damals das Bild aus dem *Boston Spirit* ausgeschnitten und davon geträumt, den mutigen Sohn dieses Menschenhassers kennenzulernen."

„Mein Vater ist kein Menschenhasser!" Verteidigend schüttle ich schockiert meinen Kopf. „Er ist nur ..."

„Ein verblendeter Idiot, der Angst hat, den Veränderungen der Gegenwart mit Respekt und Anstand zu begegnen!", beendet Sebastian den Satz. Er muss das kurze Gespräch beim Zurückkehren belauscht haben. „Mein Partner wird dich oben abholen. Captain J.J. nimm den Lift bis ganz nach oben."

„Macht das wirklich keine Umstände?" Plötzlich fühle ich mich unsicher, ob ich mich hier, wo jeder meinen Vater hasst, vorstellig machen sollte.

„Wenn du wüsstest, wie Martin sich freut, den nackten Rebellen kennenzulernen?“ Anerkennend schulterklopfend führt mich Sebastian zu den drei Aufzügen hinter dem wuchtigen Pult und der Stellwand.

„Ich bin kein Nudist“, nuschle ich, doch so leise, dass es Sebastian entweder nicht gehört hat oder es einfach ignoriert. Kaum öffnet sich der Lift, schiebt mich der Halbnackte hinein und drückt für mich den obersten Knopf. „Wie erkenne ich den Boss?“, frage ich, doch die Tür schließt sich bereits. Kurz denke ich über Donalds und Jeffreys Episode über Alfonso nach. Ob dieser Alfonso sich wirklich ausgezogen hat, um beim Big Boss einen guten ersten Eindruck zu hinterlassen? Das werde ich auf keinen Fall tun!

Als der Lift sich oben öffnet, blicke ich auf einen fast runden Empfangsraum mit einem weiteren Pult. Im Halbkreis dahinter sind bis auf eine Tür, die nur angelehnt ist, alle anderen geschlossen. Niemand erwartet mich.

„Captain J.J. Julius?“, ruft ein Mann aus dem halbgeöffneten Raum. Ich trete bejahend ein. „Hier drüben am Fenster!“ Ein nackter Riese winkt mir von der Fensterfront her zu. Als er sich mir zudreht, wird sein Profil von der Mittagssonne direkt beleuchtet, sodass er für einen Augenblick in himmlisches Licht gebadet wird. Der Effekt dauert nur einen Moment an. Verwirrt blinzle ich und aus dem Licht tritt ein bestimmt fast zwei Meter großer hellblonder Bodybuilder mit enormen Muskeln. Sein Körper ist einfach perfekt geformt, vollkommen haarlos und von den Zehen bis zum Scheitel makellos. Einen Mann wie ihn habe ich noch nie zuvor gesehen. Lachend kommt er auf mich zu und seine Nacktheit kleidet ihn, wie das bei anderen teure Maßanzüge tun. Er bewegt sich so natürlich, dass ich seine Nacktheit als die Vollendung des guten Geschmackes ansehe. „Bist du tatsächlich der Sohn von Senator Julius? Ausgerechnet du?“

„Wie meinen Sie das? Ausgerechnet ich?“

„Nicht so förmlich“, schüttelt der blonde Riese sein hellblondes Haupt. „Nenne mich Martin.“ [2]

Als eines seiner Telefone auf dem leeren Schreibtisch in der Raummitte klingelt, hebt Martin ab. „Boris, bring es rauf! Ich bin im Empfangsbüro!“ Abermals dreht er sich mir zu und bietet mir einen Sitzplatz in einem Kreis aus Ledersesseln an. Er verliert nicht ein Wort über seine Aufmachung oder rechtfertigt sich deswegen, sondern setzt sich mir gegenüber hin, als ob wir nicht vollkommen Fremde bei einem ersten Meeting wären, sondern uralte

---

[2] Martin Holmströms Geschichte ist im Buch „Was der Wind nicht verwehen kann“ nachzulesen

Freunde, die sich in einer Badeanstalt treffen, wo Nacktheit einfach dazugehört. Wenn Donald oder Jeffrey ihrem Nudismus zuhause frönen, dann lachen sie immer, überspielen ihre Verlegenheit oder albern rum. Nicht so dieser Martin. Seine Aura ist die Ruhe selbst und seine Präsenz so gewaltig, dass ich nicht weiß, wo ich hinsehen soll. Nichts an ihm wirkt aufgesetzt, provokativ oder sexuell, wenn ich selbst vor Geilheit auch nur so zittere.

„Ich sprach die Tage mit einem sehr interessanten Mann, der ebenfalls aus Washington kommt. Vielleicht kennt ihr euch sogar? Sein Name ist Oliver Whitehurst."

„Ha, ha!", lache ich. „Wir sind zusammen hergeflogen. Oliver ist mein Lover."

„Jetzt verstehe ich langsam die Zusammenhänge", nickt Martin. Als es an der halbgeöffneten Tür klopft, winkt Martin den Ankömmling rein.

„Das ist alles, was ich im Archiv gefunden habe!", reicht ein ungewöhnlicher Mann Martin eine Mappe mit Fotos und Zeitungsausschnitten. Der Neue trägt nichts weiter als bunten Cowboystiefeln und einem Cowboyhut auf dem Leib. Wenn ich mich auch in dieser NAWA langsam an die Nacktheit der Mitarbeiter zu gewöhnen scheine, so fesselt dieser Typ meine Blicke. Er hat mit Abstand den größten Schwanz, den ich jemals live oder auf einem Bild gesehen habe. Sein Akzent könnte Russisch sein. Er klingt wie aus einem alten James Bond Film, als die Bösen noch die Russen waren.

„Das ist Boris, der Leiter meiner Werbeabteilung", stellt ihn mir Martin vor.

„Erfreut, dich kennen zu lernen, Captain J.J."

Diesmal bin ich mir ganz sicher, der Mann kommt aus Russland. Wie schon bei Sebastian und natürlich auch bei Martin, umgibt auch diesen Mann eine Aura, die ich mit nichts vergleichen kann, was ich jemals zuvor an irgendwem wahrgenommen habe. Es hat nichts mit seiner Nacktheit zu tun, oder wie selbstverständlich er diese zur Schau trägt. Ihn stört auch nicht, dass ich, seit er den Raum betreten hat, meinen Blick nicht für einen Bruchteil einer Sekunde von seinem Rüssel abgewendet habe. Er steht einfach da, leuchtet von innen heraus und wartet, ob Martin noch etwas von ihm braucht.

„Boris kommt aus Russland", lüftet Martin das Geheimnis. „Er träumte immer schon davon, ein Cowboy zu sein! Sind seine heutigen Stiefel nicht der totale Hingucker!"

Erstmals lasse ich meinen Blick tiefer gleiten und nicke dann anerkennend. „Echt riesige Stiefel!", rutscht mir raus. „Ich meine ..."

Boris lacht auf und stapft mit seinen Cowboystiefeln aus dem Empfangsbüro seinen Chefs, als der ihm mit seinem Zwinkern zu verstehen gibt, dass das alles wäre. An der Tür dreht sich Boris nochmals zu mir um, winkt mir und verschwindet. [3]

Ob Donald und Jeffrey diesem Mann ebenfalls begegnet sind? Wahrscheinlich nicht, denn die Zwillinge hätten mir bestimmt detailliert von ihm berichtet.

Martin breitet die Fotos und Zeitungsausschnitte vor sich auf dem niedrigen Glastisch aus. Auf jedem bin ich zu sehen. Er schnappt sich das Captain-J.J.-Bild. „Naked Facts!“, liest er den Slogan, den Oliver damals dem Bild verpasst hatte. „Ich erinnere mich an dieses Bild und was es in der Gay-Szene auslöste.“

„Hier in L.A.?“, staune ich.

„Hier und im ganzen Land! Dein Vater steuert einen Kurs an, der die Gay-Bewegung um Jahrzehnte zurückwerfen könnte. Falls sein Gesetzesentwurf durchkommt, verlieren viele alles, was sie sich die letzten Jahre aufgebaut haben. Normalerweise halte ich mich vollkommen aus der Politik raus, doch die Musen sind beunruhigt.“

„Ja, ja, die Musen!“, nuschle ich und grinse.

„Klio, Euterpe, Urania und Polyhymnia reisen von Stadt zu Stadt, um Künstler zu inspirieren.“

Da Martin von den Musen spricht, als ob er sie persönlich kennen würde, verkneife ich mir jeden Kommentar. Nichts an Martin verrät mir, dass er scherzt oder verrückt sein könnte. Seine Augen sprechen die Wahrheit – zumindest glaubt er, was er sagt.

„Ich werde mich wie die Musen verhalten, um die zu motivieren und zu unterstützen, die diesen Kampf auszufechten haben.“

„Ein Kampf gegen meinen Vater?“ Ich versuche die Fronten zu klären.

„Ein Kampf gegen Fanatismus, Intoleranz und die Angst überholte Werte loszulassen. Die Gay-Bewegung braucht ein Symbol der Hoffnung, um die eigenen Kräfte zu mobilisieren. Erwachen die Schlafenden nicht rechtzeitig, werden uns die Fanatiker den Krieg erklären.“

„Warum siehst du mich dabei so seltsam an?“, frage ich direkt hinaus. Miguelangelo tat das auch schon einmal, genauso wie Mister Charles Tamlyn.

---

[3] Mehr zu Boris und der NAWA ist in den beiden Büchern Apollon und Mercury; Band I „Wahre Träume leben“ und Band II „Einer muss sterben“ nachzulesen

„Jeder hat seine Rolle zu spielen. Alle Dinge werden auf dich zukommen, wenn du der Liebe bedingungslos Einlass in dein Herz gewährst. Nur die Liebe vermag alles zu durchdringen und Reinheit und Güte in die Herzen zu pflanzen. Captain J.J., öffne deine Flügel!“

„Was?“, rutscht mir raus.

„Dieses Bild!“, tippt Martin auf meinen nackten Arsch, „hat schon einmal wirksam deinen Vater mit seiner Hass-Kampagne in die Knie gezwungen.“

„Wirklich? Davon weiß ich gar nichts!“

„Dein Vater verlor wegen deines Arschs wichtige Verbündete in seinem inquisitorischen Feldzug. Als Vater dieses Arsches!“, tippt Martin grinsend wieder auf das Foto“, wurde er für den rechten Flügel unglaubwürdig. Heute, zwei Jahre danach, nähern sich die beiden Parteien wieder an. Vereinen sie sich, während gleichzeitig die Betroffenen weiter so tun, als ob nichts ihren Lebensstil bedrohen könnte ...“ Martin bricht mitten im Satz ab. „Soll ich dich durch die NAWA führen?“

Ab dem abrupten Themawechsel zucke ich richtig zusammen und starre Martin ertappt in die Augen. „Ja, klar! Gerne!“

Während der Führung bleibt Martin, wie er ist und bald wird klar, warum seine Firma auf viele so anziehend wirkt. Egal, in welche Abteilung wir kommen, jeder dort arbeitet, wie er sich fühlt: Einige nackt, andere in schrägen Outfits oder auch ganz normal gekleidet.

„Hier schert sich niemand darum, wie du dich zeigst. Hier zählt nur, wer du bist“, greift Martin meinen Gedanken auf. „Viele, die in der NAWA arbeiten, sind keine Nudisten, doch sie haben ihre Masken und ihre Rollen abgelegt.“ Dann lacht Martin, legt seinen gewaltigen Arm um meine auch nicht gerade schmächtige Schulter, und zwinkert mir zu. „Oder sie zelebrieren neue Masken und neue Rollen. Hast du Sebastians heutiges Outfit gesehen. Will man da nicht zugreifen, wenn er seinen Lümmel nur von diesen Lederschnüren gefesselt präsentiert?“

Ertappt schlucke ich leer.

Einmal begegnen wir unterwegs Sebastian mit seinen eigenen Gästen, wovon der Jude sich jetzt nackt bewegt. Auch das erscheint keinem ungewöhnlich. Natürlich funktioniert das Buschfeuer auch in einer Firma wie der NAWA. Als ich mit Martin durch die Flure schlendere, tauchen immer wieder NAWA-Mitarbeiter mit rasch fotokopierten Fan-Karten des Captain J.J.-Bildes auf, um mich um ein Autogramm zu bitten. Viele erkundigen sich, wann ich mich neu fotografieren lassen werde, denn immerhin sei ich inzwischen noch viel fotogener geworden und mein Arsch wirke, selbst durch die Jeans, noch praller und muskulöser als auf dem Bild.

Martin sagt zu all dem kein Wort, doch ich fühle seine Präsenz, sein Wohlwollen und seine Motivation. Immer wieder, wenn ich ihn nur kurz aus dem Augenwinkel streife, leuchtet sein Gesicht, sodass ich mir bald nicht mehr sicher bin, ob ich mir am Morgen am Strand einen Sonnenstich eingefangen habe. Je länger ich mich in Martin Holmströms Gegenwart aufhalte, desto berauschter werde ich, bis ich mir beinahe die Jeans ausziehe, um allen das Original zu zeigen, die ein Autogramm auf das alte Foto haben wollen. Am Ende der Führung angekommen, bemerke ich Boris, der fleißig diese rasch kopierten Postkarten an alle verteilt.

Als er bemerkt, dass ich ihn als Übeltäter entlarvt habe, stapft er in seinen Cowboystiefeln auf mich zu und bittet in seinem Russisch-Amerikanisch um ein Autogramm. Doch statt mir eine der Postkarten hinzuhalten, deutet er mit Blicken auf seinen Stoßzahn. „Jetzt hab dich nicht so!“, ermutigt er mich. „Seit du ihn gesehen hast, willst du ihn wiegen und anfassen. Während du mir deinen Namen draufschreibst, kannst du beides tun. Na los! Ich bin nicht scheu!“

Ertappt und einmal mehr überrumpelt von der Offenheit, die hier jeder pflegt, lange ich zu, staune noch mehr und schreibe meinen vollen Namen auf Boris’ bestes Stück. Einer fotografiert uns dabei und verspricht, mir das Bild auf mein iPhone zu senden. Zum Abschluss stellen sich Martin und Sebastian zu meiner linken und meiner rechten Seite auf, damit ich auch von den beiden ein Erinnerungsfoto bekommen.

„Unsere Wege werden sich wieder kreuzen!“, prophezeit mir Martin und sieht mich danach mit diesem Blick an, der einfach in mein Herz blickt. „Liebe ist spontan! Du kannst sie weder planen noch erzwingen. Ich mag dich, Captain J.J.“

Hat sich Martin in mich verknallt? Unsicher checke ich den blonden Riesen mit dem perfekten Körper ab. Seine Haare sind so hellblond, wie ich das nur von Skandinaviern her kenne. Hätte ich keine Beziehung mit Oliver, könnte ich mich vielleicht …

„Spontan oder gar nicht!“ Der nackte Muskelmann klopft mir auf die Schulter, umarmt mich kurz und wünscht mir, dass ich den Mut finde, das zu tun, was die Liebe von mir fordert.

Später, alleine im Hotelzimmer, fühle ich mich verwandelt. Nicht, dass ich jetzt ein Nudist werde oder mich in Outfits wie Sebastian es vorführte, zeigen würde, doch eine ganz neue Art der Liebe hat den Zugang in mein Herz gefunden. Erstmals fühle ich mich zu einer Gruppe dazugehörig. Ob das wirklich die NAWA-Gemeinschaft ist, kann ich weder bejahen noch verneinen. Es ist mehr diese ungewöhnliche Seelenverwandtschaft, die ich zu Martin, Sebastian und auch zu diesem Boris gefühlt habe. Irgendetwas haben die Drei gemeinsam, und es ist nicht ihr Nudismus. In der Stadt der Engel leben wirklich Engel, wenn sie auch äußerlich nicht so aussehen, wie man sich Engel gewöhnlich vorstellt.

Die Kriegserklärung

Kaum wieder zurück in Washington, bestürmen mich die Zwillinge mit Fragen über meinen Besuch bei der NAWA. So lebhaft es mir möglich ist, berichte ich von den verrückten Nackten der NAWA und drucke für beide die Fotos von Boris' Penissignierung und mein Abschiedsbild mit Martin und Sebastian aus. Da ich diese Fotos bei mir zuhause leider nicht aufhängen kann, tun das die Zwillinge für mich in ihrer Studentenbude.

Während mein Vater die Säbel wetzt, langweile ich mich mit Politwissenschaften an der Uni. Erstmals interessiere ich mich für Vaters Politik. Je tiefer ich reinblicke, desto größer packt mich das kalte Entsetzen. Wie kann ein liebender Vater und Ehemann so etwas nur anstreben? Mein Vater ist ein um sich schlagender Homophober. Irgendjemand muss ihm die Stirn bieten, denn seine Kampagne *Real Facts* tarnt sich mit Familientraditionen, Nächstenliebe und den Werten, die Amerika groß gemacht haben. Nur was zwischen den Zeilen steht, spricht sehr deutlich eine ganz andere Sprache – wenn man sie zu lesen weiß. Mein Vater predigt Angst und Hass. Was hat ihn nur derartig verletzt? Wovor hat er nur eine solche Angst? Weiß meine Mutter darüber Bescheid? Als Dozentin für Politwissenschaften und seine engste Beraterin wird sie ihn nicht nur darin unterstützen, sondern auch fördern. Wie würden meine Eltern reagieren, wüssten sie, dass ihr eigener Sohn zu der Gruppe gehört, die sie nicht nur bekämpfen, sondern am liebsten auslöschen wollen?

Leider treffe ich Oliver seit meiner Rückkehr aus L.A. nur noch einmal. Er wurde mit einem neuen Projekt betraut und pendelt seither wöchentlich für mehrere Tage nach Los Angeles, bis er sich dort sogar fest in der Gay Pension einquartiert, die ich ihm am Venice Beach empfehle. Kühlt sich unser Feuer bereits ab? Ich vermisse Oliver, wenn wir auch täglich zusammen chatten oder telefonieren. Nicht einmal berichtet er mir von seinem Auftrag in L.A., was ich ziemlich seltsam finde, da er mir sonst immer alles erzählte. Vertraut er mir nicht mehr? Arbeitet er heimlich gegen die Hass-Kampagne meines Vaters und denkt, ich würde etwas ausplaudern? So vergehen Wochen und Monate, in denen ich mir wie ein Single vorkomme. Ich ertappe mich sogar mehrfach dabei, wie ich von Martin Holmström fantasiere. Der riesige Muskelmann ist eigentlich nicht wirklich mein Typ, doch er ist blond – extrem blond! – und sein Körper ist die fleischgewordene Lust in ihrer vollkommenen Perfektion. Fühlte ich mich ihm so verwandt, weil er vielleicht Eros ist?

Erst Anfang März ändert sich abermals alles.

Miguelangelo kommt aus San Francisco zurück und übernimmt wieder das Ruder im *Independence Art Center*. Wegen Zwischenprüfungen und einem wichtigen Footballspiel treffe ich ihn erst eine Woche nach seiner Rückkehr im alten Backsteingebäude am *Potomac River*, drüben in *Georgetown*.

„Ich muss bis übermorgen ein erstes Bild zur Serie *Eros' Manifestationen* abliefern“, kommt der Italo-Amerikaner gleich zum Punkt. „Josh, gilt dein Wort noch?“

„Dir Model zu stehen?“

„Mich zu inspirieren, zu provozieren und zu schockieren!“

Lachend nickte ich.

„Josh, dann werde ich dich ab sofort bis Ende Juni als meinen Praktikanten einstellen.“

„Das ist bis zu den Sommerferien“, werfe ich ein. „Unser Football Team kämpft darum, in eine höhere Liga aufzusteigen; zudem muss ich mich auf Zwischenprüfungen vorbereiten.“

„Dreimal wöchentlich abends und einmal den ganzen Nachmittag?“

„Ich kann nur am Freitagnachmittag, da sind keine Vorlesungen und auch kein Training. Am Freitag passt es mir nachmittags und abends.“

„Welche Abende gehen noch?“, notiert sich Miguelangelo meine Terminvorschläge.

„Dienstags habe ich bis acht Uhr Training. Falls es danach für dich nicht zu spät wird, könnte ich bis Mitternacht kommen, wie auch ab und zu an einem Samstag.“

„Kein Ausgang?“, wundert sich Miguelangelo. „Ein Typ von bald zwanzig

Jahren besucht Samstags keine Clubs?"

„Mich interessieren nur ein oder zwei Partys. Die Gay-Szene ist nicht mein Ding."

„Also Dienstag ab acht, Freitag von ein Uhr nachmittags bis spät in die Nacht und gelegentlich an Samstagen. Das muss reichen."

„Regeln wir den Rest spontan. Ich kann immer Mal wieder zwischendurch, nur nicht regelmäßig."

„Ich verpflichte dich zu einem Fünfzig-Prozent-Pensum, wobei ich die langen Freitage als drei Sessions ansehe. Die Dienstagnacht und gelegentliche Samstagabende plus spontane Einsätze ergeben dann diese Präsenzzeit. Passt das?" Als ich abermals nicke, verspricht mir Miguelangelo, den Praktikumsvertrag noch diese Woche an meinen Vater zu schicken. „Wollen wir?" Der Künstler steht von seinem uralten Sessel in der Hauscafeteria auf und will das Hauskaffee verlassen.

„Jetzt sofort?"

„Josh, ich habe noch kein einziges Bild."

Seit jenem peinlichen Zwischenfall, als ich unabsichtlich meine Latte während der Sommerkurse im beleuchteten Helm präsentierte, ist über ein halbes Jahr vergangen. Damals ging ich hier tagtäglich ein- und aus. Jetzt packt mich plötzlich die Scheu. Was, wenn mich jemand sieht oder mich gar einer vom College hier erkennt? Da Miguelangelo nicht auf mein Zögern reagiert, sondern zielsicher das Gewölbe ansteuert, checke ich die Uhr. Es ist heute Freitag und kurz vor fünf Uhr. Das erotische Zeichnen würde erst um acht Uhr beginnen. Da ich mir sicher bin, Miguelangelo wird für die erste Session bestimmt Überstunden einplanen, wäre ich erst fertig, wenn der Erotikkurs längst vorbei ist.

Unten steuert Miguelangelo aber nicht sein privates Atelier im rechts liegenden Gewölbe an, sondern das linke, das als Klassenzimmer dient und in dem ich früher für Ordnung sorgen musste. „Josh, ich werde großformatig arbeiten, hauptsächlich mit Ölfarbe auf Leinwand. Es ist sehr lange her, als du das letzte Mal auf dem Podest gestanden bist. Hemmungen?" Dabei streift mich sein düsterer Blick. Als ich ertappt nicke, sagt er nur: „Gut! Es soll nicht nur für mich eine Herausforderung werden, sondern auch für dich als Model. Wie fangen wir an?"

Da ich nur weiter wie ein hypnotisiertes Kaninchen vor einer Schlange hocke und ins Leere starre, platziert Miguelangelo zusätzliche Wärmestrahler auf dem Podest, um das Gewölbe noch mehr einzuheizen. Eigentlich ist es hier unten schon beinahe sommerlich warm, denn die riesigen Heizungen glühen bestimmt schon seit Stunden. Wärme, so erklärte er mir schon bei meinem ersten Praktikum, sei ausschlaggebend, damit sich die Models wohlfühlen. Frieren sie, taut auch die Lust nicht auf. An das denke ich, während der Künstler die Strahler um eine leere Pritsche platzieren, die auf dem langen Podest steht, das im Zentrum des Gewölbes steht.

„Josh, auf was wartest du?" Auffordernd streifen mich des Künstlers Blicke. „Ich will eine von Eros' Manifestationen sehen! Jetzt!"

„Ich bin gerade überhaupt nicht in Stimmung."

„Überrasche mich!"

„Mir fällt nichts ein!"

„Dann schockiere mich eben!", steigt Miguelangelo nicht auf meine Ausreden ein. „Wir sind unter uns."

Linkisch schlüpfe ich aus meinen Turnschuhen und nehme mir viel Zeit, sie ordentlich unter einen Stuhl an der Stirnwand des Gewölbes zu stellen. Auch wenn mir Oliver meine Scheu und Jungfräulichkeit geraubt hat, fühle ich mich dennoch gerade alles andere, nur nicht wie ein erwachsener und selbstbewusster Mann.

„Trägst du Jocks unter deiner Jeans?", fragt Miguelangelo, dem mein dummes Rumstehen nicht entgangen ist.

„Heute sind es Boxer Shorts!"

„Das funktioniert nicht. Warte!" Als er nach ein paar Minuten mit einem weißen Seidenbademantel zurückkommt, habe ich mich bis auf die Boxer Shorts ausgezogen. Ohne Zuschauer fiel es mir viel leichter. „Zieh den an und die Boxer Short darunter aus", sagt er und wirft mir das bisschen Stoff zu.

Auch wenn ich zuhause in Seidenshorts schlafe, trug ich dennoch noch nie Seide auf meinem nackten Oberkörper. Das leichte Material schmiegt sich über meine breiten Schultern, was sich sehr angenehm anfühlt. Natürlich handelt es sich nicht um einen herkömmlichen Bademantel, der bis zu den Knien reicht, sondern um einen, der nur knapp mein Gehänge verdeckt. Trotzdem fühle ich mich darin angezogen genug, dass ich mir die Boxer Shorts ausziehe.

„Deine Oberarme und Schenkel sind kräftiger als letztes Mal", erkennt der geschulte Beobachter sofort. „Wie sieht es mit deinem Arsch aus?"

Ich drehe mich um und lüfte den seidigen Vorhang. Meinen Arsch zu zeigen, scheute ich mich noch nie.

„Gut! Genauso bleiben!"

„Wie?", frage ich dumm.

„Oberkörper zu mir! Die Seide hinten so hoch, dass deine Backen vollkommen unbedeckt bleiben! Raubtiergrinsen!“

So halte ich meine erste Pose, während Miguelangelos Kreide meine Umrisse und Proportionen auf Papier bannt. Schon nach einer Viertelstunde habe ich mich wieder ans Posieren gewöhnt. Da mich der Künstler in dieser Arschzeige-Pose aus unterschiedlichen Blickwinkeln zeichnen will, bleibe ich einfach stehen, während er mich umrundet und Skizze um Skizze anfertigt. Irgendwann rutscht mir der Bademantel seitlich über meine linke Schulter und entblößt meine Brust. Anders als im Unterricht, bei dem ich damals erstmals posierte, muss ich mir jetzt nicht ständig etwas Neues ausdenken. Da die Strahler eine Hochsommerhitze erzeugen, bin ich froh, nicht mehr anzuhaben. Die Zeit verfliegt. Ich hänge entweder meinen Gedanken nach oder beobachte Miguelangelo bei seiner konzentrierten Arbeit.

„Josh?“, höre ich eine bekannte Stimme nach mir rufen.

„Nicht bewegen!“, instruiert mich der Künstler sofort. An den Ankömmling gewandt: „Bob, halt an der Tür Stellung und instruiere jeden der eintritt, sich schweigend ein Brett und Kreide zu schnappen und einfach mit dem Zeichnen zu beginnen.“

„Cool!“, spaziert Bob wieder aus dem Gewölbe. „Ich habe so gehofft, dich nochmals als Model zu haben“, bemerkt der Afro-Amerikaner mit den wilden Haaren noch an mich gewandt.

Ich schlucke leer. Ohne vorherige Absprache hat mich Miguelangelo gerade zum heutigen Erotikmodell gemacht. Nervös beobachte ich die nächste halbe Stunde, wie immer mehr Studenten, Künstler und alte Bekannte aus den Kursen des Vorjahres um mich herum Stellung beziehen. Immer neue Blicke vermessen mich, damit ihre flinken Kreiden mich zeichnen können. Weil sich der Übergang vom Modelstehen für Miguelangelo hin zum Posieren als Erotikstar so übergangslos vollzogen hat, füge ich mich einfach in die neue Situation.

„Einige von euch kennen Josh“, unterbricht Miguelangelo, nach dem wohl auch der letzte der heutigen Kursteilnehmer eingetroffen ist. „Josh war letzten Sommer hier Praktikant. Josh wird die nächsten drei Monate abermals ein Praktikum absolvieren. Im Rahmen davon an manchen Freitagen auch posieren.“

Bei meiner Zusage dachte ich nicht einmal daran, dass freitags Erotik auf dem Programm steht und ich mich dafür verpflichten müsse. Nur weil die Anwesenden klatschen oder ihre Daumen zum Zeichen ihrer Wertschätzung heben, protestiere ich nicht. Das werde ich nachher tun!

„Josh wird zwei Stunden lang eine erste Pose halten. Danach arbeiten wir mit dem bewegten Model. Josh, die Bühne gehört dir!“

„Bewegtes Model?“, will ich wissen. „Was muss ich tun?“

Einige der Künstler lachen. Einer, den ich im letzten Sommer oft im Pornografie-Kurs gesehen habe, ermutigt mich. „Lass uns schmachten! Bring uns zum Träumen!“

„Ihr wollt mehr sehen?“, setze ich mein Raubtiergrinsen auf und fokussiere dabei Miguelangelo, der nur kaum merklich nickt. „Leute, meinen Arsch in dieser Position kennt ja wahrscheinlich jeder. Dann versucht euch mal daran!“ Breitbeinig knie ich mich auf die Pritsche, beuge mich vornüber und strecke meine Allerwertesten provokativ hoch.“

„Genauso!“, kommandiert Miguelangelo, als ich mich schon wieder aufrichten will.

„Das war ein Scherz!“, protestiere ich und hocke mich auf.

„Das war unglaublich inspirierend!“, lobt Bob.

Weil auch fast alle anderen mich sofort überreden, unbedingt diese Pose wieder einzunehmen, füge ich mich. Etwas unbehaglich bette ich meinen Oberkörper auf die Matratze und präsentere abermals meinen Vollmond. Dabei schiebe sich der Bademantel über meinen Rücken hoch und verdeckt so meine Schultern und bald auch meinen Kopf darunter vollkommen.

So posiere ich, bis ich Miguelangelos Hand auf meiner Hüfte spüre. „Josh, es ist Zeit für ne kurze Pause!“ Das ist neu, denn im Sommerkurs gab es keine Pausen. Ich setze mich auf meine Fersen, binde mir den Bademantel vorne zu und blicke erstmals wieder in die Runde.

„Das war eine wirklich erotische Pose!“, lobt mich Christoph, ein Rumäne, der auch letztes Jahr einige der Kurse besuchte. „Du hast mich inspiriert!“, flammt sein errötetes Gesicht.

„Josh?“, ruft Bruce und gafft mich interessiert an. Der junge Typ belegt mit mir zusammen einige der Vorlesungen über Politwissenschaften an der Uni. „Hätte ich geahnt, dass du das bist, ich hätte mir mit den Details mehr Mühe gegeben!“

„Zeig mal!“ Flink klettere ich vom Podest, um mir die Zeichnung meines Kommilitonen anzusehen. Schockiert erröte ich bis zu den Haarwurzeln. Bruce hat fotografisch genau meinen Anus und meine Hoden gezeichnet.

„Josh, gefällt es dir?“

Zu schockiert, dass ich mich *so* der Klasse präsentiert habe, fällt mir das Sprechen schwer. Der erste Versuch scheitert, da ich mich verschlucke. „Sehe ich da unten wirklich so aus?“

„Mann, Josh!“, lacht Bruce. „Ich sah dich schon oft beim Football auf dem Spielfeld. Dir einmal ungeniert zwischen die Beine klotzen zu können, hätte ich mich nie zu träumen gewagt." Bruce seufzt, holt tief Atem und sieht mich verliebt an. „Ich kam zu spät, daher wusste ich nicht, wessen Kopf sich unter dem Seidentuch versteckt. Hätte ich es geahnt, ich hätte bestimmt nicht zeichnen können."

Nur langsam weicht der Schock. Mein Interesse erwacht. „Gleicht mein Anus wirklich einer Rosenknospe?"

„Ich werde von deinem Rosettchen träumen. Bei deinem nächsten Spiel werde ich mir dich nur noch nackt vorstellen und dich geistig hier berühren!" Sehr zärtlich streichelt Bruce die gezeichnete Stelle.

„Cool!" Wenig begeistert darüber rümpfe ich meine Nase. „Das ist genau das, was ich von meinen Fans erwarte!"

„Echt?", fragt Bruce prompt.

„Eine Viertelstunde Pause vor dem Finale!", ruft Miguelangelo über die Köpfe hinweg. „Wir treffen uns alle um zehn Uhr wieder hier unten." Danach bahnt er sich einen Weg zu mir und legt mir seinen Arm um den Hals. „Du hast mich wirklich schockiert!" Er nickt mir anerkennend zu. „Nicht viele präsentieren sich derart schamlos bei der ersten Sitzung."

Als ob ich dies bezwecken wollte, boxe ich Miguelangelo in die Seite: „Eros' Manifestationen sind immer Überraschungen!"

„Ich freue mich auf das Finale."

„Was für ein Finale?"

„Du musst keine fixe Position einnehmen. Du kannst tanzen, dich bewegen, dir einen runter holen oder Gymnastik betreiben. Achte nur darauf, die Bewegungsabläufe mehrmals zu wiederholen und das nicht zu schnell."

„Ich hole mir bestimmt keinen runter", grunze ich.

„Mach, was du willst! Beim Finale geht es darum, Bewegungsabläufe zeichnerisch einzufangen. Dennoch", zwinkert er mir verschwörerisch zu, „an Freitagen dreht sich alles um die Erotik. Lust auf einen Kaffee?" Als wir beide oben in der Cafeteria ankommen, habe ich bereits vergessen, wie ich mich den Leuten vorhin gezeigt habe. Ich quatsche mit den Kumpels, die ich vom Vorjahr kenne und stelle mich einigen vor, denen ich heute zum ersten Mal begegne.

„Bist du wirklich der berühmte Captain J.J.?", will ein übergewichtiger mit kleinen Schweinsäuglein wissen.

Bruce schwirrt ständig um mich herum und versucht mir bei jeder Gelegenheit unter den Bademantel zu gucken. Einmal beim Kaffeeschlürfen vergesse ich sogar, dass meine Hoden unten rausschauen. Jetzt ist es wie nach dem Sport in der Umkleide, da schert mich nackte Haut auch nie. Ich fühle mich hier sicher. Unter den Gays in Amerika outet niemals einer einen anderen in der Öffentlichkeit. Im Land der Doppelmoral und offenem Schwulenhass aus gewissen Kreisen, schützt man sich gegenseitig, wo es nur geht. Die meisten hier Versammelten leben ein gut getarntes Doppelleben; ich bin in guter Gesellschaft. Die Jungs und Kerle hier gehören alle zum Team – einem Team, dem ich gerne als Maskottchen oder heute auch als Cheerleader beigetreten bin.

„Leute!", erhebt Miguelangelo seine Stimme und winkt die Klasse nach der Pause zusammen. „Wollt ihr schwatzen oder Josh beim Finale zeichnen?"

Keine Minute habe ich darüber nachgedacht, was ich im Gewölbe nachher machen soll. Auf Liegestützen und Rumpfbeugen habe ich genauso wenig Lust wie auf Tanzen.

„Warum kann ich nicht einfach eine weitere Pose einnehmen?", befrage ich Miguelangelo auf der Treppe nach unten. Er winkt ab. Ich solle machen, was ich wolle, solange ich mich dabei langsam bewege. Da im Gewölbe keiner einen Platz ansteuert, vermute ich, dass jeder darauf wartet, wie ich mich positionieren werde. „Josh, du bist kein Schauspieler", flüstert mir Miguelangelo ins Ohr, als ich zögere, die Plattform zu besteigen. „Keiner erwartet eine Show. Keiner von uns ist prüde, verklemmt oder leicht zu schockieren. Sei einfach du selbst und lass uns dabei zusehen. Mehr ist es nicht! Jetzt hoch mit dir!"

Es sind nur drei Stufen, doch sie kommen mir wie der Gang zum Schafott vor. Jetzt bin ich wieder auf der Bühne und ich spüre die Erwartungen der siebenundzwanzig Kursteilnehmer, wie auch Miguelangelos Suche nach einer weiteren von Eros' Manifestationen. Jeder fokussiert mich. Jeder hofft, ich erfülle seine persönlichen Sexfantasien.

„Josh, kannst du heute Abend bis viertel nach elf bleiben?", fragt Miguelangelo.

Weil ich ohne darüber nachzudenken nicke, wird mir erst danach bewusst, dass es bedeutet, dass ich noch für fast eine Stunde für Erotik sorgen muss. Zum Glück bin ich seit dem regelmäßigen Sex mit Oliver nicht mehr so dauergeil, wie vor einem Jahr. Ich will meinen Penis nicht zeigen, weshalb ich mich bäuchlings auf die Pritsche lege. Mutig ziehe ich mir den Bademantel ganz aus. Abermals strecke ich meinen Arsch hoch, doch da ich diesmal nicht knie, sondern liege, werde ich nicht mehr so viel von mir zeigen, wie bei der ersten Pose. Erst als ich einige enttäuschte Gesichter entdecke, winkle ich meine Knie stark ab, dass wenigstens meine Hoden zu sehen sein werden. Gleichzeitig stütze ich mich mit meinen Händen auf der Pritsche ab und präsentiere mich, als ob ich eine Joga-Stellung ausführen würde.

„Du machst mich total heiß!", flüstert mir beim Installieren seiner Staffelei Bruce zu. Kaum fertig damit, nuschelt er mir, direkt vor mir stehend zu: „Fick mich! Josh, stell dir vor, ich wäre diese Matratze."

Weil ich an einen Scherz glaube, lache ich und schneide eine Grimasse.

„Besorg es mir so richtig hart?" Da sich Bruce sein Hemd vorne ganz aufknöpft, ahne ich, wie ernst es ihm damit ist. Bisher habe ich den Gleichaltrigen noch nie als Lustobjekt betrachtet; jetzt plötzlich schon.

„Fick mich!", bewegt Bruce stumm seine Lippen und schiebt sein Becken zwei-dreimal vor und zurück, während er gleichzeitig mit dem Zeichnen beginnt.

Ohne dass ich es will, erregt mich das so sehr, dass mein ganzer Körper von einem Schaudern überzogen wird und meine Latte sich in die Matratze zu bohren beginnt. Inzwischen haben alle ihre Positionen eingenommen und warten auf meine Bewegungen.

„Fick mich!", murmelt Bruce immer wieder wortlos, als ob er den Rosenkranz beten würde. Seit Oliver in Los Angeles mit seinem neuen Projekt beschäftig ist, hatte ich keinen Sex mehr. Bruce macht mich gerade derart an, dass ich ihm am liebsten seine Hose aufknöpfen würde, um sein Ding rauszuholen.

„Fick mich!", formen seine Lippen immer und immer wieder die gleichen Worte. Niemals hätte ich mir träumen lassen, dass dieser dürre Typ mit den schulterlangen Haaren mich einmal so geil machen könnte. An der Uni ist er der typische Streber und Langweiler. Jetzt glüht er vor Lust, was ihn richtig gut aussehen lässt.

„Josh, Bewegung!", ruft Miguelangelo. „Lass uns an deiner Lust teilhaben!"

Erst dehne ich nur meinen Oberkörper und drücke mein Kreuz noch mehr durch. Als mir Bruce abermals die beiden Worte zu nuschelt, schaudert es mich abermals. Ich fokussiere ihn direkt und fühle, wie meine Leidenschaft erwacht. Die nackte Hühnerbrust von Bruce macht mich so an, dass ich erst langsam, dann immer entschlossener damit beginne, die Matratze zu bearbeiten. Provozierend leckt sich Bruce seine Lippen. Ich bin der Einzige, der sehen kann, was Bruce tut. Er knöpft sich seinen Hosenstall auf und holt seine Latte raus, während er nicht aufhört, sehr rasch zu zeichnen und immer wieder die beiden Worte zu wiederholen.

Die Matratze wird zu Bruce schlankem Körper, denn ich immer härter erobere. Je direkter er mich dabei ansieht, desto entschlossener hebe ich mein Becken an, bis ich in einen gleichmäßigen Rhythmus verfalle, der mich noch mehr stimuliert. Längst schert es mich nicht mehr, dass ich dabei genüsslich stöhne und ziemlich sicher weit mehr von mir zeige, als ich selbst jemals für möglich gehalten habe.

Es ist mir egal. Ich will nur noch Bruces Wunsch erfüllen.

Nicht nur Miguelangelo hat inzwischen seine Position gewechselt, sondern fast die ganze Klasse drängt sich bald immer dichter rechts und links an die Plattform. Ich denke an die Bad Angels mit ihren provokativen Shows und entdecke, dass ich ihnen gerade in nichts nachstehe. Würde ich jetzt schwarze Flügel tragen, wäre ich einer von ihnen. Bevor es passiert, lege ich mich zitternd flacher hin und falle zurück in ein genüssliches leichtes Vor- und Zurückrutschen. Bruce lasse ich dabei nicht für einen Augenblick aus den Augen.

„Ich komme!", formt er tonlos neue Worte, leckt sich seine Lippen und lässt tatsächlich seinen Worten Taten folgen.

Seine Lust stachelt meinen Ehrgeiz so sehr an, dass ich abermals beschleunige und mein Becken immer weiter anhebe. Ich bin heute das Model, nicht er! Irgendwann klebt die Matratze. Es schert mich überhaupt nicht. Ich hatte Sex mit einem Mitstudenten und das, ohne dass wir uns gegenseitig berührten. Es war gigantisch. Mir ist egal, ob die Stunde um ist oder nicht. Ich schnappe mir den Bademantel, wickle mich darin ein und klettere vom Podest, um mir das Bild von Bruce anzusehen.

Wie es der Bengel geschafft hat gleichzeitig mein Gesicht so lebensecht einzufangen und mein Rammeln der Matratze, werde ich wohl nie ergründen. *Naked Fucking Facts!,* steht darüber.

Miguelangelo sieht sich das Bild von Bruce lange an, dann nickt er. „Josh, der Junge hat es erfasst."

„Das!", zeige ich auf Bruce' Zeichnung. „Das ist eine Kriegserklärung gegen die Kampagne meines Vaters!"

Nachdem ich mich angezogen habe, hat sich Bruce leider stillschweigend verzogen, hat mir aber sein Bild mit einer Widmung zurückgelassen. Am unteren Bildrand steht in seiner Handschrift: *Für Josh, den Mann, der Träume wahr machen kann* und daneben Bruce' Signatur. Gerührt, schockiert, doch hauptsächlich stolz, rolle ich seine Zeichnung zusammen, um sie später oben in meinem ehemaligen Büro zu verstecken.

Als ich am kommenden Dienstag nach dem Training ins Kunstzentrum komme, ist das Bild, das Bruce von mir gezeichnet hat, weg. Bis auf Miguelangelo und mich wusste niemand, dass ich es hier versteckte. Als ich Miguelangelo in der Cafeteria finde, stelle ich ihn zur Rede.

„Ich habe die Zeichnung bei mir im Safe!", beruhigt er mich. „Bruce ist ein begabter Künstler, doch wir sollten unsere Rebellion präziser planen."

„Welche Rebellion?"

„Naked Facts!"

„Das war vor zwei Jahren ein Scherz von Oliver!"

„Dennoch übernimmt Bruce erneut diesen Schlachtruf! Und das nach all der Zeit."

„Und du?", frage ich den Künstler. „Hat die Jury dein erstes Bild akzeptiert?"

„Naked fucking facts!", knurrt Miguelangelo. „Wie diese nackten Tatsachen im Detail aussehen sollen, werden wird die nächsten Wochen und Monate erarbeiten. Noch etwas", boxt mir Miguelangelo kumpelhaft in die Seite, „deine Show vom letzten Freitag war extrem inspirierend. Ich malte die ganze Nacht und das Weekend durch. Das erste Bild ist fertig. Josh, Erotik soll knistern, versprechen, locken und quälen; was du gezeigt hast, hätte der Klasse am Samstag bestimmt gut gefallen."

„Aber ich habe doch nichts gezeigt!"

„Deine Performance war nicht gerade subtil."

„Was soll ich dann machen?", wundere ich mich.

„Bezieh deinen Alltag mit ein. Zeig weniger, doch das raffinierter. Du bekommst den Dreh schon noch raus."

„Das tat ich nur, um dich zu provozieren", tue ich so, als ob mich nicht die Lust übermannt hätte, sondern eine Vision.

„Josh", schüttelt Miguelangelo seinen Kopf, „zugegeben, das hast du. Willst du mein erstes Bild sehen?"

„Selbstverständlich!"

In Überlebensgröße liege ich splitternackt auf einem Schreibtisch und ramme meinen unsichtbaren Penis in einen Aktenberg. Mein Gesicht ist unverkennbar. Da sind mein Raubtiergrinsen, meine neue krumme Nase und meine Blicke, die entschlossen, wie auch bei all meinen Football Matches, die Gegner in die Knie zwingen. Mein Leib scheint zu lodern und alles zu verbrennen, was sich ihm in den Weg stellt. Nur mein Blick ist blau, klar und frei der Lust. Der Rest des Bildes ist in wilden Braun-, Rot- und Orangetönen gehalten. Ich habe noch nie zuvor eines von Miguelangelos gemalten Bildern gesehen. Seine rasche Pinselführung, die Farbexplosionen und der Ausdruck meiner Augen, wie die Aussage an sich, hauen mich um.

„Josh, was hältst du davon?"

„Mein Posieren hat dich dazu inspiriert?"

„Das und Bruce' Schlagzeile!"

„Warum auf einem Schreibtisch? Warum der Aktenberg?", frage ich, obwohl ich die Antwort kenne.

„Ich werde mein Werk nicht erklären. Erfasst du die Botschaft?"

„Die Jugend befruchtet selbst tote Akten!", lache ich auf.

„Na also!", klopft mir Miguelangelo auf die Schulter. „Bist du bereit, das Thema zu vertiefen? Eros als Lustbote?"

Als ich mich einfach bis auf meine Jockstraps ausziehe und ins Klassenzimmer rüber will, worin die Klasse bereits seit einer Stunde arbeitet, hält mich der Künstler zurück. „Nur freitags mit der Klasse. Die Dienstage eignen sich nicht zum Experimentieren. Zudem ist die Dienstagsklasse gemischt."

„Frauen?"

„Ausschließlich während der Sommerpause biete ich reine Männergruppen an. Sonst sind, bis auf die erotische und die pornografische Klasse, alle sowohl für Männer wie auch für Frauen zugängig."

„Für Frauen will ich nicht posieren! Mir reichen die Verkupplungsversuche meiner Mutter, die politischen Empfänge und die Dinner-Partys, bei denen ich den braven Hetero-Sohn spielen muss. Wenigstens in der Kunst will ich davon frei sein."

„Wie du meinst! Josh, ich möchte heute ein paar Skizzen von deinem Gesicht machen. Setzt dich dort drüben in den Sessel."

Einmal soll ich in die Ferne blicken, dann lachen, grimmig dreinblicken, wütend sein oder gelangweilt. Irgendwie vergeht die Zeit heute in Zeitlupentempo. Bald wird mir bewusst, dass es mir vor der Klasse sehr viel mehr Spaß macht. Als ich im Flur Stimmen höre – darunter auch Frauen – wird es wohl zehn Uhr durch sein.

„Machen wir für heute auch Schluss!", erlöst mich Miguelangelo. „Josh, sehen wir uns wieder am Freitag?"

Am nächsten Morgen ruft mich Oliver aus dem Medienzentrum auf mein Mobile Phone an und fragt mich, ob ich am Nachmittag vorbeikommen könne. So schwänze ich eine eh langweilige Vorlesung und betrete seit Monaten erstmals wieder die Medienagentur.

„Jonathan Josh Julius?“, fragt eine junge Frau am Empfang nach meinem Namen.

„Der bin ich!“

„Mister Charles Tamlyn erwartet Sie in seinem Büro. Mister Julius, Oliver Whitehurst wird Sie gleich zum Meeting abholen.“

So offiziell wurde ich hier noch nie empfangen. Da taucht auch schon Oliver in einem Nadelstreifenanzug, hellgelbem Hemd und dunkler Krawatte auf. Wie immer, wenn wir uns in der Öffentlichkeit begegnen, tun wir so, als ob wir einfach gute Kumpels wären, schütteln uns die Hände, umarmen uns kurz und klopfen uns auf die Schultern. Erst als der Lift sich hinter uns schließt, zieht mich Oliver an meinem eigenen Jackettkragen an sich ran, um mich leidenschaftlich auf den Mund zu küssen.

„Es geht los!“, nuschelt er mir ins Ohr, glättet meinen Anzug mit seinen Händen und zwinkert mir verstohlen zu, bevor wir oben ankommen.

„Was geht los?“

„Die Rebellion!“ Oben angekommen betritt er ohne Anklopfen das Büro des Big Bosses am Ende des Flurs.

„Josh, dein Vater ist kurz davor die Konservativen zu vereinen“, kommt Mister Tamlyn ohne Umschweife zum Thema. „Versetzen wir ihm jetzt keinen Schlag, könnte es für weitere zu spät sein.“

„Ich verstehe nicht!“, werfe ich ein.

„Rebellion!“, zwinkert mir Oliver sehr verliebt zu.

„Der Senat und das Volk entscheiden über ...“

„Über was?“

„Mit dem Wahnsinnigen im Weißen Haus und seiner andauernden Angst-Propaganda ...“ Mister Tamlyn stockt und verzieht sein Gesicht zur Fratze. „Zurzeit opfern viele Amerikaner noch so gerne ihre Freiheit für eine angebliche Sicherheit! Der Feind ist immer der Gleiche, nämlich die Angst vor dem Fremden und vor der Veränderung.“

„Und vor Terroristen!“, werfe ich ein.

„Früher war jeder Bösewicht ein Kommunist, davor ein Faschist und so weiter. Heute ... Lassen wir das!“, winkt Mister Tamlyn abermals ab. „Die Kampagne *Real Facts* wird nicht nur jedem schwulen Mann und jeder lesbischen Frau die Grundrechte entziehen, sondern wird eine Gefahr für jeden werden, der nicht dem weißen Durchschnitt entspricht. Wahnsinn und Angst hypnotisieren die Massen. Vielleicht ist der nächste Präsident besser, vielleicht noch schlimmer? Wer kann das heute schon sagen? Sie kommen, und sie gehen. Was zurückbleibt, sind Gesetze, Kriegsopfer und Schulden. Einige Gesetze lassen sich wieder umstoßen, mit anderen lebt man für Jahrhunderte. *Real Facts* ist eine echte Gefahr, die wir nicht unterschätzen dürfen."

„Fucking the Real Facts!", lacht Oliver und zieht die Zeichnung von Bruce aus einer Kartonröhre.

„Warum hast du mein Bild?" Verwundert sehe ich ihn an. „Bruce hat es *mir* gewidmet und *mir* geschenkt." Miguelangelo hat sich schon daran bedient und die Idee von Bruce für sein erstes Bild geklaut.

„Josh, was hältst du davon, wenn wir es in die Medien durchsickern lassen."

„Vergesst es!", protestiere ich.

„Es ist eine Zeichnung. Wir könnten als Medienagentur sofort dementieren und es als Fälschung hinstellen. Wir könnten behaupten, dass dich nur jemand für seine Zwecke benutzt."

„Ja!", sehe ich vom Boss der Medienagentur zu Oliver. „Ihr beide!"

„Dennoch", geht Mister Tamlyn nicht auf meine Weigerung ein, „es würde Zweifel säen. Das starre Familienbild, das dein Vater aufrechtzuerhalten sucht, würde bröckeln."

„Na, danke auch!", stöhne ich und erhebe mich aus dem Sitz. „Habt ihr beiden eine Ahnung, was mich das kosten wird?"

„Deine Freiheit und die aller Gleichgesinnten, wenn wir nichts unternehmen!", antwortet mir Mister Tamlyn.

„Josh", säuselt Oliver und sieht mich tröstend an. „Liebling!"

„Jetzt bin ich plötzlich wieder dein Liebling? Du verschwindest für Wochen nach Los Angeles und kommst mir jetzt mit Liebling? Nein, danke!"

„Ich war in der NAWA. Martin Holmström wird uns von der Westküste aus bei der Rebellion unterstützen. Wir könnten ihn das Bild von Bruce veröffentlichen lassen. Erscheint es erstmals in Los Angeles, dann ..."

Lange starre ich Oliver an, als er mitten im Satz abgebrochen hat. Mein Vater zeichnet wirklich ein verzerrtes Bild von Werten und verkauft diese als *reale Fakten*. Doch die Fakten haben sich längst geändert. Weit über die Hälfte aller Ehen werden geschieden und der Prozentsatz der Bi- und Homosexuellen vergrößert sich jährlich. Seit der christliche Würgegriff nicht mehr so stark ist, und Blinddates übers Internet für jeden möglich geworden sind, wurden viele experimentierfreudiger. Vaters Bild passt zum Fanatiker, der im Weißen Haus das Ruder führt. Das Verrückteste an Vaters sogenannten *realen Fakten* ist, dass Vater selbst kein gläubiger oder praktizierender Christ ist. Alles dient nur einer Fassade, um eine heile christliche Welt vorzugaukeln, die Amerika nicht ist. Amerika ist kein christliches Land! Amerika ist multikulti und –religiös.

Keiner der beiden Medienmacher sagt ein Wort, als ich meine Blicke immer wieder vom einen zum anderen schwenken lasse. Auch wenn ich es hasse, so überrumpelt zu werden, Mister Tamlyn und Oliver haben dennoch recht. Bietet nicht bald jemand meinem Vater und seiner idiotischen Kampagne die Stirn, rotten sich Kräfte zusammen, die nichts Gutes bringen werden – so nobel Vaters Absichten vielleicht sogar zu Beginn gewesen sein mochten.

„Habt ihr Bruce' Erlaubnis, sein Bild zu missbrauchen?", frage ich und ahne, dass dem nicht so ist.

„Ich glaube der junge Künstler wäre stolz, sein Werk einem breiten Publikum vorzustellen." Damit langt Mister Tamlyn nach dem Telefon, als ob er Bruce sofort anrufen wollte.

„Es ist mein Bild! Ich erteile euch keine Erlaubnis, doch ..." Der Big Boss der Medienagentur legt das Telefon beiseite und Oliver rückt etwas näher, dass sich unsere Füße berühren. „... ich mache bei der Rebellion mit, aber mit einem Foto!"

„Ist das dein Ernst?" Oliver gafft mich überrascht an.

„Ja! Es wird Zeit für ein aktuelles Bild. Captain J.J. wird nochmals der Welt seinen Arsch zeigen!"

„Du willst abermals als Football Captain gegen deines Vaters Kampagne vorgehen?", will Mister Tamlyn es klarstellen. Als ich nicke, fährt er fort: „Das könnte funktionieren. Wir müssen das Foto in ein Projekt einbinden. Ideen?"

Plötzlich denke ich an Martin Holmström und die verrückten Nackten der *NAWA* aus Venice Beach. „Wie ist es mit einem Nudisten Katalog? Nackte Sportler, nackte Künstler, nackte was-weiß-ich?", schlage ich vor.

„Die *NAWA* könnte den Katalog lancieren und dabei dein Bild vorzeitig in die Presse durchsichern lassen", schwenkt Oliver ein. „Josh, das ist eine hervorragende Idee. Martin hatte ähnliche Pläne, doch ihm fehlte das Zugpferd."

„Josh", stellt Mister Tamlyn fest und ist offensichtlich sehr zufrieden über die Wendung, „wenn du diesen Weg wählst, gibt es kein Zurück mehr. Eine Zeichnung lässt sich dementieren, doch ein Foto?" Noch während der Mann mit der Bürstenfrisur spricht, verändert sich sein Gesichtsausdruck abermals.

Er macht sich Sorgen. „Mein lieber Junge, dein Arsch ist jetzt schon berühmt."

„Verpackt in einem Katalog, am besten noch als guter Zweck getarnt, lässt sich die Botschaft nicht einfach ignorieren", improvisiere ich weiter und staune, woher ich nur all die Ideen hole.

„Ich versprach dir eine Praktikumsstelle", betont Mister Tamlyn, kommt ums Pult und setzt sich auf dessen Vorderkante direkt vor mich. „Du bekommst nicht nur das, ich werde dich für das Charity-Projekt als Teilzeitkraft fix bei uns einstellen. Du wirst nicht nur das Covermodel sein, sondern auch der Leiter des Projekts! Gratuliere!" Zum Einschlagen streckt er mir seine Hand hin. „Nenne mich Charles!"

Überrumpelt zögere ich. „Ich werde Angestellter dieser Medienagentur? Davon träumen die meisten Studenten! Logo, mache ich das!"

„Du wirst nur als Praktikant offiziell zur Medienagentur gehören, dein Anstellungsvertrag wird über die neu gegründete Tochtergesellschaft laufen. Josh", sieht mich der Medienchef direkt an, „wie wollen wir das Baby nennen?"

„Naked Facts!"

„Warum nicht? Gut, dann Naked Facts!"

„Ist das ein Scherz?" Ungläubig starre ich Charles an.

„Die *NAWA* in Venice Beach wird vorerst die Leitung über die Tochtergesellschaft übernehmen, doch nur bis wir einen geeigneten Direktor dafür gefunden haben."

„Ihr beide verarscht mich doch?" Überrumpelt schüttle ich meinen Kopf.

„Dein Vater darf nicht ahnen, dass wir gegen seine Kampagne in den Kampf ziehen", bringt sich Oliver ein.

„Leute, das alles habt ihr doch längst geplant", durchschaue ich die Sache sofort.

„Nur teilweise", bestätigt mir Charles. „Wir wussten nur, dass wir etwas Konkretes unternehmen müssen. Deshalb war Oliver die letzten Wochen auch in Los Angeles. Es muss etwas passieren, um die Massen aus der Hypnose dieser Angstmache zu wecken. Erwachen die Betroffenen, fällt das Schreckgespenst in sich zusammen."

„Die Firma gehört zum Plan?", frage ich trotzdem.

„Bis auf dich als Gesicht ..."

„Wohl eher als Arsch", beende ich den Satz.

„... als Gesicht *und* Arsch der Rebellion. Der Rest ist wirklich schon von Oliver eingefädelt worden. Die Idee mit dem Nudisten-Katalog für einen guten Zweck ist von dir. Darum bekommst du auch eine Festanstellung in der neuen Firma. Vorerst werden wir von hier aus operieren, doch Oliver sieht sich schon nach geeigneten Räumlichkeiten in Washington um."

„Ich gehöre zum Gründungsteam einer Firma, die sich *Naked Facts* nennen wird?" Ich kann kaum glauben, was hier passiert.

„Manage den Nudisten-Katalog – oder wie immer du ihn schlussendlich nennen willst – und du wirst dir hier eine Zukunft aufbauen können."

Zuhause tigere ich total überdreht durch meine drei Zimmer im Elternhaus. Am liebsten würde ich der ganzen Welt von den Plänen erzählen, aber ich musste eine Geheimhaltungsklausel unterschreiben. Erfährt jemand, was wir planen, gibt es mächtigen Ärger – noch größeren, als ich mir damit eh einfahren werde. Nicht einmal meine besten Freunde, die Zwillinge, dürften davon etwas wissen. Weil Oliver abermals nach Los Angeles fliegt, um die Gründung der *Naked Facts* als eine Tochtergesellschaft der NAWA mit den Anwälten zu besprechen, kann ich nicht mit ihm feiern. Um meine künftige Präsenz im Medienzentrum zu verschleiern, solange noch keine neuen Lokalitäten für die Tochterfirma gefunden sind, bekomme ich einen Praktikantenvertrag, den mein Vater mit unterschreiben soll. Den Vertrag als Mitarbeiter der *Naked Facts*, wird mir irgendwann der Anwalt von Martin Holmström überreichen werden.

„John!", ruft mich meine Mutter. „Schatz, Annabeth will heute Abend mit dir ins Kino. Ich habe sie zum Abendessen eingeladen, dann könnt ihr euch ..."

„Keine Zeit!", knurre ich genervt.

„John, du hast heute kein Training. Schatz, es ist Annabeth, die rothaarige Tochter meiner guten Freundin Carol. Es ist die Hübsche, die dir letzthin am Empfang des dänischen Botschafters so gefallen hat."

Wann hört dieses Affentheater endlich auf? Würde ich meinen Eltern einfach sagen, dass ich schwul bin, wäre das doch auch eine Rebellion. Charles würde mir bestimmt widersprechen. Er würde mein Coming-out Skandal für die Presse ausschlachten. Nein! Mit Arschzeigen kann ich leben, mit dem Rest nicht.

„John, ich habe hier ein Foto von Annabeth und dir zusammen. Ihr beide gebt wirklich ein hübsches Paar ab."

„Mom, ich habe heute wirklich keine Zeit!" Um meine Mutter zu stressen, tauche ich dennoch einiges später oben ohne und barfuß im Kaminzimmer auf. „Zeig mal her!“, verlange ich das Foto von mir und dieser Annabeth zu sehen.

„Erinnerst du dich jetzt wieder an sie?“ Während ich mir das Bild ansehe, stellt sich meine Mutter hinter mich.

„Yep! Wir saßen ja mehrere Stunden am gleichen Tisch.“ Nur zu gut erinnere ich mich an diese rothaarige Nervensäge. Ständig betatschte sie mich und redete ohne Punkt und Komma auf mich ein. „Mom, ich muss nachher wirklich weg. Charles Tamlyn möchte, dass ich mir den Praktikumsvertrag vorab durchlese und ...“

„Papperlapapp! Nichts da! Die Anwälte deines Vaters übernehmen das. Wann sollst du denn in der Medienagentur wieder anfangen?“

„Heute Abend!“, lüge ich.

„Ohne Vertrag?“

„Mom, das ist eine Chance, die ich mir nicht entgehen lassen darf. Meine Kommilitonen würden sich um eine solche Gelegenheit prügeln. Ich werde dort künftig bei wichtigen politischen Sendungen dem Regisseur assistieren oder hinter den Kulissen Daten mit wichtigen Leuten vereinbaren. Mom“, bettle ich, „das ist meine Zukunft. Annabeth wird das doch wohl verstehen?“

„Doch zum Essen bleibst du! Verstanden?“

„Ja, Mom!“

„Und zieh dir endlich etwas an! Musst du immer halbnackt durch die Wohnung laufen? Was denken nur unsere Nachbarn, sollten sie dich jemals so sehen?“

„Die denken sich, dass ich ein neunzehnjähriger Footballspieler, ein Sportler und ganz normaler Kerl bin. Was ist schon dabei? Im Sport ...“

„Du weißt, wie dein Vater darüber denkt. Das Bild von damals war schlimm genug. Einen weiteren Skandal in diesem Sinne würde viel zu viel Staub aufwirbeln. Jetzt, da deines Vaters Bemühungen endlich Gehör in den richtigen politischen Lagern findet, ist es umso wichtiger, als ideale Familie ...“

„Ja, ja, Mom!“ Mein Entschluss eines Remakes meines Captain J.J.-Arschbildes meißelt sich gerade in Marmor. Wieder oben in meinen Zimmern rufe ich Charles an und bitte darum, dass wir das Foto noch heute Nacht schießen.

Um meine Rolle als Mustersohn noch etwas länger aufrechtzuerhalten, ziehe ich mir einen meiner helleren Anzüge an und binde mir sogar eine Krawatte fürs spätere Abendessen um, doch sowohl auf Schuhe wie auch auf Socken verzichte ich. Immerhin wohne ich hier!

„John“, schüttelt meine Mutter, als ich mich kurz darauf wieder unten zeige, ihren Kopf, „warum musst du nur immer aus der Reihe tanzen?“

„Tue ich doch gar nicht! Mir ist heute einfach nicht nach Schuhen oder Socken.“ Um es zu demonstrieren, mache ich es mir auf dem Sessel vor dem brennenden Kamin bequem und lege meine Füße auf die Lehne eines zweiten hoch. Das darf ich niemals mit Schuhen tun.

Die Rothaarige ist noch schlimmer, als ich sie vom Empfang in Erinnerung habe. Mutter muss sie bereits vorher ins Haus eingelassen haben, denn plötzlich betritt Annabeth das Kaminzimmer und setzt sich auf dem Sessel, auf dem meine Füße liegen. Wie schon beim Empfang schwatzt sie sofort auf mich ein, lobt mein letztes Spiel – verwechselt aber die Mannschaften! – und schwärmt von meinen Muskeln. Dafür braucht sie mindestens hundert Sätze und starrt mir dabei unentwegt auf meine Zehen. Bis auf ein kurzes *Hallo, Annabeth*, in einer ihrer sehr kurzen Pausen, kann ich nichts sagen. Immer wieder rauscht meine Mutter durch den Flur und späht zu uns, um die Lage zu checken. Leider fasst in so einem Moment Annabeth nach meinen linken Fuß, um ihn zu streicheln. Nur, weil ich mich beobachtet fühle, schrecke ich vor der Hand nicht wie vor einer Viper zurück. Olivers Hände sind groß, warm und kräftig, die von Annabeth hingegen so dünn, kalt und kraftlos, dass es mir richtig davor ekelt.

„Kannst du deinen Termin heute Abend nicht absagen?“ Neugierig tritt meine Mutter jetzt auch noch ins Kaminzimmer, sodass ich diese Eishand weiter auf meinem Fuß erdulden muss.

„J.J.“, blickt mich Annabeth mir aufgerissenen Augen an, „wir wollten doch zusammen ins Kino!“

„Wir haben nie darüber gesprochen“, versuche ich meinen Ärger darüber zu schlucken, dass meine Mutter in meinem Namen Vereinbarungen trifft.

„Natürlich! J.J., wir haben doch zusammen telefoniert!“ Linkisch streichelt die Rothaarige weiter meinen Fuß, während meine Mutter in Gedanken schon ihren künftigen Enkel Namen verpasst.

„Nein!“ Genervt ziehe ich meinen Fuß zurück und hocke mich aufrecht in den Sessel. „Das haben wir nicht! Du hast mit meiner Mutter telefoniert. Schon vergessen?“ Wütend tippe ich Annabeth an die Stirn, dass sie ertappt rasch zu meiner Mutter sieht.

„John, so spricht man nicht mit einer jungen Lady!“, ermahnt mich Mutter.

„Ich muss heute Abend arbeiten! Sorry, Annabeth, würdest du deine Dates nicht über Fremde abwickeln, könntest du dir in Zukunft solche Demütigungen ersparen!" Stinksauer verlasse ich das Kaminzimmer. Erst will ich in meine Zimmer hoch, überlege es mir aber auf halbem Wege und verlasse das Haus. Erst vor der Haustür fällt mir auf, dass ich noch immer barfuß bin. Glücklicherweise finde ich in einer Seitentasche meines Jacketts eine Zwanzigdollarnote und winke mir am Dupont Circle ein Taxi herbei.

Action!

Am Empfang des Medienzentrums richtet mir die Frau, der ich schon früher hier begegnet bin, aus, dass Mister Tamlyn außer Haus sei, mich aber Mister Pascal Chapuis in der Styling-Abteilung erwarte. Sie erklärt mir den Weg dahin und sieht mir kopfschüttelnd nach, als sie bemerkt, dass ich zum Anzug barfuß bin.

Da heute Abend weder eine Live Talkshow noch Interviews oder Ähnliches in einem der beiden Studio geplant sind, sitzen keine Frauen oder Männer in der Maske. Zwei kahlköpfige Kerle, einer davon ein junger Afro-Amerikaner, der andere ein etwas älterer Weißer, sortieren Schminke, Puder und was man sonst noch zum Stylen vor der Fernsehkamera braucht.

„Da ist ja unser Captain J.J.!", begrüßt mich ein schlanker Typ in Jeans und Pulli, als ich die Maske betrete. „Erinnerst du dich an mich?"

Natürlich erkenne ich Pascal sofort wieder, obwohl er sich zu seinen schulterlangen Haaren auch einen kurzen Bart hat stehen lassen. Zudem trägt er jetzt eine Brille, was sein Aussehen als ausgeflippter Fotograf abrundet. „Logo!", antworte ich ihm und klatsch seine rechte erhobene Hand zur Begrüßung mit High Five ab. „Cooler Look!"

„Deiner aber auch! Gehört das zu deinem neuen Rebellen-Image?" Ohne meine Antwort darauf abzuwarten, zeigt Pascal auf die beiden Kahlrasierten. „Das ist Nic!", stellt er mir den jungen Afro-Amerikaner zuerst vor. „Und dieser Meister hier", zeigt er auf den bestimmt schon Fünfzigjährigen, „ist Eddy, der Chef der Abteilung. Die beiden werden dafür sorgen, dass du gut aussiehst."

„Was geht ab?" Bevor ich meine Hand nach der Begrüßung von Eddy zurückziehen kann, checkt er meine Nägel. „Ich verpasse dir erst eine gute Maniküre!"

„Was immer nötig ist!" Ich bin entschlossen, mich dem Schicksal zu beugen.

„Ist das dein erstes Foto Shooting?“, fragt mich Nic. „Wir sind heute nur ein kleines Team. Du willst wirklich ein Remake des Captain J.J.-Bildes?“

Pascal krault sich im Bart. „Das Bild damals zeigte einen frechen pubertierenden Jungen, der in Jockstraps provozierte. Josh, das bist du heute nicht mehr.“

„Das neue Foto muss aber ans erste Bild anknüpfen. Also in Jockstraps, Shoulder Pads, Helm mit einem Football in meinen Händen und einem Spielfeld als Hintergrund.“

„Laurent!“, ruft Pascal nach jemandem. „Kannst du die Requisiten raufholen?“

Ein schwarzhaariger Student mit französischem Akzent stellt sich mir als Laurent vor und vermisst meinen Brust-, Kopf- und Hüftumfang. Er notiert sich die Zahlen und flitzt davon.

„Laurent ist mein achtzehnjähriger Cousin aus Montreal, der hier in Washington eine Lehre als Fotograf angefangen hat. Er assistiert mir gelegentlich“, erklärt Pascal. „Er ist auch schwul, wie übrigens jeder der heute Anwesenden.“

Ich werde langsam immer nervöser, denn das ist nicht nur mein erstes Fotoshooting, es ist auch das Geheimprojekt zu einer Rebellion gegen meinen Vater.

„Fangen wir an!“ Eddy zeigt auf einen der Styling Stühle.

„Was trägst du drunter?“, fragt Pascal und nickt auf meine Anzugshose.

„Heute ne Denim. Ich wollte mich umziehen, mein Trainingszeug vom Uni-Campus holen, doch ...“ Ich winke ab.

„Nic, bringe Josh einen Bademantel! Er muss aus der Unterhose mit dem Gummizug raus. Ich will keine Streifenabrücke.“ An mich gewandt: „Die Abdrücke verschwinden oft erst nach einer halben Stunde vollständig.“

So aufgefordert beginne ich mich auszuziehen und warte mit dem vollständigen Strip, bis ich den Bademantel angezogen habe. „Ist ziemlich ungewohnt!“

„Dich nackt zu bewegen?“, forscht der Afro-Amerikaner.

Ohne zu antworten, platziere ich mich auf den Styling Stuhl und lasse mir von Nic die Fingernägel maniküren. Gleichzeitig muss ich meine schmutzigen Füße in ein Becken mit duftend heißem Wasser stellen, was tut gut und mich entspannt. Bald liegen auch meine Hände rechts und links der Armlehnen in Wasserbecken.

„Pascal!“, brüllt Eddy nach dem Fotografen, der bereits im Studio nebenan seine Kameras installiert und die Beleuchter instruiert. „Wird Josh einen

Helm tragen?“

Gleichzeit setzt sich Eddy auf einem niedrigen Hocker zu meinen Füßen und hebt mir den linken aus dem Wasserbecken, um ihn auf eine ausklappbare Stange, die sich beinahe auf Sitzhöhe befindet hochzustellen. Erst als ich seine Blicke bemerke, realisiere ich, dass er mir in dieser Stellung während der Pediküre unter den Bademantel gafft. Verlegen schiebe ich den Stoff tiefer.

Pascals Kopf erscheint aus dem Studio. „Ja, unbedingt mit Helm! Jungs“, streift er mit seinen Blicken Eddy und Nic, „seine Haare wird man nicht sehen. Sorgt nur dafür, dass er keine Bartstoppeln hat und dass sein Gesicht nicht glänzt.“

„Du hast es gehört!“, stellt sich Nic neben Eddy und checkt meine Brust, in dem er mir vorne den Bademantel öffnet und streicht mir über meine rasierte Brust.

„Bartstoppeln sind etwas höher“, grinse ich verlegen.

„Unser Model ist scheu.“

„Bin ich nicht!“ Ich spritze den jungen Afro-Amerikaner mit meinen nassen Händen, die noch immer zum Aufweichen in den Becken liegen an.

„Wie sieht es mit deiner übrigen Körperbehaarung aus?“, fragt mich Nic.

„Was soll damit sein? Ich bin weder ein Schimpanse, noch eine dieser Nacktkatzen.“

Während mir Nic das Gesicht einschäumt, mir danach den Bademantel vorne teilt und ihn mir über die Schulter runterzieht, um mir auch die Brust einzuschäumen, wird mir das Ganze immer unheimlicher.

Laurent gafft mich interessiert an, als er mit drei verschiedenen Shoulder Pads und fünf unterschiedlichen Helmen, die er alle auf einem Wagen geschichtet hat, aus dem Lager zurückkommt.

„Zeig mal her!“, überprüft Eddy zum wiederholten Male meine Brust und Kinn. „Pudern und Nachrasieren machen wir drüben.“

„Nach dir!“ Nic zeigt ins Studio hinüber und folgt mir mit einem rollbaren Schminktisch.

„Die Shoulder Pads müssten dir alle passen. Versuche erstmals den roten“, zeigt der Fotograf im Studio drüben auf das besagte Teil. „Setze dir auch gleich den roten Helm dazu auf, doch lasse das Gesichtsgitter erstmals noch weg.“

„Wo sind die Jockstraps und die Turnschuhe?“, checke ich den vollbepackten Rollwagen.

„Naked Facts!“ Pascal zuckt mit seiner Schulter. „Jockstraps sehen nur seitlich oder von vorne annehmbar aus. Von hinten stört oben das breite

Gummiband die Harmonie von Backen und Rückenmuskulatur."

„Echt nackt?" Schockiert sehe ich mich im Studio um. Neben dem schlaksigen Laurent und den beiden Stylisten gaffen mich jetzt auch noch drei Beleuchter an. Sie tun so, als ob sie unsichtbar wären. Pascal stellt sie mir trotzdem als Gabriel, Tyler und Dylan vor. Ich beschließe, mir die Namen nicht zu merken. Bleiben sie Statisten, kann ich sie leichter ausblenden.

„Leute, meinen Schwanz kriegt ihr nicht zu sehen!", beharre ich.

„Du bist der Boss!", stimmt mir Pascal zu. „Er wird definitiv nicht mit ins Bild kommen. Wenn es dir unangenehm ist, kann ihn dir Eddy mit einem Tuch abdecken oder mit Tesafilm an deinem Bauch festkleben.

„Häuptling, ich bin nicht verklemmt!" Ab der Vorstellung mit hochgeklebtem Penis ins Studio zu spazieren, bringt mich zum Lachen.

„Dann lege deinen Bademantel ab und lasse dir von Laurent in die Shoulder Pads helfen", steigt Pascal sofort darauf ein.

Kaum stehe ich nackt im Studio, um mir die Plastikschultern umzubinden, schleichen sich Nic und Eddy an mich ran. „Wir sollten hier kürzen!" Stinkfrech fasst Nic von hinten an meinen Oberschenkel, dass ich erschrocken zusammenzucke.

„Was kürzen?", frage ich und sehe nach hinten.

„Nur leicht, damit die Behaarung keinen Schatten wirft und zu deinem haarlosen Arsch keinen Kontrast bildet."

„Leute", schüttle ich meinen Kopf, „ihr werdet mir nicht die Beine rasieren. Kapiert!"

„Nicht rasieren, nur etwas trimmen!" Schon langt Nic nach einem Rasierer mit Aufsatz.

„Erst das Licht!", ruft Pascal dazwischen. „Josh, versuche den kleineren Helm, der jetzige verdeckt zu viel von deinem Gesicht." Kaum den Helm gewechselt, checkt Laurent die Verschlüsse der Shoulder Pads. Einer der drei nicht-so-unsichtbaren Beleuchter winkt mich ins Zentrum des Lichts vor den hellgrünen Hintergrund, während die beiden anderen Spots in unterschiedlichen Winkeln auf mich richten und Reflektoren auf Ständern montieren.

Pascal hält mir einen Belichtungsmesser vor diverse meiner Körperteile. Nach bestimmt fünfzehn Minuten hat er noch immer kein einziges Bild geschossen. „Diese Achselpolster sind zu wuchtig", kommandiert er. „Laurent, hast du kleinere dabei?"

„Wie soll das denn aussehen?", zweifle ich.

„Ich fotografiere dich ganz leicht seitlich abgedreht, so kommt dein Arsch ideal zur Geltung, dein Fleischlolli bleibt unsichtbar und eine deiner Brustwarzen kommt so mit ins Bild."

„Also nur Achselpolster mit Schulterblätterschutz?"

„Genau!", nickt mir Pascal zu. Da Laurent diese Teile nicht dabei hat, muss er nochmals in den Keller. „Während wir warten, arbeiten wir an deiner Körperhaltung. Josh, es ist wichtig, dass du dein Kreuz durchdrückst und deinen Arsch rausstreckst. Übertreibe etwas, damit es auf dem Foto natürlich und gleichzeitig erotisch rüberkommt." Immer wieder korrigiert Pascal mein Becken oder meine Armstellung und fasst mich dabei ständig an. „Kopf nach rechts abdrehen! Kinn etwas höher! Laurent, kannst du das Gesichtsgitter an Joshs Helm anbringen?"

„Dein Cousin ist im Keller!", klärt einer der Beleuchter auf und tritt vor mich. Er sieht in seinem hautengen Pullover und der weißen Hose etwas zu gut für einen Statisten aus. Ausblenden funktioniert leider nicht; zudem gafft er mir schon die ganze Zeit auf meine noch ungeschälte Banane – die ich mit meinen Händen wegdrücke und verdecke. Tyler greift nach dem Gesichtsgitter und montiert es seitlich an meinen Helm. Dabei rücke er so nahe an mich ran, dass ich ihn riechen kann. Er nimmt sich viel zu viel Zeit für etwas, dass ich im Sport in Sekunden erledigt habe, was mich bei seiner körperlichen Nähe ziemlich nervös macht.

„Tyler, schieb das Gitter höher, damit kein Schatten auf Joshs Kinn fällt", kommandiert Pascal. Abermals lässt sich der Typ sehr viel Zeit damit, bis Pascal abermals reklamiert. „Zu hoch! Jetzt verläuft der oberste Stab genau durch seine Augen."

„Diese Augen wollen wir doch auf keinen Fall verdecken", flüstert mir Tyler zu und fummelt weiter in meinem Gesicht, wobei er mir jetzt so nahe rückt, dass ich seine Erektion durch seine Hose hindurch auf meinen Händen fühlen kann. Weil ich meine Hände nicht von dort wegnehmen will, reibt er sich daran.

Zum Glück kommt Laurent mit den Schulterpolstern aus dem Keller, und ich befreie mich vom Beleuchter. Umgezogen mustert mich Pascal abermals. „Die neuen Polster sind ideal, doch deine Pose funktioniert nicht!" Abermals beginnt alles von Neuem. Als ich endlich glaube, jetzt müsse nur noch fotografiert werden, senkt Pascal seine Kamera. Er nickt den Stylisten zu. Die beiden bewaffnen sich mit Rasierern, um mir damit die Härchen auf meinen Oberschenkeln kurz zu trimmen.

„Soll ich diesen Busch hier!", zupft Eddy plötzlich an meinem Schamhaar, „auch stutzen?"

„Vergiss es!", zische ich ihn genervt an und bemerke die Blicke des Beleuchters, der leider je länger, je weniger unsichtbar ist. Ständig lächelt er mir zu und lässt seine Blicke nicht einen Moment von meiner Lustflöte los. Nur weil jeder an mir rumzieht, mir immer neue Anweisungen zuruft, und Pascal niemals mit etwas zufrieden ist, hat die Situation nichts Erotisches an sich. Als endlich meine Oberschenkel glatt sind; die Schulterpolster perfekt sitzen; die Gesichtsgitter weder meinen Mund, den ich halbgeöffnet halten muss, damit meine Raubtierzähne sichtbar bleiben, noch meine Augen verdeckt, will Pascal plötzlich, dass mein Körper eingeölt wird.

Nic tut das zum Glück weder zärtlich noch langsam, sondern wie ein Profi-Sportmasseur fest und direkt. Würde mir der Beleuchter nicht unentwegt auf den Schwanz gaffen, wäre alles kein Problem. Weil ich mir, aus reiner Langeweile während der Wartephasen, Tyler genauer angesehen habe, flirtet er noch unverschämter mit mir.

„Action!", ruft Pascal endlich. Jeder nimmt sofort seine Position ein. „Kreuz durchdrücken und Arsch raus!", instruiert er mich. „Josh, öffne deinen Mund, als ob du einen Lustschrei von dir geben wolltest!"

„Sicher nicht! Ich bin Football Captain und kein Pin-Up für einen Porno Katalog."

„Genau diesen Ausdruck will ich aber sehen", antwortet mir Pascal. Als es mir einfach nicht gelingen will, ruft der Fotograf: „Stopp! Josh, dein Arsch und deine Körperhaltung sind jetzt perfekt, doch dein Gesichtsausdruck ist es überhaupt nicht. Du blickst, als ob du abgeschlachtet würdest. Du bist viel zu verkrampft. Entspanne dich!"

„Wie soll das funktionieren?" Genervt knirsche ich mit meinen Zähnen.

„Lächle! Kriegst du das hin?"

Krampfhaft drücke ich mein schmerzendes hohles Kreuz durch, strecke unnatürlich meinen Arsch raus, versuche Tylers Blicke zu ignorieren, dabei gleichzeitig so tun, als ob mich das anmachen würde und unschuldig lächeln.

„Flirte mit uns! Soll sich einer der Beleuchter vor dich stellen, damit du ein Gegenüber hast?"

„Nein!", schnaube ich, doch Tyler hat bereits Stellung bezogen.

„Josh, dein Brecheisen ist auf dem Foto nicht sichtbar. Entspanne dich! Keinen schert deine Latte!"

„Mich schon!"

„Mich auch!", grinst Tyler. „Zeig uns, wie hart ein Football Captain wirklich werden kann!"

„Stellung halten!", warnt Pascal. „Deine Haltung ist perfekt. Spiel mit Tyler, damit dein Blick endlich ins Bild passt!" Weil ich mich jetzt noch mehr konzentriere, damit ja nichts peinlich passiert, meckert Pascal schon wieder. „Josh, sei ein Profi! Stelle dir vor, dies wäre dein entscheidender Wurf beim Endspiel! Du musst nur noch an Tyler vorbei kommen. Nichts zählt mehr, als dieser eine Wurf. Es geht um den Sieg. Du hast es in deinen Händen."

„Nein! Ich habe meine Latte in meinen Händen!", knurre ich und schiel ich nach unten. Mutig lasse ich den Sichtschutz sinken, öffne meinen Mund, fletsche meine Zähne und fokussiere Tylers harte Beule. Noch während er mir immer härter wächst, beuge ich meinen Oberkörper etwas vor, strecke meinen Arsch noch weiter zurück, als ob ich Tyler gleich überrennen wollte, recke mein Kinn und fühle, wie die Kampfeslust mich überflutet.

„Das ist es! Josh, genauso! Nimm ihn in die Hand!"

Da inzwischen eh jeder seine Position gewechselt hat, um das Schauspiel frontal zu beobachten, tue ich es und knurre, bis ich lachen muss und mich augenblicklich entspanne. „Leute! Ich bin kein Porno Star!" Ich drücke mir meine Hände wieder vor den Harten, fokussiere den Beleuchter und drehe mich dann Pascal zu. „Hast du es im Kasten?"

„Schau selbst!", hält mir Pascal seine Kamera hin und zeigt mir die letzten fünfzehn Bilder.

„Sehe ich echt so ..."

„... geil!", beendet der Beleuchter meinen Satz und stellt sich neben mich, um die Fotos ebenfalls zu checken. „Von vorne warst du entschieden besser!", boxt er mir kumpelhaft in die Seite.

„Leute, das war es!", ruft Pascal. „Wir können zusammen räumen. Danke! Ihr wart super!" An mich gewandt: „Wie willst du das Bild arrangiert haben? Ich schlage einen ähnlichen Hintergrund, wie beim ersten Captain J.J.-Bild vor: Spielfeld im Hintergrund mit Tribüne voller Zuschauern."

„Nein!", winke ich ab. „Ich würde niemals ganz nackt aufs Spielfeld hinausgehen. Zumal nicht alleine!"

„Im Team?"

„Ein nacktes Match? Ja, das würde ich vielleicht sogar machen. Die Engländer und Schotten tun das oft."

„Dann brauchen wir ein nacktes Team!", schlussfolgert Pascal.

„Ich werde morgen an der Uni eine Umfrage starten. Ich finde bestimmt ein paar Typen, die mit ihren Händen vor den Knüppeln nackt posieren."

„Tyler, Gabriel, Ed und Laurent!", erhebt Pascal seine Stimme und winkt sein Team zusammen. „Du auch Nic! Ihr alle seid unter dreißig."

„Was hast du vor?" Grinsend ahne ich sein Vorhaben.

„Zieht euch aus und stellt euch im Halbkreis auf. Ich brauche ein nacktes Team als Hintergrundkulisse. Sorry, Eddy, du bist zu alt."

„Tyler, dämme das Licht. Es muss aussehen, als ob ihr nachts draußen auf dem Spielfeld stehen würdet." Als die drei Beleuchter alles nach Pascals Anweisungen erledigt haben, ziehen sich die Jungs vollkommen aus und beziehen im Halbkreis Stellung. Natürlich müssen auch die neuen Models erst zwanzig Minuten warten, bis Pascal keine Streifenabdrücke ihrer Unterhosen mehr entdecken kann; und bis Eddy jeden noch kurz oben und unten frisiert oder etwas gepudert hat. In dieser Zeit ist die Stimmung total ausgelassen, relaxed, und jetzt im Team, fühle ich mich nackt plötzlich puddelwohl. Der anfänglich scheue Laurent sitzt bald auf einem der Pulte und seine Erektion ist so hart, wie die von Tyler. Keinen schert es! Jetzt gehört es einfach dazu.

„Josh!", tippt mir Pascal, als endlich alle fürs Fotografieren gestylt sind, an die Schulter. „Kannst du dich dort hinstellen", zeigt er auf einen Punkt, „und dabei dein Team fokussieren?" Kaum in Position lacht Pascal: „Leute, bedeckt eure Lanzen! Du auch Tyler!", schnaubt der Fotograf und bemerkt, wie der Beleuchter jetzt mit seinem Cousin flirtet. „Alle Blicke auf Josh. Action!"

„Naked Facts!", verkünde ich und stelle mich vor das Team. „Leute, macht mich stolz!"

„Falls Josh einen Porno-Kalender lancieren wollte, wären einige von euch perfekt." Pascal winkt ab. „Ohne Latten! Nochmals! Verdeckt euren Penis. Tyler, benutze beide Hände!", schnaubt Pascal. „Zurück auf Ausgang. Hände vor die Lollipops. Action!"

Ein mutiger Kampf

Irgendetwas ist mit mir während der Fotosession passiert. Ich fühle mich anders. Es hat nur wenig damit zu tun, dass ich nackt posierte. Eine Schwelle ist überschritten und die Tür zurück fiel ins Schloss. Das erste Captain-J.J.-Foto war aus einer Verkettung von Zufällen, jugendlichem Übermut und im Siegesrausch entstanden, doch was gestern Pascal fotografierte, war pure Absicht und mehr noch, ein gezielter Angriff auf alles, was mein Vater mit seiner Kampagne aufgebaut hat.

Die ganze Nacht tat ich kein Auge zu, sondern wälzte mich mit immer neuen Ideen, wie wir das Bild durchsickern lassen könnten, hin und her. Mehr als fünf Mal stand ich mitten in der Nacht wieder auf, um mir Strategien zu notieren, sie wieder zu verwerfen oder weiterzuspinnen.

Mir ist auch nicht bewusst, wie dieses gestellte Bild von mir mit einem nackten Football-Team als Titelbild eines Kataloges *Naked Facts* funktionieren soll. Ebenso fehlt mir noch jedes Konzept für weitere Bilder oder wie ich daraus auch noch etwas für einen guten Zweck bewirken sollte. Ich bin nur eine lokale Berühmtheit und dass weniger wegen meiner Footballsiege, als einfach deswegen, weil mein Vater ein berüchtigter Senator ist. Welche echten Helden kann ich für den Katalog gewinnen? Welcher *echte* berühmte Sportler lässt sich schon nackt fotografieren und das auch noch ohne ein saftiges Honorar? Tausend andere Fragen quälten mich, bis mich endlich der Wecker erlöste.

Todmüde schleppe ich mich unter die Dusche und später an die Uni.

Nach dem Mittagessen in der Mensa schwänze ich den Nachmittag, um unter einer Eiche im hintersten Bereich des Sportplatzes zu pennen. Kaum eingenickt, stürze ich eine bodenlose Leere. Waren es als Kind einfach der Schlund in die Hölle, kenne ich die dunkle Macht heute als Tartaros. Er zieht mich hinab, während mich gleichzeitig Erebos auslacht. Sowohl der Abgrund, wie auch die Leere greifen nach meinem Herz und jagen mir Todesangst ein. Weit über mir breitet Nyx ihre Arme aus und Galaxien und Sonnensysteme spenden mir etwas ihres Lichtes. Habe ich der Fülle den Rücken gekehrt, als ich mich mit den Rebellen eingelassen habe? Einzig Gaia lacht. Wahrscheinlich plant sie, auch diese neue Lebenssituation mit Nachwuchs zu bevölkern.

„Eros!“, rufe ich durch die ewige Nacht. „Eros, hilf mir!“

Irgendwann dringt ein greller Blitz in Tartaros Abgrund und eine bekannte Stimme flüstert mir zu: „Dein Sommer erreicht seinen Zenit! Dein Blut steht in Flammen. Wehre dich nicht gegen den Abgrund, denn nur deine Angst gibt Tartaros Macht über dich!“

„Wie werde ich die Angst los?“, frage ich das flüsternde Licht, das mich plötzlich wie eine Aura umgibt, mich umarmt und tröstet.

„Liebe mich! Verzehre dich nach mir! Ich bin die Sonne, die dein Leben mit Stärke und Kraft ausstattet. Ich bin der Mond, der dich in der Nacht leitet und ich bin nichts von all dem. Suche nach der Liebe in deinen Sehnsüchten und deiner Hoffnung. Verzweifle an ihr in deinen Träumen, doch gib niemals auf, nach ihr zu suchen. Nur wenn du selbst zur Liebe wirst, verlieren der Abgrund und die Leere, genauso wie auch die Fülle und der Drang immer weitere Nachkommen deiner Unzugänglichkeiten zu zeugen, ihre Macht über dich!“

Die ganze Woche hänge ich nur rum und kriege nichts auf die Reihe. Ich sage alle meine Termine ab. Erst der Freitag holt mich aus meinem Herumirren durch die Sinnlosigkeit wieder ins Leben zurück. Ich freue mich tatsächlich aufs Modelstehen im Kunstzentrum. Als ich im Gewölbe ankomme, steht auf dem Podest eine alte Ledercouch und darauf ausgebreitet liegt eine hauchdünne blütenweiße Seidendecke.

„Josh, zieh dich aus und mache es dir auf der Couch bequem!", instruiert mich Miguelangelo. „Reize, doch zeige nicht alles! Lass mich nach mehr lechzen, wie auch später am Abend die Kursteilnehmer."

Seit der Fotosession mit Pascal fühle ich mich sicherer. Ich will heute wirklich mit Erotik spielen, statt einfach halbnackt oder nackt zu posieren. Immer wieder wechsle ich meine Positionen und das hauchdünne Tuch verdeckt oft nur geradeso meinen Schwanz oder wenn ich auf dem Bauch liege, nur meine Beine oder Teile meines Oberkörpers. Mein Arsch soll sichtbar bleiben. Es stört mich nicht mehr, wenn das leichte Tuch sich an gewissen Stellen zeltartig aufrichtet, solange darunter alles bedeckt bleibt. Miguelangelo erstellt Skizze um Skizze und schießt gelegentlich auch ein Foto von besonders interessanten Posen. Anders als Pascal, legt er jedoch keinerlei Wert auf raffiniertes Licht. Ihm geht es einzig um die Posen oder um Details.

Um kurz nach sechs Uhr schmeißt mir der Künstler meine Shorts und mein Tank Top zu. „Um die Ecke die Straße runter gibt es einen Chinesen. Hunger?"

„Inspiriere ich dich?", frage ich, während ich mich kurz danach mit den chinesischen Leckereien vollstopfe.

Statt mir direkt zu antworten, sucht er in seiner Lederumhängetasche nach etwas. Darin hat er immer Blöcke, Stifte, eine kleine Kamera und andere Utensilien, die ihm für spontane Einfälle nützlich sein könnten. In einem schwarzgebundenen Buch, in das er sich ab und an Notizen macht oder reinkritzelt, zieht er ein Foto heraus und reicht es mir ohne Worte. Es ist einer der Abzüge meiner Session mit Pascal, doch nicht eines der Bilder, die er mir danach gezeigt hatte, sondern ein Schnappschuss. Er zeigt mich, während ich darauf wartete, dass mein nacktes Team fertig gestylt wird. Auf dem Foto hocke ich relaxed mit einem Badetuch umgebunden auf einem Stuhl mit meinen Füssen auf dem Sitz. Dass ich in dieser Stellung jedem einen direkten Blick unter die Schürze geboten habe, war mir nicht bewusst gewesen, noch weniger, dass mich Pascal so fotografierte. Natürlich wusste ich, dass Pascal und Miguelangelo sich kennen, doch dass mein ehemaliger Medientrainer meinem Kunstmentor Fotos zuschiebt, ist mir neu.

„Ja!“, antwortet mir Miguelangelo auf meine vorher gestellte Frage und unterbricht so meinen Gedankengang. Als ich zum schlechtrasierten Italo-Amerikaner hochsehe, lächelt er mich an. „Dieses Foto hat mir von allen am besten gefallen. Das bist du, wie ich dich kennengelernt habe. Breitgrinsend, entspannt und natürlich. Du hockst hier alles zeigend auf einem Hocker in Gesellschaft und es schert dich nicht die Bohne, was andere über dich denken könnten. Nichts an deiner Geste ist aufgesetzt, erzwungen oder provokativ. Solche Bilder will ich von dir malen.

„Gefällt dir das neue Arschbild nicht?“ Verwundert über sein Kompliment runzle ich meine Stirn.

„Dein Arsch ist zum Reinbeißen! Doch dieses Foto hier ...“

„Zeigt meine Zauberflöte!“, beende ich seinen Satz.

„Das ist es nicht, was dieses Bild so besonders macht. Was hast du gedacht, als dieses Foto entstanden ist?“

Verwirrt über seine Frage schüttle ich meinen Kopf und fahre mir danach durch die Haare. „Ich war zufrieden!“, nicke ich nach einer kurzen Denkpause. „Ja, ich war stolz auf mein neues Team. Fünf der sieben zogen sich einfach aus, um als Statisten mein nacktes Team zu spielen. Ich war glücklich, mit diesen Verrückten zusammen ein Katalogprojekt zu lancieren. Bis dahin hatte ich keine Ahnung, dass Arbeit auch so aussehen könnte – in einem Team mit gleichgesinnten und ausgeflippten Spinnern, die für ein kreatives Projekt alles tun, damit es gut wird. Der Jüngste von ihnen, Laurent, Pascals Cousin, scheute sich erst, doch auch er zögerte nicht, als es darum ging, seinen Mann zu stehen und sich von seinem Cousin und seinen Teamkollegen angaffen zu lassen.“

Miguelangelo nickt mehrfach, nimmt mir das Foto wieder ab und schiebt es zurück ins Buch. „Bereit für die Klasse?“ Er bezahlt das Essen und wir kehren ins Gewölbe des *Independent Art Centers* zurück, wo ich mich wieder ausziehe, mit dem dünnen Stoff bedecke und auf das Ankommen der ersten Kursteilnehmer warte.

Wie immer erscheint der ältere Japaner als Erster und etwas später Christoph, der heute in einer abgetragenen Wildlederjacke und einem schlappen speckigen Lederhut an der Tür die anderen begrüßt. Es ist wie immer. Bob, der dunkelhäutige Nordafrikaner mit den extrem struppigen Haaren, die ihm bestimmt zwanzig Zentimeter vom Kopf abstehen, zieht sich sein T-Shirt aus und bezieht oben ohne dicht vor der Plattform seinen Posten. Bruce zwinkert mir auch heute frech zu und flüstert mit seinen Lippen, was er mir schon letzte Woche angeboten hatte. Vorigen Freitag half er mir damit, in die Welt eines Erotikmodells einzusteigen, heute ist mir weder nach Lust, noch nach Provokation.

Während des Kurses liege ich meist bäuchlings auf dem Sofa und blicke verträumt vor mich hin, während mich die Jungs und Männer zeichnen oder malen. Das Tuch halte ich bei solchen Posen einfach in einer meiner Hände, die entspannt entweder unter meinem Kopf oder auf dem Boden liegen. Zum Finale wechsle ich auf den Rücken, schiebe mir das eine Rückenpolster unter meinen Oberkörper, dass ich bequem im Liegen auch lesen könnte, drapiere mir das Tuch so über meine Erektion, sodass sie vollkommen verdeckt bleibt und schiebe meine Hand darunter, um fest zu zupacken.

Bob mustert mich mit seinen fast schwarzen Augen, und Bruce flüstert immer dringender. In den Augen meiner Beobachter erkenne ich Gefallen an meiner Pose und meinem leicht verdeckten Tun, doch der Sichtschutz bleibt, wo er ist.

Für das nachfolgende Reflektieren über die heute entstandenen Bilder binde ich mir nur das Seidentuch mehrfach um die Hüfte, als ich mit den anderen ins offene Atelier im obersten Stockwerk wechsle.

Christoph setzt mir, als ich mir eines seiner rasch mit Pastellkreiden hingemalten Bilder ansehe, seinen Lederhut auf meinen Kopf. „Deine Vorgänger haben sich oft verkleidet!“

„Wie meinst du das? Waren sie nicht nackt?“

Christoph malt, wie er angezogen ist, etwas rau, frech und vorwiegend in diversen Brauntönen. Auf seinen Bildern ist das Tuch immer so verrutscht, das mein Joystick zu sehen ist, was aber seiner Phantasie entspringt und nicht der Wirklichkeit. Dennoch staune ich, wie detailgetreu er meine Vorhaut gezeichnet hat. Zeigte ich unfreiwillig doch mehr?

„Ein einzelnes Kleidungsstück erzählt sofort Geschichten“, beantwortet er meine Frage. „Jetzt hast du etwas von einem Cowboy an dir und ich rieche Pferde, den Staub der Wüste und Stroh.“ Nickend sieht er mich an.

Ich schnuppere an mir, danach an seinem Hut, doch diese Wahrnehmung entstammt nur seiner Vorstellungskraft. „Würdest du gerne einen erotischen Cowboy malen?“

„Als Cowboy, als Büroangestellten, als Callboy oder als Kellner! Josh, du hast einen geilen Body!“

Da mir Bruce die beiden Worte abermals stumm zuflüstert, fokussiere ich ihn und lasse Christoph mit einem *Vielleicht* stehen.

„Zieh dich aus und warte unten auf der Ledercouch!“, stupse ich Bruce in den Brustkasten und spaziere einfach zu den schwarz-rot mit Acrylfarbe abstrahierten Bildern, die der ältere Japaner von mir gefertigt hat.

„Ein mutiger Kampf!", lobt mich der Japaner.

Aus den Augenwinkeln beobachte ich Bruce, der leer schluckt, errötet und sich unter dem Vorwand, er müsse morgen eine Prüfung schreiben, verzieht. Irgendwann wird es Bruce bewusst werden, dass morgen Samstag ist und seine Ausrede dürftig war. Ob er mich nächsten Freitag in Ruhe lassen wird? Trotzdem neugierig schleiche ich mich ins Gewölbe. Natürlich ist die Couch leer. Ich nutze die Chance, ziehe mich an, um mich noch eine halbe Stunde zu meinen Kunst-Kumpels in die Cafeteria zu gesellen.

Als ich kurz nach ein Uhr in der Nacht endlich zu Hause ankomme, brennen in Vaters Arbeitszimmer und im Wohnzimmer Lichter. Normalerweise gehen meine Eltern vor Mitternacht schlafen.

„Jonathan Josh Julius!", ruft mich mein Vater mit einer Stimme zu sich ins Wohnzimmer, die mich augenblicklich an Flucht denken lässt.

„Hi, Dad!", spiele ich den Coolen.

„Sabotierst du mich absichtlich? Oder bist du einfach, verdammt noch mal, zu dämlich, um zu realisieren, was du mir und meiner Kampagne antust?" Vaters Stimme wird von Wort zu Wort aggressiver. Erst einmal zuvor hatte ich ihn so erlebt, als das Captain-J.J.-Bild die Washington Post zierte.

„Ist etwas passiert?", würge ich heraus und spiele den dämlichen Idioten, den er in mir sieht.

„Warum musst du immer deinen Arsch zeigen?", brüllt er mir die Frage entgegen, dass ich sicher bin, meine Mutter wird gleich aus ihrem Schlafzimmer von oben runterkommen, falls sie nicht eh bereits alles von der Küche aus belauscht. „Letztes Mal hattest du wenigstens noch so viel Anstand die Jockstraps mit dem Tiefschutz darin zu tragen. Diesmal!", tippt mein Vater rot vor Zorn auf ein neues Bild in der *Washington Post*, „posierst du splitternackt! Warum ist dein Team ebenfalls nackt? Sohn, rennt ihr nachts so übers Spielfeld?"

„Was?", spiele ich den Entsetzten. „Von was sprichst du?"

„Von deinem neuen Exhibitionismus!", schleudert mir mein Vater die Zeitung so hin, dass sie mich wie eine Ohrfeige am Kopf trifft.

Hastig packe ich nach der Zeitung. Ich platze fast vor Neugier. Wie haben Pascal und Oliver das Foto schließlich zusammengestellt? Da stehe ich splitternackt, bis auf meinen Helm mit dem Schutzgitter so arrangiert, dass mein Gesicht vollkommen erkenntlich bleibt, und mit den viel zu kleinen Shoulder Pads auf dem Sportfeld. Mein Körper ist seitlich abgebildet, dass meine rechte Hand den direkten Blick auf meinen Penis verdeckt. Es ist davon nichts zu sehen, wenn meine Hand und ihre Stellung auch zu allerlei Spekulationen Anlass geben könnte. Meine nackten Teamkollegen, die alle frech grinsend mit ihren Händen ihre besten Stücke wegdrücken, stehen im Halbkreis um mich herum. Im Hintergrund brennen zwei der Stadium Spots, dass es aussieht, als ob sie meinen Körper so raffiniert ausleuchten und nicht die arrangierten Lichter des Fotostudios.

„Wir verloren ein Freundschaftsspiel. Wir forderten das Team zur Revanche auf. Wir bekamen sie, doch nur unter der Bedingung, dass wir uns nackt dem Gegner stellen. Es war schon zwei Uhr in der Früh! Keiner außer uns Spielern war da!", lüge ich.

„Keiner da!", bebt mein Vater vor Zorn. „Und wer schoss das Bild?"

„Verdammte Paparazzi!", knurre ich.

„Hat es dich Mister Whitehurst nicht besser gelehrt? Warum schicke ich dich in ein Medientraining, wenn du dich nicht an die oberste Direktive hältst?"

„Oberste Direktive?", frage ich und spiele weiter das zornige Unschuldslamm, dass von bösen Mächten missbraucht wurde.

„Niemals! NIEMALS!", brüllt mein Vater. „Niemals entblößt man sich in der Öffentlichkeit. Das ist bereits das dritte Mal, dass ich entweder deinen Arsch oder deinen Pimmel in der Zeitung abgebildet sehe! Jonathan Josh Julius, tickst du nicht ganz richtig?"

„Es war doch nur ein alberner Scherz des gegnerischen Teams. Wir – ich – wollte nie ..."

„Naked Facts!" Mein Vater steht längst zum Duell bereit, keine zwei Fuß vor mir, und reißt mir die Zeitung aus den Händen, um auf das neue Captain-J.J.-Bild zu tippen. „Captain J.J. kämpft nackt um den Sieg! Nackte Tatsachen", liest jetzt Vater den Text unter der Schlagzeile vor, „setzt der Sohn von Senator Julius wortwörtlich in die Tat um. Während der ehrenwerte Senator die Moral des Landes ins Mittelalter zurückkatapultieren will, zeigt sein exhibitionistischer Sohn der Welt, was er von den *Real Facts* seines Vaters hält! Mutig kämpft er nackt für Freiheit und ..."

„Aber so ist es doch gar nicht!", behaupte ich.

„Was du darüber denkst, behältst du gefälligst für dich! Keine Interviews! Deine Mutter wird sich darum kümmern."

„Ja, ähm, nein, Sir!"

„Geh mir aus den Augen! Am Montag lasse ich dich vom Uni Football dispensieren!"

„WAS?" Der Schock haut mich fast um. Taumelnd klammere ich mich am Sessel fest. „Jetzt im Frühjahr geht es um entscheidende Spiele. Mein Team kann gewinnen, wenn ich ..."

„Ich will nichts davon hören!"

„Warum?"

„Captain J.J.", spricht Vater meinen Spitznamen voller Verachtung aus, „wird dieses Frühjahr und den Sommer über nicht spielen! Du hast deine Footballkarriere mit deinem Exhibitionismus selbst beerdigt."

„Nein! Bitte!", flehe ich. „Alles, nur das nicht!"

„Raus hier, bevor ich vergesse, wer du bist!"

Mein Vater flippte schon beim ersten Bild aus, doch da erkennte selbst er noch den jugendlichen Leichtsinn und Spaß dahinter. Als mir der Paparazzi meine Hose aufgeknöpft hatte, um mich zu entblößen, verklagte er die Presse. Doch diesmal habe ich keine Ausrede. Diesmal ist es Nacht auf dem Bild und ein grinsendes Team folgt seinem Captain in den nackten Kampf. Hätte mich mein Vater jemals auf dem Spielfeld von der Tribüne aus bejubelt, dann wäre ihm sofort aufgefallen, dass die fünf anderen Nackten nicht zu meinem Football Team gehören oder dass meine Shoulder Pads kaum mehr als breite Achselpolster sind und der Helm nichts taugt. Offensichtlich entging das auch dem Berichterstatter, denn hätte er nachgeforscht, wäre der Bericht ganz anders ausgefallen. Oder hatten Oliver und Charles den Artikel geschrieben? Gibt es den Journalisten, der angeblich den Artikel gezeichnet hat, überhaupt nicht?

Leider konnte ich mir die Zeitung mit dem Bild und dem Artikel nicht krallen, ohne meinen Vater noch mehr zu provozieren. Die Worte des alten Japaners ergeben jetzt Sinn: *ein mutiger Kampf!*

„Alter!", klingt Donalds Stimme extrem Stolz auf mich, als er mich anruft. „Mann, du hast es schon wieder getan! Dein Arsch ist ja voll geölt und so was von geil! Die Presse kann ja schreiben was sie will, doch so sauber und eingeölt warst du noch bei keinem einzigen Spiel. Wer hat das Foto geschossen?", fragt er.

„Das ist eine Studioaufnahme!", ruft Jeffrey dazwischen.

„Leute!", spreche ich mit beiden Zwillingen gleichzeitig. „Ich habe Hausarrest und mein Vater will mich aus dem Football Team schmeißen lassen!"

„Echt jetzt? Warum?"

„Na hallo!", antwortet Jeffrey seinem Bruder. „Wenn da nicht einer die Kampagne seines Vater torpediert hat?"

„Habe ich doch gar nicht!", versuche ich das Geheimnis vor meinen besten Freunden zu verschleiern. Wie gerne würde ich jetzt zum Fenster raus klettern, um den Zwillingen, die telefonierend vor dem Haus stehen, die ganze Geschichte zu erzählen. Aber weder Donald noch Jeffrey – noch sonst irgendwer – darf erfahren, dass ich mit Charles, Oliver und Martin Holmström tatsächlich plane, den Gesetzesentwurf meines Vaters zu sabotieren, um seinen Zusammenschluss mit der anderen konservativen Partei zu verhindern. Auch wenn ich über mein Mobile Phone mit den Zwillingen spreche, will ich dennoch nicht von meinem Vater dabei erwischt werden, wie ich mich vielleicht doch noch verplappere.

„Sorry, Leute! Mit dem Ausflug in die Stadt wird heute nichts! Könnt ihr mir ein paar Exemplare der gestrigen Washington Post besorgen?", flüstere ich ins Telefon.

„Alter, wir haben bereits zehn gekauft und versuchen mit dem Fotografen Kontakt aufzunehmen, um das Foto im Original zu erhalten. Der Fotograf sei nach Europa abgereist, wollte uns die Washington Post verklickern. Josh", nuschelt Donald ins Telefon, „wenn du mich fragst, das alles passt irgendwie nicht ganz zusammen."

„Wir sehen uns am Montag an der Uni!" Damit lege ich auf, bevor Donald oder der klügere Jeffrey mich noch dazu bringen, mehr zu verraten oder an der Haustür klingeln.

Das Frühstück lasse ich heute aus. Ich will meinem Vater nicht begegnen. Als ich lange nach dem Mittagessen meine Zimmer erstmals verlasse, sitzt meine Mutter alleine am ovalen Eichentisch im Wohnzimmer und sieht mich mit einem Blick an, der mich sofort durchschaut.

„Dein Vater vertritt Werte, die vielen wichtig sind."

„Dir nicht?", rutscht mir raus und bereue sofort, was ich gesagt habe.

„Ich stehe voll und ganz hinter deinem Vater!" Mutters Stimme hat den Ton gewechselt. Saß eben noch meine Mutter am Tisch, ist es jetzt wieder die eiskalte Politikerin. „John, was hast du dir nur dabei gedacht?"

„Es war nur ein Scherz!" In vielen Worten wiederhole ich die Lüge, die mir gestern Nacht spontan in den Sinn gekommen war, und beteure dazwischen immer wieder, wie lästig die Presse doch sei. „Niemals lassen sie einem in Ruhe! Überall wird man belästigt und alles, was man tut, wird umgedreht."

„All das war dir bekannt! Mister Farragut, können Sie meinem Sohn sein Mittagessen aufwärmen?", instruiert sie den Butler, der in der Küche so tut, als ob er aufräumen würde, doch dabei mehr meinen Hintern im Blick hat, als die Utensilien in der Küche.

Keine drei Minuten später stehen Hackbraten, Gemüse und Kartoffeln auf dem Tisch vor mir. Hungrig stürze ich mich auf das Essen.

„Um vier Uhr am Nachmittag hat dein Vater eine Pressekonferenz im Medienzentrum einberufen. Wir beide werden zum gestrigen Foto in der *Washington Post* und dem Kommentar dazu Stellung beziehen. Mister Charles Tamlyn will uns um zwei Uhr empfangen und mit uns beiden eine Strategie besprechen. Dein Vater wird sich raushalten. Mister Tamlyn empfiehlt, dass wir es als den Streich eines Teenagers aussehen lassen sollten, und ich als deine Mutter ..."

„Eine Pressekonferenz?", spreche ich mit vollem Mund.

„Wir versuchen den Verdacht abzuwenden, du könntest die Kampagne deines Vaters angreifen. Du wirst dich öffentlich entschuldigen und deinen Rücktritt als Captain des Football Teams ankündigen. Dein Vater hat schon mit dem Dekan der Universität gesprochen ..."

„Ich will nicht aus dem Football Team aussteigen!", protestiere ich. „Wir stehen so kurz vor einem wichtigen Sieg!"

„Das hättest du dir alles überlegen müssen, bevor du aller Welt deinen Allerwertesten gezeigt hast. Zum Glück war der Fotograf so nett, nur ein Bild deines Hinterteils weiterzuleiten. Der Skandal, hättest du dich frontal gezeigt, wäre Vaters Todesstoß gewesen. Nicht auszudenken, was das für Folgen gehabt hätte."

Wär es so einfach? Ich beuge mich tief über meinen Teller, um meine Gedanken und neuen Schlachtpläne vor Mutters Röntgenblick zu verbergen.

Charles erwartet meine Mutter und mich pünktlich in seinem Büro und spielt den Entsetzten, rügt mich aber dennoch für mein übermütiges Tun. Ich hätte es doch wirklich nach dem Training durch Mister Oliver Whitehurst erahnen müssen, dass ich immer beobachtet werde, vor allem jetzt, wo mein Vater vor seinen wohl wichtigsten politischen Durchbruch steht. Nicht einmal zwinkert mir Charles zu. Beinahe kaufe ich ihm seine Worte ab. Meine Mutter pflichtet ihm immer wieder kopfnickend zu.

„Wer wird das Interview für die Stellungnahme führen?"

„Das werde ich selbst übernehmen", antwortet Charles meiner Mutter und spielt überzeugend seine Rolle. Auch später vor laufenden Kameras im Studio, in dessen Nebenzimmer das Foto entstanden ist, wird jetzt darüber geredet. Charles betont, wie wichtig es sei, das er als neutraler Interviewer aufträte und keinesfalls als Gegner oder Befürworter der Kampagne von

Senator Julius. Das wäre auch der Grund, warum die beiden Captain-J.J.-Fotos während des Interviews als Hintergrund zugeschaltet würden.

Während dann später meine Mutter über die unbedachten Spielereien heranwachsender Teenager sprechen soll, ziert den Hintergrund mein nackter Arsch; erst auf dem Bild, das mich als Sechzehnjähriger zeigt und kurz darauf das neue Bild. Ebenso taucht auch das Bild des Paparazzos auf, wenn meine Penisspitze auch diesmal mit einem schwarzen Balken weggeblendet ist. Das vierte Bild in Folge wäre dann eines, das mich mit gebrochener Nase und diesem Gesichts-Tampon, oben ohne im Hospital zeige.

Als das Ganze anfängt, fällt mir auf, dass ich auf allen Bildern kaum bekleidet bin. Charles spricht im Interview meine exhibitionistische Ader an, die ich aber sofort lautstark und vehement von mir weise. In meinem dunklen Anzug und Krawatte kommt das beinahe glaubhaft rüber. Immer wieder betone ich, dass ich Sportler sei, und es im Hochsommer üblich wäre, nach dem Training nicht mehr so viel anzuhaben.

Meine Mutter spielt die Fürsorgliche, die um den Ruf ihres missverstandenen Sohnes bedacht ist.

„Jonathan Josh Julius“, spricht mich Charles im Interview direkt an, „Sie wurden durch die beiden Bilder“, zeigt der Medienmensch auf die eingeblendeten Poster, „als Captain J.J. bekannt. Werden wir von Captain J.J. in naher Zukunft wieder hören?“

Das wäre mein Stichwort, um von meinem Rücktritt als Football Team Captain zu reden. Doch mir ist überhaupt nicht danach. „Football ist mein Leben. Ich liebe das Spiel über alles! Es ist mein Ausgleich zum oft gestressten Leben als Sohn zweier wichtiger Politiker, meinem Studium und meinem Praktikum. Ohne den Sport würde ich verkümmern.“

Meine Mutter blitzt mich böse an, als sie sicher ist, jede Kamera ist auf mich gerichtet. Würde sie jetzt meinen Rücktritt verkünden, würde die Welt sie dafür als Rabenmutter und die Frau des konservativen Senators abstempeln, die nach seiner Pfeife tanzt.

„John ist ein guter Junge!“, versichert sie und sieht mir mit diesem rasch wechselnden Gesicht entgegen. Würde ich sie nicht besser kennen, ich würde ihre liebevolle Art sofort glauben. „John engagiert sich in seiner Freizeit für diverse Projekte und will den Sommer über wieder zwei Praktika machen. John würde seinen Vater niemals willentlich schaden.“

„Jonathan Josh Julius, meine Damen und Herren, den Sie durch die Presse als Captain J.J. kennen, ist ein junger Mann, der für viele zum Helden wurde. Andere sehen in ihm ein Opfer, und wieder andere einen gedankenlosen Provokateur, einen Exhibitionisten und Unruhestifter. Held oder Opfer? Damit beenden wir das heutige Interview mit Frau Doktor Julius und ihrem berühmten Sohn, Captain J.J."

Mit dem Schlusssatz von Charles ist die Farce beendet und meine Mutter schüttelt genervt ihren Kopf. „John, so war das nicht abgesprochen!"

„Aber Football ist mein Leben!", beharre ich. „Vater und du ermutigen mich, immer die Wahrheit zu sagen!" Ich bleibe trotzig.

„Vielleicht ist es besser so", schaltet sich Charles dazwischen. „Die Suspendierung als Teamcaptain ist eh unwiderruflich. Sickert die Nachricht später durch", erklärt Charles, „kann das auf die beiden Praktika zurückzuführen sein, und nicht als direkte Strafe für moralisch zweifelhaftes Benehmen und öffentliche Zurschaustellung."

„Wann wird das Interview gesendet?", erkundigt sich meine Mutter.

„In den Frühnachrichten um fünf, nochmals um acht und danach stündlich in den Kurznachrichten", erklärt Charles.

„Mussten die Bilder im Hintergrund wirklich sein?" Vergeblich versucht meine Mutter Charles zu erweichen, sie nachträglich zu zensieren.

„Wir sind eine unabhängige Medienstation. Würden wir die Bilder, die zu dieser Pressekonferenz geführt haben, den Zuschauern vorenthalten, verlören wir an Glaubwürdigkeit. Vertrauen Sie mir, Frau Doktor Julius, berichten wir nicht sachlich, stürzt sich sofort die Boulevard Presse darauf."

„Die Bilder werden eh die nächsten Wochen abermals überall auftauchen!" Resigniert wendet sich meine Mutter zum Gehen ab.

Das hoffe ich doch!, formen meine Lippen die Worte zu Charles, die ich niemals laut aussprechen darf. Als er kaum sichtbar nickt, blähe ich stolz meine Brust. Hilft diese Aktion noch immer nicht das Bündnis meines Vaters mit den konservativen Parteien zu vereiteln, gab mir meine Mutter das garantierte Rezept dazu.

Make Love not Peace

Am Montagabend werde ich zum Dekan vorgeladen, der mich ohne viele Worte – nach offensichtlicher Absprache mit meinen beiden Football Trainern – für die Saison sperrt. Wahrscheinlich hat mein Vater eine größere Spende getätigt, denn ich bin mir sicher, dass meine beiden Trainer bestimmt nicht ihren besten Spieler rauswerfen würden, nur weil der seinen Arsch gezeigt hat. Das Arschzeigen nach dem Spiel hat inzwischen einen rituellen Charakter fürs Team bekommen.

Erst wütend, dann traurig, räume ich meinen Spind, an dem bereits ein Farbbild des neuesten Captain J.J.-Bildes hängt. Charles und Oliver müssen, wie schon damals beim ersten Bild, Postkarten und Posters davon angefertigt, und verteilt haben. Mit rotem Filzschreiber steht auf dem Bild an meinem Spint:

Josh, gib niemals auf! Wir stehen alle hinter Captain J.J. Unterschrieben hat das ganze Team, inklusive meiner beiden Trainer. Weinend vor Rührung, Schmerz und neuer Wut rolle ich das Plakat sorgfältig zusammen, um es später im Büro des Kunstzentrums sicher aufzubewahren. Würden es meine Eltern zuhause entdecken, würde sie es einfach im Kamin verbrennen.

Die nächsten Tage tauchen die neuen Poster überall in der Stadt auf, was meinen Vater zu immer neuen Wutausbrüchen veranlasst. Er hasst mich jetzt ganz offen, da ich ihm mehr als nur einen Kieselstein in den Weg geworfen habe. Jetzt, wo sich sogar der eigene Sohn gegen den Senator und seine Kampagne gestellt hat, wagen es auch immer mehr andere. Die Luft zuhause wird täglich dicker, weshalb ich wann immer möglich das Elternhaus meide. Jetzt, ohne mein Footballtraining, schleppt sich die Zeit viel langsamer von Tag zu Tag. Mir fehlt der Sport. Oft laufe ich spät abends heimlich auf dem Spielfeld meine Runden; oder ich beobachte, mit einer Mütze tief ins Gesicht geschoben und hochgeschlagenem Mantelkragen am Spielrand stehend, mein ehemaliges Team, um es als unsichtbarer Captain J.J. anzufeuern. Die Sperre erstreckt sich sogar aufs Spielfeld. Werde ich hier im Umfeld des Footballtrainings oder eines Match erkannt, wird das Folgen haben. Mein Vater hat mir das Einzige genommen, was mir wirklich etwas bedeutet hat und dafür hasse ich ihn täglich mehr.

Inzwischen ist schon Mai.

Leider sorgte mein skandalöser Auftritt – wie das Bild zuhause genannt wird – sogar zu einem Aufschwung für Vaters Kampagne. Es gelang ihm, mich als Sündenbock für alle irrgeleiteten Jugendlichen hinzustellen. Seine Gesetzesänderung soll Kids – wie auch mir – helfen, dass solch verwirrte Aktionen nicht mehr passieren können. Damit hat sich der ehrenwerte Senator den rechten Flügel, wie auch christliche Fanatiker gesichert, für die eh alles, was mit Nacktheit, Erotik oder Sex zu tun hat, die Sünde Nummer Eins ist, das direkte Ticket in die Hölle. Mit dem Wahnsinnigen im Weißen Haus bietet keiner dieser Renaissance der Inquisition Einhalt. War wirklich alles umsonst?

Jeden Dienstagabend und freitags posiere ich für Miguelangelo im Kulturzentrum. Dort werde ich wie der Held gefeiert, als den ich mich leider überhaupt nicht mehr fühle. Der Preis war einfach zu hoch. Mit der Wut über den Verlust meines heißgeliebten Footballs verschwindet auch meine Lust aufs experimentelle Posieren, weshalb mich Miguelangelo, der in mir zurzeit keine Inspiration mehr sieht, durch ein anderes Model ersetzt. Hatte ich vor sechs Wochen noch alles, was ich wollte: Football, einen Freund, ein Praktikum im Kunstzentrum und beste Freunde, denen ich voll und ganz vertrauen konnte, habe ich heute nichts mehr davon. Bis auf Donald und Jeffrey. Den Zwillingen habe ich die wahre Geschichte erzählt. Natürlich mussten beide feierlich, und unter Androhung meiner Freundschaftskündigung, schwören, darüber zu schweigen.

Mein Praktikum im Medienzentrum wird ebenfalls vertagt, auch dies ist eine direkte Folge meines Outings als arschzeigender Exhibitionist. Mein Kalenderprojekt ist damit auf Eis gelegt. Selbst Oliver bleibt auf Distanz und verbringt die meiste Zeit in Los Angeles. Ich mache meinen Lover direkt für all die Verluste verantwortlich. Hätte ich mich nicht auf *seine* Idee eingelassen, hätte ich es vielleicht geschafft meinem Football Team den Aufstieg zu ermöglichen; stattdessen höre ich nur von Niederlagen. Alles, was ich aufgebaut habe, zerbröckelt vor meinen Augen.

Seit dem Medienrummel und meinem Rauswurf aus dem Footballteam habe ich mit Oliver nur ein einziges Wochenende in Washington verbracht. Von morgens bis abends hatte ich nur Frust-Sex im Kopf. Am Sonntagmorgen nahm Oliver einen früheren Flug zurück nach Los Angeles, weil er angeblich zu einer Sondersitzung müsse. In Wahrheit floh er vor meinem Ärger, der immer aggressivere Züge annimmt.

Heute Abend werde ich Oliver wiedersehen. Er fliegt nach Washington, damit wir uns bei einem gemeinsamen Abendessen in Arlington über alles aussprechen können.

„Die Aktion hat leider nichts gebracht!“, kommt Oliver nach Small Talk, einer Vorspeise und dem Hauptgang endlich zum Thema. „Josh, dein Vater drehte den Spieß um!“

„Nichts gebracht!“, knurre ich ihn an. „Ich habe alles verloren. Ich bin der Einzige von allen Rebellen, der die Verachtung der öffentlichen Meinung zu spüren bekommen hat. Ich bin der misslungene Sohn, der irregeführte Teenager, der Exhibitionist, der Spinner und noch hundert andere Namen, die mir verpasst wurden!“, fluche ich zähneknirschend. „Seit Ende März darf ich nicht mehr Football spielen! Ich kann nur heimlich zusehen, wie mein Team versagt!“

„Schatz!“ Oliver fasst über den Tisch nach meiner Hand, dass ich sofort vor ihr zurückschrecke.

„Du!“, funkle ich ihn stinksauer an. „Du bist kein Deut besser, als alle anderen, der sogenannten Rebellen. Als mein Lover hätte ich wenigstens von dir mehr erwartet! Ihr alle habt mich ausgenutzt! Feiglinge!“

„Aber …“

„Nichts aber! Ich sollte der Leiter des Katalog-Projektes werden, doch statt mutig dafür zu kämpfen, wurde das Projekt die Toilette runtergespült und …“

„Josh“, flüstert mir Oliver zu und versucht alle Liebe, die er noch für mich empfindet, in seinen Blick zu legen, „niemand hat dich fallen lassen.“

„Nicht?“ Abwehrend verschränke ich meine Arme vor der Brust und lege danach meine Ellbogen auf den Tisch, um mich weit über den Tisch mit dem halbaufgegessenen Cheesecake zu lehnen. „Charles will mich nicht im Medienzentrum haben, und du verkriechst dich in Los Angeles. Läuft da was zwischen dir und Martin Holmström?“, spekuliere ich.

„Was?“, entfährt es Oliver, doch es klingt ertappt. „Martin ist nur ein Freund, genauso wie Sebastian und Boris.“ Beim letzten Namen seufzt Oliver und bemerkt es erst, als ich sofort darauf reagiere.

„Du hast mich gegen den Russen mit dem Riesenknüppel eingetauscht?“ Als mein Lover daraufhin errötet, zerknäule ich meine Serviette und stehe auf. „Na, danke auch!“ Meine Wut flammt auf und der Frust überschwemmt meine Gefühle.

„Schatz?“ Oliver folgt mir und fasst nach meinem Arm.

Ich schüttle ihn grob ab. „Hau ab!“, schreie ich Oliver an. „Alter, es ist aus! Ich ertrage deine Visage nicht mehr!“

„Josh, bitte!“

Stocksauer stapfe ich aus dem Lokal.

Stundenlang spaziere ich danach dem *Potomac River* entlang, um mich zu Lincolns Füssen auf die oberste Stufe der Treppe des Memorials zu setzen und meine Blicke in die Ferne schweifen zu lassen. Nur langsam kühlt sich mein Ärger ab. Die Beziehung mit Oliver funktionierte eh seit Wochen nicht mehr. Bis kurz vor Sonnenaufgang bleibe ich auf der Treppe an eine der Säulen gelehnt hocken und grüble über die Ungerechtigkeiten des Lebens: Zuhause fühle ich mich unwohl; ins Medienzentrum kann ich auch nicht; und dem Footballfeld muss ich fern bleiben, sonst wird das Spielverbot nach den Sommerferien nicht wieder aufgehoben.

Als ich mich später zuhause reinschleiche, bereitet unser Butler bereits das Frühstück vor. Er gibt mir zwei Sandwiches mit auf meine Zimmer, wo ich mich einschließe und den ganzen Tag verpenne.

Leider sind die Zwillinge übers Wochenende weggefahren. Wen kenne ich noch, der mich nicht entweder mit mitleidigen oder verurteilenden Blicken ansieht? Wo will man mich noch haben? Was tun? Ausgerechnet Lox kommt mir in den Sinn. Den hübschen Callboy habe ich seit Monaten nicht mehr gesehen, noch etwas von ihm gehört. Einmal traf ich Mikey in der Stadt und er erzählte mir, dass Lonny Saxon zurzeit in Boston einen Freund hätte und deshalb nur noch selten nach Washington für *Bad Angeles* Aktionen käme. Dabei erwähnte Mikey einen Gay Sport Club, der sich ganz in der Nähe meines Elternhauses befinden soll. Da eh nur noch Sport hilft meinen Frust zu bekämpfen, packe ich meine Sportsachen und mache mich auf den Weg ins besagte Gym.

Der Club befindet sind wirklich nur vier Blocks entfernt, den Hügel hoch in einer weiteren Seitenstraße der *Connecticut-Avenue.* Von außen verrät nichts, dass sich hier ein Gay-Club mit Fitnessbereich, einer Sauna und einem Café befinden soll. Die schwarz bemalte Tür ins Backsteingebäude hinein ist unscheinbar mit *Private Sport's Club* beschriftet. Bei der allgemeinen Paranoia, die vom Weißen Haus aus täglich geschürt wird, ist es kein Wunder, dass viele Gay Clubs sich anonymisierten, geschlossen oder getarnt haben. Passiert nicht bald etwas gegen den konservativen und fanatischen Wahnsinn, den Hass auf Fremde und alles, was irgendwie fremd sein könnte, hat mein Vater mit seiner Gesetzesvorlage bald nur noch Anhänger.

It's for your safety! Diese wenigen Worte werden im ganzen Land vorgeschoben, um das Volk zu versklaven und in immer engere Gesetze, Richtlinien und Denkschemata zu zwingen. Als ob Sicherheit – vor was überhaupt? – die freiwillige Opferung der Freiheit aufwiegen würde. Alle haben Angst vor Terroristen, vor anders Denkenden oder anders Fühlenden. Jeder ist verdächtig, der nicht dem Durchschnitt und dem Schnittmuster, das die Administration vorschreibt, hineinpasst.

Mit diesen Gedanken drücke ich auf den anonymisierten Klingelknopf. Mir wird geöffnet. Über eine Metalltreppe gelange ich ins obere Stockwerk bis vor eine zweite Eingangstür. *It's for my safety!*, denke ich sarkastisch. Wenigstens ist diese Sicherheitstür mit einer Regenbogenflagge bemale, was jeden Insider aufatmen lässt. Abermals muss ich klingeln und stehe danach in einem Vorraum mit Schalter. Ob damit sichergestellt wird, dass sich niemand zufällig hierher verirrt? Ob das Terroristen und Fanatiker abschreckt?

„Captain J.J.?", begrüßt mich der Betreiber mit auf seinem Trainingsanzug aufgesticktem Namen *Justin*. „Willkommen!" Trotz meinem Promistatus, werde ich kein VIP im Club, sondern muss wie jeder ein Formular unterschreiben, das ich mir aber nicht durchlese. Es ist voll mit tausend Regeln und Absicherungen gegen dies, jenes und selbst Undenkbares. Nachdem ich auch noch einen reduzierten Jahresbetrag bezahlen muss, bekomme ich einen Schlüssel ausgehändigt.

Justin ist ein dicker unrasierter Typ. Bestimmt hat er selbst den Gym noch nie genutzt. „Halte dich immer nach links, dann kommst du zu den Geräten. Die Sauna und die Aufenthaltsräume liegen rechts von hier. Das Café macht das Zentrum aus. Viel Spaß!" Justin reicht mir zwei sehr lange Badetücher, die aber kaum breiter als meine Handflächen sind.

Kritisch mustere ich die Teile.

Justin öffnet mit einem Knopf die letzte Sicherheitstür und ich betrete den privaten Club. Es riecht nach Putzmitteln, Seife, muffigen Turnschuhen und Sperma. Ich ziehe mich bis auf meine Boxershorts und mein T-Shirt aus und spaziere barfuß mit einem dieser ungewöhnlichen Badetücher über meiner Schulter durch die verwinkelten Flure. Die musternden Blicke der weiteren Gäste kenne ich aus anderen Gay-Clubs – das ist überall identisch. Man checkt sich gegenseitig ab. Immer links haltend durchquere ich zwei weitere Garderoben und ein Treppenhaus, in dem alle Fenster schwarz übermalt sind. Über eine Metalltür auf der *Make Love not Peace* steht, gelange ich endlich in den Fitnessraum. Er ist langgezogen und mit mindestens vierzig Geräten bestückt, die alle den verspiegelten Wänden entlang stehen. Ich bin alleine. Versuchsweise binde ich mir das schmale Badetuch zweifach um die Hüften, doch es bedeckt meine Boxershorts nicht mal ansatzweise.

Hart trainierend wechsle ich von Gerät zu Gerät und praktiziere diverse Übungen, bis ein Afro-Amerikaner plötzlich hinter mir steht. Die Hälfte seines fetten Penis wird vom clubeigenen Badetuch, das er als einziges um seine Hüfte trägt, nicht verdeckt.

„Hi", begrüßt er mich. „Du bist zum ersten Mal hier?"

„Ist das so offensichtlich?"

„Soll ich dir beim Training assistieren?", fragt mich der Dunkelhäutige, der hier offensichtlich Stammgast ist, denn sein gut trainierter Körper, wie auch der tägliche Konsum von Steroiden, ist ihm deutlich anzusehen; sein

Körper wirkt aufgeblasen und verformt.

„Yo!“, zucke ich mit meinen Schultern.

Er packt den Saum meines T-Shirts und stülpt es mir über den Kopf. „Lass mal sehen, was du drücken kannst!“ Er ist einer der wenigen Anwohner von Washington, die mich nicht kennen. Als ich zum nächsten Gerät in der Reihe wechseln will, schüttelt er seinen vollkommen rasierten Schädel. „Bleiben wir noch bei deinen Arm- und Schultermuskeln.“ Dazu schiebt er mich zu einem Gerät im Zentrum des Raums. Es besteht aus zwei Ringen, die rechts und links über meinem Kopf aus einem wirklich großen Gestell hängen. Vergeblich versuche ich, an den Ringen zu ziehen. Schockiert darüber checke ich die Gewichte. Habe ich durch den Trainingsverlust meine ganze Kraft verloren?

„Europäer, du musst übers Kreuz ziehen und dabei breitbeiniger stehen und dich dabei nicht scheuen, deinen Arsch rauszustrecken.“

„Ich bin Amerikaner!“, widerspreche ich ihm. „Ich bin nur in der Schweiz geboren und ...“ Ich winke ab und folge seiner Anweisung.

„Steh breiter!“

Da mich meine Boxershorts behindern, schaffe ich es nicht.

„So wird das nichts! Ohne Hose!“

„Ja, ja!“ Abermals lange ich nach den Ringen.

„Warum so verklemmt? Sind wir nicht alle hier, um unsere Ärsche zu zeigen? Sag mir jetzt nicht, dass du die einzige Ausnahme bist?“

Er erkennt mich wirklich nicht.

„Ja, ja!“ Ich binde mir das schmale Badetuch zwei Mal um die Hüfte und entledige mich meiner Boxershorts. Mit der neuen Beinfreiheit ist es leichter – oder mein neuer Trainer hat ungesehen die Gewichte verstellt?

Schon beim ersten Ziehen rutscht mir das Tuch über die Oberschenkel hoch.

„Das ist ein Arsch, der sich sehen lassen kann!“, klatscht er mir mit seiner flachen Hand drauf. „Zeig, was du hast! Make Love not Peace!“, wiederholt er den Slogan, den ich schon an der Eingangstür gelesen habe.

„Was bedeutet das?“, sehe ich zu ihm rüber.

„Die Liebe macht dich stark, wenn du ihr Einlass in dein Herz gewährst. Heutzutage laufen viel zu viele Weicheier ohne Kraft und Saft herum. Liebliche Typen ohne echte Liebe. Die Liebe ist die stärkste Macht im Universum. Wusstest du das?“ Als ich nicke, fährt er fort: „Für die Liebe muss man alles hingeben, alles aufgeben oder vollkommen neue Wege beschreiten, je nach dem, was die Liebe fordert. Wer dabei zu sehr auf Frieden aus ist, scheitert.

Make Love not Peace."

„So habe ich das noch nie gesehen!"

„Europäer, du hast ne ansehnliche Gurke und harte Eier!" Direkt schielt er auf alles, was der läppische Stoffgürtel nicht verdeckt. „Zeig, was du hast! Die Liebe kommt auf leisen Sohlen", philosophiert er weiter. „Wenn du zögerst, entschlüpft sie dir. Du bist ein Mann! Das ist unverkennbar. Also verhalte dich auch wie einer." Der Afro-Amerikaner winkt ab. „Du musst lernen, dein männliches Potential auszuschöpfen."

„In dem ich meinen Schwanz oder meinen Arsch zeige?"

„Nicht jedem! Aber ja, zeige, was du hast!"

„Ist nicht so leicht, wie es aussieht!", lasse ich die Ringe los.

„Europäer, du denkst zu viel. Jetzt stell dich endlich breitbeinig hin und verankere deine Füße im Boden; sichere deinen Halt!"

Auch wenn er mich nervt, meine Beinstellung kritisiert oder mich *Europäer* schimpft, weiß ich trotzdem, dass ich einen guten Stand habe. Immerhin bin ich die Wildsau auf dem Spielfeld, die jeden niederwalzt. Doch kaum rutscht der Badetuchstreifen abermals höher, verliere ich den Halt. Ich versuche es erneut. Jedes Mal, wenn mein Fleischlolli sichtbar wird, verliere ich meinen Stand und taumle.

„Sei ein Krieger und kein Waschlappen! Du schämst dich!", stellt der schwarze Bodybuilder sachlich fest. „Du bist Sportler, das sehe ich. Doch du bist dennoch ein Weichei, welches voller Scham ist!"

Durchschaut nicke ich.

„Warum schämst du dich, ein echter Kerl zu sein? Sieh dich um!", lässt der philosophierende Afro-Amerikaner seine Blicke durch den menschenleeren Fitnessraum schweifen. „Keiner da!"

„Ich habe noch nie nackt trainiert."

„Was bist du doch für eine verklemmte prüde Schwuchtel!"

„Ich bin überhaupt nicht prüde!", protestiere ich lauthals und ziehe an den Ringen. Noch nie zuvor hat mich jemand als Schwuchtel beschimpft. Habe ich durch den Verlust meines Footballs auch mein Macho-Image verloren?

„Na, geht doch! Europäer, hier ist es üblich, nackt zu trainieren. Schließlich will man zeigen, was man sich durch Schweiß und Willenskraft erarbeitet hat. Warum bist du nicht stolz drauf?" Dabei lässt der Dunkelhäutige seine Oberarmmuskeln spielen. „Ich habe dich vorhin beobachtet", gesteht er mir. „Du bist voller Zorn und Frustration. Das verspannt dich. Lass los! Vergiss die Vergangenheit! Locker dich! Bist du erst locker, macht das Leben viel mehr Spaß! Zeig deinen Arsch!" Abermals stellt er sich hinter mich, während ich wieder an den Ringen ziehe und mir das Badetuch hochrutscht. „Hätte ich einen Arsch wie deinen, ich würde daraus Kapital schlagen!"

„Danke für die Tipps!"

„Genauso!" Grinsend stellt sich der Afro-Amerikaner jetzt vor mich. „Fühlst du, wie dir dein Schwanz Kraft gibt?"

Das tue ich nicht, doch ich nicke trotzdem.

„Europe, make Love not Peace!"

Damit lässt er mich stehen und verschwindet.

Kopfschüttelnd stelle ich mich wieder unter die Ringe und lange nach oben. Dabei löst sich der Knoten meines Badetuchs. Instinktiv packe ich danach. Augenblicklich wird mir bewusst, wie beschämt ich wirklich bin. *Make Love not Peace!* Komischerweise fällt es mir als nackter Provokateur leichter. Mein schwitzender Körper wirkt in den Spiegeln hart und mein Schrumpeliger verwandelt sich in eine Siegessäule. Erstmals seit dem Rauswurf aus dem Football Team fühle mich wieder als ganzer Mann. Schamlos trainiere ich für über eine Stunde nackt.

„So würde ich dich gerne mal malen!" Ertappt sehe ich mich um. Ich liege rücklings auf einem der Geräte und drücke seitlich mit meinen Armen Gewichte nach oben, als Christoph, der bärtige Rumäne aus dem Kunstzentrum, plötzlich über mir stehend auf mich hinuntersieht. Er trägt nur eine braune Jogginghose und seinen speckigen Cowboyhut. „Warum zeigst du beim Posieren nie deinen unverhüllten Schwanz? Der lässt sich sehen!" Der Künstler kennt meinen Körper. „Ja, ja!", brumme ich. Mein Badetuch ist zu weit weg, um es ohne mich aufzusetzen heranziehen zu können.

„Wie lange trainierst du schon?"

„Seit zwei Stunden! Ich wollte gerade Schluss machen."

„Ich kenne einfache Dehnübungen, die deine Muskeln entspannen. Knie dich neben den Schrank."

Leider erregt mich der Voyeur, weshalb ich seinen Anweisungen folge. In der neuen Stellung sieht er nicht alles. Der bestimmt schon vierzigjährige Naturbursche mit der behaarten Brust ist nicht mein Typ. Doch meine Nacktheit verbindet uns. Ich bin sein Model.

„Josh, deine Muskeln sind verspannt, die musst du lockern, sonst bekommst du einen Krampf."

„Ja, ja! Den habe ich schon!" Ich schneide eine Grimasse. Der Afro-Amerikaner vorhin hatte recht: Scham ist der Tod jeder Lust, jeder Lebensfreude und jeder Natürlichkeit. Auf meinen Knien zeige ich Christoph nichts, was er nicht schon stundenlang angestarrt und mit Augen vermessen und mit seinen Händen auf Papier oder Leinwand gebannt hätte.

„Setzt dich aufrecht! Dehne deine Arme über deinen Kopf und beuge deinen Oberkörper nach vorne."

Ich tue es und lasse mich danach vornüber gebeugt auf meine Hände fallen.

„Josh, du bist schon bei der nächsten Übung. Was soll's!" Christoph massiert mir leicht meine Schultern. „Was ist denn mit dir passiert?", fragt er und drückt ein paar Stellen. Augenblicklich heule ich vor Schmerzen auf. „Du bist nicht nur verspannt, du bist total verknotet! Ärgert dich etwas? Bist du frustriert?"

Ich könnte losflennen, darauf angesprochen zu werden.

„Ich besuchte einmal einen Massagekurs. Ich bin kein Profi, doch du solltest echt etwas gegen deine Verspannungen unternehmen!" Geschickt knetet Christoph abermals ein paar der Knoten in meinen Schultern, dass ich meine Zähne vor Schmerzen zusammenbeißen muss. „Schüttle deinen ganzen Körper", instruiert mich Christoph und kniet sich hinter mich, während ich es tue. „Spürst du die Entspannung?"

„Yep!", krächze ich. Ich bin mir sicher, Christoph hat meine Latte, die ich mir zwischen meine zusammengeschobenen Schenkel drücke, längst entdeckt, gemessen und in Gedanken in seine nächste Zeichnung von mir eingefügt.

„Soll ich dir noch weitere Tricks verraten?"

Da ich dummerweise nicke, schiebt er sich hinter mich. Mit seiner rechten Hand fasst er nach meinem Oberschenkel und mit seiner linken packt er mich am Schopf. „Sei nicht so verklemmt! Ich ficke dich nicht!"

Da es sich genauso anfühlt, lache ich. Sein eigenes Steckholz drückt hart durch seine Hose. Als sich seine andere Hand ebenfalls von hinten auf meinen anderen Oberschenkel legt und er mich dich an sich zieht, erwacht Lust. Plötzlich schüttelt er mein Becken, sodass ich abermals auflache.

„Hier musst du locker werden!", meint Christoph und streichelt mir übers Gesäß. „Alles kommt aus der Hüfte. Bleib in dieser Stellung und vollführe zehn Liegestützen!" Natürlich zögere ich, bis ich abermals seine linke Hand in meinem Nacken spüre, die danach meine Wirbelsäule entlangfährt und immer wieder auf Knoten drückt, sodass ich aufheulen könnte. „Jetzt drück schon!"

„Ehrlich?"

Statt mir zu antworten, rückt er noch dichter an mich ran und drückt meinen Kopf sanft runter. Kaum senke ich meinen Oberkörper zum ersten Mal so tief, dass meine Nase den Boden berührt, streichelt seine rechte Hand über meinen Oberschenkel. Seine Finger berühren meine Latte nicht, doch alleine die neue Nähe, meine eindeutig sexuelle Haltung und das Bohren seines Nahkampfstachels zwischen meinen Schenkeln lassen mich glühen. „Make Love not Peace!", schiebt er sein Becken vor, um mich zu stimulieren. Christoph ist voll auf einen Liebeskampf und definitiv nicht auf Frieden aus. Doch da fühle ich wieder seine Hände meinen Rücken und die Verkrampfungen bearbeiten. „Zehn Mal!", befiehlt er.

„Europäer, endlich befreist du deine schlummernde Macht!"

Hastig blicke ich hoch, denn der Afro-Amerikaner hat sich herangeschlichen und steht neben uns, um unsere *Dehnungsübungen* zu kommentieren.

„Ja, zeig deinen geilen Knackarsch!", umrundet mich der Bodybuilder. „Hoch damit! Lass dich ficken!"

„Was ? Nein!", grunze ich.

„Zehn!", wiederholt Christoph, da ich bei Sieben stoppte.

„Hör auf den Rumänen!", spornt mich der Afro-Amerikaner an. „Der Künstler hat nicht nur Hände zum Zeichnen, sondern kann auch massieren. Ich sag dir, er weiß, was er tut!", ermutigt mich der Dunkelhäutige. „Die Liebe hat dich gefunden, jetzt akzeptiere, dass sie dich weicher und geschmeidiger macht!"

Mutig schlucke ich leer und wiederhole die Übung weitere drei Mal. Der Afro-Amerikaner hebt seinen rechten Daumen und setzt sich an ein Gerät in der Nähe, um seine Bauchmuskeln zu stählen. Wie sehr ihm meine Vorstellung gefällt, verbirgt er nicht, ganz im Gegenteil. Er steht stolz dazu.

„Fühlst du den Unterschied?", fragt mich Christoph. „Du bist ein Krieger! Komm aus der Deckung und greif an!" Der Künstler in der braunen Jogginghose und dem speckigen Cowboyhut steht auf und wirft mir mein Badetuch zu. „Sehe ich dich heute Abend im Kunstzentrum?"

„Logo!", antworte ich, ohne darüber nachzudenken.

Nach dem Training spaziere ich einfach los. Erstmals seit Wochen fühle ich mich wieder kämpferisch. Mein Dauerfrust hat sich durch die kurze Massage tatsächlich aufgelöst. Christophs Begehren hat mich nicht physisch aufgespießt, doch definitiv wachgepikst. Mir ist nach irgendetwas Verrücktes zumute. Nach einer Stunde und einigen Umwegen erreiche ich den *Potomac* und folge dem Fluss dem *Ohio Drive Southwest*, vorbei am *Tidal Basin* bis in den *East Potomac Park*, wo ich mich im Rasen in die Sonne lege. Meine

Turnschuhe habe ich schon auf halber Strecke ausgezogen, wie auch mein Hemd. Nach dem Sonnenbad fühle ich mich noch freier, rebellischer und voller Tatendrang, weshalb ich mir ein Taxi zum *Independent Art Centers* in *Georgetown* nehme.

Seit meinem Praktikum im letzten Jahr besuchte ich nie wieder einen pornografischen Zeichenkurs. Natürlich habe ich damals die Models still aus der Distanz beobachtet. Meist holten sie sich einfach einen runter oder waren gelegentlich zu zweit, um Sexstellungen zu simulieren. Schockiert war ich nie, denn obwohl es wie harter Sex aussah, war es immer gestellt. Wer schon einmal Model stand, weiß, wie anstrengend es ist, eine Haltung oder Pose für dreißig Minuten oder länger zu halten. Das raubt jede echte Lust.

Als ich ins Gewölbe runter komme, rekelt sich Bob, der Nordafrikaner mit den extrem wilden Haaren splitternackt auf einem Bett im Zentrum der Künstler. Sein dunkelhäutiger muskulöser Körper glänzt eingeölt und wird von zwei Spots beleuchtet. Er ist hart erregt, doch das ist eh Bedingung bei Porno-Models – falls sie die Erregung durchhalten. Ich hatte keine Ahnung, dass der Afrikaner nicht nur ein ziemlich wilder Maler ist, sondern sich selbst auch als Model beweist. Interessiert schlängle ich mich zwischen den Staffeleien durch, um einen direkteren Blick auf den Typen, den ich von der Uni her kenne, zu werfen. Scheu kennt Bob keine, denn kaum erblickt er mich, wechselt er seine Position, um sich noch breitbeinig hinzuknien und mich wie eine Raubkatze, die ihre Beute ausgemacht hat, anzuschmachten.

Zögernd bleibe ich in der zweiten Reihe stehen, um den Panther aus sicherer Entfernung anzustarren. Sein Körper ist absolut haarlos. Bob rasiert sich nicht nur Brust und Schamregion, sondern auch seine Arme und Beine blitzblank. Ich stehe überhaupt nicht auf Bob, doch gerade weckt er meine Lust. Oliver treibt es seit Monaten mit Boris. Kaum denke ich an den extrem gutbestückten Ex-Russen, lässt sich Bob mit weit geöffneten Schenkeln auf seine Fersen sinken und winkt mir mit der rechten Hand zu, ihm heute als Partner Gesellschaft zu leisten.

Miguelangelo fokussiert mich hinter einer Staffelei stehend und lächelt mir aufmunternd zu. Inspiriere ich ihn wieder? In der Runde erkenne ich Bruce, der mir sofort aufmunternd zuflüstert. Christoph, der wieder seinen speckigen Cowboyhut trägt und dazu eine offene Weste begrüßt mich mit Kopfnicken. Einige der anderen kenne ich bloß vom Sehen her.

Bob ist seit meinem Erscheinen noch härter geworden, was er mir stolz in seiner Haltung präsentiert. Er streichelt sich mit seiner Linken über die Brust, den Bauch und danach sinkt seine Hand langsam auf die Schamregion, während er mir mit seiner rechten Hand zuwinkt. Genau wie beim erotischen Zeichnen, gibt es auch in diesem Kurs Sequenzen, bei denen das Model sich bewegen soll. Ein Lockenkopf in meinem Alter kritzelt sehr rasch in sein Notizheft, um Bobs Bewegungsabläufe einzufangen.

Hypnotisiert durch Bobs Zeigefreudigkeit – oder angestachelt durch Miguelangelos wiedererwachter Begeisterung auf mich? – fühle ich, wie mich Bobs auflodernde Lust packt. Langsam bewege ich mich zwischen den Staffeleien und den bestimmt dreißig Teilnehmern des Porno-Malkurses hindurch bis direkt zur Plattform. Die schwarze Raubkatze pirscht gleichzeitig auf allen Vieren zum Rand ihres Bettes, wirft dort ihren Kopf in den Nacken und leckt sich die Lippen. Warum ich das Folgende tue, schreibe ich meiner Wut auf Oliver und meinem Dauerfrust zu. Ich erklettere die niedrige Plattform und stelle mich direkt vor Bob hin.

Einige der Künstler verschieben ihre Staffeleien, andere schnappen sich ein Brett, heften Papierbogen darauf und bewaffnen sich mit Stiften oder Kohle, um die neue Szene zu skizzieren. Bob setzt sich abermals auf seine Fersen und fasst mit beiden Händen nach dem Bund meiner Hose, um sich an meinem Hosenstall zu schaffen zu machen. Während mein Kommilitone Knopf um Knopf meiner Shorts öffnet, tue ich das gleiche mit den Knöpfen meines Hemdes, um es mir danach abzustreifen. Während Bob mir die Shorts runterzieht, kicke ich meine Turnschuhe von der Plattform, um mich splitternackt Bobs Mund, der sich extrem heiß und fordernd meiner Lust widmet, zu stellen. Er tut das so genussvoll, als ob er ein Eis am Stiel lutschen würde.

Bis auf Miguelangelo und Christoph ignoriere ich alle anderen. Bob ist ein Typ, den ich bisher kaum beachtet habe. Seine Lust glüht, doch ich fühle auch eine tiefe Zuneigung, die er mir die nächste Stunde mit allen Künsten seines Mundes beweist. Wie sehr mir Sex gefehlt hat, wird mir erst bewusst, als mein Körper zweimal in kurzer Folge auf Bobs Zuwendung reagiert.

Make Love not Peace!

Als Bob von mir lässt, fühle ich mich zum ersten Mal seit dem Rauswurf aus dem Football Team entspannt – und ja, friedlich! Selbst mein Frust hat sich verflüchtigt. Wäre die Lösung all die Monate einfach Sex gewesen? Ich wuschle Bob in seinen extrem wilden Haaren, die gekräuselt sich noch viel dichter anfühlen, als sie aussehen. „Danke!“, flüstere ich ihm zu, während er sich erhebt und seine Beine dehnt, die ihm in der Stellung wohl eingeschlafen sind.

„Es war mir ein Vergnügen“, leckt er sich frech seine Lippen. „Du hast einen geilen Schwanz!“

„Danke!“, wiederhole ich leise und habe es nicht eilig, mich anzuziehen. Jeder hat die letzte Stunde mein Ding in Bobs Mund gezeichnet, mich jetzt noch dessen zu schämen, wäre einfach nur peinlich.

Plötzlich erinnere ich mich an die Worte meiner Mutter: *Zum Glück war der Fotograf so nett, nur ein Bild deines Hinterteils weiterzuleiten. Der Skandal, hättest du dich frontal gezeigt, wäre Vaters Todesstoß gewesen. Nicht auszudenken, was das für Folgen gehabt hätte.*

Jetzt habe ich mich nicht nur von vorne gezeigt, sondern sogar beim Sex zeichnen lassen. Während die Künstler die Staffeleien zur Seite räumen und ihre Skizzen vom Boden aufsammeln, zwinkert mir Miguelangelo verschwörerisch zu und hebt dann stumm seinen rechten Daumen.

Bob zieht mich neben sich aufs Bett und legt mir seinen linken Arm um die Schulter. „Josh“, rückt er näher, dass ich erstmals wirklichen Hautkontakt habe, „das war extrem geil! So macht das Modelstehen wirklich Spaß! Jederzeit wieder! Doch“, er streichelt mir zärtlich über meinen Torso, „nur hier im Kurs!“

„Verstehe“, nicke ich. Auch ich verspüre keinerlei Bedürfnis aus seinem Blow-job mehr zu machen, als es war: der professionelle Einsatz eines Porno-Darstellers. „Modelst du oft?“

„Das hier verstehe ich als Kunst. Seit ich selbst gelegentlich posiere, male ich besser. Ich kann jetzt nachempfinden, was ein Model vielleicht denkt, fühlt und erlebt.“

„Hattest du niemals Hemmungen?“, frage ich und staune, dass auch ich keinerlei Scheu verspürt hatte.

„Wir beide inspirierten dreißig Künstler neue Grenzen zu überschreiten oder das Wesen der Erotik zu verstehen. Die Lust muss spürbar sein. Gelingt es dem Model, diese Lust und Lebensfreude zu entzünden, leben auch die Bilder, die dabei entstehen. Jetzt lass uns die ausgesellten Werke bewundern. Ich bin überzeugt, dass einig davon sehr heiß brennen.“ Bob erhebt sich, schnappt sich einen weißen Bademantel und wickelt sich darin ein. Mir schmeißt er einen zweiten Mantel zu.

„Bist du wieder an Bord?“, klopft mir Miguelangelo anerkennend auf die Schulter, als ich oben durch die Bilderausstellung streife und das tobende Feuer, das unsere Lust in den anderen ausgelöst hat, zu bewundern. Mir meinen dicken Schwanz in Bobs Mund anzusehen, oder gezeichnet zu sehen, wie ich abspritze, erregt mich so sehr, dass sich mein Bademantel vorne teilt. Make Love not Peace!

„Was suchst du?“, fragt mich Miguelangelo bei der heutigen Session.

„Den perfekten Ausdruck!“, antworte ich spontan.

„Du hältst etwas zurück“, verwirft der Künstler meine Aussage. Frech strecke ich ihm meine Latte entgegen, denn Hemmungen kenne ich ihm gegenüber keine mehr. Der Artist schüttelt energisch seinen Kopf. „Josh, dein Körper, deine Haltung und dein Gesichtsausdruck sind alle stimmig. Ich spüre deinen Zorn, deinen Frust, aber auch deine Lebenslust und Freude. Oft bist du sensibel, verspielt oder die Wildsau, als die man dich auf dem Footballspielfeld bezeichnet hatte. Doch da steckt noch ein ganz anderer Josh in dir. Manchmal erahne ich ihn. Diesen Teil von dir möchte ich wieder und wieder malen, um meine Serie zu vervollständigen.“

„Wie komme ich dahin?“, frage ich.

Im Mai und Juni stand ich ihm unzählige Male Model. Niemals sprach er mich auf diese Seite an. Er labte sich an meiner neu erwachten Zeigefreudigkeit und Lust, um sie zu malen.

„Die Eingeweihten sind sich darin einig, dass Eros der älteste aller Götter ist“, weicht mir Miguelangelo aus.

„Malst du mich noch immer als Eros‘ Manifestationen?“, gaffe ich den Künstler an.

„Josh, du bist der Schlüssel zu Eros‘ Wundern!“ Weil ich schallend loslache, kratzt sich der Italo-Amerikaner in seinem Dreitagebart. „Du bist erst am Anfang, deine eigene Tiefe auszuloten. Immer wieder flammt Eros‘ Licht um dich herum auf. Sieh hier!“, packt mich Miguealangelo am Handgelenk und führt mich zu den großformatigen Leinwänden, die im hinteren Teil seines Ateliers gelagert stehen. Der Künstler reiht drei der Bilder nebeneinander und lässt mich stumm betrachten. Es sind weder meine Potenz, noch das entrückte Blicken, auch nicht die Geschichten, die jedes Bild erzählt, sondern etwas anderes. Dieses Andere hat definitiv nichts mit den Farben, dem Licht oder den Schatten, noch mit der Komposition zu tun.

„Erkennst du ES?“, fragt mich Miguelangelo. „ES ist da! Du trägst ES in dir. ES wartet darauf, erweckt zu werden. Öffne deine Flügel und verleihe ihm Ausdruck und Realität!“

„Ja, ja!“, plappere ich und winke verlegen geworden ab.

„Pack ES und werde ES!“

„Lehre mich wie!“, flüstere ich ergriffen.

Miguelangelo schüttelt seinen Kopf. „Ich bin Künstler. Ich sehe ES, aber ich kann es nicht für dich erwecken. Das, mein sonderbarer und ungewöhnlicher Held, musst du selbst tun!"

„Sonderbar und ungewöhnlich?"

„Jetzt kennst du mein Geheimnis. Josh, ich suche nach der Liebe. Ich suche nach dem lebenden und atmenden Eros."

„Du glaubst, Eros in mir zu finden?"

„Bei einigen der bisher entstandenen Bilder bist du alles, was mir zu *Naked Facts* einfällt: vom scheuen und gehemmten Teenager, bis hin zum selbstbewussten Mann, habe ich dich gemalt. Du bist der blühende Frühling und der fruchtbare Sommer. Hier", langt Miguelangelo nach einem weiteren der Bilder, „bist du der Herbststurm und hier", schiebt er ein nächstes Werk vor, „verkörperst du den Winter: abgeklärt und in sich ruhend, seine Kräfte sammelnd den Zyklus beendend. Hier als Winter kondensierst du dich, damit du dich im kommenden Frühling mit ganzer Macht wieder neue erfinden kannst. Diese Bilder zeigen alle den Prozess des Wachstums, der Reife und des Todes. Jedes Stadium ist wichtig, denn alle dienen nur dazu, wiedergeboren zu werden. Das sind für mich die nackten Tatsachen, ausgedrückt im nackten Körper eines geilen Typen. Das alles ist Eros! Dennoch, ich suche noch immer."

Mir ist gleichzeitig zum Lachen und zum Weinen, doch vor allem will ich flüchten. Ich will mich vor der nackten Wahrheit verstecken, die mir plötzlich hemmungslos entgegenblickt. Seit ich meinen Penis zeige, ohne dabei vor Scham zu erstarren, hat sich etwas in mir verändert. Ist das die Liebe, die sich meiner bemächtigt hat?

„Josh, machen wir für heute Schluss!"

In einer Woche ist Ende Juni und endlich Sommerferien. Meine Eltern wollen mich mit in unser Ferienhaus auf dem Bahamas nehmen, um mit mir dort den Independence Day zu zelebrieren. Zum Glück belauschte ich heimlich zwei Telefonate meiner Mutter. Sie plant nicht nur eine Freiheitstags-Party, sondern startet einen weiteren Versuch, mich endlich unter die Haube zu bringen. Nicht nur viele ihrer Freundinnen will sie einladen, sondern vor allem all jene mit jungen Töchtern im heiratsfähigen Alter. Hört dieses Verkuppeln denn nie auf?

Weil mir keine andere Wahl bleibt, rufe ich Charles Tamlyn von der Medienagentur an und flehe ihn an, mich nun endlich als Praktikanten einzustellen – möglichst mit Beginn am Independence Day. Er sagt zu und am nächsten Tag trifft der Vertrag per Boten im Haus ein.

„Muss das ausgerechnet jetzt sein!", stöhne ich, als mich mein Vater zu sich ins Arbeitszimmer ruft und mit dem neuen Praktikumsvertrag winkt. „Ich wollte so gerne auf die Bahamas! Mama plant doch eine gigantische Party!“

„Sohn, die Pflicht ruft!“, tadelt mich mein Vater. „Ferien machen kannst du, wenn dein Praktikum beendet ist. Mister Charles Tamlyn braucht dich für ein Sonderprojekt.“

„Aber ...“, spiele ich das Opfer.

„Nichts aber! Deine Mutter wird darüber nicht begeistert sein. Dennoch: Pflicht ist Pflicht!“

„Yes, Sir!“ Ich resigniere und hoffe, dass mein Vater das Spiel nicht durchschaut.

„Ich habe bereits unterschrieben. Hier“, schiebt er mir den neuen Praktikumsvertrag in der Medienagentur zu und hält mir seinen Füllfederhalter hin. „John, du wirst dich weiterbilden. Du willst doch irgendwann in die Fußstapfen deiner Eltern treten.“

„Pflicht ist Pflicht!“, wiederhole ich Vaters Worte und signiere den Vertrag, der mit einem Sonderprojekt beginnt, das am Independence Day seinen Auftakt nehmen soll.

„Mister Farragut!“, ruft mein Vater nach unserem Butler. Als der ältere Mann im Anzug ins Arbeitszimmer tritt, überreicht ihm mein Vater mein Ticket in die Freiheit. „Sorgen Sie dafür, dass dieses Schriftstück noch heute Mister Charles Tamlyn von der Medienagentur erreicht.“

„Sehr wohl, Sir!“

Das war es! Ich muss nicht mit auf die Bahamas. Ich kann mich zwei Monate lang in Washington austoben. Ich bin frei! Was Charles möglicherweise plant, ist mir egal – solange darin keine kreischenden Möchte-gern-Schwiegertöchter mitspielen.

Im Gay Gym habe ich den idealen Ersatz gefunden, um meine physischen Energien zu kanalisieren. Natürlich fehlt mir das Footballspiel schrecklich, doch das Bodybuilding tröstet mich, zudem spricht mein Körper gut darauf an. Den philosophierenden Afro-Amerikaner, der sich mir als *Aristoteles* vorstellte, treffe ich seit Mai regelmäßig. Oft glaube ich, er lebt im Fitnesscenter oder er sei der heimliche Besitzer. Wie sein Namensgeber, wird auch der moderne Aristoteles nie müde über seine Ansichten der Liebe zu philosophieren.

„Liebe ist in Wirklichkeit Licht!“, verrät er mir heute. „Du kannst die Liebe als wirbelnder Fluss aus leuchtenden Atomen wahrnehmen, wenn du deine Aufmerksamkeit darauf legst", beginnt Aristoteles seine Lektion.

Jeden Tag greift er irgendwann dieses Thema auf und überrascht mich immer von Neuem, was er über die Liebe zu berichten weiß. Ich stemme, mit einem dieser schmalen Badetücher um den Bauch gewickelt, Gewichte und lasse mich von ihm berieseln. Statt Kopfhörermusik höre ich mir lieber seine Ideen und Schlussfolgerungen an. Aristoteles wird nie langweilig, was bestimmt daran liegt, dass seine Ansichten immer frisch, provokativ und anders sind. Wenn sein Körper von den Stereoiden und zu viel Bodybuilding auch etwas deformiert ist, sein Geist ist es nicht.

„Alles wird durch dieses Lichtband – oder das, was wir gemeinhin Liebe nennen – verbunden und zusammengehalten."

„Die Liebe bindet?", frage ich nach, und verstelle die Gewichte, um härter zu trainieren.

„Höre auf, über Liebe nachzudenken. Übergib dich der Liebe, und die Liebe wird dein Leben besser handhaben, als du es dir jemals vorstellen kannst. Sei selber Eros! Öffne deine Flügel und lasse dich vollständig von der Liebe durchdringen. Sobald du dich in der Liebe entspannt hast, wird die Liebe die Führung übernehmen und dein Leben reorganisieren."

„Ich muss mich der Liebe vollkommen hingeben – Eros werden – um die Liebe zu realisieren?", frage ich und drücke dabei zum ersten Mal entschieden mehr Gewicht als üblich. Es gelingt mir spielend. Selbst nach der zwölften Wiederholung spüre ich weder das zusätzliche Gewicht noch schmerzen meine Arme.

Aristoteles lacht und in seinem dunkelhäutigen Gesicht blitzen seine schneeweißen Zähne und seine beiden Augen wie Sterne auf einem der Spiralnebelarme unserer Galaxie. „Josh", spricht er mich beim Namen an, „bedenke, dass Schmerz und Leid genauso zum Prozess des Wachstums dazugehören, wie Glück und Lust. Nur dein eigener Wertmaßstab wertet das eine als positiv und das andre als negativ – oder umgekehrt. Aus heiterer Gelassenheit entstehen Schönheit und Kraft. Lass los und ergib dich der Liebe. Das ist die einzige Pflicht, die wir uns selbst schuldig sind."

„Pflicht ist Pflicht!" Das sagte schon mein Vater, wenn er damit auch etwas vollkommen anderes gemeint hatte. Als ich nach dem zwanzigsten Mal die Hanteln sinken lasse, fühle ich die Kraft in meinen Oberarmmuskeln. Ein Blick auf mein Spiegelbild verrät mir, dass in der Kraft tatsächlich Schönheit liegt. Meine aufgepumpten Muskeln sehen nicht nur geil aus, sie fühlen sich auch so an.

„Liebe, was du machst. Liebe, was du bist. Liebe, was du zu geben hast;

und liebe, was das Leben dir zuführt."

„Make Love not Peace!", wiederhole ich Aristoteles Slogan, nach dem ich immer öfters meine Handlungen ausrichte.

„Frieden ist nicht das Ziel, sondern Freiheit!", bestätigt er. „Das Geheimnis der Liebe ist Folgendes: Sei so vollständig eins mit der Liebe – diesem leuchtenden Strom – dass nichts anderes eine Rolle mehr spielt. Dann öffne deine Ohren und lausche diesem Liebesstrom. Lass dich von der Liebe Klänge transformieren!" Wie immer bricht Aristoteles mitten in einem seiner Gespräche ab. Er stellt sich unter eines der Geräte, bei dem es darum geht, ungeheure Gewichte hochzustemmen, schleudert sein Badetuch von sich und wiederholt splitternackt und laut stöhnend die Übung, bis sein dunkelhäutiger Körper ölt und glänzt.

Eine Weile lausche ich seinem Stöhnen, doch dieser Klang erzeugt nichts in mir. Als ich Aristoteles daraufhin anspreche, bricht er in schallendes Gelächter aus.

Seit Aristoteles Tipp, dem Lichtklang der Liebe zu lauschen, praktiziere ich das wirklich täglich für mindestens eine Viertelstunde. In dieser Zeit sitze ich – meist nackt – in einem Stuhl oder liege auf meinem Bett in einem meiner drei Zimmer und versuche mir vorzustellen, wie dieser Lichtstrom – die Liebe – durch mich hindurchfließt, um meinen Körper zum Klingen zu bringen. Oft fühle ich mich nach diesen Übungen entspannter und so, als ob wirklich die Liebe meine Leben reorganisieren würde. Den Klang, oder die Stimme der Liebe, habe ich bis jetzt noch nicht gehört. Doch so rasch gebe ich nicht auf!

Dann passiert es, als ich schon gar nicht mehr daran denke. In einer meiner Kontemplationen höre ich Eros' Flüstern:

„Ich träumte im Inneren meines Herzens. Aus mir entstand die Schöpfung. Lange herrschte nur Dunkelheit. Meine Brüder dehnten das Chaos, zogen es in die Tiefe oder versuchten es ins ewige Nichts zu schleudern."

Ich lausche der Stimme und versuche eine Gestalt auszumachen. „Eros?", frage ich in Gedanken und scheue mich vor der Antwort.

„In den himmlischen Sphären jenseits des Chaos ruhte der göttliche Samen im Schlaf, bis mein Wille ausgestrahlt wurde. Erstmals aus dem Chaos – das die reinen Welten des Seins von denen der Schöpfung trennt – erwacht, stand ich in der Finsternis. Tartaros und Erebos beanspruchten die Dimensionen der Zeit als das Nichts und als den Abgrund für sich; meine Schwestern Gaia und Nyx teilten sich den Raum mit seiner Fülle und der Materie. Ich selbst verblieb im Traum. Während ich neue Wesen und das Leben erträumte, manifestierten meine Geschwister aus dem Chaos Welten über Welten und übernahmen die Herrschaft über die neue Schöpfung."

„Ich kenne diese Träume", rufe ich. „Meine ganze Kindheit hindurch verfolgten mich „Bruder *Nichts* und Bruder *Abgrund*, während mich Schwester *Fülle* verspottete und ich mit Schwester *Materie* immer neue Wesen zeugte." Seit meiner Kindheit deute ich meine Träume, um ihren tieferen Sinn zu verstehen. Ich muss Eros finden. Dazu sind meine Träume einer der Schlüssel.

Eros schweigt, doch ich fühle seine Präsenz. Aus Furcht, seine Gegenwart zu verlieren, sitze ich noch stiller und blicke durch meine geschlossenen Augen in diese andere Dimension, die mit dem Verstand und den Sinnen nicht zu betreten ist.

Endlich vernehme ich wieder Eros' Flüstern:

„Die wahren Geheimnisse der Liebe erkennt nur das Herz. Nur die Liebe vermag Liebe zu erkennen."

„Zeige dich mir!", fordere ich in Gedanken Eros auf, sich mir zu offenbaren. „Bitte", füge ich noch an.

Doch statt einer Gestalt oder eines Gesichtes höre ich den Klang von Dudelsäcken. Es ist kein Lied, nicht einmal eine Melodie, sondern nur dieses Pfeifen und Atmen, traurig und frohlockend zugleich. Je länger ich dieser himmlischen Musik lausche, desto weiter dehnt sich der Raum, bis die ewige Leere sich zerreißt und blendendes Licht mich überflutet.

„Liebe hat kein Gesicht", flüstert mir Eros zu und zeichnet sich trotzdem als die muskulöse Gestalt eines jungen Mannes ab. Anders, als bei meiner ersten Begegnung, bleibt Eros diesmal als helles Licht vor dem Licht eine Silhouette, eine bloße Ahnung. War er bei unserem ersten Treffen ein potenter Jüngling, ist er jetzt ein kräftiger Mann. Er ist nackt, wenn ich seine Gestalt und sein Gesicht im Licht auch kaum ausmachen kann. Er trägt eine Perücke, die so gleißend hell leuchtet, dass ich es kaum ertrage hinzusehen. Dann erkenne ich seine Hände, die in schwarzen Lederhandschuhen mit abgeschnittenen Fingerkuppen stecken. Neugierig, diese neue Manifestation des Gottes der Liebe besser wahrnehmen zu können, lausche ich weiter den Klängen der Dudelsäcke und fühle, wie die Liebe mein Wesen durchströmt.

„Lass dich fallen!" Eros' Flüstern ist nur noch ein Impuls aus dem Licht, eine Klangfolge dieses Liebesstroms, bis sie vollkommen damit verschmilzt. „Dein Sommer nähert sich seinem Zenit. Es wird Zeit, die Schwelle zu überschreiten, um deinen persönlichen Herbst zu verwirklichen. Erkenne deine göttliche Aufgabe!"

„Die da wäre?", frage ich und ahne gleichzeitig, dass ich das selbst herausfinden muss. So ist es; Eros verschwindet und nur ein Gefühl unermesslicher Liebe füllt mich aus, dass ich befürchte, gleich zu platzen.

Meine Eltern reisen zum Glück, pünktlich zum Ferienbeginn Ende Juni, für Wochen auf die Bahamas ab. Selbst das Personal hat freibekommen, denn ich solle lernen, für mich selbst zu sorgen – ohne Köche, Putzfrauen oder unseren Butler.

Das erste Wochenende genieße ich die neue Ruhe im leeren Elternhaus. Dass niemand da ist, der so tut, als ob er unsichtbar sei, mich aber gleichzeitig ständig im Auge behält, tut extrem gut. Wie beobachtet und kontrolliert ich in Wahrheit immer war, wird mir erst bewusst, als es jetzt fehlt.

Jeden Tag versuche ich, Eros oder dem Klanglicht zu begegnen. Leider höre noch sehe ich eine von Eros' tausend Erscheinungen. Dennoch fühle ich seine Präsenz während meiner meditativen Übungen, die ich keinen Tag auslasse. In der Nacht auf den vierten Juli, dem amerikanischen *Independence Day,* höre ich Eros' Flüstern endlich wieder. Es klingt heute wie der Wind, der durch Schilfrohre pfeift:

„Großes fordert Großes; Göttliches fordert alles, was du zu geben hast. Heute wirst du etwas Altes hingeben müssen. Nur wenn du diese Schwelle übertreten kannst, öffnet sich die neue Tür. Du wirst nur alles gewinnen, wenn du alles verlierst."

Als ich schockiert darüber mit Gedanken eine Frage formulieren will, erstirbt der Liebesklang und lässt mich in der Dunkelheit meines Zimmers alleine zurück. Panisch schrecke ich aus dem Traum hoch.

Es ist still im Haus. Ich bin alleine.

Die nächsten Stunden wälze ich mich unruhig in meinen Laken und ahne nichts Gutes. Um zehn Uhr quäle ich mich gerädert aus dem Bett und verpacke meine Geschenke für die Zwillinge, die heute ihren neunzehnten Geburtstag feiern. Beide erhalten eine der Zeichnungen von mir als erotisches Model. Ich habe damals im Kunstzentrum die Bilder den Künstlern abgeschwatzt. Beide Zeichnungen ließ ich rahmen, und beide sind so gut geworden, dass ich mich jetzt kaum von ihnen trennen kann. *Heute wirst du etwas Altes hingeben müssen. Nur wenn du die Schwelle übertreten kannst, öffnet sich die neue Tür. Du wirst alles verlieren, um alles zu gewinnen.* Ich hoffe, dass dieses Alte sich bloß auf diese beiden Zeichnungen bezieht.

Die Zwillinge sind meine besten Freunde. Nach dem Brunch und einer fetten Geburtstagstorte albern wir in ihrer Studentenbude rum und tauschen Geschichten aus.

„Heute Abend steigt ne Goldparty im *Boggy Bottom Club*! Josh, begleitest du uns?“, fleht mich Jeffrey an.

„Seit meiner Begegnung mit Lox war ich nie mehr dort“, bemerke ich und fantasiere von Lox’ erotischer Samba Performance. Seit meiner Trennung mit Oliver hatte ich, bis auf das Intermezzo mit dem schwarzen Panther, keinen Sex mehr. „Von welcher Art ist die Party?“, will ich diesmal Klarheit.

„Es ist ein Kostümfest! Erlaubt ist alles in Gold. Warum fragst du?“, stupst mich Donald, der hinter mir an eine Couch gelehnt sitzt, mit seinen Zehen an. „Würdest du gerne mal wieder ein *Bunny* sein?“

Lachend schüttle ich meinen Kopf. „Habt ihr schon Kostüme?“ Noch immer hungrig lange ich nach einem weiteren Stück Torte und verschlinge es.

„Nein, doch ein Kostümverleih hat heute geöffnet!“, springt Jeffrey aus seinem Stuhl hoch.

Eine Stunde später streifen wir durch die Kleiderständer des Kostümverleihes. Ein bestimmt schon siebzigjähriger Mann in einem hellblauen Anzug mit weißem Rüschenhemd schleicht in unserer Nähe herum und wartet nur darauf, dass wir ihn um Rat anflehen.

„Jungs, sucht ihr etwas Bestimmtes?“, ergreift er die Initiative, als wir auch nach weiteren zehn Minuten noch immer nicht fündig werden. Rasch ist alles erklärt und der Typ nickt mehrfach: „Sonnenkönig! Ihr drei könntet als der Sonnenkönig Ludwig XIV. gehen!“

„Cool!“, drängt sich Donald vor. „Mein Bruder und ich treten immer im Partner Look auf.“

„Nein, danke!“, verneine ich. Während die Zwillinge dem Kostümverleiher ins Lager folgen, finde ich eine Georg-Washington-Perücke. Sie ist schneeweiß im typischen Kolonialstil; der Rossschwanz wird durch ein breites mattglänzendes schwarzes Lederband zusammengebunden. Ich setze mir das Ding auf. Was ist passender an einem Independence Day, als dieser Gründer-Look? Bald habe ich vergessen, dass ich damit aufgesetzt weiter durch die Gänge mit den Roben stöbere, als Donald und Jeffrey, beide im identischen Gold-Kostüm, hinter mir auftauchen. Der Kostümverleiher zupft an ihren engen Pumphosen und den bestickten Westen. Dazu tragen die Zwillinge nur noch goldige Strumpfhosen und hochhakige Schuhe mit Schnallen. Die dazugehörigen schwarzen Lockenperücken sind ziemlich tuntig mit goldigen Schleifen drin, auf die die Zwillinge nach meinem unübersehbaren Naserümpfen, zum Glück verzichten. Ebenso verzichten die beiden Geburtstagskinder auf die zum Kostüm dazugehörigen Rüschenhemden und langen Mäntel.

„Ich habe eine Idee!", boxt Jeffrey seinem Zwillingsbruder in die Rippen. „Josh! Suche dir ein passendes Oberteil zu deiner coolen Perücke aus, und lasse uns danach von hier verschwinden!"

„Keine Hosen?"

„Klar!" Jeff grinst lausbübisch. „Ich weiß genau das Richtige!"

Weil auch Donald immer zappeliger wird, kaum dass die beiden goldigen Sonnenkönig-Kostüme eingetütet sind, drängt auch er zum Aufbruch.

„Leute", lege ich den Zwillingen, kaum aus dem Laden, von hinten meine Arme um ihre Schultern, „ich habe nur eine Perücke! Was jetzt?"

„Relax!"

Kurz darauf stehen wir in der Nähe des *Dupont-Circles* vor einem Gay Sexshop. Wenig begeistert lasse ich mich von den Zwillingen über ein paar Stufen zum Eingang in den Laden führen. Zielsicher steuern die Zwillinge die Abteilung mit der Reizwäsche an.

„Zieh diesen Side Thong an!", fordert mich Donald auf, schmeißt mir etwas zu, schnappt sich für sich selbst und seinen Bruder ein gleiches Teil und verschwindet in der Umkleide. Jeffrey quetscht sich zu ihm hinter den Vorhang. Warum beide das gleiche Modell anprobieren, verstehe ich nicht: Was dem einen passt, tut es doch auch beim anderen Zwilling.

„Bist du Captain J.J.?", fragt mich ein übergewichtiger Latino, der auf einem breiten Hocker bei der Kasse sitzt.

„Yep!", antworte ich knapp, denn mir ist weder nach Small Talk noch nach Autorgrammschreiben zumute.

„Side Thongs sind in dieser Saison der letzte Schrei!" Geschäftstüchtig schiebt sich der dicke Mann hinter dem Tresen hervor.

Die beiden Jungs kichern hinter dem Vorhang.

„Los!", fordere ich die Kindsköpfe auf. „Vorführen!"

Angezogen sehen Side Thongs total beknackt aus. Trotzdem, den beiden Verrückten stehen diese goldigen Dinger perfekt. Wie der Name dieser Wäsche schon verrät, trägt man sie seitlich. Ein Band um den rechten Oberschenkel mit einem Säckchen daran macht schon alles aus. Der fette Latino überschüttelt sie mit Lob. Sein Kopf glüht knallrot vor Lust.

„Josh, was hältst du davon?", fragt mich Jeffrey. Der hübsche Typ ist so gut wie nackt. Ein Tanga ist schon minimal, doch ein halber Tanga verdeckt so gut wie nichts. Jeffrey dreht sich um die eigene Achse. Von hinten ist das Mini-Teil noch extremer, denn nur ein dünnes Gummiband schlingt sich um seinen rechten Oberschenkel, mehr ist da nicht.

„Extrem scharf!“, labert der Verkäufer und kann sich kaum zurückhalten, die nackten Zwillinge gierig zu grabschen.

Donald und Jeffrey sehen sich gegenseitig an, schlagen mit High Five ab und nicken synchron, dass sie ihre Wahl getroffen hätten. „Diese Teile statt der Pumphose! Josh, was ist mit dir?“, wiederholt Jeffrey seine Frage an mich.

„Ich bin der Jockstraps Typ“, murmle ich. „Haben Sie welche in Gold?“, frage ich den Verkäufer.

„Nur in Gelb!“ Lüstern zuckt der Fette mit seiner Schulter und lässt die Zwillinge dabei nicht für eine Sekunde aus seinen Augen.

„Ich nehme diese schwarzen Lederhandschuhe!“ Ein Paar mit abgeschnittenen Fingerkuppen und Luftlöchern auf den Handrücken zieht mich magisch an. Angezogen passen sie wie angegossen. Ein kurzer Check auf das schwarze Band an der Perücke in meiner Tüte bestätigt mir, dass es aus dem gleichen Material ist. Noch immer ohne Kostüm verlasse ich den Laden. „Und jetzt?“

„Bis zur Party sind es noch Stunden. Vor elf Uhr abends brauchen wir uns dort nicht zu zeigen. Don und ich wollen in den *Potomac Park*. Nahe dem *Jefferson Memorial* soll etwas los sein. Ein paar Typen von der Uni erzählten von Performances, Konzerten und derlei Kram zur Feier. Josh, kommst du mit?“

Am frühen Nachmittag schlendern wir am *Tidal Basin* vorbei. Unser Ziel ist der runde Kuppeltempel mit den hohen Säulen. Überall auf den Wiesen der Parkanlage liegen Leute in der Sonne oder spazieren zwischen Verkaufsbuden und kleinen Bühnen vorbei, wo Sänger und Bands ihr Können zum Besten geben.

„Happy Independence Day!“, ruft eine bekannte Stimme aus der Ferne. Es ist Bruce, der freche Typ aus dem Kunstkurs, der mich damals zu meiner ersten Erotik-Performance animiert hatte. Der junge Typ trägt eine seiner Baseballcaps, sonst nur noch eine abgeschnittene Jeans und Turnschuhe. „Stehst du für uns Model?“

„Hi, Bruce“, begrüße ich den dunkelblonden gleichaltrigen Studenten. „Hier im Park?“

„Die Erotik-Klasse zeichnet spontan mutige Models.“

„Alter", legt Donald Bruce seinen rechten Arm um die nackte Schulter, „die Erotikklasse betätigt sich als Straßenkünstler?"

„Voll cool!", will auch Jeffrey mehr darüber wissen. „Wo?"

Bruce zeigt zu ein paar Bäumen hindurch zum Ufer, wo bestimmt zwanzig Künstler hinter Staffeleien sitzend irgendwelche Typen, die sich halbnackt in Posen stellen, zeichnen. „Dort steht Miguelangelo!" Bruce zeigt in die Ferne.

Weil die Zwillinge bereits sehr zügig die Richtung einschlagen, folge ich ihnen. Kaum unter den Künstlern, lassen sich die Zwillinge nicht zweimal bitten und stehen keine Minute danach in ihren neuen Side Thongs im Kreis aus zwölf sitzenden Typen, die sie mit ihren wuchtigen Staffeleien etwas vor den Schaulustigen abschirmen.

Kopfschüttelnd beobachte ich das Geschehen. In diesen Teil des Parks verirren sich wegen der lauteren Attraktionen direkt um das *Jefferson-Memorial* kaum Fußgänger. Die Zwillinge posieren Arm in Arm. In ihren goldigen Mini-Slips sehen sie nicht nur absolut identisch, sondern auch absolut scharf aus. Die kleinen Goldbeutel zeichnen ab, was die Zwillinge zu bieten haben, und ihre dunklen gestutzten Büsche und nackten Ärsche locken weitere Schaulustige an.

„Josh", ruft mir Donald zu, „hab dich nicht so! Ich hätte gerne ein Bild von dir mit der Georg Washington Perücke aufgesetzt."

„Hast du auch ein *Kostüm* dabei?", erkundigt sich Miguelangelo und stellt sich hinter mich. Er schaut mir über die Schulter in die großen Tüten hinein, die mir die Zwillinge zur Aufbewahrung zurückgelassen haben.

„Nur eine Perücke und Handschuhe."

„Hier!", reicht mir Miguelangelo eine schwarze Lederhalbmaske, die er sich aus seiner offenen Weste zieht. „Die biete ich scheuen Jungs an, die sich zeichnen lassen wollen, ohne erkannt zu werden. Die passt doch farblich perfekt zur Perückenschlaufe und deinen Handschuhen. Keine Lust auf ein Experiment?"

Energisch verneine ich.

Miguelangelo zeigt zu einem Zelt in der Nähe.

„Bitte!", fleht Bruce, der nicht von meiner Seite gewichen ist.

Unsicher sehe ich mich nach Presseleuten um. Doch selbst durch den Rummel, den die erotischen Zwillinge auslösten, bleibt es bis auf die bereits hier Anwesenden ruhig.

Ich erinnere mich plötzlich an Olivers Worte: *Jeder wartet nur darauf, Senator Julius einen Tritt in die Eier zu verpassen. Josh, falls du dich jemals öffentlich outen möchtest, dann mache es exklusiv und gut geplant!* Oliver sprach vom Outing als schwuler Mann. Würde ich heute hier nackt posieren, wäre das ein Outing als der Exhibitionist, zu dem mich die Presse eh schon abgestempelt hat. *Zum Glück war der Fotograf so nett, nur ein Bild deines Hinterteils weiterzuleiten. Der Skandal, hättest du dich frontal gezeigt, wäre Vaters Todesstoß gewesen. Nicht auszudenken, was das für Folgen gehabt hätte.* Auch Mutters Warnung schleicht sich wieder in meine Gedanken ein. Seit dem Scheitern des neuen Captain J.J.-Bildes und Vaters Würgegriff, der sich immer enger um meine Freiheit zieht, erwacht abermals der Rebell in mir.

Wenn die Zwillinge hier mit nichts weiter als diesen läppischen Halb-Tangas die Menge belustigen können, dann kann ich das auch. Noch während ich mit den Tüten das Zelt aufsuche, bilden Christoph, der alte Japaner und noch andere, die ich alle vom Sehen her kenne, einen zweiten Kreis aus Staffeleien und platzieren sich dahinter auf ihren Hockern. Miguelangelo muss ihnen meine Ankunft und Bereitschaft zu Posieren verraten haben. Im Zelt erwartet mich Bob, der schwarze Panther. „Modelst du auch?", frage ich ihn.

„Die nächste Stunde passe ich hier auf die Klamotten und Wertgegenstände möglicher Models auf. Und du?" Er sieht mich mit diesem Funkeln in seinen Augen an, dass ich von unserer letzten Begegnung her noch gut in Erinnerung habe.

„Niemand bietet meinem Vater die Stirn!" Schulterzuckend schäle ich mich ausmeinem Tank Top und setze mir die Perücke auf, wie auch die Lederhalbmaske, um mein Gesicht dahinter zu verbergen.

„Josh, was hast du vor?" Der dunkelhäutige Typ mit den extrem hochstehenden Haaren verdreht seine Augen.

„Keine Ahnung!", brumme ich. „Heute ist der Independence Day! Ich will mich wenigstens heute frei fühlen. Frei von Zwängen, frei von den Erwartungen meiner Eltern und frei vor Gesetzesentwürfen, die uns versklaven wollen." Entschlossen knöpfe ich mir die Hose auf und lasse sie auf meine Zehen niederrutschen, um daraus hinauszusteigen. Ich ziehe mir nur noch die Lederhandschuhe an, bedecke mit meinen beiden behandschuhten Händen meinen schlaffen Lümmel und lasse mir von Bob die Zeltplane zur Seite schieben, um mich den Künstlern und den Schaulustigen zum Fraß vorzuwerfen.

Heute wirst du etwas Altes hingeben müssen. Nur wenn du die Schwelle übertreten kannst, öffnet sich die neue Tür. Du wirst alles verlieren, um alles zu gewinnen. Plötzlich fühle ich Eros' Präsenz. Sie erfüllt mich mit Liebe, Stolz und einer Entschlossenheit, die ich schon lange nicht mehr gefühlt habe. *Großes erfordert Großes; Göttliches fordert alles, was du zu geben hast.* Solange ich meine Hände da behalte, wo sie jetzt liegen, zeige ich nicht mehr, als die Zwillinge: Brust, Arsch und Busch.

Bob sagt kein Wort, doch seine Blicke sprechen von Lust, sich am liebsten selbst hinter eine der Staffeleien zu setzen, um mich so zu zeichnen. „Bob, musst du noch auf andere Sachen, als auf die meinen aufpassen?", frage ich deshalb.

„Im Moment nicht!"

„Na dann!", lache ich. „Alter, packe mein Zeug zusammen! Nimm alles mit! Zeichnen ist besser, als hier im leeren Zelt rum zu hocken!" Barfuß schreite ich über den Rasen in die Künstlerrunde. Das Gefühl, dass ich etwas Verbotenes mache, das noch Folgen haben könnte, beflügelt mich, satt mich in Angst zu versetzen.

Die Zwillinge beobachten mich genauso interessiert, wie das Publikum. Nicht nur Bob, sondern ebenso Miguelangelo, Christoph und Bruce lassen ihre Kreiden und Stifte über ihre Papiere huschen, während sie mir immer wieder aufmunternd zunicken, grinsen oder lächeln. Auch wenn ich schon viele Male zuvor posierte, fühlt es sich heute trotzdem komplett anders an. Ob das die Präsenz der Zuschauer ist? Oder liegt es daran, dass ich nackt in einem öffentlichen Park stehe? Ich erahnte, dass ich mit meiner Bereitschaft eine Tür hinter mir zuschließe. Ich habe die Schwelle ins Unbekannte überschritten. Erkennt mich auch nur einer der Zuschauer oder gelangt auch nur einer der Schnappschüsse, die jeder mit seinem Mobile Phone schießt an die Presse, wird der Ärger nicht mehr aufzuhalten sein. Trotzdem – oder gerade deswegen – entspanne ich mich, fletsche angriffslustig meine Zähne und fühle mich wie ein echter Rebell.

„Leute, dieser Typ hat ein Arsch wie Captain J.J.", höre ich nach einer Weile einen Studenten brüllen.

Vorsichtig schiele ich zu ihm rüber und erkenne in ihm einen meiner Football Kumpels. Warum er mich noch nicht erkannt hat, schreibe ich meinen neuen Muskeln zu. All das bringt mich zum Grinsen.

„Josh?", höre ich meinen Kumpel scheu fragen. „Alter, du bist es! Mann, dieses Grinsen hat nur einer!"

Ich versuche so zu tun, als ob ich ihn nicht gehört hätte.

„Leute, dieses Raubtiergrinsen und diesen Arsch habe ich echt vermisst!", lacht Logan plötzlich los und beginnt, ebenfalls mit seinem Mobile Phone Bild um Bild von mir zu schießen. „Alter, wir können es alle kaum erwarten, wenn nach den Sommerferien deine Spielsperrung endlich aufgehoben wird! Captain J.J., dein Team steht hundert Prozent hinter dir!“

Lächelnd nicke ich und hebe meine rechte Hand zum Gruß. Für einen Moment ist der Blick auf das bis jetzt Verdeckte fast frei. Das war ein Fehler!

„Jim, Ryder, Carter, Shawn!“, ruft Logan und winkt vier weitere meiner Footballkumpels, die abseits am Ufer des *Tidal Basins* stehen, zu mir rüber. „Dieser Flitzer ist unser Captain J.J.!“

„Captain!“, begrüßt mich Shawn.

„Ey, Josh, deinen Arsch haben wir vermisst!“, lallt Carter und zückt ebenfalls sein Mobile Phone, um sich ein Souvenirfoto zu schießen.

„Alter, du bist echt voll splitternackt!“, gafft mich Ryder sehr genau an.

„Ich habe den Beweis! J.J.‘s Pimmel!“, verkündet Carter, schwenkt mit seinem Telefon und reicht das Display weiter.

Zur Antwort zucke ich nur mit der Schulter. Leider ziehen die knipsenden Footballspieler mit ihren Kommentaren noch mehr Schaulustige an, die mich ebenfalls – jetzt als Captain J.J. entlarvt – fotografieren. Froh über die Halbmaske und die Perücke, versuche ich weiterhin das coole Model zu mimen.

„Zeig nochmals deinen Schwanz!“, fordert mich Ryder auf.

Lachend schüttle ich meinen Kopf.

Nach einer Stunde reicht mir Miguelangelo ein Badetuch in das ich mich einwickle, um mich danach im Zelt, vor dem jetzt der Kunstzentrumsleiter Stellung bezieht, anzuziehen. Als ich wieder rauskomme, knipsen mich weitere Schaulustige, wie auch einige Presseleute, die ich bisher übersehen hatte.

„Kämpft Jonathan Josh Julius abermals für Naked Facts?“ Schon schiebt mir ein Journalist sein Mikrofon hin.

„Antworte nicht“, rät mir Miguelangelo.

Weil die Zwillinge den plötzlichen Rummel ums Zelt mitbekommen haben, ziehen sie sich rasch an, laufen zu mir rüber, nehmen mir die Tüten ab und zerren mich an ihren Händen über die Wiese davon. Wir flüchten im Dauerlauf und winken dem ersten Taxi, das wir in der Ferne ausmachen. Lachend drängen wir uns auf den Rücksitz.

„Wohin?“, fragt mich Donald.

„Ich fahre ins Kunstzentrum. Miguelangelo schob mir einen Zettel zu, dass er mich heute noch dort treffen will. Ich komme später von dort aus direkt in den Club.“

An der nächsten Kreuzung steige ich aus. Kaum sind die Zwillinge weitergefahren, rufe ich mir ein anderes Taxi.

Miguelangelo muss gleich nach mir aufgebrochen sein, denn er kommt fast gleichzeitig in seinem eigenen Wagen im Kunstzentrum an. Ohne lange um den Brei zu reden, bittet er mich, ihm in der Perücke und den Handschuhen Model zu stehen, was ich für fast zwei Stunden lang tue. Er bestellt danach beim Chinesen reichlich Essen, und ich decke in der Hauskantine einen Tisch für uns.

„Wir sind zu viert! Ich habe noch zwei Freunde von uns eingeladen."

„Wer kommt?", hole ich zwei weitere Teller aus dem Schrank."

„Du wurdest im *Potomac Park* erkannt. Ich rief Charles Tamlyn an, um ihn darüber zu informieren, dass du wieder da bist!"

„Was? Warum?"

„Schlagen wir heute noch zu! Die Presse will dich als Exhibitionisten outen. Kommen wir ihr mit einer guten Story zuvor!"

„Ich habe meinen Pimmel nicht gezeigt!", protestiere ich, schlucke leer und fühle mich einmal mehr benutzt. „Kommt Oliver auch?"

„Er ist seit ein paar Tagen wieder fest in Washington zurück. Ja! Er wird dich beraten."

„Ich will ihn aber nicht sehen!"

„Er wird bald mit Charles hier eintreffen. Josh!", sieht mir Miguelangelo in die Augen, „nach den Sommerferien bringt dein Vater den Gesetzesentwurf vor den Kongress. Die Konservativen rotten sich überall im Land zusammen. Nutzen wir den Independence Day und schlagen zu. Jetzt oder nie!"

„Du meinst, *ich* soll zuschlagen", brumme ich überrumpelt.

„Josh, als du heute Nachmittag nur mit der Perücke auf dem Kopf, der Maske vor dem Gesicht und den Handschuhen aus dem Zelt getreten bist, fühlte ich Hoffnung. Selbst mit halbverdecktem Gesicht, erkannte ich das Blitzen in deinen Augen und", nickt Miguelangelo mehrfach, „ich sah deine Flügel weit geöffnet."

„Meine Flügel?", rümpfe ich meine Nase.

„So habe ich dich im Park gezeichnet."

„Als Racheengel?"

„Nein, als Bote der Hoffnung!"

Lachend fordere ich den Künstler auf, mir dieses Bild zu zeigen. Als ich kurz darauf die Zeichnung betrachte, schaudert mir. Eros' Prophezeiung nimmt Form an.

Als Charles als Erster das Hauscafé im Kunstzentrum betritt, läuft es mir eiskalt über den Rücken. Als ich damals seine Hilfe erflehte, mich vor Mutters Verkupplungsversuchen zu beschützen, unterschrieb ich danach den

Vertrag, der mein Praktikumsbeginn auf heute festsetzte. Ein Zufall? Habe ich mit meinem Leichtsinn im Park das neue Sonderprojekt selbst bestimmt?

„Josh!", winkt mir Oliver in einem sommerlichen Anzug hinter Charles hereinkommend zu, „ich habe dich wirklich vermisst!" Sein offenes Lachen und seine herzliche Umarmung lassen mich meinen Groll auf ihn vergessen.

Meine einstige Lust und Liebe für ihn hat sich zurück in die Freundschaft verwandelt, die uns vor unserer Beziehung verbunden hatte. „Ich dich auch! Freunde?"

Zur Antwort zieht mich Oliver abermals an sich und küsst mich auf beide Wangen. „Durch dick und dünn!"

„Interessant, dass sich gerade heute die Presse wieder auf dich stürzt?" Damit reicht mir Charles seine Hand zur Begrüßung.

„Heute fängt mein Praktikum mit einem Sonderprojekt an", verkünde ich. „Ich habe einfach schon ohne euch anfangen!"

Der Todesstoß

„Du solltest dich nicht nackt der Presse ausliefern", stellt Oliver nach längerer Diskussion während des chinesischen Essens fest. „Das kannst du zu einem späteren Zeitpunkt immer noch tun. Es ist besser, wenn es nach einem Zufall oder einem Missverständnis aussieht."

„Nachdem ich bereits nackt im *Potomac Park* ..."

„Josh, du hast dich bloß zeichnen lassen, wie bestimmt zwei Dutzend andere ebenso", winkt Miguelangelo ab.

„Aber du bist Jonathan Josh Julius, der Sohn des Senators, der die Nation spaltet! Niemand interessiert sich dafür, ob du der Einzige oder einer unter Tausend warst. Dein Pimmel wurde fotografiert, nur das wird ausgeschlachtet werden." Charles spricht sachlich.

Mir ist bewusst, wie Recht er damit hat. „Wie können wir das für unsere Zwecke manipulieren?", bringe ich mich ein. „Ich bin zu allem bereit! Es gibt jetzt eh kein Zurück mehr!"

„Nutzen wir die Stunde! Heute ist der Independence Day. Überall in der Stadt finden Partys statt. Einige davon sind Kostümfeste. Zeige dich an zwei oder drei Partys in einem Kostüm, dass ..."

„... meinen Pimmel zeigt?", rate ich.

Charles nickt.

„Also doch ein Auftritt ohne Hosen?“ Meine Blicke wandern von Miguelangelo zu Oliver und am Schluss auf Charles, der mir tief in die Augen sieht. Da mir keiner antwortet, schlage ich einen Side Thong vor, wie ihn die Zwillinge im Park getragen haben. „Darunter zeichnet sich alles exakt ab und ich bin dennoch nicht ganz nackt!“

„Du bist kein Tanga-Typ!“ Oliver schüttelt energisch seinen Kopf. „Du bist die Wildsau auf dem Footballfeld! Du bist der Quarterback, der jeden umhaut. Du bist Captain J.J. und nicht ein tuntiges Bunny. Josh, du musst deine Zähne fletschen und kämpfen. Zeige dich als der Macho, der du bist!“

Schmunzelnd über Olivers Komplimente fühle ich seine tiefe Freundschaft für mich. Er liebt mich noch immer. „Dann doch wieder mit Helm und Shoulder Pads?“, schlussfolgere ich.

„Als Bote der Hoffnung“, bringt sich Miguelangelo ein und holt aus seinem Atelier die Zeichnung von mir, die er im Park erstellt hatte. Sie zeigt mich mit meinem typischen Raubtiergrinsen, den Lederhandschuhen vor meinem Penis und einer Körperhaltung, die vermuten lässt, dass ich abchecke, welchen Gegner ich zuerst umrennen will. Die riesigen Flügel, die mir aus den Schultern wachsen, machen mich zum göttlichen Vollstrecker. Auch wenn Miguelangelo von mir als Hoffnungsträger spricht, sein Bild zeigt etwas anderes: einen Krieger. Einer, der meinem Vater den Todesstoß versetzen kann.

„Make Love not Peace!“, stelle ich fest.

„All das, was bis jetzt gesagt wurde, musst du gleichzeitig verkörpern. Dein Kostüm muss umhauen, faszinieren, schockieren und jeden Zweifel ausräumen, du wärst ein Friedensbote. Du musst dem Drachen die Lanze ins Herz rammen. Deine Botschaft *Make Love not Peace* müssen wir wirkungsvoll inszenieren.“

Bevor ich mich dazu äußern kann, ruft Charles bereits telefonisch mein früheres Team zusammen: der Fotograf Pascal; seinen Assistent und Cousin Laurent; die beiden Stylisten Eddy und Nic; und die drei Beleuchter Dylan, Gabriel und Tyler. Sie alle sollen sich sofort im Medienzentrum einfinden.

Kurz vor neun Uhr versammeln wir uns alle im Styling Departement. Miguelangelo klebt seine Zeichnung von mir als Drachentöter an den mit Glühbirnen bekränzten Garderobenspiegel, während Eddy und Nic ihre Rollwagen mit all dem Styling Kram zum Frisörsessel schieben, in den ich mich platzieren soll.

Tyler begrüßt mich mit Schulterklopfen und krault sich danach sein schwarzes kurzes Bärtchen. Gabriel mit seinem Millimeterhaarschnitt steht in einem Netzshirt hinter Scheinwerfern und folgt Pascals Anweisungen.

„Josh“, lächelt mich Laurent an, „ich bin so froh, dass dein Sonderprojekt wieder aufgegriffen wird. Fotografieren wir heute Nacht ein neues Cover für den Katalog?“, will der junge Typ aus Montreal wissen. Sein Gesicht leuchtet in Vorfreude auf das Kommende. „Werden wir dir auch heute nackt als Statisten zur Seite stehen?“ Er errötet und hofft, ich bejahe.

„Eddy und Nic“, winkt Charles die beiden Stylisten vor Miguelangelos Zeichnung, die vor mir am Spiegel klebt. „Haben wir Flügel im Haus?“

„Laurent, kannst du die Schwingen raufbringen“, nickt Eddy. „Es sind diejenigen vom Shooting der *Bad Angels*. Die müssten im zweiten Erdgeschoss bei den Requisiten deponiert sein.“ Schon flitzt Laurent davon.

„Ich bin kein Bad Angel!“, protestiere ich. „Das signalisiert ein falsches Bild!“

„Die Bad Angels tragen schwarze Flügel. Wir haben im Lager aber nur noch weiße. Die Eingefärbten haben uns die Bad Angels alle abgekauft.“

„Was ist mit der Goldparty im *Foggy Bottom Club*?“, gebe ich zu bedenken. „Nur was golden ist, ist dort erlaubt!“

„Charles?“ Eddy sieht erst zum Leiter des Medienzentrums, dann zu Miguelangelo. „Gold oder weiß?“

„Mir schwebt vor, dass du hautenge Sporthosen tragen wirst. Die gleichen, die du auch beim Football trägst“, bringt sich Oliver ein, der das wahrscheinlich auf der Hinfahrt mit Charles im Wagen durchgesprochen hat. „Wir haben weiße, die sehr transparent sind. Viel Sportler tragen sie.“

„Ja, auch einige meiner Kumpels! Viele der Jungs wollen zeigen, was sie haben!“, bestätige ich. „Die Jockstraps darunter verdecken eh die intimste Stelle.“

„Ohne Jockstraps!“, bestimmt Charles.

„Ok!“, zucke ich mit der Schulter.

„Dann ist das geklärt“, schlussfolgert Oliver. „Also weiß! In Gold könntest du zu showmäßig rüberkommen. Wir wollen keinen Zirkusartisten oder eine Drag Queen, sondern einen kämpfenden Engel voller Feuer und Lebenslust.“

Fasziniert gaffe ich Oliver an. Beim Sprechen begann sein Kopf rot zu glühen. Er kann es wohl kaum erwarten, mich als sein halbnackter Drachentöter in transparenten Footballhosen zu sehen.

„Zu deiner knielangen Hose passt ein zerschlissenes Tank Top. Dylan wird zwei oder drei präparieren. Josh, du sollst aussehen, als ob du gerade vom Spielfeld kommen würdest und nur rasch deinen Helm und deine Shoulder Pads ausgezogen hättest."

„Cool! Ja, so fühle ich mich wohl!", bestätige ich. „So zeige ich mich auf dem Spielfeld. Kein Problem! Das ist glaubwürdig."

„Das macht aber noch keinen Eros aus!", winkt Miguelangelo ab. „Jeder soll in dir zweifelsohne Captain J.J. erkennen, doch noch mehr: auch den Engel der Hoffnung und der Lebenslust."

„Eros ist kein Hoffnungsengel", schüttle ich meinen Kopf. „Make Love not Peace!", wiederhole ich den Slogan, den ich mir heute Nacht auf den Leib schreiben will.

„Zieh dich aus?", fordert mich Eddy auf, damit er endlich mit dem Styling beginnen kann.

Anders als bei meinem ersten Auftritt hier, scheue ich mich diesmal nicht und verzichte auf den Bademantel, den mir Nic reicht. „Heute Nacht wird jeder meinen Penis zu sehen bekommen. Besser ich gewöhne mich daran", grinse ich angriffslustig.

„Wann hast du dich zum letzten Mal rasiert?", streichelt mir Nic über den Körper. Bevor ich antworten kann, legt mir Eddy bereits vorgewärmte feuchte Waschlappen darauf, um mir danach Rasierschaum aufzusprühen. Bald sitze ich relaxt im Stuhl mit meinen Armen hinter meinem Kopf verschränkt, damit die beiden auch meine Achseln frisch rasieren können.

Tyler und Gabriel beobachten mich aus der Ferne, was mich an unser erstes Fotoshooting hier im Medienzentrum erinnert. Auch damals ging es darum, der Kampagne meines Vaters einen Dämpfer zu verpassen. Wird es uns heute gelingen? Es muss mehr als nur ein Dämpfer werden, ich muss zum Todesstoß bereit sein.

„Was ist damit?", zupft mir Eddy in meinem üppigen Schamhaar. „Wir werden die Laschen der Sporthose so präparieren, dass sie deine Schamhaare nicht bedecken."

„Ja?", frage ich. „Und?"

„Dein Baumstamm würde noch stärker betont werden, wenn das Unkraut darum herum weg wäre."

„Josh soll wie ein echter Sport-Macho rüberkommen!", bringt sich Oliver ein, der mich nicht einen Moment aus den Augen gelassen hat. „Damit", fasst er in meinen Busch, um seine Finger tief darin zu vergraben, „wirkst du wilder." Seine intime Berührung weckt Erinnerungen und Sehnsüchte nach Sex mit ihm, was nicht ohne Folgen bleibt. Oliver lacht. „So hart sollte er in deiner transparenten Hose allerdings nicht werden!"

„Dylan?“, brüllt Charles.

Schon eilt der krausköpfige Beleuchter mit meiner Sporthose, in die er vorne seine Hand unter den Stoff schiebt, zu uns. „Durchsichtig genug? Ich habe den doppelten Stoff rausgeschnitten“, zwinkert er mir frech zu und zeigt uns seine Hand unter dem Stoff, die klar erkennbar bleibt.

„Fertig?“, schiele ich auf die neuen heißen Waschlappen, die auf meiner frisch rasierten Brust liegen.

Eddy nimmt Dylan die Hose ab und reicht sie mir. „Sie ist ziemlich eng und mindestens zwei Nummern zu klein für dich. Falls sie nicht passt, haben wir noch Ersatz.“

Der dehnbare Stoff strafft sich über meine Schenkel und schmiegt sich über meinen Arsch. Nic hilft mir, die Laschen vorne lose zu verknoten.

„Zeig dich!“ Neugierig tritt Pascal aus dem Fotostudio und begrüßt mich mit Kopfnicken. „Oliver hat deine Größe richtig eingeschätzt. Gerade noch groß genug, damit nichts rausschnellt und doch so eng, dass die Nähte halten. Perfekt! Josh, stelle dich mal hier vor die Scheinwerfer“, lotst der Fotograf mich vor den grünen Hintergrund, bei dem Tyler mit einem der Spots wartet.

„Heiß!“ Tyler zuckt mit seiner linken Augenbraue und misst mit seinen Augen, was sich nicht verbergen lässt. „Ich würde den echt voll so zeigen! Passt doch zu einer Macho-Wildsau und einem geilen Quarterback!“

„Findest du?“ Kritisch verdrehe ich meine Augen.

„Hast du schon mal ne Viagra geschluckt?“

„Jungs!“, unterbricht Pascal. „Schießen wir die Bilder solange der da!“, fasst Pascal frech zu, „so hart bei der Sache ist! Danach können wir immer noch entscheiden, ob schlaff oder hart.“

Schon nach wenigen Probeaufnahmen ist Pascal zufrieden.

Nic reicht mir das erste der zerfetzten Tank Tops. Dylan hat es unten knapp über meinem Bauchnabel abgerissen und überall Löcher reingebohrt, die Nähte an gewissen Stellen aufgetrennt oder Risse an den Trägern so platziert, dass es aussieht, als ob es sich um ein altes zerschlissenes Teil handeln würde. Angezogen betont es meine Muskeln.

„Etwas fehlt noch!“

Unschlüssig, was es sein könnte umrunden mich die Typen.

„Du bist purer Sex. Jetzt müssen wir noch den Krieger erwecken.“

Nic steht vor mir mit seinen in die Hüften gestemmten Händen und mustert mich von Kopf bis Fuß. „Leder! Wir brauchen Leder! Laurent, hole doch mal die Kiste mit den Lederbändern.“

Bald bindet dunkelbraunes Leder meine Oberarmmuskeln ab, ziert breit meine Handgelenke oder schmückt meinen Hals. Zum Schluss sehe ich aus wie ein Rock Star, der seine Fans im sexy Outfit erschlagen will. Diese Mischung aus Exhibitionismus, Macho und Sportprofi überzeugt mich total. Als mir Miguelangelo zum Schluss noch die Flügel auf den Rücken bindet, wozu ich das Tank Top wieder ausziehen muss, fühle ich eine neue Kraft. Dylan, der offensichtlich viel vom Schneidern versteht, zerschneidet mein Tank Top so, dass ich es trotz der Flügel wieder anziehen kann. Danach vernäht er es neu in meinem Rücken und verbindet die Träger mit den Halterungsbügeln über meinen Schultern.

Nic wuschelt mir im Haar, frisiert sie mit Gel zu einer frechen Frisur und widmet sich danach auch meinem Busch. Ständig zupft er daran, als ob das einen Unterschied machen würde. Das Gebüsch macht eh was es will und wird durch die losen Laschen nicht verdeckt. Ganz zum Schluss sprüht mir Tyler mit einer schwarzen Spraydose und einer gefertigten Schablone die Worte *Make Love not Peace* auf beide Oberarme.

Als ich mich schließlich abermals für Fotos vor den grünen Hintergrund stelle, steht das Team anerkennend nickend im Halbkreis vor mir. Pascal schießt bestimmt an die hundert Fotos für die ich immer neue Posen einnehmen muss.

„Nehmen wir den Lieferwagen!“, wirft Oliver nach der Fotosession Gabriel die Wagenschlüssel zu. „Mit diesen Flügel passt du in kein Taxi rein!“, erklärt er und zwinkert mir zu.

„Hier!“ Tyler steckt mir drei blaue Pillen zu, die ich mir in die kleine Tasche meiner vorne durchsichtigen Sporthose schiebe. „Nur für alle Fälle! Josh“, flüstert er mir zu. „Josh, mach es unbedingt mit Latte! In diesem Macho-Outfit wäre alles andere feige.“

Selbst wenn ich wollte, im Moment ginge es gar nicht anders. Ich stehe unter Starkstrom, dass ich vor Erregung regelrecht zucke und gelegentlich aufflamme.

Mit dem Warenlift fahren wir alle in die Tiefgarage hinunter. Zusammen mit Tyler platziere ich mich im Laderaum des Transporters. Gabriel fährt und Laurent und Dylan nehmen die freien Plätze vorne ein. Pascal folgt mit Oliver in einem der Medienwagen, um sich vor Ort unter die offiziellen Presseleute zu mischen. Der Rest bleibt zurück. Charles will den Sonderbericht selbst schreiben, und die beiden Stylisten sind zu bekannt, als dass man sie in meiner Nähe sehen sollte. Schließlich wollen wir den Eindruck erwecken, das Ganze sein meine Idee und nichts weiter als ein Party-Kostüm.

Der erste Halt ist vor einem berühmten neuen Dance Club in der Nähe des Capitols geplant. Als wir ankommen, hat sich bereits eine lange Warteschlange vor dem Eingang in den Club gebildet, bestimmt über hundert Kostümierte warten auf Einlass. Durch ein rostiges Loch in der Seitenwand des alten Lieferwagens bekomme ich einen ersten Eindruck. Viele Paare sind im Kolonialstil gekleidet, treten als Präsident Lincoln oder andere Persönlichkeiten auf. Viele tragen dazu ähnliche Perücken, wie ich am Nachmittag im *Potomac Parc*. Natürlich gibt es auch Jüngere, die weit weniger tragen und viel nackte Haut zeigen. Eine Gruppe Studenten steht in griechischer Toga. Eine andere Gruppe aus Männern und Frauen hat sich in wildem Federschmuck als Ureinwohner verkleidet.

„Bist du bereit?" Fordernd fasst mir Tyler in den Schritt, um mich zu stimulieren, was nicht nötig wäre, denn die Aufregung, die Angst und die Tatsache, dass sich mein Leben nach diesem Auftritt für immer vollkommen verändern wird, jagt so viel Adrenalin durch mein Blut, dass auch meine Stahldödel genug davon abkriegt. Wir haben uns abgesprochen, dass mich Tyler, Gabriel und Laurent begleiten werden. Jeder von ihnen bleibt normalerweise in der Medienagentur im Hintergrund, warum sie niemand erkennen wird; zudem sind sie alle etwa in meinem Alter. Mit der Clique fühle ich mich gewappnet, der moralischen Kampagne meines Vaters als geiler Macho-Engel den Todesstoß zu verpassen.

„Pflicht ist Pflicht!", fletsche ich meine Zähne und setze mein Raubtierlächeln auf.

Tyler klopft von innen an die Tür des Lieferwagens und Gabriel öffnet uns von draußen. Vorsichtig, um mit den riesigen Schwingen nirgends hängen zu bleiben, klettere ich aus dem Warentransporter. Als Engel falle ich erst nur wegen meiner Schwingen auf, doch da jeder sich für die heutige Nacht kostümiert hat, bin ich bald wieder einfach einer unter Hunderten.

„Du zitterst!", stellt Laurent besorgt fest.

„Spaziere du mal mit einer Latte in durchsichtigen Hosen diesen Laufsteg ab. Ich werde gleich entweder gelyncht oder gefeiert."

„Make Love not Peace!", zitiert der schlanke Jüngling und boxt mir in die Seite. „Josh, stelle dir vor, das hier sei das wichtigste Spiel der Saison! Nur wenn du alles gibst, gewinnt dein Team. Zögerst du, verliert ihr."

„Danke!", schiele ich zu Laurent rüber. Barfuß schreite ich wegen der engen Hose etwas breitbeinig von der Straße auf die Wartenden zu. Statt mich hinten anzustellen, schreite ich mit meinen vier Kumpels die sehr lange Warteschlange bis zum Eingang ab.

„Ist das Captain J.J.?“

Endlich erkennt mich jemand. Als ich mich nach dem Studenten umdrehe, ist es Corey, mein alter Freund von der Highschool, der damals in meinem Team spielte.

„Corey! Alter, was geht ab?“, begrüße ich ihn mit High Five und bin mir bewusst, dass er, kaum, dass ich mich ihm frontal zudrehe, nur noch Augen für meine Latte hat. Breitbeinig stehe ich vor ihm und seiner Clique und lasse mich von ihnen angaffen.

„Extrem!“, verdreht Corey seine Augen. „Alter, total extrem! Du warst ja schon immer mutiger als wir anderen, doch heute! Mann, extrem!“, wiederholt er immer wieder.

„Was stellst du dar?“, fragt seine Freundin, die knallrot geworden ist. Ihre beiden Begleiterinnen kichern und tuscheln, während sie so tun, als ob sie nicht ebenfalls auf das Ding in meiner Hose starren würden.

„Steht auf meinen Oberarmen!“ Angeberisch spanne ich meinen mit Lederbändern umwickelten Bizeps und lasse sie die Worte selbst lesen.

Immer mehr der Wartenden drehen sich mir zu. Im Fotostudio mit all meinen schwulen Freunden dachte ich keinen Moment daran, dass ich mich in meinem Macho-Outfit auch all den kreischenden Girls stellen muss. Ich hatte immer nur den *Foggy Bottom Club* im Kopf.

„Josh“, stammelt Corey und boxt mir in die Seite. „Alter, wir haben uns lange nicht gesehen. Du bist so ...“ Seine Blicke wandern wieder auf meine transparente Hose und was oben rausschaut. „Mann, du bist ein Mann geworden! Was für Muskeln!“

„Ich trainiere hart dafür!“ Diesmal spanne ich meine Bauchmuskeln an und lenke die Blicke abermals tiefer.

„Ich bin mit Angelika und Piper hier“, kichert Corey Freundin. „Josh, du kennst sie, sie gehören zu deinen Cheerleadern!“ Flirtet die blonde Freundin von Corey mit mir?

„Leute“, spiele ich weiter den coolen Macho, „ich versuche, ohne Anstehen reinzukommen. Wenn ihr wollt, könnt ihr euch mir anschließen.“

„Extrem!“, wiederholt Corey und schlüpft als erster unter der roten Kordel hindurch, um sich direkt neben mich zu stellen. Während ich weiter der Reihe entlang stapfe, tuscheln hinter mir die Wartenden. Macht sie nicht Corey darauf aufmerksam, wer an seiner Seite als geiler Pin-Up einherschreitet, dann die Girls. Bis wir endlich den Eingang erreichen, hat jeder kapiert, dass Captain J.J. heute nicht seinen Arsch, sondern seine Latte vorführt.

Bald herrscht Chaos. Viele drängen sich mit ihren Mobile Phones vor, um mich zu fotografieren. Unzählige Male habe ich irgendwelche Fremden – Girls, wie auch Typen – im Arm, um mich mit ihnen ablichten zu lassen. Je länger das Ganze andauert, desto weniger stört mich mein neuer Ruf. Viele der Bemerkungen zielen auf meine Potenz, aber einige davon auch auf meine Muckis, meinen Mut, meinen unstillbaren Geltungsdrang oder meine Idiotie.

Beim Eingang haben sich Oliver und Pascal als Journalisten zu erkennen geben und vorgeschoben, um mich spontan mit vorher abgesprochenen Fragen zu löchern und natürlich ebenfalls zu fotografieren. Niemandem fällt auf, dass Pascal öfters das Publikum, statt mich fotografiert. Einige dieser unfreiwilligen Statisten werden später am Computer den Hintergrund der Profi-Bilder aus dem Studio abgeben. Nach und nach treffen weitere Pressewagen ein, denn Oliver hat sie auf der Hinfahrt zum Club mit dem Tipp über meiner Kampfansage informiert.

Irgendwann lange ich nach einer der blauen Pillen und schiebe sie mir in den Mund, denn bei den Fragen der Presse und all der Girls schrumpft meine Lust. Kurzentschlossen spucke ich das Viagra wieder aus. Nach bestimmt zehn Spontaninterviews mit diversen Medienvertretern aus Rundfunk, Zeitungen und privaten TV-Sendern, lotsen mich Tyler und Laurent zum Lieferwagen zurück, der hinter uns mit offenen Ladetüren wartet.

„Jetzt aber nichts wie in den *Foggy Bottom Club*!“, rufe ich nach vorne zu Gabriel. „Streichen wir die beiden anderen Clubs. Die Presse hat, was sie will. Mir reicht es! Ich will jetzt feiern!“

„Du warst so souverän“, lobt mich Tyler. „Warum hast du die Pille wieder ausgespuckt, du hättest sie echt brauchen können!“, fügt er stirnrunzelnd an.

„Die Latte hat zu Beginn für Aufregung gesorgt. Das reichte! Ich bin kein Pornostar, wenn ich mich auch am Anfang so fühlte.“

„Was passiert jetzt?“, fragt mich Tyler.

„Zuerst raus aus diesen Flügeln. Kannst du mir helfen?“ Tyler zerrt an den Trägern und zerreißt dabei mein ohnehin stark havariertes Tank Top, weil wir beide vergessen haben, dass Gabriel es mit den Trägern vernäht hatte.

„Schon besser!“, stoße ich hervor und rudere ich mit meinen befreiten Armen, checke das Tank Top und beschließe, darauf zu verzichten. Das Versteckspiel ist jetzt eh vorbei.

Den *Foggy Bottom Club* betrete ich nur noch in der präparierten Hose und all dem Lederzeugs um meine Oberarme, die Handgelenke und den Hals. Ich fühle mich wie neugeboren, während das Unheil über mir immer bedrohlichere Ausmaße annimmt. Heute Nacht will ich das vergessen. Die

Verantwortung für meinen jugendlichen Leichtsinn werde ich morgen wieder schultern müssen. Jetzt will ich mit den Zwillingen ihren Geburtstag und den Zenit meines persönlichen Sommers feiern. Ab morgen wird alles anders werden.

Das Streichholz im Pulverfass

Das Telefon klingelt viertelstündig seit acht Uhr morgens. Ich ahne, wer es sein könnte – und warum. Ich bin erst um sechs Uhr morgens heimgekommen, denn die Independence-Party im *Foggy Bottom Club* war wirklich galaktisch. Während ich mit den Zwillingen gefeiert hatte, schrieben Charles und bestimmt noch andere Journalisten ihre Schlagzeilen und Berichte über mein unmoralisches Verhalten und meine öffentliche Zurschaustellungen jugendlicher Potenz. Ob mein Vater irgendwann hier ins Haus stürmen wird, mich beim Schopfe packt und eigenhändig auf die Straße hinauswirft? Zum Glück erkennt mein Mobile Phone die Anrufer. Als mich Oliver um ein Uhr mittags anruft, gähne ich noch immer.

„Hast du die heutigen Zeitungen schon gesehen?", fragt er.

„Ich penne noch!", murre ich. „Oder ich versuche es zumindest. Seit acht Uhr klingelt jedes Telefon im Hause ohne Unterbrechung!"

„Dein Vater hat Charles Tamlyn angerufen. Dein Alter ist außer sich vor Zorn. Josh, du kannst froh sein, dass die Bahamas zurzeit von einem Sommersturm heimgesucht werden und alle Flüge gestrichen sind. Senator Julius kann ein unangenehmer Gesprächspartner sein, doch heute ..."

„So schlimm?", schlucke ich leer.

„Lässt du mich rein?", fragt Oliver.

„Stehst du vor dem Haus?" Nur in Seidenshorts quäle ich mich aus dem Bett und schleiche mich über die geschwungene Treppe nach unten und durch den langen Flur zur Eingangstür. Ich spähe erst durch den Spion und öffne danach Oliver.

„Mann, war das eine Nacht!", stöhne ich, lasse ihn eintreten und spähe kurz nach draußen, ob noch anderen – unwillkommene – Journalisten das Haus belagern. Doch niemand ist zu sehen.

„Hier!", reicht mir mein Ex-Lover ein Bündel mit diversen Tageszeitungen, Boulevardblätter und noch ein paar Internetausdrucke, die alle über mein gestriges Independent-Day-Kostüm berichten. Bis auf die Internetdrucke ist auf allen Bildern vorne ein Balken über meine durchsichtige Footballhose gelegt oder das Weiß des Stoffes wurde nachträglich so verdunkelt, dass wohl noch die Form und Länge erkennbar bleibt, doch sonst nichts durchschimmert. In der Washington Post wird mein Schlaffer unter dem transparenten Stoff gezeigt, was mich echt wundert.

„Sieht meine Latte so lang aus?“ Stolz starre ich auf einen der farbigen Internetausdrucke. „Kein Wunder, dass Corey ausgeflippt ist und die Girls beinahe in Ohnmacht gefallen sind. Alter, diese Art Hose trage ich künftig bei Entscheidungsspielen, damit lenke ich meine Gegner ab“, scherze ich, wenn mir auch eigentlich überhaupt nicht danach ist. Die Schlagzeilen wiederholen teilweise den Slogan auf meinen Oberarmen, wenn auch meist noch *Captain J.J.* oder *Senator Julius' Sohn* davor steht und alles wie eine Kampfansage klingen lässt.

Selbst der einzige Sohn von Senator Julius kämpft gegen die Hass-Kampagne seines Vaters. Jonathan Josh's gestriger öffentlicher Auftritt vor dem Capitol spricht eine klare Sprache. Ich lese den Begleittext, doch das Bild fasziniert mich mehr. Auf diesem Titelbild stehe ich tatsächlich auf den Stufen zum Capitol und meine weißen Flügel leuchten, als ob das Mondlicht – wahrscheinlich eher die Spots im Fotostudio – sie gleißen lassen würde. Bestimmt ist es eines der Bilder, die Pascal zusammen mit Oliver am Computer nachbearbeitet haben. Da in Hintergrund meine jubelnde Clique steht, tippe ich auf das Bild: „Ist das dein Werk?“

„Wir haben viele der Bilder an verschiedene Zeitungen verkauft. Meist wurden unsere verwendet, weil darauf deine Latte am eindeutigsten zu sehen ist. Auf den Fotos vor Ort war es oft zu dunkel oder du zu schlaff.“

Über eine Stunde lese ich mir jeden Artikel durch, wenn sich der Wortlaut auch oft wiederholt – speziell in den Onlineberichten oder der Boulevardzeitungen.

„Charles hat bis zum Morgengrauen an diesen Texten gefeilt!“ Immer wieder tippt Oliver auf einen anderen Artikel. „Du bist das Tagesthema.“

„Echt?“, gähne ich und sehe Oliver müde an. „War das nicht der Sinn und Zweck der Rebellion?“

„Du trägst noch immer die Lederbänder?“, wundert sich Oliver und checkt mich ab, als ich es mir auf einer Couch im Kaminzimmer gemütlicher mache.

„Wie geht es weiter?“ Vergeblich lenke ich Olivers Blicke in mein Gesicht. Am liebsten würde ich über ihn herfallen. Nach der gestrigen Nacht mit all den halbnackten Jungs im *Foggy Bottoms Club* kann ich kaum noch an etwas anderes als an Sex denken. Eigentlich sollten mich all die Berichte in der Presse schockieren oder wenigstens beunruhigen, doch ich fühle nichts dergleichen – zumindest nicht im Moment.

„Du hast das Streichholz ins Pulverfass geworfen. Sehen wir jetzt einfach zu, wie alles explodiert. Die Gegner deines Vaters erledigen ab jetzt den Rest."

„Und mein Vater erledigt mich", füge ich sarkastisch an.

„Er hängt auf den Bahamas fest! Der Sturm hat seinen Höhepunkt noch nicht erreicht. Die nächsten Tage bist du in Washington in Sicherheit."

„Wie tröstlich!"

„Noch etwas", leckt sich Oliver seine weichen Lippen und sieht mich hungrig an. „Miguelangelo zieht eine Ausstellung vor. Er verschickte heute die Einladung zur Vernissage an alle Zeitungen und Internetportale, die über dich berichtet haben."

„Geldgieriger Schweinehund!", lache ich auf. „Die Bilder von mir waren für ein anderes Projekt gedacht! Wann?"

„Schon in wenigen Tagen. Jetzt, da du und der da in der Hose", nickt Oliver auf meine Seidenhose, „so berühmt geworden seid, werden die Ölbilder von Miguelangelo wohl alle schon innerhalb Minuten verkauft sein. Hat der Künstler dich denn heute noch nicht angerufen?"

„Bestimmt!", zucke ich mit der Schulter. „Mann, ich bin eben erst ins Bett gekommen", gähne ich schon wieder.

„Soll ich hier Telefondienst leisten, während du nochmals versuchst zu schlafen?"

„In echt?"

„Dein Vater hat Charles angefleht, wir sollten dich von der Presse abschirmen."

Schäbig grinsend nicke ich. „Na dann", stehe ich auf, „muss ich mich wohl Vaters Anweisungen beugen und dich und Charles machen lassen. Weckst du mich in zwei Stunden?"

Ich schlafe bis fünf Uhr durch und werde erst durch frisch gebrühten Kaffee geweckt, dessen Duft mich lecker in der Nase kitzelt. Oliver sitzt am Fußende meines Bettes und schaut mir beim Schlafen zu.

„Beobachtest du mich schon lange?" Kicke ich ihn an. „Mir kam vorhin, als ich mich hinlegte eine Idee. Warum soll nur Miguelangelo einen Gewinn aus den Schlagzeilen machen? Ich bin noch immer für ein Sonderprojekt verantwortlich. Warum also nicht einen Fotoband von mir rausgeben?"

„Der wäre, wenn wir uns beeilen, im Nu vergriffen!", bestätigt mich Oliver und nickt. „Dein Vater wird dich dafür töten lassen. Darüber bist du dir schon bewusst?"

„Ich bin eh fällig", rümpfe ich meine krumme Nase. „Wenn ich schon untergehe, dann wenigstens mit etwas eigenem Geld in der Tasche. Kannst du das Team zusammentrommeln?"

„Ernsthaft?"

„Captain J.J. ist wieder da! So steht es doch in der Zeitung. Also los, bevor ich es mir anders überlege."

Die nächsten drei Tage wütete zum Glück ein echt heftiger Sturm über den Bahamas, der mir genügend Zeit verschafft, von morgens bis spät nachts in einem rasch eingerichteten Fotostudio in einer alten Fabrik in Georgetown meine Visionen zu manifestieren. Den ersten Tag posiere ich in allen möglichen Sportklamotten – naja, falls man Boxhandschuhe und ein offener Bademantel als solche bezeichnen kann. Ein Konzept zeichnet sich in all den Aufnahmen nicht ab. Wohl schattenboxe ich mit offenem Bademantel, stemme einen Nachmittag lang nackt im Gay Club Handeln oder üben an anderen Sportgeräten. In Nachtschichten versucht Oliver Szenen zu kreieren, doch irgendwie tobe ich mich einfach aus, und werde dabei täglich lockerer. Einige der Fotos sind extrem gut, aber was ich wirklich damit bezwecken will, entzieht sich meiner Kenntnis. Erst am vierten Tag nach dem Presserummel kristallisiert sich endlich die neue Idee.

„Ein ganz normaler Tag in Captain J.J.'s Leben!", schlägt Laurent vor und gibt so neue Impulse. „Josh, du bist kein Pornostar", spricht er das aus, was mich selbst an der Kampagne stört. „Das hast du zumindest Tyler gegenüber erwähnt."

„Nein! Das bin ich nicht!", bestätige ich, wenn ich auf einigen der Bilder auch ganz danach aussehe.

„Viele sehen in dir ein Vorbild oder einen Helden", bringt sich auch Gabriel ein. „Josh, wenn mir einige dieser scharfen Bilder auch extrem gut gefallen", tippt er auf ein Foto von mir als nackter Boxer, „dann würde ich doch gerne auch deine andere Seite kennenlernen."

„Welche?", frage ich direkt.

„Dich als Student! Dich als Football Captain, als Sohn eines berühmten Politikers ..."

„Echt jetzt", rümpfe ich meine Nase. „Als Senator Sohn?"

„Das bist du auch!", nickt Laurent. „Du siehst im Anzug sehr gut aus", fügt er an und errötet.

Am nächsten Tag posiere ich im Anzug, bin auf der Straße darin zu sehen, oder wie ich shoppen gehe, in Restaurants speise oder mit Freunden spreche. Meine Clique muss als Statisten hinhalten und natürlich die Zwillinge, die von der Idee total fasziniert sind. Pascal, mein Team und die Zwillinge folgen mir ins College, wo wir weitere Bilder inszenieren. Ich trage normale Shorts und T-Shirts. Um meine Leidenschaft fürs Football auszudrücken, knipst mich Pascal auf meinem Weg zum Training. Da ich noch immer Platzverbot habe, fahren wir dafür nach Arlington an eine andere Schule; Garderoben sehen eh überall ähnlich aus. Ich werde fotografiert, wie ich mich umziehe und danach in meinen Footballklamotten aufs Spielfeld laufe oder mich danach dusche. Alles soll natürlich, ungezwungen, aber auch etwas schamlos rüberkommen. Als wir beim gemeinsamen Abendessen über den Tagesablauf und die so entstandenen Fotos sprechen, fühle ich erstmals Begeisterung dafür in mir aufkommen.

„Machen wird daraus: *Eine Woche in Captains J.J. Leben*."

Die Anrufe meines Vaters ignoriere ich. Charles hält mich ohnehin ständig auf dem Laufenden, weil mein Vater ihn mehrmals täglich anruft. Mein Vater, so berichtet mir Charles, wird mit dem ersten Flug, der die Bahamas verlässt, mit meiner Mutter zusammen nach Florida fliegen, um mit den dortigen Mitstreitern seiner Kampagne einen neuen Schlachtplan zu entwickeln. Mehr erfahre ich auch nicht. Meinem Vater geht es zurzeit ganz schön an den Kragen, denn das Feuer, das ich entfachte, wütet von Küste zu Küste und hat endlich die Gegner geweckt, die immer härtere Geschütze ausfahren. Ich war einfach der Hebel, der die Tür zum Waffenlager aufbrach.

Weil heute Abend die Vernissage zu Miguelangelos Ausstellung *Captain J.J.* im Kulturzentrum stattfindet, koppeln wir mein eigenes Fotoprojekt mit der Ausstellung. Miguelangelo erklärt sich bereit, mir ein extravagantes Body Painting zu verpassen, wenn ich dafür bei der Vernissage so bemalt die Häppchen reiche. Mit all der bunten Farbe auf dem Leib und im Gesicht erkennt mich, als sich die Türen endlich öffnen, vorerst keiner. Vielen fällt erst nach einer Weile auf, dass der buntbemalte Kellner kein extrem buntes Kostüm trägt, sondern splitternackt und bemalt das Auge täuscht. Die Presse stürzt sich eh auf die großformatigen Bilder, die mich alle nackt zeigen. Erst bei Miguelangelos Ansprache, stellt er mich vor und winkt mich zu sich aufs niedrige Podest, wo dann auch der letzte der Gäste kapiert, was Sache ist.

Natürlich lösen die Ölbilder eine neue Welle der Entrüstung und der Begeisterung aus. Jedes Bild wird verkauft. Die Tageszeitungen berichten darüber und einige der Gemälde sind abgedruckt, was Miguelangelos schlagartig ziemlich berühmt macht. Der neue Skandal um *Captain J.J.*, den schamlosen Sohn von Senator Julius, sorgt abermals für neuen Wirbel.

„Jetzt fehlen nur noch Fotos von dir, die Miguelangelos Bilder erklären", stellt Oliver bei der nächsten Teamsitzung zum Fotoband von mir fest.

„Ich könnte versuchen, heute Abend im Kunstzentrum als Model für die Klasse einspringen", schlage ich vor.

„Cool!", nickt Laurent. Offensichtlich träumt er schon länger davon, einen Blick ins vielzitierte Gewölbe zu werfen.

„Ich rufe Miguelangelo an. Da sich die Öffnungszeit der Ausstellung auf die Nachmittage beschränkt, finden abends ganz normal die üblichen Kurse statt." Ich checke den Kalender und grinse, denn es ist Freitag.

Christoph richtet bereits die zentrale Plattform her und Bob zusammen mit Bruce arrangieren die Staffeleien, als wir eintreffen. Natürlich hat jeder mitbekommen, dass ich heute Abend wieder einmal posieren werde. Wegen meiner neuen Popularität finden sich auch Gastkünstler ein, die mich zeichnen wollen, weshalb das Gedränge im Gewölbe kaum auszuhalten ist. Zum Glück habe ich meinen gesicherten Platz auf der Plattform. Pascal, Laurent und die Beleuchter arrangieren das Licht, kaum dass ich nur im Cowboyhut, Stiefeln und einem breiten Pistolengurt die erste Pose auf einem Stuhl einnehme. Den Hut ziehe ich mir lässig halb ins Gesicht, schwinge mein rechtes Bein über die Armlehne und mache es mir sehr breitbeinig bequem. Erst als Pascal mir das Zeichen gibt, er habe genügend gute Bilder von mir als *unschuldiges* Model, lasse ich meine Latte wachsen und biete das, was in der Erotik Klasse ein Muss ist.

Später posiere ich im offenen Hemd und loser Krawatte und zum Schluss zieht mir Tyler meine Shoulder Pads an, setzt mir den Helm auf und reicht mit den Football. Als Captain J.J. wurde ich berühmt, als Captain J.J., wenn auch jetzt nackt, sollen sie mich zeichnen. Als auch diese Fotos im Kasten sind, haben wir alles für meinen eigenen Fotoband zusammen.

Oliver und Pascal arbeiten die ganze Nacht durch und präsentieren mir am Samstagnachmittag mein Katalogprojekt *Eine Woche im Leben des Captain J.J.* Ich überlasse ihnen noch ein paar Fotos aus meiner Kindheit und bestehe darauf, dass die beiden Arschbilder, die mich berühmt gemacht haben, unbedingt auch eingefügt werden müssen. Als wir dann am Sonntagabend alles arrangiert haben, beschränken wir uns auf vierzig Bilder. Die besten davon ein- oder gar doppelseitig groß. Die Erzählungen meines Alltages bilden Zwischenseiten mit Fotogeschichten. Mich gibt es groß: im Anzug, als Captain J.J., als Akt-Model und als Cliquen-Typen, mal angezogen, mal halb- oder ganz nackt. Bis auf das Macho-Bild mit meiner Latte in der transparenten Hose, ist mein schlaffer Penis nur noch auf dem Cowboy-Bild als Model, einmal unter der Dusche im Fitnessraum oder beim Schlafen im Bett zusehen. Ich bin kein Pornostar und ich will es auch nicht werden! Darauf beharre ich. Meine Berühmtheit zeigt sich bis jetzt nur von ihrer unverblümten, aber auch von ihrer besten Seite. Ganz zum Schluss ändern wir den Namen auf *Captain J.J.'s Naked Facts!*

Noch immer stürzt sich die Presse auf meinen Vater und seine Verbündeten. Mich lassen sie noch in Ruhe. Nicht einen Tag belagert ein Paparazzo unser Haus, doch das wahrscheinlich auch deshalb, weil ich stetig für skandalösen Nachschub sorge. Oliver lässt das Cowboybild durchsickern und verrät, es gehört zum Fotoband, der in der nächsten Woche rauskommen wird. Natürlich erscheint dieses Bild mit einem schwarzen Zensurbalken in der Presse, um die Leute auf den unverhüllten Katalog gierig zu machen. Für Werbung ist gesorgt.

Herbststurm

Am nächsten Dienstag klingelt das Telefon wieder ohne Pause. Da ich vermute, mein Vater will mich endlich für all meine moralischen Vergehen mit seinen Worten steinigen, entscheide ich mich einmal mehr, keinen einzigen der Anrufe zu beantworten. Ich schalte sogar mein privates Mobile Phone aus, denn auch das klingelt ohne Pause.

Als gegen Mittag immer mehr Pressewagen mein Elternhaus belagern und zahlreiche Schaulustige sich im Vorgarten lautstark eingefunden haben, rufe ich die Zwillinge an, die mich lange über meine diversen Schandtaten ausquetschen, sich aber nachher bei mir einfinden wollen.

Oliver schickt mir eine SMS und kündigt sein Kommen an. Kaum erscheint später Olivers Nummer auf meinem Display, begebe ich mich zur Haustür, um ihn rasch einzulassen.

„Jonathan Josh Julius, du hast deinem Vater den Todesstoß verpasst. Wie stellt sich Captain J.J. dazu?“, höre ich einen aufdringlichen Reporter, der sich an Oliver vorbei ins Haus drängen will. Zum Glück treffen auch die Zwillinge zeitgleich ein und schupsen den Eindringling grob beiseite.

„Das alles wegen eines nackten Cowboys, dessen bestes Stück einen schwarzen Balken verdeckt?", schüttelt Donald lachend seinen Kopf. „Spinnt denn heute die ganze Welt?"

„Josh!", fasst mich Oliver mit beiden Händen an der Schulter und sieht mir seltsam betroffen in die Augen. „Josh, weißt du es noch gar nicht?"

„Sickerten noch andere Katalogfotos vorzeitig zur Presse durch?", setzte ich dem hübschen Latino gegenüber mein Raubtierlächeln auf. „Ist doch etwas härteres Material an die Presse gelangt?"

„Setzt dich!" Oliver schiebt mich ins Kaminzimmer und die Zwillinge folgen uns. Er setzt sich mir gegenüber und rückt seinen Sessel dicht an mich heran. „Du musst jetzt stark sein!"

„Demonstriere ich das nicht schon seit über einer Woche?", spiele ich den Abgehobenen. „Soll ich mich ausziehen und vor die Tür treten? Sag schon! Ich bin beinahe zu allem bereit, um meinem Vater ..."

„Josh", fasst Oliver nach meinen Händen, „es betrifft deine Eltern."

„Hat sich der Sturm gelegt? Sind sie schon in Washington gelandet?"

„Deine Eltern ..." Oliver verstummt und schluckt leer.

„Alter", verdreht Donald seine Augen, „jetzt spuck es schon endlich aus!"

„Josh, deine Eltern charterten einen Privatflieger, um ..."

„Dann sind sie wirklich hier?"

„Der Flieger ist abgestürzt", flüstert Oliver.

Schlagartig reime ich mir den Presserummel und Olivers seltsames Verhalten zusammen. „Abgestürzt?"

Donald und Jeffrey lassen sich auf die Couch plumpsen und gaffen mich mit riesigen Augen an, während Oliver mehrfach langsam nickt.

„Tot?", stammle ich.

„Der Sturm verursachte starke Turbulenzen. Die Maschine stürzte ins Meer. Berichte darüber laufen schon den ganzen Morgen in den Nachrichten. Die Leichname konnten vor einer Stunde geborgen werden. Jede Hilfe kam zu spät."

„Tot?", flüstere ich. Meine Welt kollabiert. „Tot?", stammle ich. Tränen rauben mir die Sicht und ein Abgrund reißt sein Maul auf, um mich zu verschlingen. „Ich habe meine Eltern ermordet", stammle ich. „Ich habe meine Eltern getötet."

„Josh", streichelt Oliver meine Hände, die er nicht mehr losgelassen hat. „Es war der Sturm."

„Wegen mir haben sie diesen Flieger gechartert. Wegen mir wagten sie den Rückflug durch den Sturm." Dann bricht es einfach aus mir heraus und ich flenne ich Olivers Schoss. Mein Körper schüttelt sich unkontrolliert und meine Schuldgefühle bohren mir Dolch um Dolch ins Herz. „Ich habe meine Eltern ermordet!"

Der Tod ist kein Sieg

Die nächste Woche bleibt alles hinter dicken Vorhängen verborgen. Mister Farragut, der Hausbutler verhängt alle Fenster mit schwarzen Vorhängen und die Polizei riegelt das Haus vor der Presse ab. Ich sitze im Gefängnis. Bis auf Oliver und die Zwillinge dringt keiner zu mir durch. Die meiste Zeit weine ich. Ich weiß längst nicht mehr, ob aus ehrlicher Trauer, wegen meiner nicht enden wollenden Schuldgefühlen oder der neuen Einsamkeit, die mich in die Finsternis meiner Kindheitsalbträume zerrt.

Meine Großeltern sind aus Florida angereist, doch ich nehme sie kaum wahr. Oma umsorgt mich wie ein Kleinkind, und Opa organisiert zusammen mit dem politischen Stab meines Vaters den Gedenkgottesdienst und die Beerdigung meiner Eltern. Auch wenn ich meinen Vater wegen seiner Kampagne gehasst habe, so doch nie den Menschen, der mich als Kind auf dem Schoss hatte oder mit mir Football spielte, als ich kaum fähig war, den Ball zu halten. Und meine Mutter? Sie nervte mich die letzten Jahre mit ihren ständigen Verkupplungsversuchen. Wahrscheinlich wollte sie nur mein Bestes. Sie war immer gütig und unterstützte mich, wenn ich einen meiner Zornausbrüche hatte. Wäre alles anders gekommen, hätte ich ihr mein Geheimnis anvertraut? Hätte sie mildernd auf meinen Vater einwirken können, hatte sie geahnt, dass ich nicht auf Mädchen stehe, sondern auf Jungs? Hätte mein Vater wirklich ein Gesetzt verfasst, dass seinen eigenen schwulen Sohn verdammt? Wäre das der Mut gewesen, denn ich hätte aufbringen müssen, statt mich nackt der Öffentlichkeit zu zeigen? Meine nackten Fakten hätte ich ehrlich auf den Tisch legen sollen, statt wie ein Vollidiot gegen Windmühlen zu reiten.

„John", tröstet mich Oma, „es war nicht deine Schuld!"

Ich hoffe, Oma hat niemals die Bilder von mir in der Zeitung gesehen. Ich schäme mich dafür und weine schon wieder. „Schatz, komm steh auf! Du musst etwas essen. Seit Tagen quälst du dich mit Selbstvorwürfen. Steh auf, John! Setze dich unten zu Opa und mir an den Tisch. Mister Whitehurst und Mister Tamlyn sind hier, um dir ihre Unterstützung zu sichern."

„Oliver und Charles?“ Mit rotgeschwollenen Augen blicke ich Oma ins Gesicht. „Ich will sie nicht sehen!“

„John“, fasst Oma nach meiner Hand, „die beiden sind Freunde des Hauses. Höre dir doch wenigstens an, was sie zu sagen haben.“

Nur meine Eltern und Großeltern nennen mich John. Jedes Mal wenn ich diesen Namen höre, fühle ich abermals den stechenden Schmerz des Verlustes. Niemals wieder wird mich meine Mutter John oder Jonny nennen.

„Opa und ich machen uns wirklich große Sorgen um dich! Seit dem tragischen Unfall hast du das Haus nicht mehr verlassen. Jonny, wie können wir dir helfen?“

„Können Charles und Oliver hochkommen?“, murmle ich und unterdrücke neue Schluchzer.

„Natürlich, Schatz!“ Oma verlässt meine Zimmer, um unten Charles und Oliver Bescheid zu geben, die kurz darauf an meine Schlafzimmertür klopfen.

„Ja!“, krächze ich. „Kommt rein!“

„Josh“, setzt sich Oliver zu mir aufs Bett und sein Blick verrät mir, dass ich miserabel aussehen muss, „ich bin immer für dich da!“

„Danke“, brumme ich und reibe mir meine Augen. „Ich habe meine Eltern ermordet. Ihr beide seid meine Komplizen.“

„Dein Vater charterte den Flieger, um in Florida gerichtlich gegen dich vorzugehen.“

„Was?“, kläffe ich und sehe schockiert auf Charles. „Niemals! Mein Vater würde doch nicht gegen mich …“

„Er hat mich bei seinem letzten Anruf eingeweiht. Er wollte dich zurück in die Schweiz schicken. Du solltest dort, fernab von Amerika und seinem Wahlkampf, an einer Elitenschule …“

„Ich bin volljährig!“, protestiere ich.

„Dein Vater …“

„Mein Vater ist tot“, schnaube ich. „Meine Mutter hätte das niemals zugelassen.“

„Sie hätte dich begleitet. Offiziell wäre sie an die Botschaft in Bern zurückgekehrt, doch inoffiziell …“

„… wäre sie meine Gefängniswächterin gewesen …“, beende ich den Satz. „Leute, das kaufe ich euch nicht ab!“

Oliver streichelt meine Hand.

Genervt ziehe ich sie zurück. „So weit wäre mein Vater niemals gegangen.“

„Du hast seine Kampagne so angegriffen, dass er nicht wusste, wie er zurückschlagen sollte. Jeden anderen hätte er mit Worten vernichtet oder seine Karriere zerstört. Deine Taten haben ihn …"

„Ermordet", murmle ich.

„Die Kampagne ist gestorben. Keiner wagt sich noch gegen die Proteste, die überall laut wurden, anzukämpfen. Jetzt, mit dem Absturz deiner Eltern, sind auch deine Fotos aus der Presse verschwunden. Niemand berichtet mehr über den skandalösen Sohn des Senators. Jetzt dominieren die Berichte über den Unfall. Bei der Untersuchung der Wrackteile tauchte der Verdacht auf, dass es einen Anschlag gab."

„Ein Anschlag auf meine Eltern?"

„Wir leben in einer brutalen Welt", nickt Charles. „Morgen ist die staatliche Beisetzung des Senators und seiner Frau. Bist du stark genug, das alles zu ertragen?"

Am nächsten Morgen werde ich schon um sieben vom Butler geweckt. Oma sieht schlimm aus. Der Verlust ihres Sohnes grämt sie mehr, als sie mir gegenüber gezeigt hatte. Ich war so egoistisch, dass ich in all den Tagen keinen Moment daran gedacht habe, wie das für Oma und Opa sein muss. Mein Vater war ihr einziger Sohn.

„Oma", setze ich mich neben sie, „Papa und Mama sind jetzt im Himmel an einem besseren Ort."

„So wird es sein, Jonny", tätschelt sie mir den Kopf. Ich komme mir wieder vor wie damals in der Schweiz, als sie mich einmal besuchte. Damals war ich noch nicht einmal im Kindergarten. „Iss dein Frühstück! In einer halben Stunde tauchen die Limousinen auf. Du musst dich noch umziehen."

Hastig verschlinge ich die gegrillten Würstchen, die beiden Spiegeleier und die mit Butter bestrichenen Toasts, um mich in meinen Zimmern in einen schwarzen Anzug zu quälen. Bis auf mein dunkelblaues Hemd ist alles so schwarz, wie Tartaros Abgründe oder Erebos Leere. Im letzten Moment ziehe ich mir die schwarzen Socken aus und schlüpfe barfuß in die glänzenden Lackschuhe. Auch wenn ich Charles Worten von gestern nicht wirklich glaube, weckten sie dennoch ein wenig den Rebellen in mir. Meine Mutter würde mich verstehen, sie hätte mich auch ohne Schuhe an die Beerdigung gelassen. Um mir die neuen Tränen aus dem Gesicht zu waschen, suche ich das Badezimmer auf. Abermals überkommen mich diese schrecklichen Schuldgefühle. Ich flenne wieder los.

„John", ruft mich Opa, „deine Freunde, die Zwillinge Donald und Jeffrey sind hier. Ebenso sind die Limousinen vorgefahren."

„Ich komme gleich runter“, rufe ich zurück.

„Mann, Alter“, drückt mich Donald, „wir lassen dich heute nicht aus unserer Mitte.“ Sofort stellt sich Jeffrey zu meiner anderen Seite auf und hakt sich bei mir unter.

„Danke, Leute!“, sehe ich von einem zum anderen. „Doch bitte, kein Händchenhalten in der Öffentlichkeit!“

Der Tag ist eine einzige Depression. All die vielen Leute, die mir ihre Hand schütteln und so tun, als ob ihnen mein Wohl wirklich am Herzen liegen würde oder meine Eltern wirklich Helden gewesen wären, kotzen mich an. Politiker waren mir immer unheimlich, doch selten musste ich mir so viele geheuchelte Lügen wie heute anhören. Wollten mich die meisten der echten Verbündeten meines Vaters vor einer Woche noch lynchen oder steinigen, spielen sie jetzt die Rolle möglicher Wohltäter und Tröster. All die anderen, die mir vor einer Woche noch zugejubelt hatten, geben sich bedeckt und tun so, als ob der Tod meiner Eltern nicht ihr gefeierter Sieg sei. Alles widert mich so sehr an, dass ich mir wirklich überlege, ob ich mein Politikstudium nicht abbrechen soll. Bis jetzt habe ich noch keinen Moment über meine Zukunft nachgedacht. Kaum schweifen meine Gedanken in diese Richtung ab, zerrt mich schon die nächste Kondolenz zurück in die Vergangenheit oder fesselt mich in der trostlosen Gegenwart aus Trauer, Selbstvorwürfe und Zweifel.

Der Trauerzug ist lange. Der Weg zum Friedhof unendlich. Als ich nach all den Sprechern auch etwas sagen soll, bringe ich kein Wort heraus. Oma legt ihren Arm um meine Schultern und schüttelt ihren Kopf zum Priester, der dem Militär das Zeichen gibt, die Flagge, die über beiden Särgen liegt, rituell zusammenzufalten, um sie mir, eine nach der anderen zu übergeben. Ich heule ohne Pause.

Die folgenden Schüsse klingen wie meine Exekution. Schuss um Schuss trifft mein Herz, um mir den Todesstoß immer und immer wieder zu verpassen.

Ich überlebe.

All die restlich geheuchelten Rituale lasse ich einfach über mich ergehen. Die Gesellschaft der Zwillinge stützt mich mehr, als ich jemals für möglich gehalten hätte. Meine beiden besten Freunde sind alles, was mir noch geblieben ist – außer Oma und Opa. Oliver und Charles spielen ihre Rolle als ehemalige Vertraute und Berater meines Vaters und bleiben distanziert. Niemand soll ahne, wie wir drei wirklich zueinanderstehen.

Erst als wir den Friedhof verlassen, umschwärmen mich ein paar der Cheerleaderinnen und all die Mädchen, die meine Mutter in der Vergangenheit oder in der Zukunft als künftige Schwiegertöchter in Betracht gezogen hatte. Hundert Mal werde ich geküsst, gestreichelt und immer wieder bezirzt, bis ich mich beinahe Oliver um den Hals geworden hätte, um die Farce zu beenden. Ich halte durch, lächle manchmal oder lasse es mir nicht anmerken, dass viele dieser Girls eines der Zeitungsfotos wahrscheinlich gerahmt über ihrem Bett hängen haben. War ich im letzten Jahr auf dem Spielfeld als Quarterback ihr Held, sorgte mein nackter Arsch als Captain J.J. danach für Wirbel, um durch meine skandalösen neuesten Auftritte die Fantasien nicht nur anzukurbeln, sondern auch noch zu betätigen. Und heute? Heute bin ich das arme Opfer, das getröstet, geküsst und manipuliert werden kann.

Noch während des anschließenden Leichenschmauses schiebt mir der Dekan der Uni ein Schreiben zu, in dem offiziell meine Suspendierung per Ende der Sommerferien aufgehoben wird. Noch so ein Heuchler! Würden meine Eltern noch leben, hätte mich der Dekan für immer aus dem Football Tam geworfen. Jetzt darf ich aus Mitleid wieder Captain sein. Als ich seinen Brief lese, finde ich auch gleich den Haken. Ich müsse vor Wiedereintritt als Captain schriftlich beglaubigen, mich niemals wieder auf dem Spielfeld zu entblößen; täte ich es trotzdem, führe das zur sofortigen und endgültigen Entlassung. Würde ich den Wisch unterzeichnen, könnte ich in wenigen Wochen mein Homecoming feiern. Ohne lange darüber nachzudenken, signiere ich und winke einem der Kellner, meine Zusage dem Dekan zurückzubringen.

Der Tod ist kein Sieg.

Vaters Kampagne wird mit ihm zusammen beerdigt, doch niemand feiert deswegen – zumal nicht öffentlich! Ein Übel ist beseitigt und sowohl die Sieger wie auch die Opfer müssen damit leben. Wozu ich gehöre, entzieht sich meiner Kenntnis. Ich habe alles verloren, was mir bisher Sicherheit und Heim war. Ahnungslos, was die Zukunft bringen wird, lähmt mich der schwärzeste Tag meines bisherigen Lebens.

Schicksal oder freier Wille?

Seit der Beerdigung sind mehrere Wochen vergangen.

Mein Katalog erschien, doch keiner wollte ihn haben. War ich gerade noch ein Held, bin ich heute eine tragische Figur. Prominenz hat nichts mit Liebe zu tun. Solange andere sich mit deinen Federn schmücken können, tragen sie dich auf ihren Schultern. Sind deine Feder jedoch zu auffallend oder gar schmutzig geworden, geraten sie in Vergessenheit, auf dem Müll oder werden einfach ignoriert. Der Kampf gegen meines Vaters Gesetzesentwurf ist vorbei. Mit seinem plötzlichen Tod endeten all die Pflichten, der Ärger und die Heucheleien. Niemand will mehr an den Unfall des umstrittenen Senators erinnert werden. Doch auch der Drachentöter hat ausgedient. Hätte ich doch nur die Kraft diesem Schein und Wahnsinn zu entfliehen!

Die Sommerferien sind so gut wie um. Wenigstens werde ich mit dem neuen Semesterbeginn wieder Football spielen können. Oma und Opa wohnen noch im Haus meiner Eltern. Ob das so bleiben wird?

Es ist heute ein verregneter und dunkler – vor allem dunkler – Morgen. Die Sonne macht seit Tagen Urlaub. Wahrscheinlich weilt sie irgendwo jenseits des Regenbogens in einem fernen Land. Da wäre ich jetzt auch gerne! Die Nässe und Lichtlosigkeit frisst seit Tagen nicht nur äußerlich, sondern auch innerlich an mir. Kraftlos kraxelt mein Schatten hinter mir durch die Straßen von Washington. Bin ich das? Was mache ich hier? Washington ist eine schöne Stadt in der ich gerne lebe. Brachte sie mir Liebe? Immer mal wieder.

Ich bin bald zwanzig Jahre alt. Ich fühle mich alleine. Aristoteles sagte mir letzthin, dass man Liebe nur findet, wenn man selbst zur Liebe wird; denn Liebe zieht Liebe an, ähnlich einem Magneten. Als Liebesmagnet fühle ich mich überhaupt nicht. Viele meiner Kumpels der Uni leben in festen Beziehungen oder haben zumindest regelmäßig Sex. Warum das bei mir nicht klappen will, ist ein Mysterium, in das ich noch nicht eingeweiht wurde. Natürlich besuche ich manchmal Partys im *Foggy Bottom Club*, doch bis auf gelegentliches scheues Rummachen auf der Tanzfläche oder im Billard-Zimmer ist seit dem Tod meiner Eltern nichts mehr gewesen. Erkennt mich einer als der, der ich bin – der ich war! – scheute er sich, mehr mit mir anzufangen. Auch wenn die Presse nie mehr über mich berichtet hat, so wagt es dennoch keiner, in den Dunstkreis des skandalbehafteten exhibitionistisch veranlagten Sohns des früheren Senators zu treten. Exhibitionist, dieses Wort löst heute nur ein schäbiges Grinsen in mir aus. Seit den Katalogfotos habe ich mich nie mehr ausgezogen. Ich kündigte bei Miguelangelo und habe seither nie mehr gemodelt. Selbst beim Krafttraining im Gay Club trage ich seither immer Boxer Shorts. Einzig meine Vorlieben fürs Barfußgehen und mit freiem Oberkörper, habe ich beibehalten.

Die Menschen, die mir so früh morgens auf der Straße begegnen, sind alle in Regenmäntel eingemummt und interessanterweise fast alle dunkel oder komplett schwarz gekleidet. Trauern sie um mein liebloses Leben? Wie vermisse ich die Sommerhitze! Oh, du bunte lüsterne Sommerliebe, warum versteckst du dich vor mir? Umfange mich mit deinen saftigen Farben, deinem Rot und deinem Orange, überwältige mich mit deinem Grün und verzaubere mich mit deinem Gelb. Warum taumle ich durch diese unterweltähnliche Trostlosigkeit?

Ich würde alles – wirklich alles – tun, um endlich wieder Liebe zu finden. Manche sagen, die Liebe sei alles und das Einzige, wonach die Suche wirklich lohnt. Einige belächeln mich, wenn ich von meinem Wunsch nach einem Partner erzähle und raten mir, die Liebe nicht in einem anderen Menschen, sondern im eigenen Herzen zu suchen. Aber das sind Schwätzer, denn jeder von ihnen lebt in einer Beziehung. Dennoch fühle ich, dass ein Funke Wahrheit in der Aussage steckt. Blicke ich heute Morgen in mein eigenes Herz, leuchtet da keine Sonne, die wie ein Magnet alles in ihrer Umlaufbahn hält und mit Leben und Licht erfüllt. Richte ich meinen Blick nach innen, starre ich nur an eine verschlossene Tür. Ich habe seit dem Tod meiner Eltern mein Herz verschlossen und es eingemauert. Mir ist plötzlich zum Weinen.

Schwer mit Einkäufen beladen, rempelt mich eine Frau an. Wo konnte sie so früh morgens nur schon so viel horten?

„Können Sie nicht aufpassen!“, faucht sie mich an. Als sie gestresst in einer weiteren Boutique die Straße runter verschwindet, fällt mein Blick auf einen Werbezettel, den sie verloren hat.

Die Party der Liebe. Steht in verschnörkelter Goldschrift darauf und darunter in fetten Rotbuchstaben: *Erfüllen sie sich ihren sehnlichsten Wunsch! Betreten sie das geheime Zimmer, um* ... Den Rest kann ich nicht mehr lesen, da genau diese Ecke fehlt; sie muss wohl beim Zusammenstoß abgerissen worden sein, oder dieser Flyer lag vorhin schon hier auf dem Boden. Ich weiß von keiner *Party der Liebe.*

Meine nackten Füße sehnen sich schon lange nach Grass oder heißer Erde, statt nach weiteren Pfützen auf dem kalten Beton. Bloß nicht stehen bleiben! Liebe ist Bewegung. Liebe ist der Puls des Lebens und ein Energiestrom. Liebe ruht nicht, sie drückt sie stetig und dynamisch aus. Immer wieder geistern mir Sätze aus einem klugen Buch durch den Kopf, dass ich in meiner verzweifelten Suche nach der Liebe gekauft und bestimmt schon zehn Mal gelesen habe. Doch die einzige Bewegung auf der *Connecticut Avenue* ist der Konsumfluss, der mich, weiche ich ihm nicht aus, automatisch weiter ins

Gay Viertel mitreißen wird.

Warum ich heute so früh aufgestanden bin, kann ich mir nicht erklären. Plötzlich war ich hellwach mit diesem Drängen in mir, sofort das warme Bett zu verlassen. Irgendetwas oder irgendjemand rief nach mir – auch wenn ich weder seine Stimme hören, noch sein Gesicht sehen konnte. Ob Eros sich mir heute endlich in Fleisch und Blut vorstellen will? Ich musste hinaus in den Dauerregen. Total durchnässt lasse ich mich treiben und frage mich noch immer, warum.

Heute ist Samstag. Es ist das letzte Wochenende der Sommerferien. Ob ich heute Nacht losziehen sollte, um wieder nach der Liebe im Sex zu suchen? Etwas anderes habe ich eh nicht vor. Auf einen langen Abend vor dem Fernseher habe ich genauso wenig Bock, wie auf das inzwischen obligate Familienessen mit meinen Großeltern. Sie löchern mich seit Wochen mit immer den gleichen Fragen, hören aber dann nie zu, wenn ich ihnen andeuten will, dass ich anders ticke. Schweigend ertrage ich Opas altmodische Tipps, wie ich mir eine Freundin angeln kann, und Omas Versuche mich zu trösten. So schweige ich oft zuhause, um sie zu schonen oder Opa nicht zu neuen Episoden zu motivieren. Die beiden meinen es ja wirklich gut mit mir, aber ich brauche das pulsierende Leben um mich herum und nicht Geschichten und Erinnerungen an die guten alten Zeiten, die es eh nie gab.

Kurzentschlossen kehre ich die paar Schritte zurück und hebe den Prospekt auf. *Die Party der Liebe. Erfüllen sie sich ihren sehnlichsten Wunsch! Betreten sie das geheime Zimmer, um* ... Ich stopfe den Zettel in die Gesäßtasche meiner tropfnassen Shorts.

Liebe ist ein Wunder. Für die alten Griechen war die Liebe einer der ersten und mächtigsten Titanen, der sich mit der Materie vereinte, die auch Gaia genannt wurde, um daraus die Welten und die Götter zu erschaffen. Inzwischen kenne ich mich mit Mythologie ziemlich gut aus und finde immer wieder neue Versionen und Deutungen zu Eros. Erst viel später wurde aus Eros ein Pfeile verschießender fetter Knabe. An einen solchen Eros glaube ich nicht. Warum sollte die Liebe ein zeugungsunfähiger Schwächling sein, der andere hinterrücks abschießt? Die Liebe ist doch kein katholischer Priester – oder doch? Nichts mag die Liebe einzuschränken, bis auf einen verkümmerten oder kastrierten Glauben an Äußerlichkeiten oder tote Rituale.

Die Liebe ist der goldene Augenblick, dieses ewige Jetzt einer zeitlosen Gegenwart. Doch wie finde ich den wahren Eros – diesen Engel der Liebe? Wo begegne ich diesem Wesen, dessen Antlitz nur der ertragen kann, der selbst durch die Augen der Liebe blicken kann? *Erfüllen sie sich ihren sehn-*

lichsten Wunsch! Betreten sie das geheime Zimmer, um ... Versteckt sich Eros hinter der schweren Eichentür, die den Zugang zu meinem Herz versperrt?

Ich habe das Alleinsein so satt! Oliver ist mir wieder ein wirklich enger Freund geworden, doch ich möchte das nicht für Sex aufs Spiel setzen. Tief in Gedanken blicke ich in den Himmel.

„Eros!“, rufe ich stumm in die dichten Regenwolken. „Ich bin zu allem bereit, um der wahren Liebe endlich zu begegnen. Mach mit mir, was du willst! Ich werde mutig deinem Pfad folgen!“

Natürlich antwortet mir niemand.

Dennoch weiß ich: Liebe begegnet Liebe. Aber werde ich die wahre Liebe erkennen, wenn sie vor mir steht? Abermals blicke ich in mein Herz. Die verschlossene Tür ist aus massivem Holz und mit einem modernen Hochsicherheitsschloss gesichert.

Die Nässe und der Dauerregen holen mich zurück in die graue Realität. Schief grinsend schiebe ich alles von mir. Plötzlich lächelt mich eine fotografierte Sonne über einem Bild mit einem blauen Ozean und grünen Palmen an einem Strand verführerisch an. Ein Reisebüro. Weil ich nichts zu verlieren habe, trete ich ins Gebäude ein und fahre mit einem Lift ins obere Stockwerk. Es riecht nach Nelken und Fichten, was gar nicht zu meinen erwachten Südsee-Reiseplänen passen will oder zu einem verregneten Sommertag in Washington.

„Wo wollen Sie hin?“, fragt eine überfreundliche Stimme in geblümter Bluse. Die arme Frau muss in ihrem Gute-Laune-Outfit arg frieren, denn die Klimaanlage ist hier drinnen – wie immer im Hochsommer – auf extreme Kühle runtergeschaltet. Halbnackt in meinen nassen Sachen ist es extrem unangenehm. Sie versucht, den Frost ebenfalls tapfer zu ignorieren.

„Inspirieren Sie mich?“, schinde ich Zeit und steuere einen Globus in der Ladenmitte auf einem Tisch voller Prospekt stehend an. Mein Blick fällt auf die Schweiz, und als ich genauer hinsehe, auf Basel am Rheinknie. Ich war als Kind oft dort. Ich verpasse der Weltkugel einen Schups und suche danach nach den Bahamas. Dort werde ich die wahre Liebe nicht finden. Das Ferienhaus meiner Eltern erinnert mich jetzt nur noch an ihren Tod. Nein, diese Destination werde ich wohl künftig für Ferien streichen müssen.

Die Frau im bunten Aufzug wartet gleichmäßig lächelnd hinter ihrem Pult. „Was suchen Sie?“

„Die wahre Liebe“, grinse ich sie mit meinem Rautierlächeln an.

Sie kichert und strahlt mich plötzlich etwas zu verliebt an. Ob sie mich erkannt hat? Ihr Blick wandert zu meiner nassen Hose. Jetzt bin ich mir sicher, sie gehört zu meinen stillen Fans. Oliver informierte mich letzthin, dass mein Katalog regelmäßig übers Internet verkauft wird. Die Käufer sind meist Frauen. Auf Flirts oder angestarrt zu werden habe ich keine Lust.

„Have a nice Day!"

Weg bin ich.

In meinem schlauen Buch über Liebe stand auch, dass mir alle Dinge entgegenkommen, sollte ich der Liebe bedingungslosen Eintritt in mein Herz verschaffen. Diejenigen, die an die Tür klopfen, will ich gar nicht einlassen. Zudem, wie sollte das passieren, wenn diese dicke Panzertür mein Herz einschließt? Diese Tür gab es vor dem Tod meiner Eltern noch nicht. Schlossen meine Schuldgefühle Eros ein? Warum lege ich der Liebe Beschränkungen auf? Habe ich Angst, Eros könnte sich befreien oder noch schlimmer, vollkommen von mir Besitz ergreifen, wenn ich die Tür aufschließe? Verkrafte ich noch mehr Verlust – noch ein Outing?

„Eros, ich bin bereit für dich!", wiederhole ich mein Gebet, wieder auf der Straße im strömenden Regen stehend.

Plötzlich tue ich in meiner Fantasie mutig so, als ob ich mit einer Bohrmaschine das Sicherheitsschloss zu meinem Herzen aufbrechen würde. In der Imagination funktioniert so etwas ganz gut! Bei der eben noch massiven Tür fehlt bald das Schloss und ein fast faustgroßes Loch lädt mich ein, einen Blick auf mein Herz zu werfen. Ich knie mich in meiner Fantasie hin und spähe durchs neue Schlüsselloch. Im verschlossenen Raum meines Herzens erkenne ich ein schwaches Glimmern. Immerhin! Innerlich aufjubelnd puste ich in meiner Fantasie durchs Schlüsselloch auf diese fast erloschene Glut. Sehr sanft tanzt da plötzlich ein Flämmchen. Ich kriege sofort voll die Panik. Was passiert, sollte diese Flamme alles in Brand stecken und abermals alles verzehren, um sein Licht voll zu entfalten? Könnte ich einen neuen Flächenbrand auslösen? Letztes Mal brachte mein Feuer den Tod meiner Eltern. Wer müsste als Nächstes sterben? Ich?

Weil mir der kühle Regen unentwegt ins Gesicht boxt, sehne ich mich nach der Wärme eines glühenden Herzens oder zumindest eines geheizten Raumes. Als ich kurz darauf in eine wirklich tiefe Pfütze trete und dabei beinahe mein Gleichgewicht verliere, stolpere ich regelrecht ins nächste Reisebüro. Hier sitzt ein junger Typ, dessen Augen etwas zu sehr aufblitzen, als er mich auf sich zukommen sieht. Ich erkenne ihn. Er fotografierte mich letzthin im *Foggy Bottom Club*, als ich dort – doch wieder mal! – übermütig nur in Unterhosen tanzte.

„Du bist ja schon früh auf den Beinen! Kann ich dir helfen?", spricht er mich kumpelhaft an.

„Ich brauche Inspiration!“, schnaube ich.

„Alles klar!“, grinst er. „Was bist du bereit dafür zu bezahlen?“

„Was hat Geld damit zu tun“, zucke ich mit meiner Schulter, die nackt vom Regen perlt.

„Wer spricht denn von Geld?“ Statt näher darauf einzugehen, stellt er mir einen Globus vor die Nase, knipst einen Schalter um und schubst die leuchtende Welt vor mir in Bewegung. Das Ding sieht genau gleich aus, wie das im ersten Reisebüro. Kontinent um Kontinent flitzt an mir vorbei.

„Wo wolltest du schon immer mal hin?“

„Keine Ahnung!“, brumme ich und schneide eine Grimasse.

„Es gibt nur die Einschränkungen, die du dir selbst auferlegst!“

„Und die, welche meine Zweifel und meine Schuldgefühle mir eingeben!“, ergänze ich.

„Du denkst zu viel. Wo wirst du erwartet?“

„Ich werde erwartet?“, frage ich verwundert.

„Ist das nicht immer so?“, beantwortet er, nach der peinlichen Pause, in der ich auf seinen tiefen V-Ausschnitt starre, meine Frage mit einer weiteren.

„Ist das so?“, dopple ich nach. Als er nur seine Schulter hebt, nicke ich. „Vielleicht? Ja, kann sein!“

„Du musst dich entscheiden: Schicksal oder freier Wille!“

„Schicksal“, steige ich drauf ein.

„Dann lasse dich führen!“ Abermals dreht er den Globus, den er jetzt zwischen uns beiden auf dem Pult abgestellt hat.

Was kann ich verlieren? Es ist ein Spiel. Ich reise nirgendwo hin. Ich will nur Eros finden. Ich halte mir meine linke Hand vor meine Augen und stupse mit meinem rechten Zeigefinger auf den Globus. Er stoppt abrupt.

Plötzlich riecht es wieder intensiv nach Nelken und Fichten. Vor meinem geistigen Auge sehe ich wieder die massive Tür mit dem jetzt fehlenden Schloss. Leider blieben, selbst mit dem Loch, alle Sicherheitsschlösser in Takt. Abermals spähe ich durchs neue Schlüsselloch, um einen weiteren Blick auf die eingesperrte Liebe zu erhaschen. Was ich sehe, fasziniert und entsetzt mich.

Da steht Eros splitternackt in einem modernen Badezimmer aus rosaroten Kacheln und duscht sich unter einem Wasserfall aus purem Licht. Er hat weiße Flügel. Als er sich kurz zu mir umdreht, kann ich sein Gesicht nicht sehen, nur seinen vollkommen enthaarten Körper, der so hell leuchtet, dass ich es kaum ertrage. Ertappt öffne ich meine Augen und muss ab meiner voyeuristischen Fantasie lachen. Eros ist definitiv kein Knabe, sondern ein hart erregter Jüngling – das habe ich gerade mit eigenen Augen gesehen! Schon einmal zeigte sich mir Eros in dieser Gestalt. Damals glaubte ich, ihn in Lox gefunden zu haben. Fehlschlag! Leider war dieser erneute Einblick auf meine Herzensangelegenheiten eine einmalige Sache. Egal, wie sehr ich dieses Bild wieder herauf zu beschwören versuche, es taucht nicht mehr auf. So ist das mit der Fantasie, sie ist so flüchtig, wie die Liebe. Packt man sie nicht augenblicklich beim Schopf, ist sie schon weg.

„Gute Wahl!", ruft der Typ mit dem tiefen V-Ausschnitt aus und holt mich in die Gegenwart zurück. „Tausend Mal besser als ich erwartet habe! Glaub mir, dort wartet jemand auf dich, der das geheime Zimmer betreten kann."

„Von was redest du?", frage ich und erinnere mich wieder an den aufgeweichten Flyer in meiner nassen Hose: *Erfüllen sie sich ihren sehnlichsten Wunsch! Betreten sie das geheime Zimmer, um …*

„Das Schicksal nimmt sich deiner an!", bleibt der Typ im V-Ausschnitt in seiner schrägen Wahrsager Rolle.

Endlich untersuche ich die Stelle, auf der mein Finger ruht. Kopfschüttelnd löse ich ihn von der Schicksalsdestination. „Da wartet die wahre Liebe auf mich? Dort ist jemand, der dahin gelangen kann, wohin mir der Zugang verwehrt wurde?"

„So hat es das Schicksal bestimmt!", nickt V-Ausschnitt.

„Warum ausgerechnet dort?", zeige ich abermals auf den Punkt auf der Weltkugel. „Kann der Typ nicht nach Washington kommen? Ist er meine wahre Liebe?"

Der Typ mustert mich plötzlich kritisch und kichert. „Alles, was du zu tun hast, ist der Liebe ihren Willen zu lassen."

„Aha! Betreibst du immer solche Spielchen mit zufälliger Kundschaft, dich nicht reisen will?"

„Ich vermittle nicht nur Reisen, sondern auch Überraschungen, Wunder und Sex", zählt er auf.

„Echt?", lache ich schief. „Meine wahre Liebe lebt in Basel. Ich kenne Basel. Ich bin in Bern geboren worden und habe dort meine Kindheit verbracht. Aber echt jetzt? Das alles denkst du dir doch nur aus?"

„Vielleicht? Vielleicht auch nicht!"

„Das war amüsant. Wenn wir uns das nächste Mal im *Foggy Bottom Club* treffen, lade ich dich zum Dank für diesen Blick in meine schicksalhafte Zukunft zu einem Drink ein."

„Ich nehme dich beim Wort, Captain J.J.", zwinkert er mir zu. „Es passiert zur Weihnachtszeit. Du wirst ihn mit einer Dinner Party aus Basel zu dir locken. Wann?", zuckt V-Ausschnitt mit seiner Schulter. „Das wirst du schon sehen."

„Dieses Jahr?", will ich mehr wissen.

„Du wirst Eros erst wiederfinden, wenn du für ihn bereits bist. Er war dir schon näher, doch du hast ihn vor dir gestoßen."

„Der Typ war schon einmal in Washington?"

Plötzlich verändert sich die Aura des Reisebürotypen, wie auch sein Gesichtsausdruck. Wo ich gerade noch mit einem modernen Orakel sprach, erkenne ich, dass der Gay, der mich jetzt anschmachtet, das Zweite Gesicht verloren hat – falls er es jemals besessen hat. „Man sieht sich!"

Draußen im Regen denke ich über alles nach. Habe ich Eros von mir gestoßen? Wie? Warum? Warum habe ich das Schicksal gewählt, statt meinen freien Willen? Dinner Partys zur Weihnachtszeit? Hat sie der Typ nicht mehr alle? Ich bin doch kein konservativer Opa!

Als ich total durchnässt zuhause ankommen, liegt ein Brief an mich adressiert auf dem Wohnzimmertisch: Letzter Wille.

Letzter Wille

Am Montag packe ich meine Footballsachen in meine beiden Sporttaschen und kann es kaum erwarten, nach der Nachmittagsvorlesung endlich wieder das Spielfeld betreten zu dürfen. Schon in der Mensa beim Mittagessen begrüßen mich meine Kumpels als den endlich heimkehrenden Captain J.J. Mein Ersatz ist tatsächlich froh, den Job an mich zurückgeben zu können. Alle boxen oder knuffen mich in der Garderobe, als ich mir endlich wieder meine Shoulder Pads schnüren kann – diesmal nicht fürs Posieren, sondern fürs Training. In voller Montur mit meinem Helm in der Hand laufe ich im Dauerlauf aufs Spielfeld hinaus, wo die Cheerleader mich mit ihren Kapriolen, Tanzschritten und Rufen erwarten. *Welcome back Captain J.J.-Banner* zieren die Tribüne. Die Girls umschwärmen mich nach ihren Spagaten und Sprüngen und meine Kumpels beziehen Stellung auf dem Spielfeld. Wie sehr mir Football gefehlt hat, wird mir erst bewusst, als ich erstmals wieder den Ball fange, Gegner zu Boden werfe und ein erstes Tor schieße.

Es ist beinahe alles, wie ich es kannte – beinahe, denn nach dem Spiel ziehen sich meine Kumpels aus, um in Jockstraps ihre Ärsche zeigend das Ritual und die Ehrenrunde zu vollziehen. Ich muss zusehen. Lass ich meine Hose fallen, fliege ich raus. Neue Fan-Karten werden mir zum Signieren gereicht. Als ich das neue Bild anschaue, grinse ich wehleidig: Es ist eines der Bilder von mir als Macho-Engel mit Latte. Hielten sich bisher alle mit diesen Bildern bedeckt, verbreiten sie sich nach meinem Homecoming rasch auf dem Campus. Kaum kehrt der Star zurück, leben auch all die Geschichten wieder auf – zumal die, in denen meine Eltern keine Rolle mehr spielen.

Beim nächsten Training, zwei Tage später, haben sich Ryder und Shawn ihre Trainingshosen so präpariert, dass ihr Tiefschutz sich klar unter dem durchsichtigen Stoff abzeichnet. Statt ihre Ehrenrunde in Jockstraps zu absolvieren, tun sie es ohne Tiefschutz und zeigen kaum weniger Einsatz als ich auf dem Foto. Ja, mein Team steht nach wie vor hundert Prozent hinter mir. Oder die Jungs glauben, mit etwas mehr Nacktheit meine Popularität zu erlangen?

Ist Nachahmung Liebe?

Zur Testamentsvollstreckung begleiten mich nicht nur Oma und Opa, sondern auch die Zwillinge. Ich will meine besten Freunde dabei haben, sollte mein Vater mich doch noch im letzten Moment enterbt haben. Alles erwartend, kann ich es kaum erwarten, bis die Anwälte endlich den Letzten Willen meiner Eltern verlesen.

Ich werde zum Alleinerben.

Mir würde in Zukunft nicht nur das Familienhaus in Washington und das Ferienhaus auf den Bahamas gehören, sondern auch noch ein beachtliches Vermögen in Wertpapieren und Barvermögen zufallen. Das Personal wird fürstlich für ihre Dienste entlohnt, aber auch entlassen. Bis zu meinem einundzwanzigsten Geburtstag, also in etwas mehr als einem Jahr, werden meine Großeltern zu meinen Vermögensverwaltern bestimmt. Opa richtet mir ein Konto mit einem ansehnlichen Monatssalär ein, wie ein Extrakonto, um die anfallenden Kosten für die Verwaltung der beiden Häuser zu gewährleisten. Da ich mich strikt weigere, in den nächsten Ferien auf den Bahamas im dortigen Haus zum Rechten zu sehen, entscheiden sich meine Großeltern die nächste Woche schon dahin zu fliegen und für mich den Verkauf zu organisieren.

Das war es. Als ich die Kanzlei verlasse, bin ich ein reicher Mann mit eigenem Haus.

Oma fragt mich immer wieder, ob ich zurechtkäme, als sie ein paar Tage später mit Opa mit all ihren gepackten Koffern abreist. Als die beiden im Taxi abfahren, atme ich erleichtert auf. Jetzt bin ich endlich der Herr im Haus. Kurzerhand biete ich den Zwillingen an, sich in den Gästezimmern im Erdgeschoss, solange sie wollen, gratis einzuquartieren; was die Beiden natürlich sofort tun. Ob aus Liebe zu mir oder um Geld zu sparen, ist mir ziemlich egal. Ich will nicht alleine sein.

Ohne Butler und Putzfrauen sieht es im Haus schon nach wenigen Tagen, wie in einer echten Studentenbleibe aus. Lange störe ich mich nicht daran, denn meine drei Zimmer im Obergeschoss, wie auch die ehemaligen Räumlichkeiten meiner Eltern, sind für alle – außer mich – tabu. Natürlich bewegen sich die Zwillinge auch in ihrem neuen Zuhause meist nackt. Ich tue es nur nicht, weil ich noch immer unter schrecklichen Schuldgefühlen leide. Hätte ich mich nicht ausgezogen, würden meine Eltern vielleicht noch leben. Wenn ich auch meist nie mehr als eine Trainingshose oder Shorts zuhause anhabe, dann wundern sich die Zwillinge öfters, warum ausgerechnet ihr exhibitionistisches Vorbild niemals die Hose fallen lässt.

Am College belege ich zusätzlich Fächer in Wirtschaft, denn ich will wenigstens grob eine Ahnung davon bekommen, wie ich mein künftiges Vermögen verwalten soll. Die Zwillinge ziehen mit. In einem dieser Kurse sollen wir eine neue Geschäftsidee formulieren, uns einen Businessplan erarbeiten, wie ein Finanzierungsplan und hundert weitere Dinge, die ein erfolgreiches Gelingen ausmachen sollen. Oft hocken die Zwillinge und ich abends im Kaminzimmer und brüten über verrückten Ideen.

Auch wenn ich seit dem Tod meiner Eltern meine Übungen mit dem Lauschen nach Eros' Flüstern vernachlässigt habe, so nehme ich sie jetzt wieder umso intensiver auf. Jeden Morgen – und meist auch jeden Abend – ziehe ich mich irgendwann in meine Zimmer zurück, um auf Eros Liebeslied zu hören. Tagelang passiert nichts. Blicke ich auf mein, Herz ist da diese schwere Holztür mit dem aufgebohrten Schlüsselloch. Mir ist bewusst, dass meine Schuldgefühle diese Tür sind, doch ich kann mich einfach nicht davon befreien. Einmal setze ich mich nackt in einen der Sessel in meinem privaten Wohnzimmer, um mich auf die Liebe einzulassen. Doch anstatt, dass mir Eros zuflüstert, taucht das wütende Gesicht meines Vaters in meiner Erinnerung auf, um mich mit Vorwürfen zu überhäufen. Schockiert und noch unfähiger der Liebe zu lauschen, ziehe mich rasch wieder an, um die Übung für den Abend aufzugeben. Sobald ich nackt bin, fühle ich mich schlecht.

Parallel dazu treffe ich die Zwillinge im Haus nur noch nackt an. Sie haben sich ihrem Nudismus vollkommen hingegeben. Neidisch beobachte ich sie, wie sie im Kaminzimmer ihre Bücher wälzen, sich auf der Couch liegend einen runter holen oder nackt in der Küche das Essen zubereiten. Sie sind meine Brüder und meine neue Familie geworden. Ich liebe die beiden. Ein Leben ohne sie kann ich mir nicht mehr vorstellen.

Oliver besucht uns oft und regt die Zwillinge einmal an, aus ihrer Vorliebe ein Geschäft zu machen. Die beide wäre doch Martin Holmström in Los Angeles begegnet, der damit ein kleines Vermögen gemacht habe. Danach füllen Donald und Jeffrey Seiten um Seiten mit neuen Geschäftsideen und hängen oft stundenlang mit Holmström am Telefon.

„Josh", winkt mir Donald aus einem der Zimmer im Erdgeschoss zu, „sieh dir das mal an!" Die Zwillinge haben sich mit Selbstauslöser in hundert Tätigkeiten fotografiert und die farbigen Computerausdrucke mit diversen Titeln und Ideen tapezieren die Wände. *Naked Twins for Rent*, steht auf vielen davon als Titel, aber auch *nackter Hausreinigungsdienst*, *nackter Partyservice* oder *nackter Room Service für Pensionen oder Hotels* wollen die beiden Verrückten anbieten.

„Ihr wollt das voll durchziehen?", sehe ich mir ihre provisorischen Plakate und Flyers an. „Wird das eure Geschäftsidee für das Projekt an der Uni?"

Begeistert zeigt mir Donald Excel Tabellen mit Adressen möglicher Kundschaft, und Jeffrey budgetiert die Anschaffung eines Firmenbusses, diverser Reinigungsmaschinen und vielem mehr. Neidisch folge ich ihren Erklärungen. Es ist nicht ihre Idee, sondern ihre Begeisterung, die mich beschämt. Die Zwillinge leuchten vor Begeisterung, Tatendrang und Abenteuergeist. Ich kenne diesen Blick und das Feuer von mir selbst. Fast jedes Foto von mir, wenn ich nach einem erfolgreichen Spiel in die Kameras blicke, verfügt über dieses Leuchten und Brennen.

Auch wenn ich nach wie vor nichts lieber tue, als Football zu spielen, ist es seit meiner Rückkehr ins Team dennoch nicht mehr das Gleiche wie zuvor. Kann ich mich auf dem Spielfeld auch austoben, so muss ich mich danach jedem Spaß entziehen. Einige meiner Kumpels glauben schon, meines Vaters enge Moralvorstellungen und seine Prüderie seien auf mich abgefärbt. Hinter meinem Rücken tuschelten schon die einen oder anderen und nannten mich *Senator Junior*.

Ist es Liebe, zu dem zu werden, was man bekämpfte? Ist es Liebe, in die Fußstapfen der eigenen Eltern zu treten? Ich bezweifle es. Dennoch glauben viele, dass ich genau das mache.

Donald kritzelt einen neuen Gedankenblitz auf einen der Ausdrucke und Jeffrey ergänzt sofort seine eigenen Ideen dazu. Die beiden agieren wie ein Wesen in zwei Köpern. Ist das Liebe? Die beiden verstehen sich und tun alles zusammen.

„Was?", zwinkert mir Donald zu, als ich mir einige ihrer zu Papier gebrachten Vorstellungen genauer ansehe. „Kann es missverstanden werden?"

„Nackte Zwillinge zu mieten?" Ich zucke mit meiner Schulter und schaue mir ihr nacktes Bild darunter an. Splitternackt stehen beide kerzengerade nebeneinander, als ob sie auf dem Exerzierfeld zum Appell angetreten wären. Nur ihr absolut identisches Lächeln und das Fehlen der Uniform lassen neue Vermutungen aufkeimen. „Ihr müsst es ausprobieren. Keine Ahnung, wie andere darauf reagieren oder welche Schlüsse sie daraus ziehen? Was ist denn euer Zielpublikum?"

„Das ist der Punkt!", wedelt Jeffrey mit Excel Tabellen. „Wir können uns nicht einigen. Donald glaubt, wir sollten das Konzept in Gay Lokalitäten testen, doch ich glaube, dass wir damit die weibliche Prominenz von Washington anschreiben sollten."

„Mit halberregten Knüppeln?", zeige ich auf zwei ihrer Flyer. „Leute", sehe ich den Zwillingen abwechselnd in ihre Augen, „falls ihr euch den Bad Angels anschließen wollt, braucht ihr kein neues Konzept. Die Callboys sind bestens organisiert und verfügen über die nötigen Kontakte."

„Alter!", springt Donald vom Sessel, auf den er sich vorhin niedergelassen hatte. „Hast du sie nicht mehr alle!", tippt er sich an den Kopf. „Wir bieten nackte Hausdienste an, keinen Intimservice!"

„Dann müsst ihr eure Fotos ändern und darauf achten, dass eure Latten darauf niemals zu sehen sind", lache ich. „Zieht euch Kochmützen und kurze Schürzen an, wenn ihr als nackte Kellner werbt, oder Concierge Mützen, wenn ihr euch als Butler oder Ähnliches anbietet."

„Wir sind die nackten Jungs!", winkt Donald ab. „Nichts da mit ulkigen Stripper Outfits oder Kostümen!"

Schon stecken wieder beide ihre Köpfe zusammen und brüten über neue Möglichkeiten, ihr Image sexfrei zu halten.

Sie haben mich bald vergessen, weshalb ich mich zurückziehe. Hätte ich doch nur selbst eine Idee für ein Geschäft.

In dieser Nacht treffe ich erstmals nach all den Monaten wieder Eros. Er wartet geflügelt auf der Tribüne auf dem Sportplatz auf mich. Es ist exakt derselbe Ort, wie bei unserer ersten Begegnung, als ich noch ein Teenager war und zur Highschool ging. Eros' Gesicht bleibt abermals verborgen, doch nur das. Sein nackter Körper nimmt immer mal wieder Form an, als ob er mich quälen möchte.

„Du wirst dich nur dahin entfalten, wohin dich deine Vorstellung zu tragen vermag. Dein Ziel bestimmt den Grad deiner Entfaltung“, spricht die Stimme aus dem Licht, das Eros' Gesicht sein soll. „Darum träume groß und handle so, als ob deine Träume bereits Realität wären. Lege dein Herz in dein Handeln. Strukturiere deine Träume durch deine Gedanken und erwecke sie mit deinen Gefühlen zum Leben.“

„Wie finde ich dich? Wie erwecke ich dich in meinem Leben zur lebendigen Wahrheit?“, frage ich Eros direkt.

„Baue mir einen Tempel!“, flüstert die Stimme.

„In echt?“, runzle ich meine Stirn und bin mir zum ersten Mal voll bewusst, dass ich nur träume. Ich sehe mich um. Das Spielfeld sieht beinahe exakt so aus, wie in der äußeren Realität, doch nur beinahe. Die Tribüne ist um einiges größer und die Stadionbeleuchtung braucht keine Spots, denn ein unheimliches weiches Goldlicht scheint von überall gleichzeitig zu kommen.

„Wo sind wir wirklich?“, frage ich. „Das hier ist nicht das Spielfeld der Uni in Washington.“

„Großes fordert Großes; Göttliches fordert alles, was du zu geben hast. Falls du der Liebe bedingungslos Einlass in dein Herz gewähren willst, musst du es in einen Tempel verwandeln.“ Eros geht nicht auf meine Frage ein. Dann flattert er vom Gerüst der Tribüne und landet im Rasen. Wie schon im ersten Traum packt er mich von hinten und hebt mit mir ab. Diesmal unterdrück ich meine Angstschreie und genieße die Aussicht auf das nächtliche Washington mit seinen Millionen von Lichtern. War es eben noch goldiges Tageslicht – oder Astrallicht? – ahne ich jetzt, dass wir uns tatsächlich über dem richtigen Washington befinden.

„Eros, du bist mehr, als nur meine eigene Sehnsucht nach wahrer Liebe!“, stelle ich fest. „Du bist real und wirklich!“ Kaum ausgesprochen, fühle ich seine Hände nicht mehr auf meinem Leib. Ich falle sogleich aus der Tiefe, dass ich wild strample und panisch schreie.

Bevor ich auf dem Boden zerschelle, packt der Engel der Liebe abermals von hinten meinen Leib, um mich aufzufangen. „Ich bin, was immer du erträumen kannst. Doch ich bin mehr, weil ich die Liebe bin. Du verleihst mir einen Körper, weil du dir die Liebe körperlos nicht vorstellen kannst.“

Eros landet mit mir vor meinem Elternhaus – nein, meinem Haus. Gerade dämmert der Morgen und aus dem Grau taucht das herrschaftliche Backsteinhaus im Kolonialstil auf. Doch statt des üblichen Dunkelrots der Backsteine, leuchtet es jetzt rosarot und hohe Fichten versperren einen direkten Einblick in den Erker mit dem geräumigen Wohnzimmer. Es riecht intensiv nach diesen Fichten, dass ich von ihrem Duft ganz benommen werde und meine Augen öffne.

Ich liege in meinem Bett. Die Morgensonne schickt ihre ersten Strahlen in mein Schlafzimmer. Soll ich wirklich Eros einen Tempel errichten? Könnte das mein Projekt für die Wirtschaftsprüfung werden? Könnte ich dieses Haus wirklich zum Wohnheim des Eros machen?

Get Real

Meine Muskeln erinnern sich rasch an all die Bewegungsabläufe beim Football. Bald bin ich wieder die gefürchtete Wildsau auf dem Spielfeld. Es fällt mir leicht, das Team wieder zu seiner alten Stärke zurückzuführen. Mit den neuen Siegen wächst unser Teamgeist und schweißt uns alle wieder eng zusammen. Nicht nur Ryder und Shawn haben sich ihre Sporthosen so präpariert, dass sie bei der Ehrenrunde ihre Schwänze zeigen können, sondern schon die Hälfte aller Spieler. Waren wir früher für unsere Ärsche bekannt, sind wir es heute für unsere Latten. Immer wieder versuche ich es meinen Kumpels zu erklären, dass ich sofort aus dem Team fliege, sollte ich jemals wieder meine Hose ausziehen oder ein skandalöses Benehmen an den Tag legen. Keiner will mir glauben. *Senator Junior!*, höre ich sie danach flüstern.

Je erfolgreicher unser Team wieder wird, desto beliebter werde ich als Captain J.J. Wenn meine Fankarten auch überall auftauchen und mich als den outen, der ich sein könnte, den sexy Macho, so muss ich eingepackt den Braven spielen. Es kotzt mich total an. Selbst aus dem Grab bestimmt mein Vater mein Leben und beschneidet meine Freiheit, wo es nur geht. Trotzdem werde ich mehr umschwärmt als je zuvor.

In der neuen Saison haben wir fast alle Spiele gewonnen und die Girls werden immer aufdringlicher und direkter mit ihren Avancen. Als Einziger im Team bin ich noch Single. Auch wenn viele fast wöchentlich eine Neue als Partnerin vorführen, bin und bleibe ich der Einzige, der nicht mit Sexgeschichten prahlen kann. Früher erfand ich Lügengeschichten mit Prominenten aus fremden Botschaften und achtete stets darauf, dass keiner meiner angeblichen Gespielinnen jemals auch nur in die Nähe von Washington kommen würde. Jetzt, ohne die Bälle, die Empfänge und die Dinner Partys gehen mir bald die Ausreden aus. Jeder weiß, dass ich mit den Zwillingen zusammenlebe und dass keiner der beiden eine Freundin hat.

Der Winter kommt und geht.

Auch mit dem neuen Frühling und meinem zwanzigsten Geburtstag findet mich die Liebe nicht. Egal, wo ich nach Eros suche, er zeigt sich mir nicht mehr. Gelegentlich glaube ich während meiner Übungen seine Gegenwart zu spüren oder sein Flüstern im Wind zu hören. Mehr ist da nicht mehr. Noch immer – oder wieder öfters! – dreht sich mein Kopf automatisch, wenn ich blonde Jungs auf der Straße sehe. Eros zeigte sich mir immer als blonder Kerl. Das ist das Einzige, was sich in all den Jahren nicht verändert hat. Wenn Eros' Körper auch gereift und männlicher geworden ist, seine Haare sind noch immer blond.

„Josh", boxt mir Ryder nach dem heutigen Spiel in die Seite. „Es gibt eine Zeit, um zu trauern, doch es gibt auch eine Zeit, sich den Frust aus dem Körper zu ficken. Mann, wie lange willst du noch die prüde Jungfrau raushängen lassen? Bist du echt zum *Senator Junior* geworden?"

„Ja, ja!", winke ich ab. Meine Trauer war bisher meine Ausrede. Inzwischen sind schon über neun Monate vergangen, seit meine Eltern verunglückt sind.

„Du treibst es doch nicht mit den Zwillingen?", wuschelt mir Ryder in meinen dunkelblonden Haaren, als ich den Helm abgesetzt habe. „Oder doch?"

„Sicher nicht!", winke ich ab. „Ich habe ihnen nur zwei Zimmer vermietet, um nicht immer alleine zu sein. Sie sind meine besten Kumpels, doch ..."

„Alter", schüttelt Ryder seinen Kopf, „das war ein Scherz! Ein Macho wie du kann zwar auch mal einen Kerl nageln, doch du? Dir traue ich so einiges zu. Das aber nicht! Bei dir stehen die heißesten Girls der Stadt Schlange. Jetzt beginne endlich ein neues Leben. Deine Eltern hätten sicher genau das für dich gewollt."

„Allerdings!", brumme ich. „Meine Mutter hat mich an jedem Empfang verkuppelt!"

„Deine Mutter hat dir deine Miezen verschafft? Alter, so ne Mutter hätte ich auch gerne."

„Ja, meine Mutter war darin einzigartig!"

„Bist du scheu? Josh, soll ich für dich ein paar der Cheerleaderinnen aufreißen? Ein Wort von dir, und ich bin dein Kuppler. Ey, Alter, wir Männer müssen zusammenhalten."

Um mein Macho-Image aufrechtzuerhalten, schlage ich Ryder mit High Five ab, und lasse ihn stehen. So kann es nicht weitergehen. Oute ich mich nicht bald, werde ich unglaubwürdig. Eros zeigte mir schon zweimal mein Haus in Pink. Ob ich selbst dieses Haus symbolisiere? Finde die wahre Liebe erst, wenn ich endlich zu dem stehe, was ich heimlich seit Jahren in einschlägigen Lokalen auslebe? Ich bin ein schwuler Quarterback; ich bin der schwule Captain meines Teams. Ich war nie anders. Heterosexuell ist nur das Bild von mir in den Köpfen meiner Fans und Kumpels.

„Captain J.J.", winkt mir Semanta, die neueste unserer Cheerleader zu. „Signierst du mir deine Karte?"

Nur weil mich Ryder aus der Ferne beobachtet, stapfe ich breitbeinig mit meinem Helm in meiner linken Hand auf Semanta zu. „Was geht ab?", begrüße ich sie und setzte mein Raubtierlächeln auf.

Sie wedelt mit der Fankarte und hält sie mir danach so zu, dass ihr Zeigefinger dabei die Latte auf dem Bild streichelt. Frech zwinkert sie mir zu und sieht mich keck und herausfordernd an. „Darf ich ihn sehen?"

„Was sehen?", knurre ich genervt und nehme ihr die Karte aus den Händen. Wenn ich mich wegen des Bildes und was es zeigt, auch niemals schämte, so bereitet es mir dennoch oft Unbehagen, wenn ich die Mädchen damit sehe. Ich bin offen schwul in den einschlägigen Lokalen oder im Independence Art Center, doch niemals sonst wo. So etwas ist in Amerika vollkommen normal, zumal in einer Zeit, in der überall wieder Gays diskriminiert werden. Solange der Verrückte im Weißen Haus sitzt und Paranoia predigt, bleiben viele bedeckt. Mein Doppelleben funktioniert, weil in Amerika jeder eher Lügen glaubt, als das, was offensichtlich ist. Oliver verriet mir, dass es in Europa diesbezüglich ganz anders sei. Aber Europa sind nicht die Vereinigten Staaten von Amerika. Hier bin ich ein exhibitionistischer Rebell – aber noch immer ein Hetero-Rebell. Die Leute glauben eher an Scheu oder Ängste, als daran, dass ein junger Bulle nicht auf Mädels steht.

„Warum so keusch?", holt mich Semanta aus meinem Grübeln. Sehr direkt starrt sie mir auf meine undurchsichtige Footballhose. „Josh, deine Kumpels zeigen nach dem Spiel stolz, was sie von uns bearbeitet bekommen wollen. Warum du nicht?"

„Reicht die Karte nicht?", spiele ich den coolen Macho.

„Ryder hat mir verraten, dass du scheu bist. Soll ich ihn ..."

„Was?“ Genervt drehe ich mich nach Ryder um, der mich noch immer aus der Ferne beobachtet und jetzt seinen rechten Daumen hoch in die Luft hebt. Sieht er sich bereits als mein Kuppler? „Verdammt noch mal!“, schnauze ich. „Lass mich in Ruhe!“

„Josh“, langt Semanta nach meiner rechten Hand, „viele Jungs sind scheu. Ich helfe dir!“ Sie schiebt ihr Trikotoberteil hoch und entblößt ihre Brüste. „Signiere sie mir“, flötet sie, „beide!“

„Mein Anwalt wartet auf mich!“ Ich lasse sie einfach stehen.

Sie folgt mir. „Rosalie schwärmt von …“

„Was?“ Aggressiv drehe ich mich zu ihr um.

„Dem da!“, zeigt sie auf meinen Hosenstall. „Sie erzählt allen, dass sie dich letzten Samstag nach dem Training …“

Erfinden die Mädchen jetzt schon Sexgeschichten mit mir? „Und wenn schon!“, bestätige ich das Gerücht, ohne wirklich etwas zu sagen. „Ich muss jetzt los!“

Am nächsten Tag höre ich Gerüchte, dass Semanta bei mir übernachtet habe. Als ich sie mit anderen Cheerleadern in der Mittagspause in der Mensa sehe, winkt sie mir zu, als ob wir ein intimes Liebespaar wären, und tuschelt danach mit ihren Freundinnen, dass die mir neidisch nachgaffen.

Die ganze folgende Nacht liege ich wach und grüble darüber, ob ich mich endlich in der Heterowelt als Schwuler outen soll. Es ist eben ein riesiger Unterschied, sich vor seinen engsten Freunden, die alle dichthalten, zu offenbaren oder es wirklich konsequent überall zu tun. Es gibt viele schwule Studenten an der Uni, die es längst öffentlich gemacht haben. Bruce und Bob sind zwei davon, die es beide offen ausleben. Donald und Jeffrey sagen zwar, sie hätten gelegentlich Freundinnen, doch seit sie bei mir leben, sah ich noch keine Frau, zugeben, auch noch keinen Kerl. Beide tanzen noch bei den *DC Gay Dancers* und treiben sich oft im *Foggy Bottom Club* rum. Ob die Zwillinge wirklich bi sind, habe ich noch nicht rausgefunden. Mir kommen sie sehr schwul vor.

Am nächsten Morgen leihe ich mir ein rosarotes Tank Top von Donald und ziehe es mir für die Uni an. Da keiner darauf reagiert, weil ich auch schon früher Pink getragen habe, lasse ich mir am Nachmittag ein neues Pink Tank Top mit den Worten *Get Real* bedrucken. Ziehe ich mir dieses rosa Ding an, überschreite ich eine Schwelle. Doch als Captain J.J. genieße ich eine gewisse Narrenfreiheit, und mit den neuen Sexgeschichten, die diesmal Mädchen über mich erzählen, blitzt alles andere ab. Was die Leute nicht sehen wollen, das kann vor ihrer Nase stehe, doch keiner nimmt es wahr.

Die Menschen sehen nicht die Realität, sondern nur ihre eigene Vorstellung davon. In mir sieht jeder den Macho, den geilen Bock mit der Latte, die Wildsau auf dem Spielfeld und den Quarterback. Keines dieser Images passt zur schwulen Tucke – noch so ein Fantasiebild, dass mit der Wirklichkeit der meisten Schwulen nichts zu tun hat. Natürlich gibt es feminine Schwule, die dieses Klischee erhärten, doch die meisten – eigentlich alle Schwulen, die ich kenne – surfen nicht auf dieser Welle.

So ist es kein Wunder, dass abermals kein Schwein nach der Bedeutung meines T-Shirt Aufdruckes fragt. Als am nächsten Tag Carter mit einem gleichen T-Shirt am College auftaucht, platzt mir fast der Kragen. Was auch immer ich tue, es gibt Nachahmer. Ob ich meinen Arsch oder selbst meine Latte unter dem Sporttrikot aus Protestzwecken zeigte, nur Tage danach, ist es Mode. Ist es einfach nicht nötig, mich als Schwuler zu outen? Was habe ich davon? Bedenke ich es richtig, schadet mir ein solches Eingeständnis mehr, als dass es mir nutzt. Und wenn meine Fans es nur als eine weitere meiner Allüren ansehen und kopieren?

Als sich in der Mensa Cathy beim Essen eng an mich schmiegt und erst meinen Bizeps, dann meine Bauchmuskeln abtastet, fühle ich mich zusehends unwohler. Das geht mir entschieden zu weit. „Ey!", schiebe ich Cathy sanft von mir. „Ich stehe nicht drauf!"

„Nicht?", surrte die rothaarige Wildkatze und zwinkert mit ihren grünen Augen. „Angie erzähle mir da ganz anderes."

„Wer ist Angie?", frage ich.

Cathy lacht, als ob ich sie für dumm verkaufen wollte. „Die Kleine aus Politikwissenschaften. Sie erzählte, dass sie dir darauf", langt Cathy nach meinem Pimmel, „ein Autogramm geben durfte!"

„Verdammt noch mal!", zische ich den Rotschopf genervt an. „Kein Weib fasst den an! Verstanden?"

„Josh!", murmelt Cathy verwirrt. „Wie meinst du das?"

„Du hast mich ganz genau verstanden!", nutze ich die Chance für mein Outing.

„Wer fasst dich denn sonst da an?", bohrt sie weiter.

„Mein Lover!"

„Du hast eine Freundin? Josh, warum sagst du das nicht? Ich bin nicht prüde oder konservativ. Falls du willst, können wir trotzdem *ficken*." Das letzte Wort flüstert sie so leise, dass ich kaum glaube, dass sie es wirklich ausgesprochen hat.

„Mein Lover ist ein Mann! Verstanden?"

„Du bist ne Tunte?", weicht Cathy von mir zurück, als ob ich eine ansteckende Krankheit hätte.

„Ich, eine Tunte?", funkle ich sie aggressiv an. „Ich bin ein schwuler Macho. Ich bin ein schwuler Quarterback. Ich bin die schwule Wildsau auf dem Footballfeld! Aber ich bin definitiv keine Tunte!" Dass ich dabei aufgestanden bin und Cathy all das ins Gesicht geschrien habe, wird mir erst bewusst, als es in der Mensa totenstill geworden ist und mich alle anstarren.

Cathy zieht total verwirrt ab.

Jetzt ist es raus.

Das Gerücht verbreitete sich schneller auf dem Campus, als ein Computervirus. Noch bevor die nächste Vorlesung durch ist, hat es bereits jeder – wirklich jeder – auf seiner Facebook Seite gepostet. Erst jetzt wird mir bewusst, wie verschworen die Gay Community wirklich ist. Keiner hatte jemals auch nur eine Andeutung gemacht und das, obwohl der Übeltäter sich damit bestimmt Berühmtheit eingehandelt hätte.

„Captain", passt mich Carter nach der Vorlesung als Erster an der Tür ab, „bist du echt schwul?"

„Ja, bin ich! Hast du in Problem damit?", fletsche ich meine Zähne. Dann hebe ich meine Arme zur Drohgebärde, um ihm die Nase einzuschlagen, sollte er mir komisch kommen.

Beim nächsten Spiel taucht jeder meiner Kumpels bereits umgezogen in der Umkleide auf. Keiner trägt noch die durchsichtigen und präparieren Trainingshosen, noch fällt irgendein Spruch. Als ob ich ein total Fremder sei, läuft das kommende Spiel ab. Jedes Mal, nachdem ich einen niederwalzte oder umrannte, tuscheln die Spieler danach und sehen mich wie etwas an, das nicht nur sehr gefährlich, sondern auch nicht mehr einschätzbar ist.

So geht das die nächsten Tage und Wochen. Egal, wohin ich komme, stecken sich die Jungs oder Mädels eines meiner Captain-J.J.-Arschbilder zu, doch diesmal nicht mit Stolz, sondern mit zweideutigen Bemerkungen. In einer Pause finde ich eine der Karten an die Wand der Herrentoilette geklebt und in meinem Arsch steckt jetzt ein gezeichneter Schwanz. Darunter steht: *Rufe mich an, wenn du ihn versenken willst!* Oder unter *Naked Facts* steht von Hand hinzugefügt: *Ich liebe nicht nur nackte, sondern vor allem harte Tatsachen!*

Cathy begegne ich noch einmal in der Mensa. Sie versammelt sofort eine Traube Cheerleaderinnen um sich und zeigt auf mich, verzieht ihr Gesicht zur Fratze und schimpft in den schlimmsten Worten über mich. Ebenso verfahren andere Girls – wahrscheinlich die, die ihre Sexgeschichten mit mir überall verbreitet hatten. Wie viele von ihnen ich angeblich geschwängert habe, als ich noch ein reicher Junggeselle war? Jetzt sind all ihre Lügen geplatzt, und *ich* muss darunter leiden. War ich gerade noch der Star und Liebling auf dem Campus, bin ich jetzt der verhasste Schwule. Ich hätte jahrelang alle belogen. Ich verführte die unschuldigen Jungs zu sexuellen Taten und ihrem Exhibitionismus. Plötzlich bin ich für alles schuld, was nicht zu den total verdrehten Ansichten der Heteros passt. Alles was ich mache, bedeutet jetzt etwas. Alles hat eine sexuelle oder eine verführende Bedeutung. Ich bin der Sexhengst, obwohl ich von all den Jungs wahrscheinlich wirklich der unschuldigste bin. Es ist zum Kotzen.

Inzwischen ist mir sehr bewusst, warum es in Amerika schwule Viertel gibt; denn nur dort ist man sicher. Dort kann ein schwuler Mann für ein paar Stunden der sein, der er ist. Jetzt verstehe ich auch die Doppeltür im Gay Gym und all den Papierkram, den man signieren muss. Oliver erzählt immer wieder, dass es in Europa diesbezüglich vollkommen anders funktioniere. Aber das habe auch damit zu tun, dass dort die Städte viel kleiner sind und Homosexualität vollkommen anders verstanden würde. Hier zulande werden Gays in gewissen Stadteilen noch immer gemeuchelt und ermordet, etwas, dass in Europa unvorstellbar sei. Auch die Gay Prides wären in Europa einfach erotische Umzüge und Feste, und nicht wie in den Vereinigten Staaten von Amerika Protestumzüge und ein echter Kampf um Rechte und das nackte Überleben. Höre ich Olivers Geschichten, sehne ich mich nach der Freiheit, welche die europäischen Schulen so selbstverständlich genießen. Oberflächlich betrachtet muss Amerika wie das gelobte Land aussehen. Vielleicht wird in ein paar Jahren die Homo-Ehe eingeführt und die Rechte der Schwulen wieder geachtet. Mit dem Cowboy am Ruder sieht es jedoch nicht danach aus.

Nach einem Monat reiche ich meinen Abschied als Football Captain ein und schmeiße gleichzeitig mein Studium. Als reicher Mann lande ich deshalb nicht in der Gosse. Eros hatte recht: *Großes erfordert Großes; Göttliches erfordert alles, was du zu gegen hast.* Ich habe alles verloren, was mein bisheriges Leben ausgemacht hat. Das Studium wolle ich nie wirklich, das war das letzte Diktat meiner Eltern. Jetzt habe ich mich auch davon befreit. Das einzige wirkliche Opfer ist mein heißgeliebtes Football. Beim Räumen meines Spindes – schon wieder – ist es diesmal anders. Diesmal ist es wirklich endgültig!

Ich kann die wahre Liebe – Eros – nur realisieren, wenn ich das werde, was ich bin. Das Versteckspiel ist vorbei! Wer der Liebe wahrhaftig begegnen will, kann das nur, indem er seiner eigenen Wahrheit direkt ins Gesicht sieht. Doppelleben, Netze und Sicherheitsdenken funktionieren einfach nicht, wenn man sich aufgemacht hat, dem Engel der Liebe wahrhaftig zu begegne. Wer der Liebe Bedingungen auferlegt, hat das Wesen der Liebe noch nicht erfahren. Grenzenlos, uferlos und unendlich ist die Liebe. Liebe ist, was sie ist. Ein Wunder, dass sich jedem anders offenbart. Mir offenbart sie sich als die nackte Wahrheit.

Tagelang verlasse ich das Haus nicht mehr und grüble über die Ungerechtigkeit des Lebens nach. Die Zwillinge erleben nicht zum ersten Mal eine solche Phase bei mir. Nach dem Tod meiner Eltern vor neun Monaten, benahm ich mich ähnlich unreif.

„Du musst auf andere Gedanken kommen!", ermutigt mich Donald und setzt sich nackt bei mir im Schlafzimmer auf mein Bett, auf dem ich zusammengerollt liege. „Jeffs und mein Projekt soll in die nächste Phase übergehen. Wir müssen es testen!"

Ich höre nur mit einem Ohr zu. Seit ich das Studium geschmissen habe, interessieren mich Dinge wie: Business Pläne, Kalkulationen, Bilanzen, Statistiken und Erfolgskurven nur noch mäßig. „Ihr könntet ja mal hier im Haus einen Anfang machen!", grunze ich.

„Echt jetzt?", rüttelt mich Donald an der Schulter. „Wir sollen hier als nackte Putzkolonne nach dem Rechten sehen?"

„Ob nackt oder angezogen", drehe ich mich zu meinem besten Freund um, „es wird Zeit, dass hier im Haus neue Regeln gelten. Mann, der Saustall unten ist ja kaum noch zu ertragen. Zeigt mal hier im Haus, was ihr beiden wirklich drauf habt!"

„Ok!", verdreht Donald seine Augen. „Unter einer Bedingung, du wirst uns dabei fotografieren, damit wir Werbefotos bekommen."

„Ich kann mit einer Kamera nicht umgehen!" Eigentlich wollte ich Donald eine Stammpauke halten, dass er und sein Bruder endlich ihren Saustall aufräumen. „Aber", hocke ich mich auf, „ich habe ein Team, welches das perfekt hinkriegt!"

Wer ist hier der Boss?

Als ich Oliver vom Plan der Zwillinge unterrichte, springt er sofort darauf an. „Josh, du bist der Boss! Noch immer gehören Pascal, Laurent, Dylan, Gabriel und Tyler zu deinem kreativen Team“, ermutig mich Oliver, meine Rolle als Team Leiter wieder anzunehmen.

Kurzentschlossen organisiere ich für den übernächsten Tag die fünf Jungs in mein Haus, bitte Oliver mir zu assistieren und informiere die Zwillinge, was von ihnen verlangt wird. Sie kaufen sich neue Besen, Staubwedel, bunte Tücher, Putzmittel und sogar einen modernen Staubsauger – einer von denen, die statt mit Staubbeuteln mit Wassertank funktionieren und die man sich wie einen Rucksack auf den Rücken binden kann. Oliver schlägt vor, dass sich die Zwillinge ein eigenes Laben zulegen sollten, um auf den Fotos keine Schleichwerbung für fremde Markenprodukte zu machen, ohne dafür abzukassieren. So füllen wir vor dem Fotoshooting am Nachmittag alle Putzmittel in neutrale Flaschen und Dosen und bedrucken sie mit Fotos der nackten Zwillinge und ihrem Slogan *Nude Twins for Rent*. Natürlich wollten Eddy und Nic bei diesem Spaß ebenfalls dabei sein und rücken mit ihren rollbaren Styling Koffern an, um die Zwillinge mit ihren Künsten in perfekte Models zu verwandeln.

Als Folge des Rummels um das Fotoshooting wird mein Haus endlich wieder aufgeräumt und gründlich gereinigt. Ohne darüber nachzudenken, übernehme ich in allen Belangen das Kommando. Erst nach drei Stunden sind die Räume so sauber, dass wir nach einer Pause mit dem eigentlichen Fotoshooting loslegen können.

„Habt ihr schon gute Bilder?“, frage ich neugierig Pascal und Laurent, die beide seit Stunden mit Kameras rumlaufen.

„Die Zwillinge vermitteln sich als nackte Reinigungskräfte und nicht als Räumungstrupp für chaotische Studentenbuden“, schüttelt Pascal seinen Kopf. „Alter, wir haben hier aufgeräumt und nicht fotografiert!“

„Leute!“, winke ich alle im Wohnzimmer zusammen. „Gleich werden die Pizzen geliefert!“ Damit keiner mitkriegt, was sich im Haus abspielt, erwarte ich den Pizza Boy draußen. Kurz darauf, hoch mit heißen Schachteln beladen, schiebe ich die Haustür auf. Sofort tritt Donald hinaus, um mir die Hälfte davon abzunehmen.

„Cooles Outfit!“ Lüstern funkeln die Augen des Lieferanten. Er sackt das Geld ein und fährt auf seinem Moped davon.

Nach der Essenspause knipsen Pascal und Laurent die Zwillinge in gestellten Putzposen, während Dylan, Gabriel und Tyler für die Beleuchtung sorgen. Um nicht nur die antiken Stilmöbel meiner Eltern als Kulisse zu haben, lotse ich die nackten Putzteufel in meine drei Zimmer, in dem sich nur moderne Designer Möbel befinden. Dylan und Gabriel räumen erst auf, wenn sich die beiden dazu auch leider nicht ausziehen.

Stunden später – nach weiterem Fast Food vom Inder – hocken wir wieder alle im Wohnzimmer um den ovalen Esstisch und tauschen unsere Erfahrungen aus.

„Morgen will ich eine etwas erotischere Nass-Szene in Angriff nehmen", zeigt uns Pascal seine Notizen dazu. „Die Badezimmer in diesem Haus sind dafür zu altmodisch. Hat jemand Ideen, wo wir geeignete Räume dafür nutzen könnten?"

„Erotische Nass-Szenen?", blitzen Donalds Augen vor Neugier auf. „Was stellst du dir darunter vor?"

„Wir bieten keinen Sex an!", verwirft Jeffrey seine Hände.

„Nichts dergleichen", beruhigt ihn Pascal. „Ich denke nur, dass ein Nackter ein Badezimmer anders als ein Angezogener putzt. Das will ich eindrücklich inszeniert haben."

„Nass unter der Dusche stehend?" Donald nickt begeistert.

„Oder auf allen Vieren mit Seifenschaum im Gesicht und überall auf dem Körper", bringt sich Tyler ein. „Würde ich nackte Jungs zur Reinigung meines Hauses buchen – falls ich eines hätte", fügt er noch an, „dann würde ich diese Jungs auch beobachten wollen. Und ja, ich würde nicht einen Moment wegsehen, wenn sie vor mir auf allen Vieren im Badezimmer oder in der Badewanne rumkraxeln würden."

Donald und Jeffrey wechseln Blicke, dann nickten sie synchron. Die beiden müssen dieses Thema schon diskutiert haben und sich darüber einig sein, kleine Shows einzubauen.

Die Lösung für feuchte Erotik liegt nahe: Die Duschen im Gay Fitnesscenter ein paar Blocks die Straße hoch. Weil wir nur früh morgens dort ungestört arbeiten können; und weil es schon weit nach Mitternacht ist, übernachtet die ganze Crew bei mir im Haus. Zimmer gibt es ja genug.

„Hast du schon einmal darüber nachgedacht, dieses Haus in eine Pension umzubauen?", fragt mich Tyler, als er mir hilft, Kissen und Bettzeug aus einem großen Schrank nach unten zu tragen.

Der nächste Tag bereitet mir sogar noch mehr Vergnügen. Ganz natürlich bin ich in die Rolle als Boss meines kreativen Teams hineingewachsen und manage alles so, als ob ich noch niemals etwas anderes davor gemacht hätte. Ohne die Vorlesungen und das Footballtraining habe ich viel zu viel Freizeit. Meist hänge ich deshalb die nächsten Tage im Medienzentrum herum, um Oliver bei der Sichtung und Nachbearbeitung der Fotos und dem Werbekonzept für die Zwillinge zu helfen.

Als mich Charles am Nachmittag zu sich ins Büro beruft, bringt er das Thema auf, welches mich seit der Fotosession mit den Zwillingen beschäftigt.

„Josh, wir spielen schon lange mit dem Gedanken, die Kreativabteilung auszulagern. Ich habe dich bei der Arbeit beobachtet“, kommt Charles gleich zur Sache. „Du kannst anpacken und gibst nie auf. Immer fällt dir eine Lösung ein und niemals habe ich dich ungeduldig oder ratlos gesehen. Josh, du bist erst dann zufrieden, wenn das Produkt deinen hohen Anforderungen entspricht. Oliver erzählte mir, wie du immer wieder seine Vorschläge überarbeitet und mehr als nur eine Nacht am Computer über neue Ideen gebrütet hast.“

„Die Arbeit macht mir total Spaß!“, nicke ich und überlege mir schon Rechtfertigungen für meine unzähligen unbezahlten Überstunden.

„Ich will dir einen Job anbieten.“

Erstaunt darüber checke ich den Typ mit den kurzen Bürstenhaaren, im beigen Maßanzug, vor mir sitzend ab. Charles hat mir seit dem Tod meiner Eltern oft kleine Projekte übergeben, bei denen ich meine Organisationstalente einsetzen konnte. Ich sah darin immer nur seine Art mir zu helfen, endlich über etwas anderes als über meine Selbstvorwürfe und Schuldgefühle zu grübeln. Seit ich das Studium geschmissen habe, gab es keine Woche, in der ich nicht für mindestens drei Tage hier gewesen wäre, um entweder Oliver zu unterstützen oder einen von Charles Aufträgen auszuführen.

„Josh“, holt mich Charles aus meinen Gedanken, „ich mache dich zum neuen Leiter der kreativen Abteilung.“

„Mich?“, gaffe ich ihn mit riesigen Augen an.

„Du hast Eier aus Stahl, eine der Voraussetzungen in dieser Branche nicht unterzugehen.“

„Meinst du wirklich?“

„Du hast nicht gezögert, deinem Vater die Stirn zu bieten. Du hast niemals andere vorgeschoben, sondern du hast selbst deinen Mann gestanden. Deine Presseauftritte brachten dir nicht nur Freunde und Bewunderer. Du hast nicht gezögert, das ultimative Tabu zu brechen.“

„Mich als schwuler Mann zu outen?“, rate ich.

„Nein, deinen Pimmel zu zeigen!“ Charles dreht sich um und nickt auf das Poster von mir, das mich als sexy Macho mit Latte unter meiner fast durchsichtigen Footballhose zeigt. „Dieses Bild hat alles verändert.“

„Ich bin echt nicht der Einzige, der …“

„Natürlich nicht! Doch du warst der berühmte Sohn eines verhassten Politikers. Jeder kannte deinen Arsch, danach auch deinen Pimmel. Es hat dich alles gekostet, was du zu geben hattest."

„Ja, meine Eltern und später mein Studium und das Footballspielen", zähle ich wehmütig auf.

„Du hast für deine Prinzipien gekämpft. Miguelangelos Ölbilder von dir bewiesen das nochmals. Doch spätestens seit deinem Katalogprojekt, hast du alle Konventionen hinter dir gelassen. Der Katalog verkauft sich gut, was abermals auf deinen Ideenreichtum, deine Courage und deine Bereitschaft neue Wege zu gehen zurückzuführen ist. Du bist der Mann für die neue Abteilung."

„Neue Abteilung?", hake ich sofort nach. „Die kreative Abteilung gibt es doch schon lange."

„Die bisherige Abteilung wird im Haus bleiben. Doch sie wird sich auf Aufträge beschränken, die direkt mit dem Sender und ihren Klienten zu tun haben. Die neue Abteilung hingegen soll eigene Wege gehen. Als vollkommen eigeneständige Tochtergesellschaft sollst du ihr einen neuen Namen und auch ein neues Gesicht verpassen."

„Ich?", frage ich abermals und kann die Neuigkeit kaum fassen. „Du glaubst, ich kann das?"

„Unterschreibe hier!", schiebt mir Charles einen Vertrag zu. „Du wirst es mir beweisen müssen. Lass den Vertrag durch deine Anwälte prüfen, die Unterzeichnung eilt nicht. Der Verwaltungsrat stellt dir ein Anfangskapital zur Verfügung, doch danach musst du selbstständig Gewinne erwirtschaften. Das Konzept sieht vor, dass diese Tochtergesellschaft sich bis spätestens in einem Jahr ablösen soll, um autonom agieren zu können."

„Meine eigene Firma?"

„Wir arbeiten weiterhin zusammen. Doch ja, du wirst vollkommen eigene Ziele verfolgen. Der politische Druck bindet uns als Agentur die Hände, weshalb wir ..."

„Ich verstehe", nicke ich. „Wird der Verwaltungsrat ..."

„Nur in der Anfangszeit", bestätigt Charles. „Je schneller du Geldgeber findest, desto schneller verkauft die Agentur die Firma an dich oder dein Konsortium und wird dir nicht mehr reinschwatzen."

„Warum?"

„Solange der wahnsinnige Cowboy im Weißen Haus ..." Charles räuspert sich. „Du verstehst schon! Je schneller du finanziell unabhängig wirst, desto schneller ..."

„Cool!", murmle ich. „Die zweite Amtszeit des Wahnsinnigen hat eben erst begonnen. *Naked Facts* wird es immer zu berichten geben, ob als eigenständiger TV-Chanel, als Förderer anderes denkender Gruppierungen oder als freier Journalist."

„Naked Facts?"

„Klingt doch gut als neuer Name einer Firma von Rebellen", verschränke ich meine Arme vor der Brust und lehne mich im Sessel Charles gegenüber zurück.

Meine Anwälte raten mir davon ab, die neue Firma selbst zu finanzieren. Ebenso wäre es nicht ratsam, mich zu rasch vom Mutterkonzern zu lösen. Ich solle alle Verbindungen nutzen und mich erst danach selbstständig machen. Das sehe ich nicht so, doch ich unterschreibe Charles Vertrag ohne neue Klauseln. Die nächsten Tage suche ich in ganz Washington nach geeigneten Räumlichkeiten. Zuerst war ich versucht, die Firma in meinem Elternhaus unterzubringen, doch wo sollte ich dann leben? Endlich erinnere ich mich der alten Fabrik, in der wir damals in aller Heimlichkeit meinen Katalog kreiert und produziert hatten. Sie steht noch immer leer und steht zum Verkauf. Um später keine Streitereien mit der Medienagentur zu bekommen, finanziere ich das Gebäude aus einem Teil des Erlöses vom Verkauf des Ferienhauses auf den Bahamas und den Rest über die Bank. Das Startkapital der Medienagentur will ich nur für die Löhne und das Personal verwenden, wie für die Akquisition neuer Geldgeber. Auch wenn der neue Firmensitz ideal zwischen Medienzentrum und dem *Independent Art Center* in Georgetown nahe des *Potomac* liegt, ist bis auf die Bausubstanz sonst nichts mehr am Gebäude zu gebrauchen. Ich bin jetzt stolzer Besitzer einer Bruchbude.

„Du hast alles verloren, um alles zu gewinnen!", flüstert in der folgenden Nacht eine vertraute Stimme in meinem Traum. Eros zeigt sich mir als muskulöser Typ, doch wie immer, bleibt sein Gesicht im hellen Licht, das ihn umgibt, verborgen.

„Ist es das, was du wolltest?", frage ich herausfordernd.

„Deine Liebe zu mir hat deine Einstellung zum Leben vollständig aus den Angeln gehoben. Du hast alles geopfert, was dich an dein altes Leben gebunden hat. Du bist gestorben, um neu geboren zu werden. Jetzt musst du dem, der dir gesichtslos erscheint, Identität und Charakter geben."

„Ich soll dir ein Gesicht verleihen?", sehe ich zum Engel der Liebe, der mit gewaltigen weißen Flügeln neben mir steht. Sein nackter Körper zieht mich magisch an. Wir befinden uns in der Nähe des Obelisken, den ich durch die

Baumgerippe im Hintergrund sehen kann. Ein Herbststurm wütet so heftig, dass auch noch die letzten Blätter von den Ästen gefegt werden. Der Himmel ist gelbgrünlich und die Bäume wirken wie die Kulisse einer mystischen Welt aus der antiken Mythologie.

„Um deinen persönlichen Herbst zu begreifen, musst du dich vom letzten Blatt lösen. Ist es geschehen, beginnt dein vierter Zyklus. Erst dann wirst du von Liebe so sehr durchdrungen sein, dass nichts mehr dich stoppen kann. Erst dann wirst du die Liebe anziehen und zum Zentrum der Liebe werden."

„Ich muss dir erstens einen Tempel bauen", stelle ich sachlich fest und hebe einen ersten Finger in die Luft. „Zweitens", folgt ein zweiter Finger, „muss ich dir ein Gesicht verleihen und drittens", strecke ich Eros nun drei erhobene Finger entgegen, „muss ich das Zentrum der Liebe selbst werden. Habe ich etwas vergessen?"

Zur Antwort bläst der Herbstturm noch heftiger.

„Was kommt zuerst?" Ich lausche Eros' Flüstern. Abermals klingt es wie die Klänge von Dudelsäcken gemischt mit der Meeresbrandung, der vom Herbststurm gepeitschten See. „Du wirst dich entscheiden müssen. Erst wenn du mit der Liebe im Einklang bist, erreichst du alles ohne Aufwand. Deine Probleme werden gelöst, wenn du dich der Liebe hingibst. Noch kämpfst du dagegen an. Dein Erfolg oder dein Misserfolg hängt von der Harmonie ab, die du in deinem Herzen zu erzeugen fähig sein wirst."

„Na toll!", schnaube ich in diesem Sturm, der immer gewaltiger die Baumkronen schüttelt. „Jetzt muss ich auch noch in Auge des Hurrikans in mir selbst ruhen. Sonst noch was?"

Ein einzelnes Blatt wirbelt vor meinen Augen und legt sich sanft in meine Hand, die ich von mir ausstecke, um es aufzufangen. Das Blatt ist golden und hat die Form eines Herzens. Gerührt ob des Kitsches, erwache ich in meinem Bett. Neben meinen Kopfkissen liegt ein gelbes Blatt, welches mich schwach an die Form eines Herzen erinnert. Ich schnappe es mir, öffne ein Buch, schiebe es zwischen die Seiten und klappe den Buchdeckel zu. Mein Herbst ist vorbei.

Bündnis mit Folgen

„Ist das wirklich eine gute Idee?", frage ich und fühle gewisse Zweifel.

„Er verfügt über die nötigen Erfahrungen, ist sehr gut vernetzt und sucht schon lange nach einem TV-Sender. *Naked Facts* passt zu seiner eigenen Philosophie. Zudem", fügt Oliver an, „er mag dich. Was zögerst du?"

Ja, er mag mich – und ich ihn auch. Selbst wenn ich ihm erst einmal in Los Angeles begegnet bin, verbindet uns etwas, dass ich einfach nicht erklären kann. „Reist er alleine an?"

„Er ist wohl verheiratet, doch weder er noch sein Partner glauben an die Monogamie", zwinkert mir Oliver frech zu.

„Was hat das jetzt damit zu tun?", tue ich so, als ob mich mein Ex-Lover nicht voll durchschaut hätte.

Seit drei Monaten bin ich nun Boss der ausgelagerten kreativen Abteilung der Medienagentur in einer Bruchbude. Bis auf Oliver, genauso wie Gabriel, Tyler und Dylan anzustellen, habe ich noch nichts Nennenswertes geschaffen. Meist arbeite ich von meinem alten Büro in der Agentur aus, wie auch Oliver. Bis auf meinen Titel hat sich nichts verändert. Ich organisiere nach wie vor Events, buche Models oder sorge dafür, dass Plakate, Flyer und Homepages unserer Auftraggeber erstellt oder aktualisiert werden. Tyler ist sehr geschickt im Umgang mit Computern und besucht, seit ich ihn eingestellt habe, an drei Tagen die Woche Weiterbildungskurse in Computergrafik und als Programmierer. Auch Dylan drückt wieder die Schulbank und soll in kürzester Zeit so viel wie möglich über das Schneidern, was er privat schon lange betreibt, erlernen. Dylans neuer Job wird nicht Kostüm Designer sein, doch ich brauche jemand, der geschickt mit Nadel und Faden umgehen kann, wenn Notfälle auftauchen. Zudem soll er im neuen Styling Departement – das ich irgendwann ins Leben rufen werde – nach dem Rechten sehen müssen. Gabriel wird Beleuchter bleiben und möglichst bald auch Kameramann werden. Die drei Jungs zeigen einen Ehrgeiz, der mich wirklich beeindruckt. Jeder von ihnen hat sich mit Herz und Seele *Naked Fact* verschrieben. Was will ein Boss mehr, als Mitarbeiter, die ihre Arbeit wirklich lieben? Laurent habe ich noch nicht verpflichtet, da er zuerst seine Lehre als Fotograf abschließen soll, und bis dahin weiterhin seinem Cousin Pascal assistieren wird.

„Was es damit zu tun hat?", holt mich Oliver aus meinen Gedanken zurück. „Alles! Mir ist schon lange aufgefallen, dass er dir gefällt."

„Gar nicht wahr!", lüge ich.

„Warum hängt dann sein Bild über deinem Schreibtisch?", neckt mich Oliver.

„Sein Bild? Es ist ein Andenken an meinen Besuch bei der NAWA in Los Angeles. Falls es dir nicht aufgefallen sein sollte, auf dem Bild sind auch noch Sebastian und ich selbst zu sehen."

„Ja, ja!“, schmunzelt der dunkel gelockte Typ mit den weichen Lippen und der etwas zu dicken Nase. „Stell dich doch nicht so an, Josh! Martin ist ein Mann, den man nicht mehr so schnell vergisst, hat man ihn einmal gesehen. Er ist mit seiner Sexualität im Reinen, und geht damit so erwachsen und reif um, wie mit seiner Nacktheit. Du brauchst dringend wieder mal Sex!“, meint mein Ex-Lover und bohrt mir den Finger in die Brust. „Bis auf deine Besuche in dunklen Gay-Clubs verweigerst du dich jeder Nähe.“

„Gar nicht wahr“, schüttle ich meinen Kopf und versuche mein Raubtiergrinsen aufzusetzen, was mir aber nicht gelingt, weil Oliver recht hat. Seit dem Tod meiner Eltern bin ich prüder und verklemmter als je zuvor. Würde ich es zugeben, müsste ich mich als einen Voyeur bezeichnen. Als jemand, der nur noch anderen zusehen kann, anstatt sich selbst ins Getümmel zu stürzen. Ohne den körperlichen Kontakt, den ich im Football immer abbekam, ziehe ich mich mehr und mehr in eine Welt der Bilder zurück. Oft beobachte ich sogar heimlich die Zwillinge, wenn sie nackt bei mir zuhause aufräumen und putzen, denn ich habe die beiden, seit sie bei mir ausgezogen sind, unter Vertrag genommen. Zwei Mal die Woche engagiere ich mir die *Naked Twins for Rent*. Ohne dass ich es wollte, werden ihre Besuche zu meinem Sexersatz. Ich würde mit keinem der Beiden was anfangen, doch ihnen zuzusehen, macht mich richtig geil.

„Warum liegt denn eine Liste der nächsten Auftritte der *Bad Angels* in deiner Schublade?“

Ertappt erröte ich.

„Josh, ich schaue mir auch gerne ihre Shows an. Doch du bist von ihnen besessen. Seit Lox gelegentlich wieder in der Stadt bei ihren Events mitmacht, bist du Dauergast in ihrem Club. Hat dich Lox je wieder rangelassen?“

„Ich bin mit Lox fertig“, verwerfe ich meine Hände.

„Aha!“, zwinkert Oliver. „Der süße Callboy spukt noch immer durch deine Gedanken. Gib es doch wenigstens zu! Buche ihn dir, wenn du ihn willst. Lox finanziert sich so sein Studium. Er lässt dich bestimmt ran, wenn du ihn endlich als das ansiehst, was er ist: ein Callboy.“

Natürlich fantasiere ich oft von Lox und sehe mir jede Show an, in der er mitmacht. Sein schlanker Körper erregt mich heute noch so, wie beim ersten Mal. Zwei Mal setzte er sich bei einem meiner Besuche im Club splitternackt auf meinen Schoss, und zwei Mal flüsterte er mir, nachdem er meine Hand etwas mit seinem Harten hat spielen lassen, seinen Preis ins Ohr. Für ihn bin ich ein reicher möglicher Kunde – nichts weiter. Vielleicht hat er unsere Affäre von damals auch längst vergessen? Für ihn war es nie mehr als Sex für eine Gratisbleibe.

„Martin mag dich!", fängt Oliver schon wieder davon an. „Das hat er mir am Telefon verraten. Er bewundert, was du planst und bisher geleistet hast. Soll ich dich zum Flughafen begleiten?"

„Nein, ich lasse mich fahren! Martin Holmström und ich haben einiges zu besprechen."

„Ich hoffe, mehr als nur Sprechen! Josh", fasst Oliver nach meiner linken Hand, „du bist mein engster Freund. Komm endlich aus deinem Schneckenhaus heraus und fange wieder an richtig zu leben."

„Ja, ja!"

Drei Stunden später stehe ich in der Empfangshalle des *Dulles Airport* und warte auf die Ankunft von Martin Holmström aus Los Angeles. Als der blonde Riese endlich durch die Milchglastüre aus dem Sicherheitsbereich schreitet, stockt mir für einen Moment der Atem. Der Nudist trägt einen dunkelblauen Anzug, ein dunkelrotes Hemd und einen Krawatte in derselben Farbe. Auch wenn ich ihn noch nie angezogen gesehen habe, beeindruckt mich seine Erscheinung aber nicht mehr als damals, als er mich nackt in seinem Büro empfangen hat. Er bleibt stehen und sieht sich um. Ob angezogen oder ob nackt, Martin ist ein ausgesprochen schöner Bodybuilder mit einem Lächeln, das mich schmelzen lässt. Plötzlich schäme ich mich meiner krummen Nase und meinen zu langen Eckzähnen, die sich bei meinem Grinsen immer über die Unterlippen schieben. Martin ist nicht sehr viel älter als ich – vielleicht in Olivers Alter? – doch bestimmt noch keine Dreißig.

Kaum nimmt er mich in der wartenden Menge der Ankunftshalle wahr, winkt er mir zu, schultert sich erneut die Schutzhülle mit einem weiteren Anzug darin und zieht seinen Koffer hinter sich her in meine Richtung. „Jonathan Josh Julius", reicht er mir seine rechte Hand, um sie warm und kraftvoll zu drücken, „es ist viel zu lange her, dass wir uns zum letzten Mal gesehen haben. Wann warst du in der NAWA?"

„Es ist über ein Jahr her!", winke ich ab. „Damals lebten meine Eltern noch."

„Dein Verlust tut mir leid", klopft er mir auf meine Schulter.

„Ich habe es noch nicht wirklich verwunden", gebe ich zu und fühle Martins echte Teilnahme.

„Sebastian hat mir ein Hotel im Gay Viertel gebucht. Falls es dir recht ist, würde ich erst dort haltmachen, mich duschen und umziehen, um danach in dein Büro zu fahren."

„Nichts da! Martin, du wohnst bei mir. Die Zwillinge haben dein Zimmer schon auf Vordermann gebracht."

„Na dann!", grinst der hellblonde Riese.

Auf der Fahrt erzählt mir Martin, wie er in London erstmals auf die Idee seiner Nudisten Firma kam[4], oder wie er als House Keeper auf Maui sein wahres Erbe entdecken und annehmen musste. Seine Geschichte hört sich unglaublich, spannend und ziemlich verrückt an. [5]

„Wie lange weißt du es schon?", fragt mich Martin, als ich zuhause die Haustür aufschließe und das Taxi abgefahren ist.

„Dass ich schwul bin?", drehe ich mich zu ihm um. „Seit ich sechzehn bin. Wahrscheinlich ahnte ich es schon sehr viel früher, doch ich ließ es niemals in meinen Gedanken zu."

„Das meine ich nicht", winkt Martin ab und hievt seinen Koffer über die paar Tritte zum Eingang hoch. „Ich spreche von deinem Erbe!"

„Seit meine Eltern tot sind", gaffe ich ihn verwirrt an.

„Nicht dieses Erbe", winkt Martin ab.

„Meine Großeltern leben noch!" Dient sein Besuch dazu, mir das Geld für die NAWA aus der Tasche zu ziehen? Misstrauisch mustere ich den Hellblonden, dem ich bisher so bedingungslos vertraut habe.

„Ich spreche vom Erbe, das in deinem Herzen darauf warte, sich zu entfalten. Das Erbe, das dich wahrscheinlich seit frühester Kindheit in andere Welten gezogen hat, um dich zu prüfen und zu dem zu machen, der du sein könntest."

An meine Kindheitsalbträume will ich weder denken, noch sie mit dem Fremden bereden. Unsicher, was ich von seiner Neugier halten soll, tue ich so, als ob ich nicht verstehen würde.

Martin bleibt beharrlich. „Ich fühle es! Sebastian und Boris haben es beide auch sofort gespürt. Josh, ob du es dir bewusst bist oder nicht, doch du bist einer von uns."

„Ich bin kein Nudist", winke ich ab. „Dennoch", mustere ich den schönen Mann, „bewege dich in meinem Haus wie zuhause. Die Zwillinge arbeiten ausnahmslos splitternackt, wenn sie bei mir putzen. Es stört mich nicht, wenn ..."

„Warum sträubst du dich so dagegen?", kommt Martin abermals aufs

---

[4] Nachzulesen in „Nackte Geheimnisse"

[5] Nachzulesen in „Was der Wind nicht verwehen kann"

Thema zurück, dass ich hoffte, gewechselt zu haben. Er deponiert die Schutzfolie für seinen Zweitanzug auf einem der Sessel im Wohnzimmer, das ich ansteuerte, und platziert seinen Koffer an der Wand. „Welcher ist es? Apollon?"

„Apollon?", schüttle ich ungläubig meinen Kopf.

„Ich soll den neuen Apollon der Gegenwart ausbilden", verrät mir Martin. „Dieses Versprechen musste ich dem alten Apollon geben, als er mir in London mein Leben gerettet hatte. Seither warte ich auf den neuen Sonnengott. Bist du wirklich nicht Apollon?"

Martins Blick verrät mir, wie sehr er es hofft. Kopfschüttelnd und meine Augen verdrehend spaziere ich in die Küche. „Orangensaft oder was Härteres?", frage ich, ohne mich nach Martin umzusehen.

„Orangensaft ist super! Ich trinke niemals Alkohol!" Leise fügt Martin hinzu, doch so leise, dass er wahrscheinlich nicht damit rechnet, dass ich es hören kann: „Ich war mir bei dir so sicher!"

Martin klingt sehr enttäuscht darüber, was mich an Eros denken lässt. Ob ich Martin einfach darauf ansprechen soll? Mutig, mit zwei gefüllten Gläsern Orangensaft voller Eiswürfel, kehre ich ins Wohnzimmer zurück. Martin steht am Fenster beim Erker und blickt auf die Straße hinaus.

„Bist du Eros?", frage ich ihn und komme mir dabei total beknackt vor.

„Ob ich der Engel der Liebe bin? Du fragst mich, ob ich der erste der Titanen bin – die Liebe in Person?"

Weil ich zu feige bin, es mit einem Kopfnicken zu bestätigen, reiche ich Martin das Glas mit frischgepresstem O-Saft und biete ihm einen Platz am ovalen Esstisch an. „Aber die alten Götter ..."

„Sind nicht das, was du vielleicht von ihnen denkst. Josh, sie sind noch immer sehr lebendig, doch auf ganz andere Art und Weise, als du ahnst. Die alten Götter sind Energien oder Bewusstseinszustände. Erwählen sie dich, hast du zwei Möglichkeiten. Du kannst sie auszuschließen und versuchen in ein normales Leben zurückzukehren, oder ..." Martin zwinkert mir verschwörerisch zu, „... du kannst ihr Geschenk und ihr Erbe annehmen. Sie sind die Adepten und Lehrer über Zeit und Raum. Sie bewachen die Pforten zu den höheren Welten. Sie sind individualisierte Klänge im Lebensstrom, auf dem du weit über alles, was du bisher für möglich gehalten hast, hinausgelangen kannst. Kommt dir das nicht bekannt vor?"

„Darüber kann ich nicht reden", würge ich hervor und verschlucke mich. Martin hat es weder bejaht noch verneint. Ist er mein Eros?

„Wann immer du dazu bereit bist!" Martin steht auf und beginnt sich sein Jackett auszuziehen, danach lockert er seine Krawatte und knöpft sich sein Hemd auf. Er tut das, als ob er alleine in seinem Schlafzimmer sei und nicht in einer fremden Wohnung vor dem Gastgeber. Als er oben-ohne vor mir steht, schlüpft er aus seinen Schuhen und seinen Socken. „Bist du wenigstens bereit, mir aus der Hose zu helfen?"

„Wie bitte?"

„Pack ihn aus!"

Verlegen und sehr erregt gaffe ich Martin auf die dunkle Anzugshose, unter der sich ein Zelt aufgerichtet hat.

„Ich trage Boxer Shorts darunter. Hilf mir daraus heraus!"

„Ich, ich ...", stammle ich.

„Ja, du, du ...", äfft mich Martin nach, langt nach meinen beiden Händen und zieht mich von meinem Sitzplatz am Tisch auf die Füße hoch, damit ich mich vor ihn stelle. „Ich hatte einen langen Flug und möchte deine Hände auf meinem Leib fühlen."

Oliver verriet mir schon, dass Martin sexuell sehr offen ist. Als ich noch immer zögere, langt er abermals nach meinen Händen und legt sie auf seinen Bauch. Sein Sixpack ist steinhart, doch nicht nur das.

„Deine Energien sind total blockiert", sieht mir Martin direkt in meine Augen.

Abermals fühle ich diese innere Verbundenheit, als ob wir uns schon seit Jahrtausenden kennen würden. Sein Lächeln haut mich um, und sein Körper lockt mich.

„Josh entspann dich! Die Liebe in deinem Herzen ist eingesperrt. Befreie sie – befreie dich! Ich helfe dir dabei. Jetzt lang schon zu. Sei spontan und denke nicht so viel über mögliche Wenns und Abers nach."

Komischerweise erwacht seit Langem wieder das schlafende Raubtier in mir. Mit aufgesetztem Grinsen knöpfe ich dem Provokateur seine Hose auf, teile oben die Laschen und schiebe sie Martin übers Gesäß, dass sie auf seine Zehen rutscht. Seine Seidenshorts sind blütenweiß und seine Lust zuckt erwartungsvoll. Ich fantasierte schon so oft von Martin. Leider überfordert mich die Realität total. Sein Körper riecht nach Eukalyptus. Er ist um fast einen halben Kopf grösser als ich und seine Muskeln sind einfach perfekt.

„Leben ist der erfüllte Wunsch! Lebe, Josh! Lebe! Nimm das Geschenk an, packe es aus und greif zu!"

So direkt aufgefordert ziehe ich Martin seine Unterhose vorne runter und packe entschieden zu. Seine Erektion zuckt so heiß in meiner Hand, dass ich sofort selbst in Flammen stehe. Ich fühle eine Macht von Martin auf mich überspringen, die mich aus dem Körper herausreißt. Augenblicklich wütet der Herbststurm aus meinem Traum um mich herum. Der heftige Wind zerrt an meinen Gedanken, schüttelt meine Gefühle, und treibt meinen Hoffnungen und meinen Ängsten vor sich her. Bald bin ich das eine Blatt, das sich weigert, den Ast, der es hervorgebracht hatte, loszulassen.

Martin bewegt seine Hüften sanft vor und zurück und gibt sich meiner Hand genussvoll hin. Dieser Typ kennt weder Scham, noch Reue oder Angst. Er ist voll bei der Sache. Anders ich. Auch wenn ich versuche, mich von ihm loszureißen, es gelingt mir nicht. Je heftiger Martin seine Latte in meiner Hand reibt, desto unmöglicher wird ein Entkommen.

„Wer bist du?“, starre ich ihn an, bin schockiert, lustvoll und gleichzeitig verliebt.

„Josh, erkenne dich selbst! So wirst du auch die Welt der Götter erkennen. Deine Wünsche öffnen dir die Tür zu unbegrenzten Möglichkeiten und Chancen. Doch nur wenn du abenteuerlustig und wagemutig auf den Pfad der Götter hinaustrittst, erfüllen sich deine Wünsche, und deine Ziele manifestieren sich. Offenbare Freude, vertreibe Angst und springe über deinen Schatten, um im Licht deiner Erleuchtung zu stehen. Das ist das Geheimnis, das ich dir heute vermitteln kann. Josh, es liegt an dir, dieses Geheimnis zu deiner Bestimmung zu machen. Erkenne, wer du wirklich sein kannst.“

„Im Moment bin ich nur ein geiler Zwanzigjähriger mit dem Schwanz seines Idols in der Hand“, gestehe ich und lache plötzlich, als Martin ganz aus seiner Unterhose steigt.

„Endlich wirst du locker“, sagt Martin und fällt in mein Lachen ein. „Holst du mir hier im Wohnzimmer einen runter oder wollen wir in dein Schlafzimmer hoch?“

Weil ich Martin einfach nicht loslassen kann, führt er mich langsam rückwärtsgehend zur nächsten Couch, wo er sich niederlässt, seine Füße hochstellt, sich zurücklehnt und mir so anbietet, in meiner Handarbeit weiterzumachen. Immer wieder lasse ich meine Blicke über den Schmacko wandern, während ich ihn nicht für einen Sekunde loslassen kann. Martin liegt inzwischen auf seinem Rücken mit hinter seinem Kopf verschränkten Armen und sieht breit grinsend zu mir hoch. Ich sitze zwischen seinen Füssen am Boden und glühe vor Verlangen und Liebe.

Martin genießt meine Massage und ermutigt mich mit seinem Schnurren bloß nicht aufzuhören. Warum ich mich nicht selbst ausziehe, kann ich genauso wenig nachvollziehen, wie der Wind, der noch immer heftig an mir zerrt. Mein Leib schüttelt sich, als ob auch ich ein Baum sein, der unbedingt vor dem nahenden Winter sein letztes Laub loswerden müsste.

„Lass los!", flüstert Martin, als ob er meine Gedanken lesen oder meine inneren Bilder sehen könnte. „Gib dich dem Wind hin. Biete ihm nicht länger Widerstand. Er hat dich gefunden! Bis jetzt bist du ihm überall hin gefolgt. Stoppe nicht auf halber Strecke."

„Bist du dieser Wind?", frage ich und komme mir deswegen sofort blöd vor. Da befriedige ich meine heimliche Liebe, und der Typ hält mir dabei einen Vortrag.

„Ich bin die Lust, die dein Herz von deinem Zorn reinigt", stöhnt Martin lustvoll. „Ich bin die Ekstase, die dich ins Leben zurückholt. Ich bin der Samen, der deine Lebensfreude zum Orgasmus führt." Damit wirft sich Martin aufbäumend in die Kissen. Sein sehr orgastisches Grinsen danach erinnert mich an einen frechen Teenager, der ungesehen die Keksdose geklaut hat.

„Das war ..."

„Sehr geil!", rekelt sich der Nackte auf der Couch. „Bist du schon bereit es genauso zu genießen? Kannst du loslassen und das Leben mit seinen Überraschungen vollkommen annehmen?"

„Was?", entfährt es mir.

Martin setzt sich auf und knöpft mir mein Hemd auf, dass ich sofort erschreckt vor ihm zurückweiche. „Wann immer du bereits bist!", lässt er sich zurück auf den Rücken fallen und verspürt keinerlei Eile sich zu reinigen oder seine Lust vor mir zu verbergen. „Josh", flüstert Martin mir zu, „du bestimmst das Tempo. Die Liebe kennt keine Eile und die Lust kommt wie Ebbe und Flut. Meine Flut hast du eben erlebt. Ich hoffe, ich kann dich bald ebenso auf einer Welle weit in den Ozan hinaus tragen."

Ist Martin mein Eros? Er sieht so aus und handelt auch so.

Martin sammelt seine Kleidung auf, zieht sie aber natürlich nicht wieder an. „Zeigst du mir mein Zimmer?"

„Klar! Folge mir!" Ich führe ihn aus dem Wohnzimmer in den langen Flur hinaus und über die geschwungene Treppe im Zentrum des Hauses hinauf ins obere Stockwerk. Die Zwillinge haben ihm eines der ehemaligen Zimmer meiner Eltern hergerichtet. Martin deponiert seine Sachen und stellt sich unter die Dusche.

Erst zum Abendessen steigt Martin wieder in seine Klamotten, um sich von mir ins Viertel ausführen zu lassen. Während des Essens vermeide ich es das Thema auf Sex, das Nacktsein oder meine Pläne der neuen Firma zu lenken. Immer wieder hoffe ich, er würde sich endlich als Eros zu erkennen geben, doch er erzählt von Los Angeles, und wie er sich dort eingelebt hat.

Ich frage ihn nach Boris.

Martin hebt seine rechte Augenbraue an. „Unser hauseigener Fruchtbarkeitsgott hat ja einen ganz schön großen Eindruck hinterlassen, wenn du dich nach all den Monaten noch so gut an ihn erinnern kannst. Wie lange hattest du ihn gesehen? Eine Minute?"

„Woher kommst du ursprünglich? Aus England?", wechsle ich das Thema.

„Ich bin halb Schwede, halb Schweizer. Geboren und aufgewachsen bin ich in Basel. Erst mit ..."

„Du bist aus Basel?", wechsle ich in schweizer Dialekt und gaffe ihn total verwirrt an. Augenblicklich erinnere ich mich an das seltsame Orakel vor ein paar Wochen. Jetzt ist es klar: Martin muss einfach Eros sein.

Ohne es zu merken, schwatzen wir beide auf Schwyzerdütsch weiter, was Martin immer wieder zum Grinsen bringt, denn mein Berner Dialekt höre sich irgendwie komisch an. Die nächsten Stunden tauschen wir Kindheitserinnerungen an die Alpen, Basel, Bern und die kulturellen Unterschiede zwischen Europa und Amerika aus. Plötzlich verstehe ich Martin auf ganz neue Art und Weise. Nur jemand, der nicht in Amerika groß geworden ist, beugt sich keinem der moralischen Gebote, die alles dominieren. Ich versuchte mich gegen Amerikas Prüderie zu behaupten, doch zurzeit erliege ich ihrer Macht. Mein schwules Outing und meine Schuldgefühle, durch meine Nacktheit den Tod meiner Eltern verursacht zu haben, lähmen mich. Immer wieder drängt sich mir die Frage auf, ob ich wirklich nach Washington zurückkehren musste, um mich hier in einen ausgewanderten Basler zu verlieben?

„Nach der Liebe suche ich schon mein ganzes Leben", gestehe ich Martin nach dem Dessert und unterdrücke dabei mein schmachtendes Flirten nicht mehr. „Schon oft glaubte ich, die wahre Liebe gefunden zu haben."

„Die Liebe lässt sich nicht konservieren", antwortet Martin und lacht. „Ich bin sicher, du hast jedes Mal wirklich der Liebe gegenübergestanden. Doch die Liebe hat die Angewohnheit ständig ihr Gesicht zu wechseln – falls sie dich durch die Augen eines anderen Lebewesens ansieht. Die Liebe ist immer geflügelt, doch meist bleibt sie gesichtslos."

„Genau!", bestätige ich. Martin kennt meine Träume, und zwar ohne, dass ich ihm davon erzählt habe. Er muss einfach mein so lange gesuchter Eros sein. Zufrieden und seit dem Tod meiner Eltern erstmals wieder so etwas wie entspannt, fühle ich eine Erleichterung, wie nach der sprichwörtlich zentnerschweren Last, die von meinen Schultern genommen wurde. Martin hat in wenigen Stunden unseres Zusammenseins das bewirkt, was keiner seit meinem Verlust geschafft hat. Wie er schon sagte, die Liebe beflügelt wirklich.

Kaum wieder zuhause zieht sich Martin noch bei der Haustür vollkommen aus und ermutigt mich mit einem Blick, es ihm doch gleich zu tun.

Ich bin nicht mehr Captain J.J. Ich will nicht wieder der Kapitän einer Footballmannschaft sein, doch ich will endlich wieder das Steuer meines Lebens halten, um meinen Kurs auf dem kosmischen Meer selbst zu bestimmen. Oliver hatte recht, ich verkrieche mich schon viel zu lange in einem Loch.

Im Kaminzimmer lümmelt sich Martin in einen der Sessel und sieht kaum älter aus als ich. Oliver wirkt bei Kerzenschein auch um Jahre jünger, doch bei Martin ist es etwas anderes. Sein kindlich unbefangenes Wesen scheint hell aus ihm hervor. Auch wenn das Schnitzel vollkommen nackt und abermals hart erregt vor mir von den Flammen des Kamins beleuchtet in seinem Sessel sitzt, so zollt seine neue Lust nicht vom Sex, sondern von einer ungebändigten Lebenslust, die extrem ansteckend auf mich wirkt.

„Möchtest du einen Kaffee?“, frage ich dieses Wesen.

Als er nickt, verdrücke ich mich in die Küche, ziehe mir dort meine Schuhe und Socken, wie auch mein Hemd aus. Früher habe ich mich zuhause immer nur in Boxer Shorts, einer Trainingshose oder einer Jeans bewegt – was meine Eltern oft irritierte hatte – doch seit ihrem Tod tat ich es kaum noch; zumindest nicht mehr, seit die Zwillinge ausgezogen sind. Jetzt fühlt es sich einfach richtig und sehr gut an.

Martin verliert kein Wort darüber. Wahrscheinlich beobachtet er ähnliches Verhalten in seiner Gegenwart oft. Seine offene Art lässt auch keinen Zweifel offen, dass er mit seiner Nacktheit und seiner Erektion etwas anderes bezweckt, als einfach einen schönen Abend am Kamin zu erleben. Ich bin mir sicher, wir könnten jetzt den sinnlichsten Sex zusammen genießen oder ein ernsthaftes Geschäftsgespräch führen. Wir tun das Zweite.

„Sebastian rät mir, den Musen nicht im Wege zu stehen.“

„Stimmt, das sollte man nicht“, sage ich und habe absolut keine Ahnung, wovon Martin gerade redet oder worauf er hinaus will.

„Du spielst mit dem Gedanken einer eigenen TV-Show?“

„Sobald ich genügend Sponsoren zusammenhabe, um mich von der Mutterfirma abzulösen“, bestätige ich und schlürfe meinen Cappuccino. „Charles

Tamlyn werde ich als stummen Berater in den Verwaltungsrat berufen."

„Mache es nicht heimlich", schüttelt Martin seinen Kopf. „Arbeite nur mit denen zusammen, die auch öffentlich voll und ganz hinter dir und den Visionen von *Naked Facts* stehen. Entweder kommt Charles an Board deines Schiffes oder er winkt dir vom Ufer zu, um dir eine gute Reise zu wünschen. Ich arbeite auch oft mit Charles zusammen, doch immer offen. Er vertritt seine Firma, und ich die meine. Das sollte immer klar getrennt bleiben. Co-Produktionen sind offene Zusammenarbeit, wobei jeder Partner zu seinen vorher gemachten Abmachungen voll und ganz stehen muss. Josh", spielt Martin mit seiner Erektion, „stehe immer deinen Mann!"

„Du bist ein harter Geschäftsmann!"

„Einer der ganz harten Sorte!", lacht Martin und verschränkt seine Arme hinter seinem Kopf, um sich im Sessel weit zurückzulehnen und es noch eindrücklicher vorzuführen. „Es spricht nicht gegen eine Gedankenfabrik, in der Vertreter verschiedener Firmen gemeinsam neue Ideen entwickeln und Pläne schmieden. Doch die Ausführung muss dann eindeutig einem der Partner zur Realisation übergeben werden. Josh, du bist der neue Direktor der *Naked Facts*, lasse dich nicht von unsichtbaren Fäden im Hintergrund zu Aktionen dirigieren, die dir vielleicht später schaden werden."

„Leitest du die *Nudist at Work Agency* alleine?", beobachte ich Direktor, dessen Körper vom Schein der Kaminflammen liebkost wird.

„Ich bin der CEO, der Chief Executive Officer. Doch ich plane niemals etwas, ohne meinen Ehemann und Partner Sebastian Montgomery zu konsultieren. Sein musischer Einfluss hält meine Firma auf Kurs, und meine eigene ungebändigte Lebenslust hält sie am Leben. Du hast ja Boris, einen meiner Abteilungsleiter, kennengelernt. Wir besprechen alles im Team, doch ich als Kopf und als Herz der Firma gebe das Ruder niemals aus meinen Händen. Jeder meiner Mannschaft kennt seine Aufgaben und seine Verantwortungen und führt sich vollkommen in eigener Regie aus. Die Teamsitzungen sind dazu da, uns abzusprechen oder gelegentlich Aufgabenbereiche neu zu ordnen. Ich delegiere ständig. Würde ich es nicht tun, wäre ich nicht frei, um neue Wege zu erkennen. Josh, verstricke dich niemals in den Details, dafür musst du fähige Mitarbeiter finden. Vertraue ihnen vollkommen, und sie werden es dir tausendfach mit ihrer Loyalität und ihrer Liebe vergelten. Kontrolle ist oft nötig, doch tue es immer so, dass es niemand mitkriegt. Das Zauberwort für eine harmonische und erfolgreiche Firma ist Vertrauen. Kannst du jemandem nicht mehr vertrauen, dann trenne dich von ihm. Binde dich nicht an soziale Verpflichtungen und Regeln, sondern lasse dich immer von der Liebe leiten."

Fasziniert lausche ich dem Nackten, der während seiner Tipps so glücklich gelächelt hat. Ich hatte es bei meinem Besuch in der NAWA gefühlt. Nicht einer seiner Mitarbeiter war frustriert. Das lag bestimmt nicht nur am Sonnenschein von Südkalifornien. „Ich habe keine Ahnung, was es für eine gute Show braucht!", stelle ich fest und nutze die Chance, etwas vom Meister zu lernen.

„Fange klein an. Übernimm dich nicht mit Projekten, die du nicht mit Begeisterung durchführen kannst. Ich empfehle dir, klein anzufangen. Besser ist es, wenn du dich zu Beginn selber finanzierst, statt zu früh Sponsoren dafür finden zu müssen. Denn bedenke, jeder, der dir Geld gibt, will früher oder später eine Gegenleistung dafür. Nichts ist umsonst, selbst wenn soziale Vereine oder Kirchen das oft predigen. Was denkst du, warum jeder Politiker – eher früher als später – korrupt wird? Seine Geldgeber ziehen an den Fäden im Hintergrund. Glaubst du wirklich, dein Vater musste sich nicht der Macht seiner Geldgeber beugen? Welche Karikaturen dabei entstehen können, siehst du am Cowboy im Weißen Haus. Doch genug von Politik! Zurück zu dem, was dein Herz dir eingibt."

„Ich habe noch keine Vision für eine eigene Show", gestehe ich. „Mir schwebt vor, damit einmal wöchentlich oder vielleicht auch nur einmal monatlich auf Sendung zu gehen."

„Oh, Josh", schüttelt Martin sein hellblondes Haupt, „die hast du, sonst wäre ich heute nicht hier."

„Denkst du?", frage ich.

„Nein!", lacht Martin. „Ich fühle es. Ich spüre es. Ich sehe es im Blitzen deiner Augen und am Feuer in deinem Herzen."

„Echt? Was denn?"

„Du bist ein Kämpfer. Du bist mutig und scherst dich nicht um Grenzen, die andere dir setzen wollen. Josh, was ist dir das Wichtigste im Leben?"

„Eros einen Tempel zu bauen!", gebe ich zu und erschrecke, dass ich es ausgesprochen habe.

„Was genau meinst du damit?", hockt sich Martin aufrechter in seinem Sessel und lehnt sich zu mir vor.

„Wenn ich das wüsste", zucke ich mit meiner Schulter.

„Du folgst einem Traum!", stellt Martin fest. „Das erkenne ich sofort. Jetzt gilt es herauszufinden, was dieser Traum wirklich bedeutet und wie du ihn manifestieren kannst."

Bis spät in die Nacht tauschen wir uns aus. Irgendwann landen wir im früheren Arbeitszimmer meines Vaters, wo wir auf Flipcharts, mit Hilfe von Mind Mapping, der Clustering Methode und der Chaostheorie versuchen, meinen Traum fassbarer zu machen. Weit nach vier Uhr in der Früh realisiere ich langsam, dass ich mir aus Carrara keinen Marmor liefern lassen, noch das Haus meiner Eltern abreißen muss, um einen Tempel zu bauen. Der Tempel ist mein Herz, und das muss ich der Liebe weihen. Tue ich das, wird sich der Rest fügen. Doch wie weiht man das eigene Herz der Liebe? Martin verrät es mir nicht. Das, so betont er, müsse ich selbst herausfinden, denn der Weg dazu sei auch das Ziel.

Als ich bei Morgengrauen – jeder alleine – in sein Bett steigt, fühle ich Martins Macht. Wie der Musenkuss hat er mich inspiriert, doch mehr noch, seine Lebenslust hat meinen Abenteuergeist wieder erweckt. Ich habe keine konkreten Vorstellungen, wie ich eine TV-Show ins Leben rufen soll, die meinen Naked Facts Gesicht und Gestalt verleihen, noch wie ich Eros den Tempel errichten soll. Doch ich bin voller Ahnungen, Begeisterung und Lust etwas in Bewegung zu setzen. Martins letzter Ratschlag, bevor er sich in sein eigenes Zimmer zurückgezogen hatte, lautete:

Frage dich niemals, *wie* du etwas erreichen kannst, sondern immer *warum*! Kenne ich das *Warum*, fände ich Wege, das *Wie* zu meistern. Meist würden dann auch genau die Leute den Weg zu mir finden, die Spezialisten des *Wie* wären. Mein neues Bündnis mit Martin zeigt schon tiefere Folgen, als ich mir das jemals hätte vorstellen können.

Mit Martin an meiner Seite bin ich endlich bereit, auch die letzten Blätter fallen zu lassen. Zum Nudismus verführt er mich nicht, doch ich kehre ganz automatisch zu meiner Vorliebe fürs Barfußgehen und mich oben ohne zu bewegen zurück. Er überredet mich sogar dazu, doch wieder für Miguelangelo und eine seiner Klassen Model zustehen. Ich versuche es tatsächlich. Doch nur einmal! Es funktioniert nackt nicht mehr. Kaum ohne Kleidung, wagte ich mich nicht mehr aus der Umkleide herausraus. Meine Schuldgefühle nagelten mich darin fast Wort wörtlich an die Wand. Erst als ich in eine Sporthose schlüpfe, löste sich die Panik in mir wieder auf und ich konnte im Gewölbe posieren. Niemand fand mich inspirierend!

Martin hingegen tut es oft selbst, und das trotz seines vollgestopften Terminkalenders. Ich begleite ihn zu jedem Besuch im *Independent Art Center*. Ob für Anatomiestudien, für die erotische Klasse oder als Pornomodel, Martin ist immer voll bei der Sache, lacht ständig und ist dabei kein einziges Mal billig, vulgär oder etwas anderes, als einfach ein lebensfrohes Vorbild. Miguelangelo ist von Martin so begeistert, dass er ihm verspricht, bald nach

Los Angeles zu fliegen, um ihm eine Serie großformatiger Bilder zu widmen. Dabei zeigt er natürlich die Fotos der Werke, die er von mir gefertigt hatte. Das letzte noch unverkaufte Bild schwatzt ihm Martin ab, und lässt es sich schon am nächsten Tag nach Los Angeles schicken. Es ist eines der Werke, die Miguelangelo nach der Ausstellung nachträglich gemalt hatte. Es zeigt mich, nackt, erregt und mit weißen Flügeln vor dem Capitol stehend. Martin meint nur, da hätte ich doch meinen Eros! Mehr sagt er dazu nicht.

Als ich mit Martin Ende Oktober wieder am Flughafen stehe, um ihn zu verabschieden, hat er sich unzählige Male von mir einen runterholen lassen. Jede Nacht bot er mir an, mir den Gefallen zu erwidern und mehr – falls ich wolle. Es ging einfach nicht. Das Einzige, was ich zuließ, waren seine wirklich professionellen Massagen. Tausend Knoten löste er in meinem Rücken, doch den Knoten im Schwanz blieb bestehen. Auch wenn ich immer wieder Lust auf den hellblonden Schmacko hatte, seit dem Unfall meiner Eltern bin ich sexuell kaputt. Wenn Martin mich auch täglich inspirierte und Kontakte für mich festigte, Miguelangelo wieder in mein Leben brachte, mich stetig zum Lachen brachte, und mich optisch mit seinen Reizen stimulierte, so gelang es ihm dennoch nicht, die Wand um mein Herz zu durchbrechen. Leider ist sie noch immer da. Ich liebe Martin aus der Tiefe meines Herzens, doch mein Eros ist er nicht. Eros hätte mich geheilt!

Während seines mehrwöchigen Aufenthaltes fragte ich mich oft, ob ich einfach für wirkliche Nähe tot bin. Habe ich mit der Aufgabe als Kampfsau auf dem Spielfeld auch meine aktive Rolle im Leben verloren? Hocke ich jetzt auf den Zuschauerrängen, unfähig mich abermals in Getümmel des wahren Lebens zu stürzen? Ist Liebe Aktion?

Martin griff einmal den Gedanken auf, kuschelte sich nackt an mich und versprach mir, dass die Liebe mich finden werde, wenn ich aufhörte, nach ihr zu suchen. Ebenfalls ermutigte er mich unzählige Male, meine Schuldgefühle am Tod meiner Eltern loszulassen. Ich solle mir verzeihen und endlich weiter gehen. Jeder Mensch trifft seine eigenen Entscheidungen, das hätte auch für meine Eltern gegolten; auch sie seien letztendlich ihrer Bestimmung gefolgt.

Jetzt steht der hellblonde Schmacko wieder in seinem dunkelblauen Anzug neben mir. Er wolle Weihnachten mit Sebastian zusammen in Washington verbringen. „Josh", sieht er mir direkt in die Augen, „feiere ein Fest zu Mittwinter. Zelebriere deine vielen kleinen Siege und Errungenschaften. Lade deine Freunde und deine Brüder im Geiste dazu ein. Wenigstens einmal im Jahr solltest du ein Fest der Liebe für Eros zelebrieren. Du bist Eros' Lover oder

Lover‘s Eros. Einer von beiden wird sich an einem dieser Feste offenbaren.“

„Wie meinst du das?“ Neugierig boxe ich meinen neuen Geschäftspartner und mehr als nur guten Freund auf den muskulösen Oberarm.

„Finde es selbst raus!“ Martin umarmt mich ein letztes Mal und schreitet in den Security Bereich, um seinen Flieger nach Los Angeles zu nehmen.

„Danke!“, rufe ich ihm nach. „Ich habe nicht rausgefunden, wer du bist, doch ich habe dein Licht gesehen. Ich habe täglich in deiner Lebensfreude getanzt. Wir sehen uns an Weihnachten.“ Meine letzten Worte konnte er nicht mehr hören.

Wer sagt, der Winter sei grau?

Kaum ist Martin abgereist, trommle ich all meine Freunde zu einem ersten Fest in meinem Haus zusammen. Alle kommen: die Zwillinge Donald und Jeffrey; Charles aus dem Medienzentrum; Miguelangelo, Bruce, Christoph und Bob aus dem Kunstzentrum; die beiden Stylisten Eddy und Nic; der Fotograf Pascal mit seinem Cousin Laurent; mein eigenes Team aus Tyler, Gabriel und Dylan; und mein Ex-Lover Oliver. Kurzerhand buche ich sogar Lox von den *Bad Angels* für eine Show. Als sich alle – bis auf den Show Boy, der erst später kommen wird – versammelt haben und der Catering Service das Essen aufgetischt hat, erhebe ich mein Glas.

„Freunde“, sehe ich jedem am Tisch in die Augen, „wir sind einen langen Weg zusammengegangen. Ich will mich mit dieser Spontan-Party bei euch allen dafür bedanken!“

„Hört, hört!“ Donald und Jeffrey klopfen synchron mit ihren Fäusten auf den Tisch.

„Ich brauche eure Hilfe!“, komme ich zum Thema. „Das Haus, das mir meine Eltern hinterlassen haben, ist für mich alleine zu groß. Martin Holmström, der vor einer Woche wieder nach Los Angeles abgereist ist, motivierte mich, meinem Herzen zu folgen. Das tue ich jetzt. Ich möchte eine Pension eröffnen.“

„Cool!“, lobt mich Bruce und zwinkert mir zu.

„Dieses Haus soll seine Pforten für schwule Männer aus aller Welt öffnen. Ich möchte mit dieser Feier auch mein Haus umbenennen.“

„Wie hieß es denn bis anhin?“, fragt mich Oliver und ich winke lachend ab.

„Egal! Ab sofort weihe ich diesen Grund und Boden Eros, dem Gott der Liebe. Meine künftige Pension lasse ich unter dem Namen *Eros' Lover* registrieren."

„Suchst du noch immer nach deinem Eros?", verdreht Donald seine Augen. „Ich dachte wirklich, du hast ihn endlich in Martin Holmström gefunden."

„Martin ist nicht Eros, wenn er auch etwas wahrlich Göttliches im Herzen trägt. Jetzt zu euch", sehe ich wieder reihum alle an. „Wer hilft mir, aus diesem konservativen Herrenhaus eine bunte Gay Pension zu kreieren?" Als sofort alle am Tisch wild durcheinander reden, hebe ich meine Arme. „Ich brauche nicht nur für diesen Umbau Helfer mit Ideen und Tatkraft, sondern auch für die Firma *Naked Facts*. Noch immer taugt die alte Fabrik nicht als Ort einer Firma mit diesem Namen."

Als die Männer vom Catering Service nicht nur die Dessertschalen abgeräumt, sondern den gesamten Tisch von allem befreit haben, schwebt Lox splitternackt mit schwarzen Flügeln auf dem Rücken ins Wohnzimmer, um über einen Stuhl auf seine Bühne zu klettern. Er sieht rattig und jung aus, wie bei unserer ersten Begegnung. Er wirkt sogar so scheu und unschuldig, wie damals im *Foggy Bottom Club*, doch nur, bis die Musik startet. Danach offenbart er sich als der Bad Angel, zu dem er wirklich geworden ist. Seine Show ist pure Pornografie, wild, ungezügelt und sehr schamlos. Wie konnte ich ihn nur jemals mit Eros verwechseln? Wenn mir der düstere Engel körperlich auch gefällt, mehr, als ihm auf dem Tisch einen runter zu holen, will ich nicht, obwohl Lox für weit mehr bereit ist und es mich auch unverkennbar wissen lässt. Auch später, als wir uns alle ins Kaminzimmer zurückziehen und Lox ständig auf meinem Schoss sitzt, will ich nichts mehr, als ihn anzusehen und streicheln. Als Tyler ihn später, nach ein paar Gläsern Cognac, hart auf der Couch ran nimmt, sehe ich gerne zu und genieße diesen Live Sex, wenn ich dabei auch die Idee nicht loswerde, es durch eine Glaswand hindurch zu tun.

Die Wochen danach verbringen Bob, Christoph und Miguelangelo viele Stunden bei mir zuhause oder in der Fabrik. Wir studieren die Baupläne und beraten, welche Wände rausgerissen, wo mit Zwischenwänden Gästezimmer entstehen sollen oder wo zusätzliche Badezimmer installiert werden müssen. In der Fabrik wollen wir aus den oberen beiden Stockwerken ein riesiges Loft mit hohen Fenstern und allem, was ein wirklich moderner und cooler Schuppen braucht, bauen. Vor allem Christoph und Bob erwärmen sich für ihre neue Aufgabe als Planer. Zusammen mit einem Architekten entstehen so immer konkretere Ideen für die neue Gay Pension und meine Event Agentur.

Die Party zu Mittwinter lasse ich trotz des Umbaus und der Baustelle, in die sich mein Haus verwandelt hat, nicht fallen. Martin und Sebastian fliegen von Los Angeles ein und ich miete mir tatsächlich nochmals den geilen Lox, der diesmal nackt serviert und erst danach die Gäste mit seinem anderen Können lockt und verführt. Martin ist so sehr von Lox angetan, dass er den Blonden für die NAWA anwirbt, unter der Bedingung, dass Lox keinen Sex mehr für Geld anbieten darf. Außer bei vorher abgesprochenen Erotik Shows verbieten die Regeln der NAWA Sex bei oder mit Kunden ausdrücklich. Immer wieder fliegt mir Lox danach spontan um den Hals, dass ich ihn mit Martin und der NAWA bekannt gemacht habe. Er will noch diese Woche seine Zelte in Washington abbrechen, um nach Los Angeles umzuziehen.

„Lox ist pure Verführung!", verrät mir Martin am nächsten Tag. „Der Junge hat Potential. In die richtigen Kanäle geleitet, sehe ich für ihn wirklich große Chancen als Model oder Performance Künstler. Lox balanciert gerade auf Messers Schneide. Ihn zieht die Erotikbranche an und sein Einkommen als junger, gut aussehender Callboy blendet ihn. Doch, wenn er nicht sofort damit aufhört, stürzt er in ein Loch, aus dem er wahrscheinlich nicht mehr unbeschadet herauskommt. Sebastian will sich seiner annehmen."

„So, so", lache ich und verdrehe meine Augen.

„Josh", boxt mir Martin in die Rippen, „Lox mag dich sehr. Wusstest du das?"

Ich winke ab. Definitiv will ich nicht über Lox und unsere gemeinsame Vergangenheit reden. Vielleicht später, wenn aus dem Callboy ein Nudist und Künstler geworden ist? Mit Lox' Raub entzieht mir Martin mein sinnliches Vergnügen. Ich habe dem schamlosen Engel gerne bei seiner sexuellen Verdorbenheit zugesehen. Ohne diesen Exhibitionisten muss ich mir einen anderen für meine voyeuristische Neigung suchen.

Martin will meine Show finanzieren. Bis auf die Mitsprache in der Wahl des Showmasters und der Bedingung, dass der zweite Teil der Show sowohl *Naked Facts*, wie auch dem Konzept der *Nudist at Work Agency* gerecht werden müsse, überlässt er mir und meinem Team die Planung und Durchführung.

„Ich bin mit dem Umbau meines Hauses in eine Gay Pension und einer alten Fabrik in ein cooles Loft für meine Event Agentur vollauf beschäftigt", gebe ich zu bedenken.

„Ich steure sechzig Prozent bei. Den Rest der Gelder musst du selbst investieren oder anderswie auftreiben. Ich will dich und die *Naked Facts* als Produzenten."

„Aber ich habe noch diverse Jobs in der Medienagentur."

„Willst du eine eigene Firma führen oder Teilzeitangestellter bei diesem und jenem bleiben?", fragt Martin ganz trocken. „Josh, du musst dich entscheiden!" Weil ich nicke, fährt Martin fort: „Am Valentinstag in einem Jahr, also in knapp vierzehn Monaten musst du mit der Pilotsendung an den Start gehen. Zudem will ich das Konzept der Show mit mindestens zehn weiteren Folgen vorliegen haben. Die Folgesendungen kannst du einmal pro Monat produzieren. Kriegst du das hin?"

„Das sind klare Ansagen mit einer Deadline!" Ich nicke.

Da sich Martin beginnt auszuziehen, ahne ich, wie ernst es ihm ist. Von Sebastian weiß ich inzwischen, dass Martin Holmström Verträge ausnahmslos nackt unterschreibt. In seinem Lieblingsoutfit öffnet er seine mitgebrachte Aktentasche und fischt den Produktionsvertrag raus. „Den Namen der Show habe ich offen gelassen. Vielleicht wäre es eine Motivation deinen Firmennamen einzusetzen – sozusagen als Unterpfand, dass du dich an die Klausen, der Nacktheit einen Platz in der Show einzuräumen, hältst. Auf die Show *Naked Facts*!", reicht mir Martin seinen Füllfederhalter.

Ich fülle den Namen meiner Firma ins leere Feld, wo der Show-Namen hin soll, lese mir den Vertrag durch und setze nach einer Stunde stillen Studiums meine Unterschrift darunter.

„Hier", tippt Martin auf ein weiteres leeres Feld, „hätte ich gerne deinen Namen."

„Niemals!", winke ich ab.

„Josh, du bist mein Wunschkandidat als Moderator. Findest du bis zum nächsten Mittwinterfest keinen würdigen Ersatz für dich – ich muss mit ihm voll und ganz einverstanden sein – wirst du *Naked Facts* moderieren."

„Ich finde jemanden!", verspreche ich meinem Auftraggeber. „Lassen wir das Feld noch leer!"

„Nein", spricht der Big Boss der NAWA energisch. „Josh, setze deinen Namen ein und schreibe darunter: *Jonathan Josh Julius besetzt den Platz, bis ein würdiger Nachfolger für ihn gefunden ist.*"

„Das ist Erpressung!", beschwere ich mich und mustere den nackten Bodybuilder im Sessel gegenüber meinem.

„Sehe es als Motivation. Entweder wächst du in die Rolle hinein oder du findest den perfekten Ersatz."

Als ich meinen vollen Namen auf beiden Originalen mit dem Zusatz eingefügt habe, klopft mein Herz wie verrückt. Was passiert, sollte ich niemanden finden, den Martin als Ersatz akzeptiert? Vor dem Tod meiner Eltern, hätte ich es sofort gemacht. Heute sieht meine Realität jedoch vollkommen anders aus. Niemals wieder werde ich nackt für Unruhe stiften. Niemals wieder soll jemand sterben, weil ich mich öffentlich entblöße!

Die Monate danach pendle ich von einer Staubfalle mit Abrissbirnen, Presslufthämmern und Bauschutt zur anderen. Oft schlafe ich im Hotel, weil Dreck und Durchzug im leergeräumten Haus kaum auszuhalten sind. Erst wollten meine drei Künstlerfreunde das Haus in einen Regenbogen verwandeln und jedem Zimmer eine der Farben zuteilen. Doch als sie mir die konkreten Entwürfe meines neuen Wohnzimmers in Pink vorstellen, verliebe ich mich sofort in die Farbe. Immer schon hatte ich eine Schwäche für Pink – naja, eigentlich seit mir Eros in meinen Visionen zweimal das Haus in dieser Farbe gezeigt hatte.

„Alles in Pink?“, runzelt Bob seine Stirn und fährt sich mit beiden Händen durch seine dichten, fast zwanzig Zentimeter aufstehenden Haare. Der Dunkelhäutige schüttelt danach immer wieder seinen Kopf. „Josh, du lebst seit einer Weile ganz offen schwul! Aber bist du echt ein siebzehnjähriges Mädchen?“

„Sicher nicht!“, winke ich ab und sehe das Problem. „Ich bin – ich war – die Wildsau auf dem Footballfeld, der Macho, Captain J.J. und ...“

„Du bist noch immer ein verrückter Macho“, zwinkert mir der Afro-Amerikaner zu. „Ich arbeite an einer Lösung, deinen Pink-Wahn mit deiner wahren Natur in Einklang zu bringen. Mir schweben dunkles Holz und rustikale Backsteinwände vor. Die Einrichtung muss trotzdem schlicht und modern aussehen, was kombiniert mit den rosa gestrichenen Backsteinen oder einer rohverputzten Wand in dieser Farbe bestimmt herb männlich und gleichzeitig schwul aussieht.“

Nach dem Abriss zweier Wände, würde das neue Wohnzimmer locker doppelt so groß wie das alte werden. Der Architekt rät mir, unbedingt alle unnötigen Wände im vorderen Teil des Erdgeschosses zu entfernen, um das frühere Wohnzimmer zum Speisezimmer und Aufenthaltsraum der künftigen Pensionsgäste zu verwandeln. Auch auf der gegenüberliegenden Seite des Flurs soll das Kaminzimmer durch drei anschließende Zimmer diese Weite bekommen. Immer wieder sehe ich mir die Architekturpläne, die farbigen Skizzen der Künstler und sogar ein Modell des neuen Eingangsbereichs mit einem Empfangsbüro, der Küche und den beiden Aufenthaltsräumen an.

„Etwas fehlt noch!", stelle ich fest und schüttle unzufrieden immer wieder meinen Kopf. Plötzlich erinnere ich mich an die beiden Auftritte von Lox und meine Vision. „Ich brauche eine Bühne!"

„Wir könnten auch diese Wand", tippt der Architekt auf eine der Stirnwände im Kaminzimmer, „entfernen."

„Oder durch einseitige Spiegel ersetzen!", schlage ich vor.

„Willst du eine Bühne oder ein Verhörzimmer?" Der Architekt lacht ab meiner Idee, da er an einen Scherz glaubt.

„Die Spiegelwand würde das Kaminzimmer nochmals optisch enorm vergrößern. Die Bühne wäre dahinter ein abgetrenntes Zimmer."

„Künstler hinter Glas? Josh", sieht mich der Architekt stirnrunzelnd an, „das nennt man gängig Peep-Show!"

„Ja, das ist es! Baut mir eine Peep-Show. Der Raum soll von außen unscheinbar wirken."

„Was planst du?", forscht der Architekt.

„Einen *Secret Room*!"

Während mein Haus sich immer mehr in den Ort verwandelt an dem ich mich, als Eros' Lover wohlfühle, bekommt auch die alte Fabrik ein ganz neues Gesicht. Immer öfters verbringe ich auch meine Nächte auf einem Klappbett in dem Loft mit den hohen Fenstern. Vieles in der ehemaligen Fabrik lassen wir, wie es ist, um ihren Charakter zu erhalten. Satt pink soll hier Glas, weißes Holz und das Altbelassene eine Harmonie bilden. Je mehr alles um mich neue Gestalt annimmt, umso weniger will mir etwas für die Show einfallen. Nächtelang brüte ich über einem Konzept. Noch ist mir nicht klar, wie ich *Naked Facts* umsetzen soll. Einerseits will ich mit dem Titel informieren, hinterfragen und berichten, doch muss ich auch Martins Vorgabe, der Nacktheit, also dem nackten männlichen Körper, eine zentrale Rolle in der Show einräumen. Dass wir eine Gay Show produzieren, steht wohl im Produktionsvertrag, doch das war eh selbstredend. Ein nackter Showmaster – zumal im zweiten Teil der Show, der erst nach ein Uhr nachts ausgestrahlt werden soll – wäre schon eine gute Lösung. In der *Late Night Show* von Mitternacht bis ein Uhr nachts, kann der Showmaster bekleidet bleiben, doch danach muss nackte Haut zu sehen sein. Finde ich niemanden, den Martin als Ersatz für mich akzeptiert, unterschrieb ich mit dem Produktionsvertrag für die Show gleichzeitig mein eigenes Todesurteil.

„Du warst während Monate mein Model", ermutigt mich Miguelangelo, als ich ihm von meinen ersten Ideen für die Show erzähle. „Josh, du hast nicht nur für mich, sondern auch für die Kunstklasse, für Protestfotos und deinen Kampf gegen deines Vaters Kampagne die Hüllen fallen lassen."

Augenblicklich fühle ich wieder diese schrecklichen Schuldgefühle in mir hochschwappen, als mich mein früherer Kunstmentor an meine Taten erinnert. Meine Nacktheit brachte mir nur Verluste. Ich habe mich seither nie wieder ausgezogen. Selbst nackt unter die Dusche, fühle ich mich elend. „Vor Künstlern oder einem Profifotografen zu posieren, ist etwas ganz anderes, als nackt vor der Kamera zu sprechen, Gäste zu interviewen oder Kommentare zu Berichten abzugeben."

„Du wirst *Naked Facts* selbst moderieren?", sieht mich Miguelangelo überrascht darüber an. „Das nenne ich wirklichen Einsatz!", klopft mir der Italo-Amerikaner mit dem dunklen Dreitagebart anerkennend auf meine Schulter. „Ich ahnte immer, dass wir in der Zukunft wieder von Captain J.J. sehen und hören werden. Du bist die ideale Besetzung!"

„Leider sagt das Martin Holmström auch!" Ich rümpfe meine krumme Nase und setze danach mein Raubtiergrinsen auf. „Ich suche nach einem Ersatzmann!"

„Warum?"

„Warum?", schüttle ich verwirrt meinen Kopf. „Ich werde niemals wieder nackt auftreten – NIEMALS!"

„Und in deiner präparierten Footballhose?"

„Diese Hose ist schuld, dass ..."

„Gerade deswegen solltest du sie wieder anziehen. Wer vom Pferd stürzt, sollte sofort wieder aufsteigen."

„Dieser Gaul ist längst davon galoppiert", winke ich ab.

„Steh meiner Klasse in deiner Hose Model."

„Vergiss es!", schüttle ich meinen Kopf.

„Hemmungen?"

„Das ist es nicht", winde ich mich unter Miguelangelos direkten Blicken. „Ich kann einfach nicht! Es geht nicht mehr!"

„Erzwinge nichts! Lade dich selbst als Gast auf deine persönliche Bühne des Lebens ein. Schlüpfte darin in die Rolle des Gastes und gleichzeitig in die Rolle des Moderators. Achte dabei auf deine Haltung und beobachte dich dabei selbst. Bei der eigenen Haltung zählt nicht das Wie, sondern das Warum. Warum kannst du nicht?"

„Meine Eltern ..."

„Das ist dein persönliches Warum, dass du zur Entschuldigung deiner

Schuldgefühle vorschiebst. Ist das wirklich das Warum? Steckt mehr dahinter?"

„Therapierst du mich gerade?"

„Wenn ich großformatige Bilder male, muss ich immer wieder einige Schritte zurücktreten oder mein Werk durch Spiegel betrachten, um entweder die nötige Distanz zu schaffen, um das ganze Bild zu erfassen; oder durch die gespiegelte Ansicht den Blickwinkel zu verändern. Josh, wir sehen niemals das, was sich vor unseren Augen befindet, sondern immer nur unsere eigene und persönliche Idee davon."

„Oliver sagte mir schon Ähnliches. Trotzdem, ich will einfach nicht!"

„Ein Künstler kann nur dann ein Werk schaffen, egal wie groß oder wie klein es auch sein mag, wenn er sich weigert, sich von seinen eigenen Enttäuschungen bei Fehlschlägen abschrecken zu lassen. Lehne es ab, dich entmutigen zu lassen. Lehne es ab, ausweglose Situationen als Sackgassen anzusehen. Lehne es ab, aufzugeben. Josh, du trägst ein gewaltiges Potential in deinem Herzen. Diese Liebe macht dich stark. Sie lässt dich immer einen neuen Weg erkennen und verleiht dir die Kraft, diese Wege auch zu gehen. Schaue mit deinem Herzen! So wirst auch du ein großer Künstler und deine Werke werden andere inspirieren. Schöpfe wieder aus diesem Quell, aus dem alle Unsterblichen getrunken haben. Entflamme dich wieder für die Macht der Liebe."

Tagelang grüble ich über Miguelangelos Worte. Blicke ich zum Quell aller Kreativität, die in meinem Herz lebt, verwehrt dort noch immer diese schwere Tür den Zugang. Wohl fehlt nach wie vor das Schloss, das ich früher in meiner Fantasie mit einem Bohrer entfernt habe, doch die Tür ist noch da. Um flüchtige Blicke auf die Liebe zu werfen, muss ich mich nach wie vor hinknien. Ob mein Voyeurismus darauf zurückzuführen ist? Jeder Psychiater hätte seine helle Freude an mir.

Die beiden Umbauten dauern den ganzen Frühling und Sommer an. Immer wieder gibt es Schwierigkeiten: Spezialziegel – entweder hell rosaleuchtende oder milchig durchsichtige – werden nicht geliefert; Lampen gehen beim Transport verloren; bei den schweren Holzmöbeln fehlen Teile; die Farbe blättert, die Tapeten halten nicht, das Pink geht aus und so weiter. Erst Anfang September kündigt sich ein Ende all der Mühen an.

Ich beginne mit der Planung der Eröffnung von Eros' Lover und will dazu ein Fest veranstalten. Oft wandle ich nächtelang durch die neuen Räume und bewundere ihre rustikale Eleganz. Im letzten Moment – was viele kleinere

Umbauten nach sich zog – entschied ich mich dafür, alle Lichter im Haus indirekt zu gestalten. So strahlen die Rosawände bald entweder von oben oder unten aus dem Boden oder von der Decke beleuchtet. Ebenso zieren Neonschriftzüge in Pink, die alle das Wort Eros – also Liebe – in unterschiedlichsten Sprachen schreiben die Räume. Es gibt einen Sternenhimmel aus bestimmt tausend kleinen Lämpchen im Speiseraum, wie auch im größeren Aufenthaltsraum.

Den alten Kamin habe ich durch einen dreimal so großen ersetzen lassen, um auch im Winter den Saal wohlig warm einheizen zu können. Zusätzlich werfen versteckte Projektoren Flammen auf den Spiegel, der den *Secret Room* dahinter verbirgt. Im hinteren Teil des Erdgeschosses, also hinter der geschwungenen Treppe ins Obergeschoss hoch, gibt es jetzt: sechs Gästezimmer; ein Gemeinschaftsbadezimmer, das einer modernen Badegrotte gleicht und kleinere Lagerräume.

Oben habe ich mir den hinteren Teil zu meinen neuen Privaträumen mit dazugehöriger offener Dachterrasse umbauen lassen. Im vorderen Bereich mit dem Erker, direkt über dem Speisesaal, gibt es drei weitere Gästezimmer und über dem Kaminzimmer können sich meine Pensionsgäste auch hier in einer Badegrotte mit allem, was die moderne Technik und Wasserkultur hergibt, verwöhnen lassen. Was es im ganzen Haus nicht gibt, sind verschließbare Türen. Wer sich in meiner Pension einquartiert, soll sich nicht in seinem Zimmer verstecken, sondern Teil der Gay Community sein. Auch auf Vorhänge jeder Art verzichte ich, warum mein Haus hell und einsichtig ist. Ums Erkerzimmer habe ich hohe Fichten pflanzen lassen, weil ich ihren schweren Harzduft einfach liebe. Hinten, bei meinen Privaträumen wächst neu Eukalyptus.

Die *Naked Twins for Rent* habe ich fest als Jungs für den Room Service unter Vertrag genommen. Nicht nur Donald und Jeffrey werden hier täglich nackt die Zimmer machen, wie auch die beiden Badegrotten reinigen, sondern auch eine Handvoll Studenten, welche die Zwillinge bereits unter Vertrag genommen haben. Ihre Geschäftsidee boomt. Die beiden Halbmexikaner können kaum alle Aufträge annehmen.

Als ich den *Secret Room* betrete und das Licht anknipse, fühle ich ein Prickeln. Ich werde dieses Zimmer als einzig verschließbaren Raum in der Pension für mutige Schäferstündchen vermieten. Die Zwillinge nutzen den Raum in ihren Pausen, um sich dort – ungestört – einen runterzuholen. Was mir sehr gefällt. Niemals verrate ich den Flitzern, dass ich sie für ihre Shows liebe, noch tun meine beiden Freunde jemals so, als ob sie nicht genau wüssten, dass

ich sie bei ihrem Tun beobachte.
Je näher das Datum für die Eröffnung rückt, desto nervöser werde ich.

„Wie wirst du deine ersten Gäste für die Probeübernachtungen empfangen?“, fragt mich Donald, der nackt mit seinem Rucksack-Staubsauger den Flur reinigt.

„Im Smoking?“, rate ich.

„Wie langweilig!“ Sofort verzieht der schlanke Nackt-Putzer sein Gesicht. „Ich sehe dich selten in mehr als einer Sporthose. Bei der Bodenheizung, die du im ganzen Haus hast einbauen lassen, ist jeder selbst schuld, der mehr als absolut nötig anhat. Erkennen die Gäste, dass der Room Service ausnahmslos splitternackt verrichtet wird, werden bestimmt einige der Gäste unsere Lockerheit nachahmen. Josh“, zwinkert mir Donald zu, „ein Smoking passt nicht. Denke dir etwas Besseres aus!“

„Am Eröffnungstag reinigt hier niemand nackt!“, schelte ich den Flitzer. „Verstanden?“

„Trotzdem!“, widerspricht Donald. „Du bist als Captain J.J. in Washington berühmt geworden, vergiss das nicht!“

Eros‘ Lover

Für den großen Tag entscheide ich mich, trotz aller Reklamationen der Zwillinge, für einen dunkelbauen Smoking. Doch ich trage dazu nur ein bis zum Bauchnabel geöffnetes rosarotes Hemd. Im letzten Moment verzichte ich auch noch auf Socken und Schuhe. Auf der Straße und im Garten rund ums Haus stehen diverse Tische mit Finger Food und den üblichen Getränken. Es ist ein wirklich warmer Oktobertag, wolkenlos und einfach wie bestellt für ein Fest. Eine hiesige Band spielt vor den hohen Fichten. Von Mittag bis drei Uhr feiern wir ausschließlich draußen im Vorgarten. Hunderte Schaulustige begrüße ich und empfange die Spezialgäste, die ihre erste Nacht in der Pension verbringen werden. Martin Holmström, Sebastian und Boris flogen extra aus Los Angeles ein. Sie bringen Lox mit. Ich bin mir sicher, diese vier ungewöhnlichen Männer, wie meine beiden Hausflitzer, die noch angezogen unzählige Flyer an die Besucher verteilen, werden später im Haus ihre Hüllen fallen lassen – was ich insgeheim hoffe.

„Du hast es geschafft!“ Anerkennend klopft mir Martin Holmström auf die Schulter. „Ich habe niemals an dir gezweifelt.“

„Danke", murmle ich und sehe dem hellblonden Riesen in die Augen. „Du hast mich motiviert! Du und all meine Freunde!"

„Wen meinst du mit Eros' Lover?" Martin zeigt dabei auf die pinkfarbene Leuchtschrift mit dem Pensionsnamen.

„Na mich", lache ich. „Dies ist der Tempel, den ich Eros errichtet habe. Jetzt warte ich auf ihn", versuche ich meine Worte als Scherz klingen zu lassen.

„Du hast dir einen Tempel errichtet?", grinst Martin.

„Nein!", schüttle ich meinen Kopf. „Nicht mir: Eros!"

„Aha!", lacht der Nudist im Anzug. Danach lässt er sich von Oliver, der heute als Butler fungiert, durch den Garten und den Hintereingang ins Haus führen, damit er sein Gepäck in meinen privaten Räumen deponieren kann, dem einzigen Teil des Hauses, der heute nicht öffentlich zugängig sein wird. Weil ich im ganzen Haus alle Türen entweder demontieren ließ oder sie durch nicht verschließbare Schiebetüren ersetzt habe – bewachen Dylan und Gabriel abwechselnd das Gepäck meiner Gäste. Seit ich die sich wiederholenden Visionen von dieser Tür, die mein Herz versperrt hat habe, hat sich meine Vorstellung von Türen sehr verändert. Ich mag sie nicht! In Eros' Tempel soll alles offen bleiben: niemand kann sich ein- oder aussperren. Wem das nicht passt, kann sich eine andere Pension in Washington suchen.

Lox und Boris tragen identische weiße Cowboyhüte und Cowboystiefel mit aufgenähten Verzierungen in bunten Farben. Ob die beiden Blonden ein Paar geworden sind? Als mir Boris nach einer herzlichen Begrüßung zur Pension gratuliert, ziehe ich ihn ins Vertrauen und flüstere ihm zu: „Schön, dass ihr Lox mitgebracht habt. Irgendwie ist er für all das mitverantwortlich." Zur Untermalung kreise ich mit meinen offenen Armen und zeige auf das Haus und den Garten mit den Gästen, die alle auf den offiziellen Auftakt wartenden.

Der Ex-Russe zieht Lox an sich und küsst den ehemaligen Call Boy auf den Mund. „Lox und ich haben uns gefunden. Als er vor wenigen Monaten nach Los Angeles umzog, erkannten wir beide, dass wir zusammengehören. Nicht wahr?" Boris sieht zum hübschen Blonden, der verliebt lächelt und mir danach seine beiden Hände zur Begrüßung reicht.

„Bei diesem verrückten Cowboy", langt Lox auf die Beule in Boris' Hose, um sie sanft durch die Jeans zu streicheln, „erkannte ich endlich, wer ich wirklich bin. Es war Liebe auf den ersten Blick – doch mehr noch: Es war die Liebe des Wiedererkennens."

„Leute", verdreht Sebastian hinter den beiden Turteltauben stehend seinen Augen, „ich will mein Gepäck im Haus deponieren und rasch duschen. Das geht doch in Ordnung?“, fragend wechselt der rothaarige Schotte einen kurzen Blick mit mir.

„Logo! Aber benutze mein privates Badezimmer und nicht eine der beiden Badegrotten. Diese sollen fürs Open House trocken sein.“

Martin betritt als Erster das Haus und reicht Oliver seinen Koffer; Sebastian folgt ihm dicht auf.

„Wann öffnest du die Pforten?“, fragt Lox, als ob auch er und Boris die Zeit bis dahin durchaus anders nutzen wollen, als sich im Vorgarten über die Häppchen herzumachen.

„Um drei Uhr!“ Ich checke meine Armbanduhr: „Leute in dreißig Minuten!“

Pünktlich versammeln sich alle für die Eröffnungsrede vor den Eingang in die neue Gay Pension, deren Eingang von einem extrabreiten Band – natürlich in Pink – versperrt wird.

„Ich hatte eine Vision!“, beginne ich mit meiner Rede. „Ich sah als Kind Eros’ geflügeltes Wesen. Seither suche ich nach ihm!“

„Allerdings!“, ruft Donald dazwischen.

Einige Lachen, denn viele wissen von meiner Vorliebe für blonde Jungs und wie sich mein Kopf bei ihrem Anblick automatisch nach ihnen umdreht. Ein Blick auf Oliver, der seinen Posten am Hintereingang einem der gemieteten Männer des Security Services übergeben hat, lässt mich schmunzeln. Oliver ist die Ausnahme. Mein Ex-Lover ist als halber Südamerikaner schwarzhaarig.

„Das Finden der Liebe wurde meine Mission!“, fahre ich mit meiner Ansprache fort. „Diese Pension weihe ich dem Gott der Liebe – der Liebe selbst – EROS! Auf dass jeder, der hier nächtigt, von Eros‘ Präsenz berührt wird. Make Love not Peace!“, schiele ich zum philosophierenden afroamerikanischen Bodybuilder, der mit nacktem Oberkörper den warmen Herbsttag unter meinen Gästen genießt.

Aristoteles hebt seinen rechten Daumen und wiederholt meine Worte, die er mir die vergangenen Monate immer wieder in neuem Zusammenhang näher führte.

„Die Suche nach Eros“, füge ich an, „ist nur etwas für mutige Abenteurer. Denn die Liebe taucht unverhofft und meist in einer Gestalt auf, die uns überrascht, anzieht oder vielleicht sogar schockiert. Aber nicht nur“, schiele ich auf Lox und Boris, die verliebt händchenhaltend nebeneinanderstehen.

„Jedes Leben ist eine Reihe von Millionen Entscheidungen. Jeder Mensch muss Kämpfe bestehen und sich täglich entscheiden, welchem Pfad er folgen will: dem der Liebe oder dem der Macht mit dem Ego, das stetig um Selbstverherrlichung trachtet. Meine Suche nach Liebe war bisher ein Kampf. Ich verlor alles, was mir früher etwas bedeutet hatte."

Während ich weiter spreche, lasse ich meine Blicke durch die Versammelten wandern. Natürlich hat sich sehr viel Presse eingefunden, denn mein offizielles Outing als schwuler Mann – so sehen viele die Eröffnung meines *Gay Bed and Breakfast* an – und als Sohn des verstorbenen konservativen Senators ist auf jeden Fall eine Schlagzeile wert. Aber da stehen neben den Zwillingen und Oliver auch Martin und die anderen der *NAWA*, meine Kunstfreunde, einige meiner früheren Footballkumpels und andere aus der Highschool- und College-Zeit. Sogar ein paar der Cheerleaderinnen tragen heute zu Ehren des Anlasses Regenbogenflaggen in den Händen. Der früher gemobbte Schwule ist jetzt ein reicher Hausbesitzer und Direktor einer Firma, was die Zwillinge natürlich jedem auf dem Campus auf die Nase gebunden haben. Einmal mehr liebt die Masse Popularität und Einfluss. Selbst ein paar meiner früheren Feinde erkenne ich unter den neugierigen Gästen.

„... liebe Freunde, Feinde, Gäste und Fremde", sehe ich viele einzeln an, „feiert heute mit mir zusammen die Eröffnung dieses Tempels. Platon sagte: Die Menschen haben die Liebe Eros genannt, weil sie Flügel hat. Die Götter nannten sie Pteros, weil sie die Kraft hat, Flügel zu geben. Lasst euch heute von der Liebe Flügel verleihen. Auf eine neue Zukunft!"

Das ist Jeffreys Stichwort, mir das rosarote Kissen mit der übergroßen Schere zu reichen. Feierlich durchtrenne ich das Band, während die Gäste klatschen, dazwischen rufen und die Cheerleaderinnen ihre ulkigen Tanz-Kapriolen vollziehen. Ein Windzug packt die beiden losen Enden des Bandes, wirbelt sie hoch, dass sie für den Moment die Form eines Herzes annehmen. Nur für einen Sekundenbruchteil, doch beinahe jeder hat es gesehen und die Presse hoffentlich fotografiert. Ich deute es als gutes Omen, dass Eros heute zugegen ist und seinen Tempel damit angenommen hat.

Zwei Stunden lang drängen sich Hunderte aus der Gay Szene, die Presse, Politiker, die mich aus Vaters Zeiten noch kennen und unzählige Fremde durch die umgebauten Räume und die neun Gästezimmer, von denen jedes so groß ist, dass darin auch locker vier Leute Platz finden. In jedem stehen zwei Kingsize Betten, ein Schreibtisch, offene Schränke – denn selbst kleine Türen bereiten mir Unbehagen – und bequeme Sessel. Es gibt im ganzen

Haus kein einziges TV-Gerät. Im *Eros' Lover* sollen sich die Gäste im Kaminzimmer treffen, sich unterhalten und Freundschaften schließen. Hier sollen aus Fremden Freunde werden – oder zumindest Bekannte. Die Flucht in illusorische Scheinwelten, die über zehntausend Kanäle flimmern, kann jeder wieder anderswo zelebrieren. Mein *Bed and Breakfast* ist eh nicht für Dauergäste konzipiert – für Langweiler schon gar nicht.

Ab sieben Uhr abends lockt abermals die Band meine Gäste aus dem Haus in den Garten, wo die Dämmerung einsetzt. Die Reinigungskolonne schleicht sich gleichzeitig hinten rein, um die nächsten Stunden alle Zimmer und die Badegrotten wieder auf Hochglanz zu bringen. Ebenso deckt der Catering Service die ovale Eichentafel und die zusätzlichen Tische für fünfzig geladene Gäste zum Dinner ein. Nach dem Feuerwerk um acht Uhr endet der Eröffnungstag für die Öffentlichkeit.

Jetzt kann die eigentliche Privatparty beginnen.

Zurück ins Haus dürfen jetzt nur noch meine fast dreißig Nachtgäste, um ihre gereinigten Zimmer zu beziehen und die übrigen Spezialgäste mit rosaroten Einladungskarten fürs Dinner. Ab sofort wird *Eros' Lover* eine frauenfreie Zone sein – und bleiben. Meine schwulen Gäste sollen sich unbeobachtet und frei fühlen.

Als ich draußen den letzten meiner früheren Footballkumpels verabschiedet habe und mich ein letztes Mal fotografieren ließ, passiere auch ich die beiden Sicherheitsmänner, die dafür sorgen werden, dass sich auch später kein ungebetener Gast reinschleichen kann – bei gewissen Paparazzi ist das leider nicht von der Hand zu weisen. Ebenso patrouillieren weitere Männer vom Sicherheitsdienst ums Haus und bewachen den Hintereingang und den Garten.

Kaum ist hinter mir die einzige Tür mit Schloss verriegelt, kommt mir Martin Holmström entgegen – natürlich splitternackt. „Mein lieber Captain J.J.", klopft er mir auf die Schultern. „Ich hoffe doch schwer, du schlüpfst fürs Dinner in etwas Bequemeres als diesen Smoking."

Kritisch mustere ich die dunkelblaue Maßanfertigung, mein offenes pinkfarbenes Hemd und meine nackten Füße. „Noch bequemer?", runzle ich meine Stirn. „Ich bin kein Nudist!"

„Zieh die Footballhose an, die dich so berüchtigt gemacht hat! Zeige allen Versammelten, dass du endlich deine Schuldgefühle über Bord geworfen hast."

„Diese Hose ist an allem Schuld, was folgte."

„Schuld?“ Martin stellt sich vor mich, packt meine Oberarme und schüttelt mich dann so stark, als ob ich ein staubiger Bettvorleger wäre, denn man vom Schmutz und Staub befreien müsste. „Diese Pension erhob sich aus der Asche überholtem Denken, alter Muster und Vorurteilen. Deine Eltern führten ihren Kampf. Josh, du musst deinen führen.“

„Echt?“

„Deine Worte, mein lieber Captain J.J.!“

Damit lässt mich der blonde Halbschwede stehen.

Oben in meinen privaten Räumlichkeiten, die jetzt von all dem Gepäck meiner Gäste befreit sind, stelle ich mich vor den Spiegel. Da steht ein Typ mit von der Sommersonne aufgehellten Haaren, die beinahe blond geworden sind, ansehnlichen Oberarm- und freiliegenden Bauchmuskeln. Mein Grinsen gleicht dem Zähnefletschen einer mordlustigen Raubkatze, würden meine Augen vor Glück und Zufriedenheit nicht wie Sterne funkeln. Als ich mir das Smoking Jackett ausgezogen habe, denke ich wirklich ernsthaft über Martins Vorschlag nach. Natürlich habe ich noch all meine Sportklamotten aufgehoben – auch die Hose im leicht transparenten Stoff. Mutig hole ich sie aus dem gangbaren Kleiderschrank und drehe das gepolsterte Ding durch meine Finger. Trage ich darunter eine meiner Jockstraps oder einen Tiefschutz ...

Doch bevor ich mich wirklich dazu entscheiden kann, werfe ich die Hose wieder zurück aufs Regal. Meine Zeit als Captain J.J. ist wirklich Vergangenheit. Heute bin ich der neue Boss einer Gay Pension und kein Ex-Footballspieler, der seiner Karriere nachweint. Aber Martin hat schon recht, ich muss wirklich wie Phoenix aus der Asche aufsteigen, sonst ziehen mich meine Schuldgefühle nur noch tiefer in Tartaros Abgründe.

Unten haben sich neben Martin auch die Zwillinge nackt unter die Gäste gemischt. Ob ich es ihnen gleich tun sollte? Nein! Abermals schüttle ich meinen Kopf. Ich bin wirklich kein Nudist – auch kein Verkappter, selbst wenn die Presse mich früher als Exhibitionisten abstempeln wollte. Trotzdem ziehe ich mir die Smoking Hose aus und stelle mich wieder vor den Spiegel, dieses Mal wirklich nackt. Mein üppiger Busch zieht sich als dunkelblonde Straße bis zum Bauchnabel hoch. Finde ich keinen Ersatz für mich als Moderator der Gay Show, die bis Februar stehen muss, werde ich mich bald so zeigen müssen. Mir bleibt nur noch bis zum Mittwinterfest Zeit, einen würdigen Nachfolger zu finden. „Eros“, flüstere ich im stillen Gebet, „bitte zeige dich mir! Bitte, finde endlich deinen Weg in meinen Tempel.“

„Erzwinge nichts“, antwortet mir eine flüsternde Stimme.

Erschrocken wirble ich im Schrankzimmer um meine eigene Achse, um mich auf den Eindringling zu stürzen. Diesen Kampfreflex bin ich nicht losgeworden. Es ist Sebastian, Martins rothaariger Lover und Geschäftspartner. Sebastian sieht mich mit seinen moosgrünen Augen lächelnd an. Wie schon bei unserer ersten Begegnung, damals in Venice Beach in der *NAWA*, verbirgt kaum etwas seines athletischen hellhäutigen Körpers. Provokativ trägt er nur ein Ganzkörpertrikot aus goldigem Netz.

„Josh, du musst dich selbst finden!", checkt das Supermodel meinen Körper ab. „Ob du dich nachher unten nackt, im Fummel, in Sportklamotten oder im Anzug zeigst, das ist völlig egal. Wichtig dabei ist nur, dass du dich nicht verkleidest. Was auch immer deinem Wesen entspricht, das wähle. Du musst dich niemanden – außer dir selbst – beweisen. Ahme niemanden noch, noch erfülle die Sehnsüchte anderer. Jonathan Josh Julius, sei einfach du selbst: heute und in Zukunft! Martin neigt dazu, jedem die Masken runter zu reißen – und auch die Klamotten", fügt er lächelnd an. „In dir steckt weit mehr, als du vielleicht ahnst."

„Danke", murmle ich. Der schöne Typ hat nichts von einem Stripper an sich, wenn sein Outfit auch ganz danach aussieht. Ich bin mir sicher, Sebastian kann anziehen, was immer er will und würde doch immer perfekt darin aussehen. Seine Schönheit leuchtet von innen. Sebastian hat sich selbst gefunden, denn nur jemand, der hundert Prozent mit sich im Reinen ist, kann im Goldnetz so erhaben aussehen, wie dieser Schotte.

„Du und Martin, ihr seid zum Nudismus geboren."

Sebastian lacht schallend los. „Josh, hat dir Martin nie von unserer ersten Begegnung erzählt?" Als ich meinen Kopf schüttle, verrät mir der Schotte: „Es war im Hyde Park in London. Glaub mir, unsere erste Begegnung gehört zu den peinlichsten Erlebnissen in Martins ganzem Leben. Frage ihn mal danach!"[6]

Noch immer lachend lässt mich Sebastian einfach stehen und spaziert in seinem Goldnetz-Kostüm zur geschwungenen Treppe nach unten.

Kurzentschlossen ziehe ich mir meine Smoking Hose wieder an und dazu eines meiner pinkfarbenen Tank Tops. Mehr brauche ich nicht, und weniger ist einfach nicht mein Ding.

Selbst wenn alle meine Gäste während des Abends schon die eine oder andere Geschichte über die *NAWA* gehört haben, so klappt doch manchen der

---

[6] Nachzulesen in „Nackte Geheimnisse"

Kinnladen runter als Lox und Boris nach dem Dessert ihren Auftritt haben. Die beiden ungleichen Typen tragen den Partner Look, den sie schon den ganzen Tag vorführten: schneeweiße riesige Cowboyhüte und ihre bunten Cowboystiefel – doch sonst nichts weiter. Wer der beiden mehr Aufmerksamkeit fordert, ist nicht auszumachen, denn die Köpfe meiner Gäste wechseln ständig vom hübschen und so jung aussehenden Lox, zum grobschlächtigen Boris mit der Riesengurke. Da Oliver für ihren Auftritt einen von Dolly Partons größten Country Hits aufgelegt hat, und Sebastian ein kleines Podest in einer der Ecken besteigt, um von dort die Anweisungen für den amerikanischen Square Dance zu erteilen, verwandelt sich gleichzeitig der riesige Wandspiegel zur Bühne. Jemand hat im *Secret Room* die Lichter entzündet. Waren vorhin nur die tanzenden Flammen in der Reflexion zu sehen, erscheint jetzt die bisher unsichtbare Bühne.

Lox und Boris verschwinden darin, um sich gleich darauf auf der eben noch unsichtbaren Bühne als Animatoren zu Sebastians Anweisungen zu betätigen. Da die Bühne so erhöht ist, dass auch die selber tanzenden Gäste von überall einen Blick auf das ungewöhnliche Paar werfen können, erreicht die Stimmung bald ihren Höhepunkt. Wie schamlos Lox sein kann, kenne ich bereits aus seiner Vergangenheit als Callboy. Jetzt umschwärmt der hübsche Lox den archaisch anmutenden Boris, als ob er eine männliche Nymphe sei, die den uralten Wald- und Wiesengott verführt. Immer wieder packt Priapos seine Nymphe, um sie zu vernaschen, zu besteigen oder einfach durch die Luft zu wirbeln. Das alles zum amerikanischen Square Dance macht die erotische Nummer noch viel schräger. Meine Pension hätte kaum gebührender eingeweiht werden können. Bis zum Morgengrauen wird getanzt, gelacht und immer wieder über Lox‘ und Boris Ritual spekuliert. Die beiden müssen wirklich ein Paar sein, denn der hübsche Lox weicht nicht einen Moment von der Seite seines potenten Liebhabers.

Als ich bei Sonnenaufgang als Letzter mein eigenes Schlafzimmer aufsuche, bin ich seit langer Zeit wieder erstmals so richtig glücklich. Nicht nur kam meine voyeuristische Seite wieder einmal voll auf ihre Kosten, sondern meine Pension ist wirklich zum Tempel für Eros geworden.

Da keines meiner Fenster im ganzen Haus Vorhänge vorweist, habe ich die Läden runtergelassen, um die mit Lichterketten umwickelten Eukalyptus, wie auch die Straßenlaternen oder später die Sonne auszusperren.

„Ich habe dich im Frühling verführt“, flüstert eine Stimme an mein Ohr. „Ich habe dich zum Blühen gebracht!“

Zu müde, meine Augen zu öffnen, murmle ich etwas Unverständliches und fühle, wie ein nackter Körper zu mir unter die Decken in mein Bett krabbelt, um sich an mich zu schmiegen. Als mich weiche Locken im Gesicht kitzeln, muss ich nicht aufsehen, um Lox sofort wieder zu erkennen. Seinen Duft, seine weiche Haut und seine geschickten Finger erkenne ich sofort wieder, selbst wenn unser Sex schon Jahre zurückliegt. Ich habe ihn niemals ganz aus meinem Herzen geworfen, selbst als er später oft als Callboy auf meinem Schoss saß, wenn ich ihn im Club der Bad Angels besuchte. Lox war niemals weniger, als der Mann, der mich zum ersten Mal geküsst hatte. Er ist und bleibt für immer meine erste süße Liebe.

„Du hast mich gerufen. Ich habe dich gefunden", flüstert mein erster Eros weiter in mein Ohr. „Als deine Frühlingsknospe war ich naiv, dem Leben und seiner Realität gegenüber. Ich öffnete mich dem Leben, um andere mit meinem zarten Blütenzauber zu verführen und mit meinen Düften zu betören. Doch der Frühlingswind raubte mir bald die Unschuld. Meine erst weißen Flügel trugen mich hoch, doch sie verwandelten sie in meinem jugendlichen Egoismus und meiner Selbstüberschätzung in die dunklen Schwingen der Verblendung."

Erstaunt über Lox' Worte, drehe ich mich zu ihm um.

Er haucht mir einen Kuss auf die Stirn, dann verpufft er, wie die Schönheit des Frühlings. Gerade noch vertrieben die bunten Blumen den Winter mit all ihrer Kraft und betörender Fülle, schon überwuchert das dichte Grün die Zartheit des neuen Anfangs.

„Lox?", öffne ich meine Augen. Doch da ist niemand, außer dieser leisen Idee nymphenhafter Zartheit. Verwirrt über die Intensität dieser Vision, gleite ich wieder tiefer in den Schlaf.

„Ich bin, was immer du in mir sehen kannst", flüstert irgendwann eine neue Stimme an mein Ohr. Diesmal ist es Oliver, mein Ex-Lover, mein erster Mentor im Nachrichtenwesen und heute guter Freund. Er kuschelt sich ins Bett und nimmt mich in seine Arme. Abermals kaum wach, drehe ich mich zu Oliver um, der meinen Oberkörper mit seinen Küssen bedeckt, als ob wir noch immer ein Liebespaar wären. Zu müde, um ihn abzuwehren, lasse ich mich von ihm liebkosen und streicheln.

„Als Bote deines persönlichen Sommers brachte ich dir die Fülle des Lebens, bedeckte dein Leben mit üppigem Grün und forderte dich auf stark und selbstischer zu werden."

„Ja, das hast du?", murmle ich und lasse mich von ihm liebkosen. Er küsst mich auf meine krumme Nase, dann auf meinen Mund.

„Ich bin nur einer von Eros' Ex-Lovern! Im Sommer erduldete ich deine Starrköpfigkeit und Unbeugsamkeit. Dein Saft und deine Kraft hielten an all ihren Blättern fest. Nichts konnte dir was antun, denn du wolltest deine Früchte hervorbringen. Erst klein und hart, reiften sie in der Sonne deiner glühenden Lebenslust zur Reife."

Weil ich kaum meine Augen öffnen kann, lasse ich Oliver gewähren. Der Sex mit Oliver hat mir oft gefehlt. Seinen Körper jetzt auf meinem zu spüren, lullt mich wie eine weitere warme Decke ein. Unsere neue Freundschaft wird die intime Nähe aushalten. Wir beide wissen, dass wir kein Paar mehr sind – noch es wieder werden wollen – dennoch lassen ich mich auf seine Leidenschaft und den Sex ein. Abermals fühle ich die Lust durch meine Adern brennen. War Lox die leichte Feder, der verwirrende Zauber des Unbekannten, ist Oliver die Magie des hellen Tages, der Sonne und der Hitze. Nichts vermag sich in ihrem Licht zu verbergen. Sie fordert Reife und alles, was ich zu geben habe.

„Ich habe dich geprüft und gefordert. Nackt standest du im Scheinwerfer deines langen Sommers. Deine Früchte nährten andere, und dein üppiges Laub spendete Schatten, raubte aber auch anderen das Licht. Als dein Sommer überflutete ich dein Land und dörrte es danach aus."

„Du hast mich mit Boris betrogen", fahre ich mit meinen Händen in Olivers lockiges Haar, während sein Mund mich einmal mehr die Hitze des Sommers spüren lässt. Als ich es kaum noch zurückhalten kann, blicke ich nach unten, doch da ist niemand. Oliver ist verschwunden. War er jemals wirklich hier?

Verwirrt gleite ich einmal mehr in den Tiefschlaf.

„Niemand wiedersteh lange den Stürmen im Herbst", flüstert diesmal Martin Holmströms Stimme in mein Ohr. Auch der stramme Bodybuilder kriecht zu mir ins Bett. Seine Muskeln sind steinhart, wenn sein Wesen auch wie der Wind ist, der alles wegfegt.

„Martin?", schmiege ich mich in seine Arme. Bei Oliver war ich der starke Baum, der beschützt und führt, bei Martin bin ich das tanzende Blatt im Herbst.

„Erst als sich deine Blätter ins bunte Kleid des Herbstes wandelten, erkanntest du langsam, wer du wirklich sein könntest. Lange hast du dich dagegen gestemmt. Meine Stürme brachen die unnötigen Äste ab. Ich schüttelte dich solange, bis du endlich auch das letzte Blatt hast fallen lassen. Noch bohrst du erst an der Wand um dein Herz. Josh, du musst die Wand sprengen!"

„Bist du mein Herbst?“, frage ich diesmal etwas weniger überrascht den neuen Mann in meinem Bett.

„Eros hat tausend Gestalten und noch mehr Gesichter. Ich bin nur eines von vielen. Als der Wandel, die Lebenslust und der Tod, trage ich auch die Wiedergeburt in mir. Nichts stirbt, denn alles verändert nur unentwegt seine Erscheinung. Geht eine Tür für immer zu, öffnet sich eine neue. Verlassen dich Menschen und gewohnte Umstände, warten bereits neue darauf dich kennenzulernen. Der Tod ist eine Illusion. Nur die Zurückgebliebenen leiden unter ihm. Lass die Angst genauso los, wie deine bunten Blätter voller Erfahrungen, fixer Muster und starrem Denken. Lass alles los, um im Winter in dir ruhend neue Welten zu erträumen.“

„Bist du real?“, frage ich und lege meinen Kopf auf Martins mächtigen Torso. Ich höre sein atmendes Herz und spüre das Heben und Senken seines Brustkorbes.

„Bist du bereit, dir im Winter selbst zu begegnen?“, fragt mich Martin zurück.

„Bist du wirklich eine von Eros‘ Manifestationen?“, weiche ich ihm aus.

„Die Liebe zeigt sich immer neu und ist doch gleichzeitig unwandelbar und uralt. Eros trat als Erster durch das Chaos in die Welten der Schöpfung, denn ohne Liebe wäre der Raum leer geblieben und die Fülle unbewohnt. Immer kämpft die Liebe gegen den Sog nach unten, und immer befruchtet die Liebe die Urmutter allen physischen Lebens.“

„Du sprichst von Erebos, Tartaros, Nyx und Gaia?“, erinnere ich mich an meine Kindheitsträume.

„Sie alle sind Geschwister der Liebe. Jeder dieser Ur-Titanen ist in sich ein Natur- oder spirituelles Prinzip, eine Wahrheit und eine Realität. Doch die Liebe – Eros – bewegt sich frei durch alle Welten. Nur die Liebe kann unbeschadet das Chaos durchqueren, um die reinen Welten jenseits der Schöpfung zu betreten. Ohne Liebe würde kein Leben existieren, denn die Liebe ist das Leben; die Liebe ist der Anfang, die Dauer und der Fortbestand von allem. Die Liebe kennt keinen Tod, denn der Tod ist ein Sohn der Fülle und der Leere und an die Schöpfung gebunden.“

„Dann sind meine Eltern nicht gestorben?“, protestiere ich.

„Ihre physischen Hüllen sind sterblich, wie alles, was in der Schöpfung sichtbar ist. Aber ihr wahres Wesen – Eros in ihnen – lebt ewig und verkörpert sich immer wieder aufs Neue“, flüstert mir Martin ins Ohr. „Eros ist der unsterbliche Teil in jedem von uns. Manche nennen es Geist, andere Seele und noch hundert andere Namen trägt Eros‘ Erbe.“

„Und jetzt?“, sehe ich zu Martin, dessen Gesicht sich verwandelt. Waren da gerade noch die Züge meines guten Freundes aus Los Angeles, leuchtet da jetzt einer Sonne gleich ein weißes Licht.

„Dein Winter hat begonnen. Heute hast du deine Pension eröffnet, in wenigen Tagen wird deine Agentur folgen. Doch die wichtigste Einweihung steht dir noch bevor. Erkenne, wer du bist und öffne deine Flügel.“

Lag ich gerade noch an Martins starken Körper gelehnt, drücke ich jetzt ein Kissen, wie ein Kind seinen Teddybären.

„Josh, wann gibt es Frühstück?“, weckt mich eine Stimme. Die Zwillinge stapfen in mein Schlafzimmer, schieben den Laden hoch und lassen das kühle Herbstlicht mein Zimmer fluten. „Deine Gäste kriegen langsam Hunger!“

Verschlafen quäle ich mich in Boxershorts in das neue Badezimmer auf dem Stockwerk. Sebastian steht als Einziger nackt unter einer der Duschen in der Badegrotte und seift seinen athletischen Körper ein. Seine roten Haare leuchten von den vielen kleinen Spots, die hier für raffiniertes Licht sorgen.

„Wenn dich eine Muse küsst, kannst du entweder flüchten oder dich von ihrer Inspiration überfluten lassen.“ Damit tritt der hellhäutige Schotte neben mich unter den Nachbarsduschkopf und küsst mich auf den Mund. Zu verdattert, öffne ich meinen Mund, doch der Moosgrünäugige zwackt mich bereits kumpelhaft in den Po. „Auch wenn du mir gefällst, ist das keine Verführung!“

„Sorry!“, stammle ich und schmecke trotzdem noch seinen Kuss auf meinen Lippen.

„Öffne deine Flügel!“, wiederholt Sebastian, was mir schon Martin als mein Herbst-Eros im Traum zugeflüstert hatte. „Weihnachten steht vor der Tür. In wenigen Wochen klopft das Schicksal an deine Tür. Öffnest du nicht, wirst du an Martins Vertragsklausen zerbrechen.“

„Warte!“, halt ich den nassen Nackten zurück, als Sebastian die Badegrotte verlassen will. „Wie meinst du das?“

„Wir Musen erklären uns nicht. Wir Musen inspirieren und flüstern nur Ideen zu. Der Rest liegt am Empfänger unserer Küsse.“

„Du bist eine Muse?“, lache ich los, doch der Schotte lässt mich einfach stehen.

Mein früheres Elternhaus mit meinen Spezialgästen gefüllt zu wissen, lässt mich immer wieder zufrieden lächeln. Wirkten diese Räume früher durch verschlossene Türen klein und mit antiken Stilmöbeln vollgestopft, gibt es jetzt im vorderen Teil des Erdgeschosses nur noch zwei Hallen. Überall brennen Lichter und die Backsteinwände, das helle Rosa und Weiß der weiten Räume lassen mich frei atmen.

Leider verabschieden sich die meisten meiner Gäste nach dem Brunch, den abermals der Catering Service geliefert hat. Meine Pension leert sich bis auf die Zwillinge und die vier Nudisten der *NAWA*. Lox will Boris die Stadt zeigen und Sebastian schließt sich ihnen an.

„Wir räumen auf!", erklärt Donald und schultert sich nackt seinen modernen Rucksackstaubsauger. Jeffrey zieht sich gelbe Gummihandschuhe an, was am sonst Nackten wirklich ulkig aussieht.

„Das ist ab heute der Job der *Naked Twins for Rent*!", bestätige ich und kann es kaum glauben, als meine beiden besten Freunde tatsächlich mit dem Aufräumen und Putzen der Zimmer beginnen. Als sie noch als Untermieter hier hausten, musste ich hinter ihnen aufräumen. Alles verändert sich. Ich auch das Liebe?

Da Martin nach dem Aufbruch der Anderen in sein Zimmer oben verschwindet, um kurz danach im Anzug zurückzukehren, ahnte ich, dass er für heute Pläne hat. „Ich will deine neuen Räumlichkeiten besichtigen", kommt er gleich zur Sache. „Ist das neue Studio schon bereit?"

Als mein Hauptsponsor und Auftraggeber für die Gay Talk Show ist seine Frage sehr berechtigt.

„Die Kabel sind alle verlegt und die Kameras funktionieren. Um vier Uhr werden sich drei mögliche Kandidaten zum Casting als Moderator einfinden. Oliver hat sie empfohlen und eingeladen. Ich kenne sie auch noch nicht. Zwei professionelle Kameramänner werden Probeaufnahmen machen. Ich dachte mir, dass du da bestimmt dabei sein willst."

„Worauf du wetten kannst!"

Eine Stunde später betreten Martin und ich die noch nicht ganz fertigen Räumlichkeiten der *Naked Facts*. Das Loft im obersten Stock ist bezugsbereit, wie auch die Grafikabteilung und das Styling Departement im Erdgeschoss. Nur die beiden Studios im Stockwerk dazwischen brauchen noch den letzten Schliff.

„Wer hat dich beraten?“, sieht sich Martin um. „Oliver?“

„Ja! Er gehört zu meinen engsten Beratern, wie auch Miguelangelo. Warum fragst du?“

„Ich erkenne gewisse architektonische Elemente aus der *NAWA* Hauptzentrale in Venice Beach wieder. Josh“, klopft mir der hellblonde Bodybuilder auf meine Schulter, „falls keiner von den Dreien der Richtige ist, bist du nach wie vor mein Favorit für den Posten.“

Als die drei Männer kurz danach zum Casting eintreffen, erkenne ich einen aus einer hiesigen Fernsehshow und einen weiteren aus kleineren Rollen in Hollywood Produktionen. Der dritte von ihnen ist ein lokales Fotomodell. Alle drei Männer tragen irgendwelche flippigen modischen Anzüge. Fast zeitgleich trifft auch die Crew ein und nimmt ihre Plätze ein. Oliver winkt mir von einem Regiestuhl zu und checkt Dokumente.

Martin setzt sich auf die Couch, die für den Moderator reserviert ist, und die drei Kandidaten nehmen gegenüber in Sesseln Platz.

„Josh, ich will dich neben mir haben!“, winkt mich Martin neben sich, als wir uns alle gegenseitig vorgestellt haben. Während die beiden Kameramänner alles vorbereiten, bewaffnen sich Pascal und Laurent mit Fotoapparaten. Als Hintergrund wird ein Bild mit Sonnenuntergang aus der Sicht des Lincoln Memorial eingeblendet. Der Obelisk ist zu sehen und weit dahinter auch das Capitol. Der Himmel ist rosarot, orange und gelb mit ein paar hellrosa Wolken vor einem blaugrauen Himmel, der sich in diesen leuchtenden Farben im Bassin vor dem Memorial spiegelt. Als ich mich umdrehe, sieht es durch die Kamera aus, als ob ich vor einer der Säulen sitzen würde mit diesem fantastisch kitschigen Hintergrund.

„Die neue Gay Show wird aus zwei Teilen bestehen“, übernimmt Martin für mich die kurze Einführung ins Casting. Es steht eh alles vorgeschrieben auf Zetteln auf einem Klemmbrett. „Der erste Akt wird aus einer stündigen Moderation mit Gästen, Kommentaren und dergleichen mehr ablaufen.“ Die drei Kandidaten nicken, denn darüber wurden sie ja bereits im Vorfeld von Oliver informiert. „Im zweiten Akt will ich nackte Haut sehen. Mir schwebt ein nackter Moderator vor oder zumindest einer, der irgendwann auch seinen Pimmel zeigt.“

Das Model nickt als Erster, dann der Schauspieler. Nur der Lokalmoderator zögert und sieht sich unsicher um. Ohne dass ich es will, streiche ich ihn bereits in Gedanken von der Kandidatenliste. Ich hatte schon Shows gesehen, die er moderierte. Der eitle Typ wird niemals in die Rolle schlüpfen, die ihm

Martin zugedacht hat, ohne dabei peinlich rüber zu kommen. Der Typ glänzt im Glitzerfrack oder Designer Klamotten, doch niemals nackt.

Martin reicht jedem möglichen Kandidaten einen Text, der dann einzeln einmal angezogen und einmal nackt vorgelesen werden muss, während meine Kameramänner filmen und die beiden Fotografen Schnappschüsse erstellen. Leider schwindet meine Hoffnung auf einen Ersatzmann für mich schon in Runde Eins. Das Model verhaspelt sich ständig und zu allem Elend lispelt er auch noch. Kriegt es der Schauspieler nicht hin, muss ich mich selbst nach Ersatz umsehen, denn Oliver ist mit seinem Latein bereits am Ende. Der Moderator kneift im zweiten Teil und will seine Unterhose einfach nicht fallen lassen – was ich wirklich gut nachvollziehen kann – ihn aber disqualifiziert. Das Model hat damit keinerlei Probleme und sieht nackt wirklich sehr gut aus.

Leider ist der Penis des Schauspielers so klein, dass er zur Lachnummer werden könnte, was weder Martin noch ich verantworten wollen. Die Show soll Erotik vermitteln und dabei spielt der Pimmel des Moderators einfach eine zu wichtige Rolle. Bei der nachträglichen Besprechung und Auswertung der Aufzeichnungen und der Fotos steht fest: dreimal nein!

„Jetzt du?“, fordert mich Martin auf, als Olivers Kandidaten gegangen sind.

„Erst nach Weihnachten!“, widerspreche ich und winke ab. „Noch habe ich Galgenfrist!“

Am nächsten Morgen reisen Martin, Sebastian, Boris und Lox wieder nach Los Angeles ab. Martin werde ich spätestens zum Weihnachts-Dinner wieder sehen. Mir bleiben bis dahin etwas mehr als sechs Wochen. Finde ich nicht den idealen Ersatzkandidaten ... Den Rest male ich mir gar nicht aus.

Tagelang rufe ich alle möglichen Agenturen für Schauspieler, Künstler, Models und Performer an und lasse unzählige mögliche Moderatoren zu Probeaufnahmen ins Studio der *Naked Facts* kommen. Leider kneifen viele beim zweiten Show Part. Ich lade sogar Bob, den Nordafrikaner aus dem Kunstkurs ein. Natürlich hat der keinerlei Probleme, sich nackt zu zeigen, nur als Moderator hat er leider überhaupt kein Talent. Als ich endlich einen New Yorker Sänger gefunden habe, der sowohl eine tolle Stimme, wie einen ansehnlichen Körper hat, zudem hemmungslos nackt seinen Mann steht, atme ich erleichtert auf. Leider abermals zu früh, denn zwei Tage später bekommt er seinen langersehnten Plattenvertrag und eine Konzerttournee. Er sagt ab. So stehe ich abermals am Anfang.

In wenigen Tagen ist Mittwinter.

Noch immer voller Hoffnung einen geeignete Kandidaten zu finden, lasse ich die Einladungskarten für die Dinner-Party drucken und nenne sie *Mittwinter Aufatmen.* Warum es mich eine Woche vor der Dinner-Party ins Reisebüro zieht, in dem mir damals dieser Verrückte die Zukunft vorausgesagt hatte, weiß ich auch nicht. Vom Typen im Ski Pulli fehlt jede Spur, weshalb ich mich nach ihm erkunde.

„Sepp ist zurück in die Schweiz gezogen“, klärt mich eine Lesbe auf. „Er war nur für ein paar Monate für ein Praktikum hier, um seine Sprachkenntnisse aufzupolieren. Er arbeitet jetzt wieder in Basel. Willst du seine Nummer?“ Weil ich erstaunt nicke, schreibt die Frau sie mir auf, und ich rufe von zuhause aus diesen Sepp tatsächlich an.

„Falls du mir einen jungen blonden Typen für Weihnachten findest, der erstens: gut – nein, sehr gut – aussieht; zweitens: fließend Englisch spricht; und drittens: verrückt genug ist an meiner Dinner-Party nackt zu servieren, dann bezahle ich dir zur Belohnung einen Flug und eine Woche Gratisaufenthalt in meiner Pension in Washington.“

Sepp lacht und notiert sich meine Bedingungen.

Zwei Tage später, an einem Freitagabend, werde ich extrem nervös. Was, wenn Sepp wirklich jemanden findet? Was, wenn nicht? Er prophezeite mir, dass ein Basler zu Weihnachten mein Herz erobern wird. Warum glaube ich so einen Quatsch auch noch?

Martin Holmström wird am Weihnachtstag von Los Angeles anreisen und, falls ich keinen Ersatzmoderator gefunden habe, muss ich für Probeaufnahmen ins Studio. Mir ist bewusst, dass ich alle Kriterien zum Moderator erfülle. Mit meinem Medientraining, meinen Erfahrungen in der Politik, als Schulsprecher, als Model und nicht zuletzt wegen meiner berüchtigten Auftritte als Captain J.J. habe ich alles, was der Job fordert. Wäre ich kein Feigling, würde ich den Job einfach machen.

Um Mitternacht zieht es mich nach draußen. Für die Weihnachtszeit ist es sehr mild. Ich trage nur eine Windjacke zu meiner Anzugshose und Turnschuhen. Ich stapfte durch das nächtliche Washington und sende meinen flehenden Ruf nach dem idealen Kandidaten in den Äther. Als ich gegen zwei Uhr in der Früh in die Pension zurückkomme, klingelt das Telefon.

Es ist Sepp.

„Josh, du wirst es kaum glauben, die Prophezeiung erfüllt sich. Ich habe einen jungen Typen bei mir im Reisebüro. Er erfüllt deine Bedingungen.“

„Alle?", frage ich sofort.

„Alle!", bestätigt Sepp.

Ich befürchte, dass er mich anlügt.

„Es ist ein blonder Typ mit ziemlich wilden Haaren. Ich traf ihn letzthin in einer Disco, wo er sich auszog und so gut wie nackt tanzte. Er ist dein Typ! Kann er gratis bei dir wohnen, wenn er die Bedingungen erfüllt?"

„Logisch!" Meine Stimme zittert vor Aufregung. Kann es wirklich sein, dass Sepp einen Typen nach meinem Geschmack in Basel getroffen hat, der willens ist an meiner Dinner-Party nackt zu servieren und danach eine Show zu bieten – sozusagen als Generalprobe für einen Moderationsjob? Die Schweizer sind ein verrücktes Volk, doch so verrückt?

„Leute, wie wir müssen zusammenhalten", höre ich Sepp am anderen Ende zu dem Fremden sprechen. „Es gibt eine Bedingung!"

„Gibt es die nicht immer?", antwortet der Fremde auf der anderen Seite der Welt. „Ich höre!", sagt er.

Die Stimme des Fremden klingt sehr sympathisch. Er spricht Baseldeutsch, was ich gut verstehe, selbst wenn ich es schon lange nicht mehr gehört habe. Sepp muss auf Lautsprecher umgeschaltet haben, damit ich das Gespräch, das er in Basel im Reisebüro mit dem Fremden führt, mithören kann.

„Josh muss die Tage viel arbeiten und möchte, dass du ihm am Weihnachtsabend hilfst!", kommt Sepp zum Thema. Ich werde immer nervöser, denn jetzt instruiert Sepp den Fremden.

„Arbeit? Hesch si no alli?"[7], ruft der Typ aus. „Ich habe Ferien! Ich fliege doch nicht Tausende von Kilometern über den Atlantik, um dort zu arbeiten!"

„Diese Arbeit dürfte dir gefallen", beruhigt Sepp den Fremden. „Ich vermute, sie entspricht deinem wahren Wesen. Mein Kumpel in Washington organisiert eine private Dinner-Party und sucht noch immer einen passenden Kellner dafür."

Passiert das wirklich? Sepp motiviert einen Typen, mich spontan in Washington zu besuchen. Wer macht denn sowas?

„Kellner?", fragt wieder der Fremde, was ich durch den Lautsprecher gut hören kann. „Fir mii het's aaber a gryyslige Nooguu!"[8]

---

[7] Übersetzt aus dem Schwyzerdüsch: Hast du sie noch alle?

[8] Übersetzt aus dem Schwyzerdüsch: Für mich hat einen seltsamen Beigeschmack!

„Hast du Angst?“

„Sicher nicht! Darum die ganzen Fragen über meine Person, mein ungefähres Alter und Aussehen? Alter, ich bin im Übrigen schon zwanzig und nicht erst achtzehn“, fügt der fremde Basler noch an.

Ich kichere. Der Fremde ist etwas jünger als ich und offensichtlich nicht auf den Mund gefallen. Er weiß, was er will! Das gefällt mir.

„Umso besser!“, bestätig Sepp. „Ich sende Josh ein Foto von dir. „Josh?“, spricht Sepp diesmal mich am anderen Ende der Leitung an. „Ich übermittle dir ein Bild von meinem Kunden.

Ein junger Typ mit extrem wildem struppigen Haar und graublauen Augen sieht mich ziemlich erschreckt auf dem Bild an. Sepp muss das Foto eben erst geschossen haben.

„Und?“, fragt mich Sepp. „Josh, ist das Bild angekommen?“

„Yep!“, bestätige ich.

„Wie gefällt er dir?“, will Sepp von mir wissen.

Gleichzeitig höre ich den Fremden wieder sprechen: „Hallo!“, protestiert er. „Verkuppelst du mich gerade an einen alten Knacker?“

„Josh, schicke mir ein Foto von dir!“, fordert Sepp.

„Moment!“, informiere ich Sepp am anderen Ende der Telefonleitung in der Schweiz. Noch immer trage ich vom nächtlichen Ausflug her die dunkle Anzugshose und oben nur ein Tank Top in meiner neuen Lieblingsfarbe. Rasch sehe ich mir nochmals das Foto dieses Fremden aus Basel an. Sein Gesicht kommt mir bekannt vor, als ob ich schon von ihm geträumt hätte. Dann erkenne ich ihn. In dieser Gestalt ist mir Eros damals als sechzehnjähriger erschienen. Das ist Eros! Der Schock, die Freude und die Erinnerung an Eros damalige Potenz, zeigt auch bei mir sofort Wirkung.

„Josh, wo bleibt das Foto!“, erinnert mich Sepp aus der Schweiz.

„Kommt sofort!“, antworte ich und zittere plötzlich vor Aufregung, Lust und Vorfreude. Als ich mir meinen Schnappschuss vor dem Senden ansehe, schlucke ich leer. Ich sitze im knappen rosaroten Tank Top auf der Couch in meiner weihnachtlich dekorierten Pension und lache etwas überdreht. Für einen Mittzwanzigjährigen sehe ich reifer aus, als ich bin. Meine zweimal gebrochene Nase wirkt breit und meine markanten Eckzähne berühren meine geschwungenen Unterlippen. Meine aufgehellten Haare sind kurz geschnitten, was meinem eher runden Kopf, etwas Markantes verleiht. Doch das Eindrücklichste sind meine Oberarmmuskeln und mein Torso. Ob mein Bild den Basler über den Atlantik locken wird? Ich schieße rasch ein zweites Bild, bei dem ich wieder mein Raubtiergrinsen aufsetze und dabei so relaxed und breitbeinig auf dem Sessel sitze, dass meine Erektion unverkennbar ein beachtliches Zelt unter meiner Anzugshose formt. Da ich meine Füße hochgezogen habe, ist klar, dass ich barfuß bin, was dem Bild noch mehr Erotik verleiht. Ich schicke das zweite Bild an Sepp. Dieser Fremde in Basel ist total mein Typ, weshalb ich vor Nervosität zittere und heftig Herzklopfen kriege. Habe ich wirklich, seit ich sechzehn bin, diesen Typen gesucht?

Nach einer Weile informiert mich Sepp: „Josh, ich denke, es geht in Ordnung. Sobald ich den Flug gebucht habe, gebe ich dir die Daten durch. Holst du ihn am Flughafen ab?“ Dann spricht Sepp wieder mit dem Fremden, was ich durch den Lautsprecher hören kann. „Wie heißt du eigentlich?“, fragt ihn Sepp.

„Thomas!“, antwortet der Basler und klingt aufgeregt.

Hat Eros mein verzweifeltes Flehen doch erhört? Schickt er mir wirklich diesen wildhaarigen Typen aus Basel. In all den Jahren habe ich überall nach diesem Mann gesucht.

„Josh, das Foto von Thomas hast du ja schon erhalten. Er trägt eine Brille und seine wuscheligen Haare sind dunkelblond.“

„Hallo!“, höre ich wieder diesen Thomas reden. „Ich habe weder zugesagt, noch gebucht. Können wir uns erst einmal den Flugdaten und Preisen widmen?“ Seine Stimme kratzt.

„Sorry, Josh, ich habe Kundschaft!“, wechselt Sepp in einen geschäftlicheren Tonfall. „Josh, ich rufe dich später nochmals an!“ Sepp legt auf.

Was, wenn *Eros* sich doch anders entscheidet? Was, wenn er nicht genügend Geld für den Flug hat? Was, wenn ihm Washington im Winter zu kalt ist? Rasch begebe ich mich ins Büro der Pension und schicke Sepp eine E-Mail in der ich ihm mitteile, dass ich die Differenzkosten übernehme, falls das Ticket das Budget von Thomas sprengt.

Eine halbe Stunde später ruft mich Sepp wieder an.

„Hat Thomas gebucht?“, will ich sofort wissen.

„Ich schicke dir die Rechnung für sein Ticket. Er glaubt an einen billigen Flug – einen Wink des Schicksals.“

„Danke!“, murmle ich erleichtert ins Telefon. „Erzählt mir von ihm.“

„Er stolperte als erster Kunde in mein Reisebüro. Er müsse raus aus Basel, schnaubte er. Ihm schwebe Gran Canaria vor, doch die Preise wären über die Weihnachtstage der pure Wucher.“

„Alles klar!“, grinse ich. „Wie sah sein Budget aus?“

„Tausend. Ich zwinkerte ihm zweideutig zu und erklärte Thomas, dass die Kanaren für Typen wie uns, eine Reise wert wären und frage ihn, ob es wirklich das sei, was er wirklich suche."

„Und? Wie hat er reagiert?"

„Was ich denn für Leute *wie uns*, betonte er, empfehlen könne. Statt ihm zu antworten, stellte ich ihm einen Globus vor die Nase, knipste den Lichtschalter an und gab der leuchtenden Welt einen Schubs." Mit genau derselben Masche hatte mich Sepp auch in Washington, als ich in sein Reisebüro gestolpert war, geködert. „Mit Tausend Schweizer Franken werde er wohl nicht sehr weit kommen, weshalb er zögerte, blind zu wählen, als Kontinent um Kontinent an ihm vorbeiflitzte. Ich fragte ihn, wo er denn schon immer mal hin wolle. Er schnitt nur eine Grimasse, und ich erklärte ihm, dass es nur die Einschränkungen gäbe, die er sich selbst auflege."

„Spielst du immer die gleiche Rolle!", lache ich.

„Nur, wenn es ums Schicksal geht!", rechtfertigt sich Sepp.

„Und?", will ich mehr Details.

„Ich sagte ihm, er denke zu viel. Ich fragte ihn, wo er denn erwartet würde. Diese Frage erstaunte ihn so sehr, dass ich ahnte, er suche das Abenteuer. Er werde erwartet, fragte er natürlich. Und ich antwortete ihm, das sei doch immer so."

„Er wird wirklich erwartet!", bestätige ich.

„Ob das wahr sei, wollte er wissen, und ich nickte, bis er schulterzuckend meinte: Vielleicht? Ja, kann sein! Er müsse sich entscheiden, forderte ich ihn auf: Schicksal oder freier Wille?"

„Das hast du mich damals auch gefragt", erinnere ich mich gut daran.

„Auch Thomas wählte das Schicksal! Woraufhin ich dem Globus abermals einen Schups verpasse und ihn aufforderte, sich führen zu lassen. Er könne nichts verlieren, meinte er. Wäre die Destination zu exotisch oder zu teuer, käme sie eh nicht in Frage; und falls der Ort passe, wäre es ein Urlaub, den er bestimmt nicht so schnell vergessen würde. Er hielt sich daraufhin seine linke Hand vor seine Augen und stoppte die Kugel mit seinem Zeigefinger.

„Hat er wirklich Washington angetippt?", will ich natürlich wissen.

Sepp geht nicht auf meine Frage ein, sondern fährt fort: „Gute Wahl!, bestätigte ich, und erklärte ihm, dass der Schicksalsort tausend Mal besser als Gran Canaria sei. Als er die Stelle, auf der sein Finger ruhte, untersuchte, schüttelte er seine wilden Haare und fragte mich zweifelnd: Da soll es mir gefallen?"

„Das geschah alles, bevor du ihn fotografiert hast?", will ich wissen.

„Logo!", lacht Sepp. „Ich versicherte Thomas, dass Washington definitiv der Ort sei, den er besuchen müsse, würde er dem Schicksal folgen wollen. Als ich ihn danach herausfordernd fragte, ob er mutig genug dazu sei, meinte er resigniert, er habe sich etwas total anderes vorgestellt. Er wolle Sonne, Strand und Palmen. Was ihn denn in Washington erwarte oder wer."

„Darauf hast du ihm geantwortet, zähle ich aus meiner Erinnerung auf: Überraschungen, Wunder und Sex! Habe ich recht?", will ich von Sepp wissen.

„Genau!"

„Echt?", lache ich schief. „Du hast wirklich immer die gleiche Masche drauf?"

„Als ich ihm dann erzählte, dass ich ihn in Washington gratis unterbringen könne, blitzten seine Augen. Ich musste ihn noch überzeugen, dass dieser Winter der bisher mildeste seit Jahren wäre. Da begann sich Thomas mit dem Gedanken anzufreunden, statt auf die Kanarischen Inseln, nach Washington zu fliegen. Den Rest kennst du."

„Verrückt ist es ja schon!", lache ich in den Telefonhörer.

„Es gab wirklich nur noch einen einzigen Sitzplatz im Transatlantikflug. Er kostet achthundert Dollar, doch ich verkaufte ihn ihm für fünfhundertsechzig, damit er in Washington nicht total ausgebrannt ankommt. Die Differenz stelle ich dir in Rechnung."

„Das ist trotzdem ein sehr günstiges Angebot!", werfe ich ein. „Zudem sind über die Weihnachtstage doch immer alle Flüge ausgebucht."

„Das Schicksal hat für euch beide gewählt. Josh, ich habe es dir damals in Washington schon prophezeit. Eure Pfade müssen sich kreuzen."

„Ich hoffe wirklich, er ist der, für den ich ihn halte!", gebe ich Sepp gegenüber zu und staune, wie sehr ich ihm vertraue. Ich kenne Sepp ja kaum.

„Als ich Thomas fragte, wie spontan er sei, lachte er. Wie auch immer! Thomas Flug geht heute Nachmittag ab Basel via Paris direkt nach Washington D.C.. Ich organisiere ihm die ESTA-Reisegenehmigung und leite sie direkt an die Air France in Paris und an den *Dulles Airport* in *Washington* weiter, damit sollte er problemlos durch den Zoll kommen. Er wird morgen am späteren Nachmittag bei dir ankommen. Josh, ich simse dir nachher seine Flugdaten, damit du ihn abholen kannst. Das Foto von ihm hast du ja schon erhalten. Ich schicke dir auch noch das andere, auf dem er in Unterhosen in der Disco tanzt."

„Ja, gerne! Sepp, falls du willst, buche dir ebenfalls einen Flug und sei zu Weihnachten mein Gast an der Party, bei der Thomas servieren wird." Damit lege ich auf und kann kaum glauben, was eben passiert ist.

Total nervös kann ich die Nacht kaum schlafen. Wird mich heute Nachmittag wirklich Eros besuchen kommen? Das ist alles so unglaublich verrückt.

Stunden zu früh treffe ich mit meinem Jeep am Flughafen ein und warte auf einer der Sitzbänke beim Ausgang in der Empfangshalle. Es riecht intensiv nach Nelken und Fichten. Vielleicht bilde ich mir das auch nur ein, weil es bei mir in der Pension seit Tagen so riecht.

Als sich endlich die Milchglastüre öffnet und ein großer schlaksiger Typ mit zerknitterten Klamotten und wirklich extrem wilden blonden Haaren und einer Hornbrille auf der Nase auftaucht, springe ich vom Sitz hoch und brülle total überdreht: „Tom, Tom!"

Wie meist trage ich ein rosa T-Shirt. Nur heute keinen Anzug, sondern eine dunkelbraune Lederjacke, zerlöcherte Jeans und Turnschuhe. Ich will ihm zeigen, wie locker ich drauf sein kann. In Wirklichkeit sieht Thomas noch tausend Mal erotischer aus, als auf dem Schnappschuss, den Sepp gestern von ihm in Basel geschossen hat. Augenblicklich lodert ein heftiges Feuer in meiner Brust – oder in meinen Lenden? Am liebsten würde ich ihm sofort um den Hals fallen. Er ist kein Supermodel. Eigentlich sieht er ziemlich durchschnittlich aus, wenn ihn auch die Aura eines Rockmusikers umgibt, doch das liegt bestimmt an seinen fast schulterlangen leicht gelockten Haaren. Er ist gleich groß wie ich, doch weder muskulös noch kräftig, sondern dünn oder sehnig, was ich durch seine Klamotten hindurch nicht erkennen kann. Sein Gesicht ist eckiger als meines. In die Schnute, die er zieht, verknalle ich mich sofort.

„Bist du Josh?", fragt er mich überflüssigerweise, denn in seiner rechten Hand trägt er mein Foto. „Ich habe diesen Schnappschuss", zeigt er mir das arg mitgenommene Bild, „heute früh – man klingt das komisch! – im Reisebüro in Basel bekommen. Mann, Alter, jetzt stehe ich leibhaftig vor dir in Washington. Das ist total verrückt!" Thomas lacht auf und seine graublauen Augen blitzen, als ob Kometen ihre Schweife hindurchziehen würden. Seine Wangen sind gerötet und seine Pupillen geweitet. Wirkte er gerade noch wie ein gelangweilter Kiffer, gleicht er jetzt einem scheuen Jüngling, der noch nervöser als ich ist. Steht er auch auf mich?

„Du bist es! Tom, du bist genau der Richtige!", boxe ich Thomas erst in die Schulter, packe ihn dann und ziehe ihn zur Begrüßung in eine Umarmung, dass mir dabei ganz anders wird. „Sepp kann ganz schön überzeugend sein, wenn er etwas will!", flüstere ich Thomas mit leicht bebender Stimme ins Ohr. Seine wilden Haare kitzeln meine Nase und duften nach Kerosin, einem billigen Eau de Toilette, dass er sich wahrscheinlich in Basel oder Paris am Flughafen hat aufspritzen lassen und Flugzeugmief. Ich will den schlaksigen Typen gar nicht mehr loslassen.

„Wenn *er* etwas will?", wiederholt Thomas skeptisch meine Worte.

„Sepp reist die Tage wahrscheinlich ebenfalls hier an. Er muss dich echt mögen, wenn er dir all dies so kurzfristig ermöglichen konnte. Ich weiß, dass die Flüge über die Festtage ausgebucht sind."

„Sind sie das?", murmelt Thomas.

„Tom, du musst einfach hier sein! Das kann ich fühlen."

„Er heißt Sepp?", hakt Thomas nach. „Es ist ihm nämlich total entgangen, sich mir vorzustellen. Er reist auch hierher?"

„Ja! Ihr beide werdet die letzten freien Gästezimmer im oberen Stockwerk meiner Pension kriegen. Sepp kenne ich von seinem Praktikum in Washington hier." Dann winke ich ab, denn ich will nicht über Sepp reden.

„Tom, du hilfst mir doch mit den Vorbereitungen und am Weihnachtsabend mit den Party-Gästen?" Dabei hebe ich verschwörerisch meine Augenbrauen und setze mein Raubtiergrinsen auf.

„Ähm", murmelt Thomas und versucht wieder diese Schnute von vorhin zu ziehen. „War das nicht der Deal?" Als ich wild nicke, fährt er fort: „Logo, helfe ich dir! Dafür kann ich gratis bei dir pennen?"

„Deal!", strecke ich ihm meine Hand hin. Er schlägt sofort ein. Seine Hand ist schmaler als meine Pranke. Abermals mustere ich den Schweizer vor mir. Für den lauen Winter trägt er viel zu viele Klamotten. Mindestens zwei T-Shirts, darüber ein Hemd, einen Pullover, eine Strickjacke und einen Wintermantel. Seine Haut ist bleich, fast wie bei Sebastian. Er ist unrasiert, doch nur wenige blonde Stoppeln zieren sein Kinn. Seine Augenringe sehen aus, als ob er während des Fluges nicht geschlafen hätte.

„Lass uns nach Hause fahren! Willkommen in Washington!", füge ich noch an und schnappe mir seinen Koffer.

Während wir die Empfangshalle verlassen, sehe ich mich immer wieder nach Thomas um, und kann mich einfach nicht an ihm sattsehen. Mein eigenes Raubtiergrinsen kann ich gar nicht mehr abstellen. Natürlich checkt er auch mich gründlich ab. Immer wieder spanne ich meine Oberarmmuskeln unter der dünnen Windjacke, wenn er mich mit seinen Augen vermisst, mir auf den T-Shirt-Ausschnitt starrt oder bemerkt, dass ich in den Turnschuhen keine Socken trage. Alles registriert er und lächelt dabei genauso lüstern, wie ich dumm grinse. Es gibt Menschen, die sind einem von der ersten Sekunde an so vertraut, als ob man sie schon seit mehreren Leben kennen würde. Ist das Liebe auf den ersten Blick? Ich habe mich total in diesen schlaksigen Wuschelkopf verknallt. Immer wieder versuche ich mich an den Eros zu erinnern, der mir als Sechzehnjähriger auf der Tribüne des Sportplatzes splitternackt und hart erregt begegnet ist, um das Bild mit Thomas zu vergleichen. Ob Thomas auch so gut bestückt ist, wie mein Traum-Eros? Ob Wunschdenken, eine Erinnerung oder einfach pure Lust, dieser Thomas gefällt mir mit jeder Sekunde besser. Ich lasse ihm einmal den Vortritt und versuche seinen Hintern abzuchecken. Leider verdeckt der Wintermantel alles. Eros war muskulös mit ausgesprochen knackigem Arsch. Was sich wohl unter all dem Stoff verbirgt?

„Mein Wagen steht auf dem Parkplatz *D*. Es ist nicht weit!“, sehe ich ihm in seine graublauen Augen und grinse ihn dabei schon wieder an, als ob ich mich kaum zurückhalten könnte, ihm hier und jetzt die Klamotten vom Leib zu reißen. „Auf jemanden wie dich warte ich schon sehr lange!“

„Alter, ich heiße Thomas, aber Tom ist auch ok. Wirklich, du hast auf mich gewartet?“

„Gestern Abend wünschte ich mir einmal mehr, den perfekten Typen zu finden. Keine zwei Stunden später rief mich Sepp an und schickte mir deine beiden Fotos.“

„Echt? Mich trieb es bereits um sechs Uhr in der Früh aus dem Bett. Mann“, zwinkert mir Tom zu und schiebt sich seine Haare aus dem Gesicht, „in Basel hat es geschneit, als ich um sieben das Haus verlassen hatte. Es zog mich in die Stadt, als ob wirklich jemand nach mir gerufen hätte. Ich irrte durch die Stadt, bis ich in Sepps Reisebüro gestolpert bin“, verrät mir Thomas. „Aber ist so etwas möglich? Gibt es Telepathie wirklich?“

„Das, oder es war etwas Stärkeres!“, stimme ich ihm zu und abermals treffen sich unsere Blicke. „Du bist jetzt hier!“

Toms Wangen erröten. „Ich musste einfach herkommen!“, bestätigt er und erzählt mir von seinem rastlosen Herumstolpern durch Basel und den ganzen Rest, den mir Sepp schon am Telefon zusammengefasst hatte.

„Tom, du gefällst mir total!“ Es sprudelt einfach aus mir heraus. Einmal mehr sehe ich in ihm keinen Fremden, den ich erst sein wenigen Minuten kenne, sondern jemanden, dem ich einfach alles sagen und anvertrauen kann. „Ich stehe auf Typen, die wissen, was sie wollen!“, gestehe ich ihm. „Typen, die nicht nur träumen können, sondern auch aufwachen und alles in Bewegung setzen, um ihren Träumen Taten folgen zu lassen. Solche Typen machen mich total hart!“ Mit einem Augenzwinkern füge ich an: „Und wenn sie so aussehen wie du, dann ..."

„Dann machen sie dich so hart, wie auf dem Bild, das du Sepp für mich geschickt hast?"

Thomas ist genauso direkt wie ich.

„Als ich dein Foto sah ..." Ich breche mitten im Satz ab. „Hast du Hunger?"

„Alter, ich habe im Flugzeug nur ein Sandwich zum Dinner bekommen und das Mittagessen habe ich verpennt."

„Warst du schon zuvor in den Vereinigten Staaten?"

„Meine Premiere!", steigt Tom auf den Small Talk ein.

Wir verlassen das Flughafengelände in Richtung Arlington, um auf dem *Washington Boulevard* rechts am *Pentagon* vorbei über die *Arlington Memorial Bridge* zu fahren und damit die Staatsgrenze zwischen *Virginia* und dem *District of Columbia* zu überqueren. Weil ich so nervös bin, erzähle ich Tom von meiner Pension, die ich im geerbten Elternhaus eingerichtet und erst kürzlich eröffnet habe. Es gäbe nur neun Gästezimmer für jeweils ein oder zwei Personen, wenn auch in jedem Zimmer locker vier bis sechs Männer Platz fänden.

Die Fahrt vergeht im Fluge. Thomas ist von all den Sehenswürdigkeiten – und ich hoffe, meiner Gegenwart – total in Bann geschlagen. Wir passieren nach der Brücke über den *Potomac* das *Lincoln-Memorial.* In der Ferne ragt der Obelisk in der Weite des Parks. Als die Sonne untergeht, sieht der Himmel rosarot-orange-gelb genauso aus, wie auf dem kitschigen Hintergrundbild, das Oliver für das ersten Casting der drei Kandidaten ausgewählt hatte. Ein Zeichen? Um Tom etwas rumzuführen, zweige ich in den *Tiber Creek* ab und folgt der Straße bis zur 17th Street NW, um ihm das *White House* zu zeigen. Kurz dahinter erreichen wir die *Connecticut Avenue* und überqueren irgendwann den *Dupont Circle.* Kurz nach dem Dupont Circle, weiter die Connecticut hoch, biege ich in die *Florida Avenue* und parke dort in einer der Nebenstraßen in unmittelbarer Sichtnähe auf meine Pension.

„Eros' Lover?", liest Tom laut von der hellerleuchteten pink Neonschrift ab und schüttelt belustigt seinen Kopf.

„Ich warte auf Eros!", gestehe ich Thomas. „Welcher Name wäre da besser geeignet? Seit ich ein Kind bin, weiß ich, Eros wird mich eines Tages besuchen kommen." Hoffnungsvoll starre ich Thomas in die Augen.

„Jedem sein Tick!", lacht er und steigt aus dem Wagen.

Ich versuche mir vorzustellen, was in Thomas vorgeht. Was sieht er, wenn er meine Pension betrachtet? Ein Etablissement, das von außen wie eine herrschaftliche Villa aussieht oder einen Puff? Die rosa gestrichenen Backsteinwände wirken schon ziemlich schwul. Als ob das noch nicht reichen würde, wehen noch zwei riesigen Regenbogenflaggen im Vorgarten. Habe ich übertrieben?

„Das ist dein Haus?", fragt Tom. Er wirkt echt beeindruckt.

„Zur Straße hin beulen sich rechts und links zum Eingang zwei Erker. Im Raum mit dem kleineren befindet sich der Empfang mit dem Büro, was von außen klar durchs Fenster zu erkennen ist", zeige ich darauf. „Ins riesige Speisezimmer kann man wegen der hohen Fichten nicht hineinsehen." Ich hebe seinen schweren Koffer aus dem Kofferraum.

„Trainierst du?", fragt er mich, meine Muskeln angaffend.

„Es gibt ein Gay-Sportclub mit Fitnessraum, Sauna und einem kleinen Café, gleich um die Ecke. Ich bin dort Stammgast. Falls du möchtest, können wir morgen zusammen da hin."

„Cool!", nickt Thomas. „Ist das Wetter immer so mild?"

„Es gab bis jetzt noch keinen Wintereinbruch."

„Ich habe nichts dagegen!", lächelt Thomas und schiebt sich seine Haare aus dem Gesicht. „Doch falls es so warm bleibt, muss ich shoppen und mir ein paar T-Shirts oder Sommerhemden kaufen, denn mit meinen Rollkragen Pullis, Wolljacken und meinem Mantel werde ich hier ins Schwitzen kommen. Zudem", starrt er mir wieder auf den Ausschnitt und meinen Torso, „habe ich keine Sportsachen eingepackt."

„Auf was hast du Appetit?", wechsle ich das Thema. Weil er nur mir der Schulter zuckt, frage ich ihn, ob er vor dem Essen duschen oder sich umziehen wolle.

„Alter, ich bin schon sehr lange auf den Beinen und habe einen Transatlantik-Flug hinter mir. Ich fürchte, dass ich nach einer Dusche nur noch ins Bett will!"

Ich deponiere Toms Koffer im Büro der Pension und führe meinen Gast durch den Vorgarten zurück auf die Straße. Zum Glück habe ich darauf Wert gelegt, dass nur die Backsteine rosa gestrichen wurden, nicht aber die Zwischenräume; diese mussten alle weiß angemalt werden. Jetzt passt alles farblich zu den weißen Fenster- und Türrahmen und wirkt – wenn auch schwul – dennoch stilvoll.

Der kurze Spaziergang die Straße runter ins Dinner dauert keine fünf Minuten. Wir bestellen Burger mit Fritten. Dass Thomas total meinem Typus entspricht, muss er längst mitbekommen habe, denn ich starre ihn unentwegt – wahrscheinlich mit glitzernden Augen – an. Auch er ist wieder ziemlich nervös, denn er lacht viel zu viel und erzählt abermals von all den Zufällen, die ihn ins Reisebüro zu Sepp und schließlich zu mir nach Washington geführt haben. Auch ich plappere ohne Punkt und Komma, erwähne die Event Agentur, doch hauptsächlich, wie sehr ich mich darüber freue, dass er so spontan zugesagt habe, auf meiner Party zu kellnern.

„Mach ich gerne!“, bestätigt Thomas abermals.

„Tom, du entsprichst total meinem Bild von einem Mann, der sehr genau weiß, was er will.“

„So siehst du mich? Als mutig und selbstbewusst?“ Dabei hellt sich Toms Mine sofort auf und seine Wangen erröten.

„Tommy, Tommy“, seufze ich. „Ich bin ein leidenschaftlicher Beobachter. Dich anzusehen, weckt Sehnsüchte in mir. Du faszinierst mich total!“ Verliebt schlucke ich mehrmals leer.

Der Spontanreiser murmle seinen Dank für meine überschwänglichen Komplimente, bis ich abwinke.

„Echt, Tom, du wirkst einerseits jung und scheu, doch ich kann andererseits deine Kraft als reißender Bach spüren, der schamlos jedes Hindernis wegfegt, um sein Ziel zu erreichen.“

Weil Tom plötzlich gähnt, verstumme ich sofort.

„Sorry, Josh, ich bin fix und fertig! Du glaubst, ich sei schamlos?“

„Oh!“, sehe ich mir den Appetithappen an. „Das hoffe ich doch sehr! Sepp simste mir zusammen mit dem Porträt von dir, auch ein Foto, bei dem du in einem Gay-Club gestrippt hast.“

„Ich tanzte da nur in Unterhosen, weil Freunde mich ... Ach ist nicht wichtig!“, lacht Thomas und winkt ab. „Manchmal denke ich mir einfach nichts dabei!“

Ich deponiere einen zwanzig Dollar Schein auf der Rechnung auf unserem Tisch und gebe Tom mit einem Kopfnicken zu verstehen, aufzubrechen. Leider ist der Basler inzwischen so müde, dass er die wenigen Schritte zurück in die Pension aussieht, als ob er gleich im Stehen einschlafen würde. Er gähnt jetzt pausenlos. „Jetlag“, beruhige ich ihn. „Dein Zimmer ist fertig. Du kannst dich gleich ins Bett legen.“

Zurück in meiner Pension trage ich Thomas im Gästebuch ein. Während Tom sich mein aufgeräumtes Büro ansieht, ziehe ich mir die Turnschuhe aus. „Ich hasse Schuhe!“, erkläre ich mein Tun. Barfuß führe ich Tom aus dem Büro, während seine Blicke interessiert und wieder viel wacher ständig hin und her schweifen.

„Alter, deine Lieblingsfarbe musst du niemandem verraten!“, grinst Tom schief.

Ich zeige meinem Gast, der noch immer nichts von seinen übereinander getragenen Klamotten abgelegt hat, die Pension.

„Hammerstark“, schielt Tom ins Kaminzimmer.

„Im Speisesaal mit dem Erker wird die Dinner-Party stattfinden, bei der du“, ich checke den dick Eingepackten abermals ab, „beim Kellnern einiges weniger als jetzt tragen wirst.“

„Josh, *trotz* des Rosa-Deliriums fühle ich mich hier richtig zuhause. Wo ist mein Zimmerschlüssel? Ich muss echt pennen!“

„Keines der Gästezimmer lässt sich verschließen. Dies ist ein offenes Haus, also für offene Gäste! Es ist eine Pension ausschließlich für schwule Männer“, erkläre ich. „Zudem, warum sollte sich jemand freiwillig einsperren wollen?“

„Coole Einstellung! So habe ich das noch nie gesehen“, verdreht Tom ob meiner Logik seine Augen. „Beabsichtigst du, dass die Gäste sich so etwas näher kommen?“

„Das kann schon mal vorkommen. Ich lege aber großen Wert auf die Wahrung der Privatsphäre. Dennoch, wer andere und deren Eigentum respektiert, wird niemals ungebeten ein fremdes Zimmer betreten.“

„Daran halten sich die Gäste?“, wundert sich Tom.

„Du kannst deine Wertsachen im Safe deponieren, jedes Zimmer verfügt über einen. Bis jetzt wurde hier noch nie gestohlen. Meine Gäste vertrauen mir, und ich vertraue ihnen.“ Dabei zwinkere ich ihm verstohlen zu. „Tom, ich kann dir doch vertrauen?“

Im Auge des Betrachters

Als sich hinter Tom die Schiebetür seines Zimmers schließt, lehne ich mich an die gegenüberliegende Backsteinwand und fühle, wie sich alles um mich dreht. Ist wirklich Eros in mein Haus eingezogen? Leider wird Thomas so müde sein, dass er wahrscheinlich nicht mal auspacken wird, sondern sich einfach schlafen legt. Ich gab ihm mein bestes Zimmer mit super Ausblick auf die Straße und den sich im Wind wiegenden Fichten. Ich habe beide Doppelbetten höchstpersönlich mit rosa Bettwäsche bezogen und ihm auf dem Schreibtisch einen Strauß aus rosa Rosen hingestellt. Weil meine Pension noch bis zu den Feiertagen offiziell geschlossen bleibt, sind wir beide heute Nacht die Einzigen im Haus. Ich habe sein Zimmer so eingeheizt, dass er sich hier wirklich wohl und wie zuhause fühlen muss.

Weil ich Tom höre, wie er die Schiebetüre wieder öffnet, verstecke ich mich. Er soll nicht denken, ich belausche ihn. Weil mir nichts Besseres einfällt, schiebe ich die Zwischenwand auf, welche den Wartungsschacht für die Kabel und Leitungen zwischen der Badegrotte und dem nächsten Gästezimmer verdeckt, und quetsche mich hinein. Drinnen ist es dunkel, eng und stickig. Was mache ich hier? Um mich nicht zu verraten oder über eines der Kabel zu stolpern, taste ich mich sachte vorwärts, um mich irgendwo hinzusetzen. Plötzlich entdecke ich ein rundes Loch, durch das rosa Licht fällt. Vorsichtig kraxle ich vorwärts und spähe hindurch.

Ich kann gerade beobachten, wie Thomas die Badegrotte betritt. Er trägt den bereitgelegten rosa Bademantel. Eigentlich handelt es sich um einen japanischen Kimono, denn er besteht nicht aus Frottee, sondern Seide und ist so kurz, dass er nur gerade knapp den Hintern bedeckt. Die Dinger haben mir an den Schaufensterpuppen irgendwie gefallen, doch jetzt Tom darin zu sehen, haut mich fast um. Zum Glück sitze ich schon in diesem Wartungsschacht. Die leichte Seide schmiegt sich um Toms nackten Leib, dass ich vor Erregung zu zittern beginne. Seine sehr helle Haut wirkt unter dem Kimono im kräftigen Rosastoff mit den aufgedruckten Kirschblüten, extrem sexy. Ohne Kleidung ist sein Körper wirklich schlank, aber nicht so schlaksig, wie sein Gang vermuten ließ. Tom ist sehnig und scheint gerne zu laufen. Er ist, bis auf etwas Flaum an den Waden und auf der Brust, kaum behaart.

Tom legt seinen mitgebrachten Kulturbeutel auf eines der offenen Holzregale und sieht sich in der Badegrotte um. Die einzige Beleuchtung besteht aus pinkfarbenen Neonröhren, die entweder die Worte *Love* oder *Eros* in immer neuen Varianten an die Backsteinwand, welche die ganze Länge der Badegrotte einnimmt, schreiben. Er knipst die Lichter um die Spiegel und die kleinen Spots an.

„Dieser Josh ist entweder verrückt“, murmelt Tom vor sich hin, „oder er ist der totale Romantiker!“ Mit seinen langen Zehen befummelt er den mit dunklem Schiefer belegten Fußboden.

Ich spähe durch das runde Loch. Wozu es ursprünglich dienen soll, entzieht sich meiner Kenntnis. Obwohl ich mir die Badegrotte schon öfters gründlich angesehen habe, ist mir dieses Loch niemals zuvor aufgefallen. Gegenüber von meinem Versteck befinden sich die drei Waschbecken vor Kacheln, die wie echte Backsteine aussehen. Die offene Dusche an der

Längswand besteht aus einzelnen Brausen und im Zentrum aus einem Bereich aus zwölf Massagedüsen, die in unterschiedlichen Höhen an dieser Illusion einer Backsteinwand befestigt sind. Aus der Decke wachsen Armaturen, die von breiten Wasserfällen bis hin zu feinem Sprühregen weitere Möglichkeiten bieten, sich dem Badegenuss hinzugeben. Die kleine Sauna und das Badebecken dahinter kann ich von meiner Warte aus nicht sehen.

„Mann-o-Mann", murmelt Tom weiter vor sich hin. „Ich kenne so ein Badevergnügen nur aus exquisiten Saunas."

Ich unterdrücke ein Kichern und finde Gefallen daran, den hübschen Schweizer aus meinem Versteck heraus zu beobachten. Neben der Dusche hängt ein wuchtiger Spiegel. Mir war es wichtig, dass sich die Männer während ihrer Morgentoilette unter dem Wasserstrahl rasieren können und sich dabei sehen. Tom dreht sich jetzt davor und bewundert sich im rosaroten Kimono. Plötzlich beginnt er zu tanzen und schiebt langsam den Kimono über seine linke Schulter runter, als ob er strippen wolle. Dabei zieht er eine Schnute. Seine Bewegungen sind etwas kantig, doch was er zeigt, lässt mein Herz augenblicklich höher schlagen. Keck hebt er vorne den Stoff hoch und wackelt mit seinem Pimmel, dass der sich langsam immer höher biegt. Kopfschüttelnd über seinen eigenen Ulk dreht er sich zum Regal und grabscht im Kulturbeutel nach seiner Zahnbürste und der Zahnpasta, um sich damit vor eines der drei Waschbecken zu stellen. Während er sich die Zähne putzt, fällt sein Blick durch den Spiegel über den Waschbecken auf das ungewöhnliche Loch, aus dem heraus ich ihn beobachte. Entweder hat er mich gehört oder seine Augen sind die eines Habichts.

Tom spuckt die Zahnpasta aus, spült sich seinen Mund und brummelt: „Dieser alte Spanner!", lacht er. „Glaubt der echt, dieses Loch würde niemandem auffallen?"

Mir ist es bis jetzt immer total entgangen. Obwohl Tom glaubt, ich habe es absichtlich angebracht, um daraus hervor meine Gäste heimlich beim Duschen zu beobachten, schert er sich nicht darum. Er kommt sogar näher, bückt sich und betastet mit seinen Fingern die runde Öffnung in der Holzverkleidung.

Ich schiebe mich weit im Wartungsschacht zurück und halte meinen Atem an. Als sich Thomas wieder mit seinem Rücken zum Loch vors Waschbecken stellt, taucht für einen Moment das Bild aus meiner Fantasie auf, bei dem ich mit einer Bohrmaschine der Tür zu meinem Herzen ein Loch verpasste. War das gar keine Fantasie, sondern ein Blick in die Zukunft?

Der seidige Kimono hat sich vorne längst geöffnet und Tom betrachtet sich abermals im Spiegel. Ich kann ihn aus meinem Spanner-Versteck gut observieren. Der Schweizer trägt einen wirklich wuchernden Busch um seine Erektion. Tom grabscht nach einer Schere, setzt sich seine Brille auf und schnipselt in seinen Schamhaaren. Büschel um Büschel verschwindet in einem der Abfalleimer. Bald hat er das Unkraut seitlich und untenrum ziemlich gekürzt. Zufrieden grinst er, nimmt seine Brille wieder ab, die ihn brav und etwas konservativ erscheinen ließ, und beugt sich übers Waschbecken, um sein Spiegelbild zu fragen:

„Was sieht Josh in mir?" Tom fährt sich mit seinen langen Fingern mehrfach durch die wilden Haare und führt weiter Selbstgespräche: „Dich zu beobachten erweckt Sehnsüchte in mir. Du faszinierst mich total!", wiederholt Thomas die Worte, die ich zu ihm sagte. Er dreht sich im vorne offenen Kimono vor dem großen Spiegel einmal um die eigene Achse. Er hebt hinten den Stoff an. Erstmals erkenne ich, wie hart seine Arschbacken aussehen, aber vielleicht schmeichelt auch nur das Rosalicht der vielen kleinen Birnen um den Spiegel. Er fasst mit beiden Händen nach seinen Backen. „Bringt das tägliche Radfahren doch was?"

Ein Knarren. Ich bin, um besser zusehen zu können im Wartungsschacht auf ein loses Brett getreten.

Tom schreckt ebenfalls auf und schielt zum Loch in der Holzwand. Er zieht eine Schnute und murmelt wieder zu seinem Spiegelbild: „Echt, Mann, du wirkst jung und scheu, doch ich kann deine Kraft wie einen reißenden Bach spüren, der bereit ist, schamlos jedes Hindernis wegzuspülen, um sein Ziel zu erreichen." Jetzt äfft er mein Raubtiergrinsen nach und fletscht dabei seine Zähne, bis er lauthals loslacht und seinen Kopf schüttelt.

Mein Herz klopft wie wild, als ich den Unbekümmerten beobachte, wie er aus dem Seidenbademantel schlüpft, um ihn an einen Haken neben dem Waschbecken aufzuhängen. Er stellt sich unter die Dusche. Lange lässt er sich von den zwölf Wasserdüsen seinen Leib massieren, bis er den Wasserfall ausprobiert. Als sich das heiße Wasser wie ein Sturzbach auf ihn ergießt, prustet er vor Zufriedenheit und Lust. Er dreht sich erstmals um, dass ich einen sehr direkten Blick auf seine weiße Erektion werfen kann. Sie ist lang und biegt sich in leichtem Bogen hart auf seinen Bauchnabel zu. Die unzähligen winzigen Spots, welche alle die offene Dusche wie eine Showbühne beleuchten, lassen das Wasser im beschlagenen Spiegel wie fließendes Licht erscheinen.

Verwirrt schüttle ich im Versteck meinen Kopf und gaffe wieder hin. Für einen Moment sieht der Wasserdampf wie Nebel aus und verleiht dem schlaksigen Nackten Flügel aus Licht. Leider dreht Tom den Wasserhahn zu und bleibt zwischen den Düsen stehen, um sich erst mit seinen Händen das Wasser vom Leib zu wischen, bevor er sich eines der rosaroten Badetücher von einem der Regale schnappt, um sich darin noch nass einzuwickeln. Als er das Rosalicht über dem Waschbecken und danach die diversen Spots der Dusche mit dem Hauptschalter ausknipst, knarrt abermals der Boden hinter der verschlossenen Tür.

Bestimmt eine Viertelstunde verharre ich noch in meinem Versteck, bis ich mich endlich traue, den Ausgang zu suchen, um in meinem Zimmer auf meinem Bett liegend vom nackten Jüngling aus Basel zu fantasieren.

Take it easy

Bereits um vier Uhr in der Früh höre ich Tom in Erkerzimmer auf und ab gehen, den Laden runter und wieder raufschieben und danach die Schiebetür seines Zimmers öffnen. Vor Aufregung, dass er bei mir in der Pension wohnt und offensichtlich kein schlaffer Feigling ist, kann ich auch diese Nacht kaum schlafen. Ihn muss der Jetlag plagen, mich meine Nervosität und Freude. Er ist anders, als ich mir Eros vorgestellt habe. In meinen letzten Visionen war Eros viel muskulöser und irgendwie auch ein paar Jahre älter. Dennoch, Tom scheut sich nicht einem Voyeur einen Gefallen zu erweisen. Ich bin mir sicher, er hat mich gestern gehört oder meine Präsenz gefühlt. Niemand spricht laut mit seinem Spiegelbild, wenn er damit nicht bezweckt, dass ein heimlicher Lauscher alles mitkriegt.

Wer ist Tom wirklich? Ist er mein Eros? Oder ist er die Manifestation des Winter-Eros? Ist er der künftige Moderator, der Martin Holmström überzeugt, mich aus dem Vertrag zu entlassen? Sein Englisch ist sehr gut, doch wird es wirklich für einen Moderationsjob ausreichen? Mir gefällt Tom. Er ist total mein Typ, aber wird seine schlaksige Erscheinung die Einschaltquoten in die Höhe schnellen lassen? Frech ist er, doch kann er auch vor laufender Kamera rumalbern, wie in einem leeren Badezimmer?

Zerknittert stehe ich um sechs Uhr auf. Die Pension ist sehr gemütlich eingeheizt, dass ich mir nur eine meiner Jogginghosen und ein seitlich vollkommen geschlitztes Tank Top anziehe und mich so in die Küche hinunter begebe, um für Tom Frühstück zu machen. Draußen ist es natürlich noch

Nacht, nur die bunte Weihnachtsdekoration in den Fichten und die Straßenbeleuchtung spenden etwas Licht.

Warum ist Thomas wirklich hier? Ist er die große Liebe, nach der ich mich so sehne? Ich fliege total auf seine unbekümmert schweizerische Art, seinen schrägen Humor und seine Augen, wenn er über etwas staunt. Seine wuscheligen blonden Haare und sein Körper ziehen mich regelrecht an. Ich will in diesem Haargestrüpp wühlen – oben und auch unten im Frischgestutzten. Seine Mischung aus Soft-Rocker, Streber und Naivling gefällt mir total. Vermutlich steht Tom oben unter der Dusche. Ob er auf das Knarren aus dem Voyeur-Raum wartet?

Erst als ich aus dem Kaminzimmer die tanzenden Flammen des Kamins auf dem Flurboden reflektiert sehe, verlasse ich das Wohnzimmer. Tom inspiziert die Beleuchtung. Auch wenn er den Einschaltknopf für das Kaminfeuer auf Anhieb gefunden hat, starrt er dennoch fasziniert auf das Holz, das nur eine Metallattrappe ist.

„Das Feuer mit seinen tanzenden Flammen ist echt, und es erzeugt auch echte Wärme“, erkläre ich dem Halbnackten.

„Guten Morgen“, dreht sich Tom zu mir um. „Echt wahr, in dieser Pension könnte man nackt rumlaufen, ohne zu frieren.“ Um seinen Worten Taten folgen zu lassen, zieht er sich seine Socken aus und steht jetzt barfuß nur noch in locker sitzenden Boxer Shorts und einem schlotterigen T-Shirt vor mir.

„Good morning, Sunshine!“, begrüße ich den Typen, dessen blonde Haare ihm heute noch viel wilder in alle Richtungen vom Kopf abstehen. „Willst du frühstücken?“

Rekelnd streckt er sich, gähnt und starrt mir dabei vorne auf die Beule in meiner Jogginghose. „Logo! Ist es in deinem Haus immer so warm?“ Schamlos checkt er mich ab. „Bist du Quarterback?“, fragt er direkt.

„Ich war es!“

„Cool! Rasierst du dir nur die Brust- und Achseln oder auch unten?“, fragt er weiter genauso direkt.

Ich schlucke leer und verneine. Da mein Körper sofort auf seine Nähe reagiert, fühle ich seine Blicke Maß nehmen. „Tom, ich bewege mich am liebsten barfuß und oft – wie du offensichtlich auch – nur leicht bekleidet durch die Pension, weshalb ich hier immer gut einheize. Zudem ist es diesen Winter überdurchschnittlich warm draußen. Geht das so weiter, wird das seit Langem die erste schneefreie Weihnacht werden.“

„Nichts dagegen!“, lächelt er. „Hast du harte Eier?“

„Was?", rutscht mir raus. Ich verstehe was er meint, wenn ich den Begriff seit meiner Kindheit auch nicht mehr gehört habe. In Amerika nennen wir die Hoden Nüsse.

„Zum Frühstück", lacht der Schelm verschmitzt.

„Ich kann dir aber welche machen oder Omelett."

„Ein Omelett? Cool, gerne!"

„Ich bin in der Küche."

Tom folgt mir. „Warum ist die Küche so klein? Bei diesem Palast hätte ich etwas anderes erwartet."

„Ja, sie ist wirklich bescheiden, doch mit allem ausgestattet, was ein *Bed and Breakfast* braucht." Ich hole Schüsseln mit geraspeltem Käse und geschnittenen Tomaten, wie Zwiebel aus dem anschließenden, etwas geräumigeren Vorratsraum und aus einem der Kühlschränke Eier, die ich in die Pfanne klopfe.

„Wie viele Gäste sind schon hier?"

„Letzte Nacht nur du und ich. Meine Pension bleibt noch bis morgen geschlossen. In wenigen Minuten kommen Jeff und Don, um alle Zimmer für die kommenden Festtage auf Hochglanz zu bringen."

„Wohnst du hier alleine?", fragt Tom weiter, und ich ahne, er will Gewissheit darüber haben, dass ich es war, der ihn gestern beim Duschen durchs Loch in der Holzwand beobachtet habe.

„Alleine ist man in einer Pension nie!", lache ich zweideutig.

„Mir war, als ob ich gestern einen Geist zwischen den Wänden gehört hätte! Ich glaube, er hat mich ausspioniert. Oder,", zwinkert er mir zu, „der Geist wollte nur spannen." Da er dabei amüsiert seine Augen verdreht, scheint es ihm wirklich nichts ausgemacht zu haben. „Kann ich dir helfen?"

„Setzt dich doch rüber an den Tisch. Du bist mein Spezialgast!" Inzwischen bereite ich uns zwei herrlich duftende Omeletts, schiebe vier Scheiben Weißbrot in den Toaster und lange nach Butter und einer Wurst aus einem der drei Kühlschränke.

„Ich kann was tragen", bietet mir Tom kurz darauf aus dem Wohnzimmer rufend seine Hilfe an.

„Übst du schon?" Als er in seiner schlotterigen Boxershorts wieder vor mir steht, schiele ich darauf. Als er meinen direkten Blick bemerkt, errötet er, was ich seltsam finde. Ist er doch scheu?

Später beim Frühstück treffen sich unsere Blicke immer wieder. Ich fühle das Knistern und die Erotik sich zwischen uns aufbauen. Einmal berühren sich unsere nackten Zehen unter dem Tisch, doch ich ziehe meinen Fuß sofort ertappt zurück. Als Tom einen weiteren Annäherungsversuch startet, weiche ich abermals von ihm ab. Ich will nichts kaputt machen. Lox hatte mich auch verführt. Es war nur wegen der Gratisbleibe, zudem entpuppte er sich als Callboy. Das ist Tom nicht, doch er wird hier ohne zu bezahlen wohnen.

„Morgen reist Sepp aus Basel an“, durchbreche ich die peinliche Stille, die sich eingeschlichen hat.

„Kennt ihr euch schon lange?“

„Sepp? Eigentlich nicht. Ich traf ihn zufällig einmal hier in einem Reisebüro. Das ist auch schon die ganze Geschichte.“

„Findet deine Weihnachts-Feier hier am Tisch statt?“

Ich nicke. „Ich nenne sie *Eros' Heimkehr.*“

„Passt ja perfekt zum Fest der Liebe?“, bemerkt Tom sarkastisch.

„Allerdings! Die Christen haben Weihnachten nicht erfunden. Sie stülpten nur ihre eigene Mythologie über die alten Bräuche. Immer schon wurden auf der ganzen Welt Lichter- oder Liebesfeste zu Mittwinter gefeiert. Der Zenit der Dunkelheit ist überschritten und die Tage werden wieder länger. Auch die Geburt von Mithras, dem Licht- und Sonnengott der Perser, wurde schon lange vor Jesus auf dieses Datum gelegt – und da gab es noch andere.“

„Interessierst du dich für Geschichte?“

„Ja, Geschichte, Politik und Sport waren an der Highschool meine Lieblingsfächer“, bestätige ich. „Ich war der Quarterback unserer Football Mannschaft“, verrate ich ihm begeistert. „Natürlich wurde ich an der Highschool Abschlussballkönig und hatte viele Verehrerinnen.“

„Du bist aber nicht etwa bi?“

„Nein! Schwul! Durch und durch!“, gestehe ich ihm.

„Ich auch! Gibst du jedem Fest ein Motto?“

„Das ist ein amerikanischer Brauch.“

„Warum *Eros' Heimkehr*?“, will Tom wissen.

„Tommy, es passen locker bis zu zwanzig Personen an diesen Tisch“, wechsle ich das Thema.

„Und bei dieser Party werde ich die Gäste bedienen?“

„Oh, das, und noch mehr!“, verziehe ich meinen Mund zum Raubtiergrinsen. „Ein dreigängiges Menu wird durch einem Catering Service angeliefert, das du servieren wirst. Danach erwarten meine Gäste eine Showeinlage, zu der ich bis jetzt noch über zwanzig weitere Gäste eingeladen habe.“

„Ich habe noch nie serviert“, gibt Tom zu bedenken.

„Madison vom Catering Service wird dir alles beibringen. Falls du mit den Gästen überfordert bist, werden die beiden vom Catering Service helfen. Doch du!“ Ich sehe ihn wieder direkt an. „Du bist die richtige Wahl! Echt, Tommy, du wirst der perfekte Eros abgeben!“

„Ich soll Eros spielen?“

Spielen? Warum gibt sich mir Tom nicht als der zu erkennen, der er doch ist? „In der Bibliothek im Kaminzimmer reihen sich unzählige Bücher über Eros. Falls dich Mythologie interessiert, greif zu.“

„Wenn ich wirklich glaubhaft Eros verkörpern soll, bleibt mir wohl nichts anderes übrig als Bücher zu wälzen! Hast du auch Eros für Dummys?“

Lachend schüttle ich meinen Kopf. „Ich werde heute Jeff und Don den ganzen Morgen und Nachmittag bei ihrer Arbeit im Auge behalten müssen. Um vier Uhr sollten wir mit der Grundreinigung aller Zimmer fertig sein. Soll ich dir danach den Sportclub zeigen, von dem ich gestern gesprochen habe?“

„Alter, ich bin nicht so der Sportfreak. Aber ja, warum nicht?“

„Tom, während ich hier in der Pension arbeiten muss, kann ich dir die Shopping Malls von Washington empfehlen; jetzt zur Weihnachtszeit ist da immer viel los.“ Weil Tom wenig begeistert nickt, hole ich ihm einen Metro Plan und markiere darauf die interessanten Stellen. „Eine Station befindet sich nicht weit von hier am Dupont Circle. Wir fuhren gestern daran vorbei. Die National Gallery kann ich empfehlen. Aber take it easy, du hast zwei Wochen Zeit Washington zu erkunden.“

Weil es klingelt, lege ich meine Gabel auf meinen Teller und eilt zur Haustür. „Das sind Jeffrey und Donald“, stelle ich Thomas die beiden dunkelhaarigen identischen Zwillinge vor, als wir alle drei ins Wohnzimmer kommen. „Die beiden haben kürzlich eine kleine Firma gegründet. Weil ihre Idee voll eingeschlagen hat, verdienen sie seither damit ihre Studiengebühren.“

„Wir haben inzwischen so viele Aufträge, dass oft ein halbes Dutzend Studenten für uns arbeiten muss“, bestätigt Donald.

„Wollt ihr einen Kaffee?“, frage ich meine besten Freunde.

Synchron schütteln sie ihre Köpfe. „Wir ziehen uns erst um!“

Jeffrey und Donald verlassen den Speisesaal. Natürlich habe ich ihnen von Thomas aus Basel schon erzählt, und sie grinsen spitzbübisch.

„Ein Reinigungsunternehmen?“, sieht mich Tom verwundert an. „In Echt? Die Idee ist ja nicht unbedingt die Neueste oder die Originellste. Davon finanzieren sie sich das Studium?“

„Sie machen ihre Sache wirklich gut!“, lobe ich die Zwillinge.

Als meine beiden besten Freunde zurückkommen, sind sie splitternackt und setzten sich so zu Tom und mir an den Tisch. Aus den beiden sind jetzt erotische Schelme geworden, die Tom frech angrinsen. Weil er sie mit offenem Mund anstarrt, fokussiert ihn Donald und erklärt: „Thomas, mein Bruder und ich sind nackte House Boys! Ohne-alles können wir das Dreifache der üblichen Honorare verlangen, in Privathaushalten das zehn-fache!"

„Auch meine Gäste sind von den *Naked Twins for Rent* und ihren Studenten-Kollegen begeistert", plappere ich.

Während ich den Zimmerplan mit den Angaben für die zusätzliche Weihnachtsdekoration und Extrabetten mit den Zwillingen bespreche, stellen sich die beiden dafür neben mich, um mir besser über die Schulter blicken zu können.

„Ihr beide seid ja voll gut drauf!", bemerkt Tom.

Als die Zwillinge den Speisesaal verlassen, um irgendwo im Haus mit ihren Arbeiten zu beginnen, frage ich den Schweizer: „Tommy, willst du mithelfen?"

„Ey? Offerierst du mir gerade eine Anstellung als Haus-Flitzer?"

Bevor ich antworten kann, taucht Donald mit seinem Rucksack-Staubsauger auf und lenkt Tom ab. Schweigend beobachtet er die nackte Putzkraft. Donald hat sich seinen athletischen Körper bis auf sein sehr kurz getrimmtes Schamhaar vollkommen enthaart.

„Gefällt dir mein Arbeits-Outfit", zwinkert Donald irgendwann frech zu Tom. „Es stört mich nicht, bei der Arbeit beobachtet zu werden. Das tun alle."

„Bist du dabei noch nie in Verlegenheit geraten?"

„Du meinst, wie ich mit einer Latte umgehe?" Frech sieht Donald Tom in die Augen. „Josh fährt voll drauf ab. Harter Einsatz bringt extra Trinkgeld. Du musst wissen, die Studiengebühren in Washington sind beachtlich!"

„Das könnte ich nie", gesteht Tom dem Nackten.

„Warum nicht? Bist du impotent?"

„Nein!", schüttelt Tom erstaunt über diese Antwort seinen Kopf. „Ich hätte nur ..."

„Take it easy!" Kumpelhaft klopft ihm Donald auf den Rücken. „Als mein Bruder und ich die Idee entwickelten, war das zu Beginn eine echte Hemmschwelle. Doch schon beim zweiten Mal, als es passierte, habe ich kaum noch darüber nachgedacht. Bist du erst mal für ein paar Minuten nackt, denkst du nicht mehr darüber nach. Es wird normal."

Weil Tom schon etwas darauf entgegnen will, winkt Donald ab, schiebt sein Staubsaugerrohr unter den Tisch und streckt Tom dabei seinen Hintern zu. „Und ne Latte", dreht er sich nach einer Weile wieder zu ihm um, „ist einfach ne coole Sache! Diesen Job kann ich machen, solange ich jung bin und so aussehe wie jetzt. Andere Studenten servieren in einem Imbiss oder ähnlichem für einen Hungerlohn, und müssen neben miesen Chefs auch noch unmögliche Arbeitszeiten und Überstunden in Kauf nehmen."

„Wird euer", Tom räuspere sich, „Outfit nicht missverstanden?"

Donald lacht. „Meinen Bruder und mich kann man nur im Doppelpack buchen. Wir passen gegenseitig aufeinander auf."

„Du hast meine Frage nicht beantwortet."

„Genau!", zwinkert Donald. „Weil es dich nichts angeht!"

Wer trainiert hier wen?

Tom kehrt schon um drei Uhr von seiner Washington-Erkundungstour in die Pension zurück. In seiner linken Hand trägt er eines der Mytholgiebücher aus meiner Bibliothek. Offensichtlich bereitet er sich auf seine Rolle vor.

Ich stehe in meiner Jogginghose im Büro und winke ihm zu.

„Sind Donald und Jeffrey noch hier?", fragt er sofort.

„Die Zwillinge sehen nicht nur galaktisch aus, sie arbeiten auch so! Wir waren schon um zwei Uhr fertig!"

„Kannst du mir Trainingszeug ausleihen? Ich bin nicht zum Shoppen gekommen."

„Für einen Typen wie dich?"

„Haben wir nicht etwa die gleiche Größe?"

„Schon", mustere ich den zerzausten Blonden. „Ich dachte nur, du wärst schamloser."

„Ich? Ich bin weder ein Donald noch ein Jeffrey!"

„Trägst du was drunter?", schiele ich auf Toms Jeans. Als er nickt, dränge ich zum Aufbruch. „Lass uns gehen!" Ich ziehe mir nur eine Windjacke über und schlüpfe barfuß in meine Turnschuhe.

Im Fitnesscenter bemerke ich Aristoteles, wie er gerade in einem hinteren Raum verschwindet, als Tom seinen Spint Schlüssel ausgehändigt bekommt. „Trainiere schon alleine, ich habe mit Justin noch etwas zu besprechen."

„Und meine Trainingssachen?"

„Junge", mustert der stark übergewichtige Justin den Schlaksigen, „hier trainieren die Meisten nur mit einem unserer Badetücher um die Hüfte. Mehr brauchst du nicht. Relax!“

„Das hier?“, fragt Tom verblüfft und bindet sich probehalber das extra schmale Badetuch um. „Leute“, schüttelt er seinen Kopf, „ ist das euer Ernst? Ich dachte immer Amerikaner seien extrem prüde!“

„Hier im Club nicht, sonst schon“, nickt Justin.

Als Tom in wippendem Gang abzieht, blicke ich ihm lange nach. Ich bin mir sicher, Aristoteles wird sich ihn früher oder später vornehmen, wie er das mit jedem tut, der seinen Schuppen betritt. Schafft es der Afro-Amerikaner nicht Tom weichzuklopfen und ihm zu demonstrieren, dass Nacktsport cool ist, dann schafft es keiner.

„Josh, was gibt es zu besprechen?“

„Ach nichts! Ich will nur sichergehen, dass mein neuer Freund Aristoteles' Extratraining abbekommt.“

„Ein schräger Bursche. Er ist nicht von hier! Habe ich recht?“

„Nein! Er flog gestern aus der Schweiz ein.“

„Europäer“, nickt Justin, „das dachte ich mir. Er ignorierte sämtliche Regeln, die in diesem Land gängig sind. Er hat mir nicht einmal den Bogen unterschrieben, sondern einfach ein Smile an die Stelle der Unterschrift gemalt. Ist er volljährig?“

„Zwanzig!“, bestätige ich. „Soll ich für ihn bürgen?“

„Bitte!“, reicht mir Justin das Formular, dass versichert, dass Tom volljährig ist und er keinen Anstoß an nackten Männern nimmt – auch nicht an einer Erektion – und dass er im Besitze seiner vollen Urteilsfähigkeit ist, auf eigenes Risiko diesen Gay Sportclub betritt, und so weiter. Ich unterschreibe das Formular und Justin heftet es ab. „Josh, willst du ihn beobachten?“

„Von hier aus?“ Meine Neugier ist sofort geweckt.

„Entweder über meine Überwachungsmonitore oder du beziehst Stellung im Geräteschuppen. Aus dem Fenster kannst du in den Fitnessraum hinausspähen. Keiner vermutet, dass die schwarzen Scheiben durchsichtig sind.“

Dass ich sofort heftig nicke, überrascht mich selbst. Meine voyeuristische Ader habe ich seit Lox‘ Weggang aus Washington kaum noch ausgelebt. Sollte ich Tom wirklich beobachten? Was, wenn er es wieder bemerkt? Trotzdem betrete ich durch den Hintereingang den Geräteschuppen, stelle mich am anderen Ende auf einen Stuhl und spähe durch das schwarze Fenster in den Fitnessraum. Tom trainiert in Boxershorts und einem weißen T-Shirt.

Als ich nach zehn Minuten meinen Posten schon verlassen will, betritt Aristoteles den Raum und nähert sich Tom. Bestimmt hält er ihm seinen

Vortrag: *Make Love not Peace.* Da ich Tom immer wieder verwundert dreinblicken sehe, liege ich mit meiner Vermutung bestimmt richtig. Selbstverständlich dauert es keine fünf Minuten und Tom hat sein T-Shirt verloren. Natürlich korrigiert der dunkelhäutige Bodybuilder Toms Fußstellungen und seine Körperhaltung, bis er ihn an die Ringe führt. Auch wenn es nicht wahr ist, so vermute ich, er wird ihm gleich einreden, dass er mit Boxershorts niemals einen idealen Stand hinkriegen wird. Als Tom sich nach weiteren zehn Minuten vom Afro-Amerikaner abwendet, um sich das schmale Badetuch doppelt um die Hüfte zu legen, und danach seine Boxershorts auszieht, erlebe ich einmal mehr, wie überzeugend Aristoteles sein kann.

Tom stellt sich breitbeinig unter die Ringe und zieht an den Gewichten. Was er nicht bemerkte, als er strippte, war, dass sein Trainer die Gewichte manipulierte. Der schlaksige Tom zerrt und zieht, doch die Ringe vermag er kaum runter zuziehen. Erst als er abermals breitbeiniger steht, so sehr, dass sein Badetuch seinen Arsch vollkommen freilegt, gelingt es ihm. Nur weil Tom zu sehr von seinem eigenen Spiegelbild abgelenkt war, bemerkte er nicht, wie Aristoteles abermals die Gewichte umstellte.

Aus eigener Erfahrung weiß ich nur zu gut: Ist die Hose erst einmal gefallen, gewöhnt man sich rasch daran. Wäre das die Lösung gegen meine Ängste? Müsste ich mich nur wieder von Aristoteles trainieren lassen? Tom geht sehr locker mit Nacktheit um, warum er sich bald des Frotteegurts entledigt. Erst als der Afro-Amerikaner nach einer halben Stunde den nackten Tom alleine lässt, verlasse ich meinen Spionageposten, um über den langen Flur und das Treppenaus den Fitnessraum zu betreten.

„Du hast dich ja rasch den Club Gewohnheiten angepasst“, foppe ich ihn. Ertappt sieht mir Tom in die Augen und errötet so sehr, dass ich mein Grinsen unterdrücken muss. „Hier trainieren fast alle ausschließlich nackt oder mit diesen Alibibadetüchern. Arschzeigen ist ganz groß in Mode. Ein gewisser Captain J.J. hat vor Jahren dazu angestachelt.“

„Aha!“, murmelt Tom, der natürlich nichts von meiner Vergangenheit wissen kann. Damit das vorübergehend auch so bleibt, habe ich in der Nacht vor Toms Ankunft in der Pension alle Bilder, die auf meine vergangen Taten schließen lassen, in einem der Lagerräume versteckt. Er soll sich in mich verlieben, und nicht in den Sohn eines verunglückten Senators, oder in den Arsch der Stadt.

Mit Kennerblick checke ich Toms Muskeln ab. Wenn auch dünn und hochgeschossen, ist er nicht untrainiert. Mit der richtigen Ernährung, gutem Training und etwas Zeit, kann er einen beachtlichen Körper entwickeln –

ideal als erotischer Moderator. Doch wird die Zeit dazu ausreichen? Gestern Abend im Badezimmer war er locker. „Tom, ich kenne ein paar wirkungsvolle Dehnübungen."

„Ne!", winkt er ab. „Lass mal! Trainiere nur selbst, ich komme alleine zurecht."

Weil ich seit dem Tod meiner Eltern nie mehr nackt Gewichte gestemmt oder hier im Club Fitness betrieben habe – und es auch jetzt nicht tun werden – schlage ich vor: „Muskelzerrungen können ganz schön schmerzen. Ich kann dir die Übungen zeigen. Du entscheidest dann selbst, ob du sie künftig anwenden willst." Bevor er abermals etwas darauf antworten kann, fordere ich ihn auf, sich am Boden auf alle Vieren zu begeben.

„Doggy Stellung?", sieht er mich herausfordernd an.

"Nein!", protestiere ich, „einfach auf alle Vieren."

„Das ist aber die bekannte Sex-Stellung!", widerspricht Tom. „Alter, schon der komische Kauz von vorhin hat mich ständig manipuliert, dass ich mehr zeige. Offensichtlich ist das eine amerikanische Verführungsmasche. Was soll ich tun?" Demonstrativ willig wackelt er mit seinem Hintern.

„Lass uns gehen!", murmle ich lachend, werfe Tom das Handtuch zu und versuche meine Angst vor Nähe vor ihm zu verbergen. „Mir ist heute nicht nach Training!"

„Doch keine Lust mehr?" Abermals streckt er mir seinen Hintern so einladend hin, dass ich sofort wieder an Lox und seine Tricks denke. Enttäuscht, weil ich mich abwende, springt Tom zurück auf seine Füße, drückt sich das Badetuch locker vor seine erwachte Latte, sammelt seine Boxershorts und sein T-Shirt auf und sucht alleine die Dusche auf. Kurz bin ich versucht, mich ihn anzuschließen, doch kaum lasse ich alleine in der Garderobe meine Hose rutschen, packen mich wieder die alten Ängste und Schuldgefühle. Resigniert warte ich bei Justin am Eingang, bis Tom fertig ist.

Auf dem Heimweg die Straße runter sieht mich Tom herausfordernd an. „Habe ich deinen Test bestanden?"

„Welcher Test?", spiele ich den Unwissenden und füge rasch an: „Mich hat vorhin ein Kunde angerufen. Ich muss dringend in meine Agentur. Ich hoffe, es dauert nicht all zu lange."

„Relax, ich esse etwas im Dinners von gestern, lese und lege mich früh schlafen. Mann, mein Jetlag ist voll ätzend!"

Am nächsten Tag muss ich abermals – diesmal wirklich dringend – in die

Agentur. Tom will sich Washington ansehen. Als wir uns erst am späten Abend zu Hause wieder sehen, gähnt er. An seinen Blicken erkenne ich, dass er lieber Zeit mit mir verbracht hätte, statt zu bummeln. Er sieht extrem müde aus. Kein Wunder, in der Schweiz ist es jetzt um Stunden später, als hier in Washington. „Wie war dein Tag?"

„Ich war erst beim Obelisken, dann spazierte ich bis zum Lincoln Memorial und später besuchte ich Georgetown."

„Dort arbeite ich!"

„Cool!", nickt Tom. „Ihr Amerikaner", zieht er eine seiner Schnuten, „seid schon ein ziemlich schräges Völkchen!"

„Ist mir noch nie aufgefallen", lüge ich. Als ich damals als Teenager von der Schweiz hierher umziehen musste, erging es mir genauso. „Warum?"

„Ich spaziere die *Connecticut-Avenue* runter zum *Dupont Circle.* Bei dem lauen Wetter hatte ich keine Lust auf die Metro, weshalb ich einen Skater fragte, was in der Gegend sehenswert sei. Er empfahl mir *Georgetown* und dort die Shopping Mall. Ich ließ mir von ihm den Weg beschreiben. Er wollte kaum glauben, dass ich da zu Fuß hinwill, denn es wären doch bestimmt vier Meilen dahin." Tom kann seine Augen kaum noch offen halten und gähnt, entschuldigt sich und tippt auf seine Armbanduhr. „In der Schweiz ist es schon längst später morgen."

„Ich bin selbst ein leidenschaftlicher Spaziergänger."

„Gut!", schmunzelt Tom und kann ein neues Gähnen nicht unterdrücken. Trotzdem erzählt er weiter: „So spazierte ich die *Florida-Avenue* hinunter in die *23rd Street* und von dort über die *M Street* immer tiefer nach Georgetown hinein. Irgendwann überquere ich den *Rock Creek,* bis ich zur Shopping Mall *Georgetown Park* kam. Irgendwo in der dreistöckigen Mall fiel mein Blick auf eine goldene Statue der römischen Darstellungsweise von Eros."

„Eros?", starre ich Tom an. „Erzähl!"

„Der beflügelte nackte Junge zielte mit seinen Pfeilen auf die Gäste, die einen Delikatessenladen betraten. Warum die Menschen die Liebe nur so verniedlichen?"

„Ganz deiner Meinung!"

„Kopfschüttelnd wendete ich mich ab, da fiel mein Blick auf einen Laden mit Weihnachtsschmuck. Vor riesigen Flügeln aus echten Federn blieb ich stehen. Ob ich Flügel suche, fragte mich eine Verkäuferin. Wer denn ernsthaft Flügel suche, wollte ich von ihr wissen, doch da bot sie mir schon an, sie mir anzuprobieren. Das fand ich ziemlich schräg!" Abermals gähnt er.

„So sind wir Amerikaner! Wir testen Sachen gerne aus.“

„Ich ließ mir die Flügel auf meinen Rücken binden. Als ich aus meiner Spinnerei wieder zu mir kam, winkte ich ab, bedanke mich für den Spaß und ging.“

„Das hätte ich sehr gerne gesehen!“

„Mich mit Flügeln? Alter“, schüttelt Tom seinen Kopf, „Echt jetzt?“ Weil in mehrfach nicke, winkt er ab. „Danach hatte ich Lust, nochmals zu trainieren. Justin, der Fette vom Gay Club, ließ mich für zwei Stunden rein. Gestern fand ich die schmalen Badetücher ja total beknackt, doch heute! Hat man sich erst daran gewöhnt, sind sie echt praktisch. Ich schwatzte mit anderen Gästen und genoss die Ungezwungenheit nackt trainieren zu können. In Europa erzählt man sich, ihr Amis wärt alle extrem prüde und verklemmt!“

„Generell schon!“, bestätige ich.

„Nach dem Training stellte ich mich mit brennenden Muskeln unter die Dusche und wurde dabei von einem gerade angekommenen Gast beobachtet. Er wünschte mir *Merry Christmas* und schenkte mir ein eingeschweißtes Päckchen mit einer Unterhose. Ist das ein Brauch hier in Amerika?“

„Nein, nein!“, lache ich.

„Der Mann habe den Slip vorhin gekauft, um damit irgendjemandem eine Freude zu machen. Da ihm mein Arsch gefallen habe ... Der Rest ist Geschichte.“

Als Tom abermals ohne Pause zu gähnen beginnt, sieht er mich enttäucht an. „Alter, ich würde dir den Slip ja gerne vorführen, doch mir fallen gleich die Augen zu. Sorry, diese Zeitverschiebung nervt voll!“

„Kein Stress! Das ist erst deine dritte Nacht.“ Tom wartet nur darauf, dass ich endlich den ersten Schritt mache. Laut frage ich ihn: „Willst du den morgigen Tag mit mir zusammen verbringen? Ich muss...“

„Logo!“ Tom steigt sofort darauf ein. „Alter, ich muss pennen! Ich freue mich auf morgen!“ Kaputt schleppt er sich zur Treppe, um im oberen Stockwerk sein Schlafzimmer aufzusuchen.

Es ist weit nach ein Uhr nachts. Hat er all die Stunden auf mich gewartet, nur um dann im Stehen einzuschlafen? Soll ich ihm folgen? Kaum denke ich daran, verknotet sich mein Schwanz und meine Schuldgefühle und die Angst, mit Tom etwas kaputt zu machen, rauben mir jeden Mut und Spontanität. Ich habe den Moment abermals verpasst.

Es ist Dienstagmorgen kurz vor sechs Uhr in der Früh. Immer wieder lasse ich vor Toms Zimmer den Boden knarren, um seine Aufmerksamkeit zu erregen. Als er im rosaroten Kimono das Zimmer verlässt, schleiche ich mich in den Wartungsschacht, um ihn beim Duschen zu beobachten. Tom blickt nur einmal zum faustgroßen Loch in den Holzwand, zieht eine Schnute und lässt sich beim Duschen Zeit. Plötzlich erkenne ich, was hier passiert: Ich bin gefangen! Die massive Holztür um mein Herz hat sich bereits physisch manifestiert. Schockiert darüber kraxle ich, so leise wie möglich, aus dem Versteck und eile in die Küche hinunter.

Weil sich seit gestern zehn weitere Gäste, in den Zimmern im Erdgeschoss, einquartiert haben, trägt Tom leider eine Jeans und ein T-Shirt, als er sich kurz nach sieben Uhr an den ovalen Tisch im Speisesaal setzt.

„Good morning, Sunshine!“, begrüße ich ihn.

Offensichtlich hat Tom versucht, sich mit Gel seine noch nassen Haare in Form zu zwingen, was seltsam aussieht. An der Tafel warten noch sieben der anderen Gäste, Männer zwischen vierzig und siebzig, aufs Frühstück. *Gus,* der Mann fürs Frühstück und für die Rezeption bringt Körbe mit Croissants und beginnt mit dem Auftischen der anderen Sachen. Hungrig stürzt sich Thomas darauf und quatscht mit den anderen Gästen. Mich streifen ständig seine Blicke. Weil ich Gus helfe und danach ein paar Dinge im Pension Office erledigen muss, komme ich erst kurz vor acht zurück in den Speisesaal.

„Tommy, wir brechen in zehn Minuten auf.“

Gleichzeitig treffen Donald und Jeffrey, beide wieder splitternackt, aus einem der Lagerräume auf.

„Hallo Jungs!“, begrüßt Tom die Zwillinge. „Noch mehr Reinigungsarbeiten?“

„Dienstags und Donnerstags sind wir beide für den Room Service zuständig, putzen die beiden Badezimmer und räumen den Speisesaal auf. Wohnst du in der Neun?“, fragt Donald, als Tom mit einem Apfel und zwei weiteren Croissants den Tisch verlässt. Tom nickt und Donald folgt ihm mit frischer Bettwäsche – natürlich in Rosa – die Treppe hoch.

Erst nach über einer Viertelstunde kommt Tom umgezogen wieder runter. Er wirkt verwirrt. „Was ist los?“, frage ich ihn.

„Dein Personal will mich vernaschen!“

„Und?“, spiele ich mit.

„Donald bot mir einen Dreier mit seinem Zwillingsbruder an. Treiben es die beiden zusammen?"

„Davon weiß ich nichts", gebe ich ehrlich zu.

„Echt, ihr Amis seid schon anders, als wir Schweizer. Bei uns ist keiner so direkt. Wir nehmen uns Zeit, jemanden kennen zu lernen – außer in Saunas, da geht es nur um Sex, doch selbst da ist man viel subtiler, als hier. Hier in Washington habe ich das Gefühl, mir will jeder überall jederzeit an die Wäsche! Habt ihr amerikanischen Schwulen denn echt nur den schnellen Sex im Kopf? Ist deine Pension ein Puff?"

Ich bleibe ihm die Antwort schuldig.

In *Georgetown* parke ich meinen Wagen hinter der Agentur unweit des *Potomac*, um den Hintereingang zu benutzen. Tom soll nicht wissen, dass ich der Chef hier bin, oder wie groß die Agentur wirklich ist. „Die Event Agentur befindet sich im obersten Stockwerk."

Als wir über die Hintertreppe oben ankommen, staunt Tom, und ich erkläre: „Ursprünglich waren es zwei Etagen, die zu diesem hellen Loft umgebaut wurden."

„Wer sind die Typen?", fragt Tom und zeigt auf vier Männer, die an zusammengerückten Pulten an Computern arbeiten.

„Das ist Pascal, unser Hausfotograf und daneben sitzt Laurent, sein Cousin aus Montreal." Beide tragen Hemd und Krawatte und wirken um Jahre älter, als sie sind. Zusätzlich habe ich auch noch Tyler und Gabriel kommen lassen. Auch die beiden wirken heute wie konservative Buchhaltertypen. Ich führe Tom zum Pult am Stirnende des Lofts und biete ihm den Platz gegenüber meinem an.

„Ganz schön steif hier!", flüstert mir Tom zu. „Alter, die Typen dürfen doch kaum älter als wir beide sein. Ich hörte schon davon, dass in Amerika alle in Hemd und Krawatte arbeiten. Doch ich dachte, dass es wenigstens in einer Event Agentur etwas lockerer zugeht. Was organisiert ihr hier?"

Ich reiche Tom ein paar Dokumente zum Durchlesen, während ich meinen Computer hochfahre. Gestern Abend habe ich einen Test für Thomas mit den vier anderen Anwesenden abgesprochen. Wir wollen sehen, wie spontan er ist. Ich muss rausfinden, was er drauf hat. Er muss einfach der gesuchte Moderator sein – oder es werden!

„Boss, ich hole mir erst einen Kaffee", legt Tom die Papiere aufs Pult, um sich am Automaten im angrenzenden Aufenthaltsraum einen Kaffee rauszulassen.

Als Tom erst nach zehn Minuten, kurz nach Pascal, den Aufenthaltsraum wieder verlässt, wirkt er nachdenklich. Mit Pascal sprach ich gestern ab, dass er Thomas in seine Rolle einführen soll. Was hat ihm Pascal wohl alles erzählt? Ich vertraue Pascal, dass er meine Identität als Captain J.J. und Direktor dieser Agentur verschweigt. Dennoch muss er dem armen Schweizer tüchtig auf den Zahn gefühlt haben. Kaum sitzt Tom gegenüber meinem Pult auf seinem Platz, sieht er mich immer wieder kritisch über den Rand seiner Hornbrille und der Dokumente hinweg an, die ich ihm abermals zugeschoben habe.

„Tom, was hältst du davon?“

„Von was?“

„Vom Text“, nicke ich auf die Papiere.

„Ich bin noch nicht durch!“ Plötzlich sieht mich Tom aus einer Mischung aus Schock, Verwunderung und einer Ahnung an. „Was vermittelt diese Agentur? Stripper?“

„Nein! Wir sind eine Werbeagentur. Doch gelegentlich organisieren wir auch spezielle Events und falls verlangt, vermitteln wir auch Nacktkellner“, spiele ich den seriösen Geschäftsmann. Das letzte ist eine Lüge, meine Agentur ist nicht die NAWA.

„Lass mich erst zu Ende lesen.“ Als er mit allen Seiten durch ist, legt er die Papiere vor sich aufs Pult. „Klingt spannend. Irgendwie typisch amerikanisch! Ihr müsst doch wirklich und überall Animatoren einspannen, um aus allem eine Show zu machen.“

„Willst du es üben?“

„Üben? Was denn?“, fragt Tom ehrlich überrascht.

„Das Kellnern!“ Ich tippe auf die Dokumente.

„Ich? Warum sollte ich?“

Weil ich mein Raubtiergrinsen aufsetze, dämmert Tom langsam die Rolle, die ich ihm für die Weihnachts-Party zugedacht habe. Hat ihm Pascal denn vorhin nichts darüber verraten? Was hatten die beiden solange zu quatschen?

„ICH?“, stößt Tom gleichzeitig entsetzt, wie auch belustig aus. „Das traust du mir zu?“ Diesmal hebe ich nur meine linke Augenbraue, sage aber kein Wort. „Hier?“, fragt er. Ich nicke. Tom sieht sich im Loft um und checkt mein Team ab. Dann zieht er eine Schute. „Langsam verstehe ich!“

„Du machst es?“, atme ich erleichtert auf.

„Was ist schon dabei? Gestern trainierte ich nackt. Mehr sehen die Typen hier auch nicht. Ich veranstalte Show!“

Sehr nervös führe ich Thomas in den angrenzenden Aufenthaltsraum, in dem er vorhin mit Pascal gesprochen hat. „Im Kühlschrank", öffne ich dessen Tür, „sind Sandwiches und Salate. Serviere uns das Mittagessen um zwölf Uhr in einem geeigneten Outfit. Denke daran ..."

„Weniger ist mehr!", beendet Tom meinen Satz. „Ich kann lesen!" Dabei sieht er mich ziemlich verliebt an.

Weil er nach meiner Hand fasst, weiche ich vor ihm zurück. *Verdammte Schuldgefühle!*, quäle ich mich selbst. Tom ist mein Traummann! Warum kann ich ihn nicht einfach in meine Arme nehmen oder ihn küssen? Warum muss ich ihm diesen Test aufbrummen? Sepp hat ihm in Basel offensichtlich nichts darüber verraten, dass er als *Nackt*kellner servieren muss. Jetzt ahnt er es und scheint sich in die neue Rolle zu fügen. Macht er es, weil es ihm Spaß macht oder um mir zu gefallen? Begehe ich einen entsetzlichen Fehler ihn so zu manipulieren?

„Später reichst du diesen Kuchen!", zeige ich auf eine Tortenschachtel im Kühlschrank. Erst als Tom bestätigt, fahre ich fort: „Zum Finale habe ich Weißwein kaltgestellt. Gläser findest du im Loft im Schrank hinter meinem Pult. Noch Fragen?"

„Soll ich es wie Donald und Jeffrey machen?"

„Nein! So wie im Dokument beschrieben."

„Ich sehe hier aber keine erotischen Kostüme!"

„Improvisiere!", ermutige ich ihn.

„Ja, ja! Soll es schamlos, witzig und provokativ sein?"

„Was immer du willst!"

Ganz zappelig geworden, ziehe ich mich wieder in das Loft zurück. Ich habe Thomas ein Dokument zum Lesen gegeben, das ihn auf seine künftige Rolle als Moderator vorbereiten soll. Ich verfasste es so, dass er genügend Informationen bekommen hat, wie er sich auf ein Publikum einlassen kann, ohne aufdringlich oder vulgär zu erscheinen. Meistert er diese Prüfung, wird er an der Dinner-Party bei Martin einen guten Eindruck hinterlassen. Ungeduldig sitze ich am Pult und tue so, als ob ich arbeiten würde. Mein Team ist eingeweiht. Jeder von ihnen weiß, dass ich in Tom meinen Wunschkandidaten als Moderator für die neue Show sehe. Pascal fungiert als Thomas' Mentor, der ihn auf Ideen bringen, ihn provozieren und zur Meisterleistung anstacheln soll. Weil Tom einfach nicht wieder aus dem Aufenthaltsraum auftaucht, nicke ich Pascal zu.

„Josh, lass ihn machen!", flüstert er mir zu. „Ich habe ihn vorhin schon mit Informationen gefüttert. Mehr wäre auffällig!"

Plötzlich grunzt Gabriel, der junger Halb-Afrikaner, und verschluckt sein

Lachen. Ich folge seinen Blicken.

Tyler leckt sich lüstern seine Lippen, steht auf und schaut Tom oben in sein Kostüm rein. „Unkonventionell!", bemerkt er. „Ist das dein Coming Out?"

„Vielleicht?", bemerkt Tom und unterdrückt sein eigenes Lachen, während er jedem sein Mittagessen als spazierende Kartonschachtel serviert. Es scheint ihm Spaß zu machen.

Ich beobachte ihn kopfschüttelnd. Der verrückte Schweizer hat sich eine Kartonschachtel so gefaltet, dass sowohl der Deckel wie auch der Boden die Seitenwände verstärken. Damit diese Kartonschachtelhose nicht rutscht, hat sich Tom aus Packschnur Hosenträger gezwirnt und diese durch Löcher im Karton befestigt. Jetzt hält die Schachtel, ohne dass er sie halten muss. Da die Schachtel für den schlanken Typen viel zu massig ist, kann jeder oben reinschauen. Seine Box beschriftete er auf allen vier Seiten mit einem dicken Filzschreiber: *Out-of-the-Box*. Was so viel bedeutet wie: Coming-out, jenseits der Konventionen oder das Verlassen alter Denkweisen. Mit den beiden letzten Sandwiches und Salaten auf seinem Tablett steuert Schachtel-Boy mich an.

Neugierig stehe ich natürlich auf und blicke ihm von oben in die Schachtel. Darunter trägt Thomas als einzig echtes Kleidungsstück den durchsichtigen Slip, den er gestern vom Fremden im Fitnesscenter geschenkt bekommen hat. Damit er sich mir gegenüber für sein Mittagessen setzen kann, muss er sich die Schachtel bis unter seine Achseln hochschieben. Sein durchsichtiger Slip liegt jetzt frei. Ich schlucke leer, denn Tom sieht unglaublich geil aus.

„Ich bin aus meiner Schachtel gestiegen", sieht er mich über den Rand seiner Brille hinweg an. „Was ist mit dir?"

„Ich habe dich oben ohne in deiner Jeans erwartet", gestehe ich ihm und rücke mein Bürostuhl so, dass ich Tom auf den durchsichtigen Slip starren kann.

„Ich hätte dir lieber Wurst zum Mittagessen serviert!", hockt sich Thomas breitbeiniger hin und lässt mich schauen. „Jetzt ist das Würstchen eben noch im Schlafrock!"

Als ich schallend loslache, setzt auch Thomas ein. Er legt sein Brot zurück auf Tablett und rollt mit seinem Bürostuhl näher an mich ran.

Erschrocken ergreife ich abermals die Flucht und rolle genauso langsam weiter von ihm weg. Wenn ich auch unglaublichen Appetit auf Weißwurst bekommen habe, so packt mich wieder die Angst. Was, wenn auch Thomas nur wegen der Gratisübernachtung meine Nähe sucht? Mein Herz wurde schon einmal gebrochen, als ich einem hübschen Typen traute. Tom löst Gefühle in mir aus, die mich vollkommen überfordern. In Lox war ich damals einfach verliebt und von ihm verzaubert. Oliver war erst mein Vertrauter, danach mein Freund. Bei Martin reizte mich sein Körper, doch vor allem dieses andere, dass ich mir bis heute nicht erklären kann. Alle liebte ich irgendwie anders. Bei Tom reißt es mir einfach den Boden unter den Füssen weg. Es ist keine blinde Lust – obwohl er mich extrem reizt. Ist das wahre Liebe? Oder habe ich mich wirklich in ein Teeny Girl, das in einem rosaroten Märchenschloss auf den Prinzen wartet verwandelt? Der Prinz sitzt jetzt vor mir. Ich müsste den Leckerbissen nur aus seiner Schachtel auspacken.

Die nächste Stunde spaziert Tom in seinem Schachtel Outfit umher und schwatzt mit jedem. Fasziniert beobachte ich ihn und sein Talent, aus Fremden Freunde zu machen.

Bei einer letzten Pause vor dem Kuchen, folgt Pascal Tom zur Toilette. Ich kann nur ahnen, was der Fotograf Tom rät. Thomas Schachtelkostüm war eine klare Botschaft an mich! Als Pascal als Erster aus dem Aufenthaltsraum zurückkommt, warte ich gespannt auf Thomas. Wird er splitternackt im Loft auftauchen? Das wäre eine logische Steigerung.

Abermals kann ich nicht anders, als wieder und wieder meinen Kopf zu schütteln, als er endlich für den zweiten Akt auftritt. Er hat sich sein Hemd wieder angezogen und trägt dazu sogar eine der Krawatten, die hier im Schrank hängen. Komplet zugeknöpft, verdeckt das Hemd hinten seine Backen und vorn sein Gehänge. Seine Jeans hat er sich bis auf seine Turnschuhe runtergeschoben und schlurft mit der Torte auf einer Platte zurück ins Loft.

Alle gaffen ihn an und jeder lacht sofort auf. In seinem Minischrittchen-Gang mit der heruntergelassenen Hose erreicht er zuerst das Pult von Tyler. Tom stellt sich so neben ihn, dass Tyler einen guten Blick auf seinen nackten Arsch bekommt. Seelenruhig beugt sich Tom übers Pult und schneidet ein Stück der Torte ab, um es danach Tyler zu reichen. Abermals zeigt er, was er zu bieten hat, ohne zu strippen oder aufdringlich zu sein. Er ist ein Naturtalent – ein echter Burlesque-Künstler – oder Nacktheit ist für ihn so normal, dass er nicht zweimal darüber nachdenken muss. Wortlos schlurft Tom zum nächsten Mitarbeiter, um dort in gleicher Art vom Kuchen zu servieren.

Nur Pascal hebt stinkfrech vorne sein Hemd an. „So stellst du dir Eros vor?“, nuschelt er Tom zu. Wahrscheinlich ahnt Pascal nicht, dass ich es hören konnte.

Als auch ich mein Stück des Kuchens abbekommen habe, trippelt Tom ohne weitere Showeinlage zurück in den Aufenthaltsraum. Bis jetzt fand ich das Experiment ganz witzig. *So stellst du dir Eros vor?*, höre ich Pascals Zweifeln in der Endlosschlaufe in meinen Gedanken.

Als Thomas kurz darauf wirklich splitternackt das Loft betritt und sich hinter meinem Pult die Gläser für den Weißwein holt, fühle ich die Enttäuschung. Für mich ist Eros nicht nur der Engel der Liebe, sondern der hart erregte Engel der Liebe. Thomas jetzt nackt zu sehen, weckt keinerlei Lust in mir, sondern abermals nur Liebe.

Unspektakulär beginnt er mit dem Ausschank des Weins. Jetzt ist er wie Donald und Jeffrey, einfach ein nackter House Boy. Selbst die herausfordernden Blicke meiner Kumpels schaffen es nicht, seine Lust zu kitzeln. Ob er krank ist oder ihm die Zeitverschiebung die Lust raubt? Ticken die Schwulen in der Schweiz wirklich so anders? Tom scheint keinerlei Drang zu verspüren die Aktion als Vorspiel zu sehen oder als Ausrede, sich einem der Jungs hier an den Hals zu werfen. Für ihn ist es einfach ein Spaß und nichts weiter. Je mehr ich hoffe, dass Thomas doch noch seinen Mann steht, desto mehr schrumpelt sein Stolz in sich zusammen. Sein Auftritt ist erotisch gesehen die totale Pleite, weshalb ich nach dem Ausschenken berechtigte Zweifel bekomme, ob Thomas wirklich der Richtige für den Moderationsjob ist.

Diesmal ist es Tyler, der sich später zu Tom in den Aufenthaltsraum begibt. Ich tue so, als ob ich mich ebenfalls sorgend zu Thomas begeben möchte, bleibe aber lauschend vor der Tür stehen.

Eros' Pfeile

„Tommy, Tommy", höre ich Tyler auf Thomas einreden, „so stellt sich niemand einen geilen Eros vor. Dein Auftritt mit der heruntergelassenen Hose war frech, doch danach folgte keine Steigerung. Jeder kann nackt sein. Das ist keine Kunst. Nacktheit hat mit Erotik nur wenig zu tun."

„Was soll ich tun?", fleht Thomas Tyler um Rat an.

„Liebst du Josh?"

„Ja!", gibt Tom zu. „Ich bin total in den verklemmten Ex-Quarterback verknallt!"

Mein Herzschlag beschleunigt sich, Thomas weiß wer ich bin – wer ich war!

„Was bist du bereit für diese Liebe zu tun?", bohrt Tyler.

„Alles", murmelt Thomas.

„Josh sieht in dir Eros, diesen griechischen Gott, nachdem er auch seine Pension benannt hat. Josh sehnlichster Wunsch ist Eros zu treffen – und das schon, seit er ein Teenager ist. Eros hier, Eros da! Glaub mir, manchmal kann Josh ganz schön damit nerven."

„Er ist ein Romantiker", verteidigt mich Tom.

„Josh will in Eros' Licht stehen und von ihm geblendet werden. Bis er nicht endlich seinen Eros gefunden hat, wird er niemals sein Potenzial entfalten. Seit dem Tod seiner Eltern ist er auf Sparflamme! Die alte Wildsau hat sich in ein rosarotes Teenygirl verwandelt."

Schockiert, dass mich andere auch so sehen, knurre ich.

„Glaub mir, Josh war früher ganz anderes. Hätte er dich vor dem Tod seiner Eltern nackt in der Loft gesehen, hätte er dich zu Boden geworfen, sich auf dich gesetzt und..." Tyler bricht ab.

„Sieht er in mir wirklich seinen Eros?"

„Worauf du wetten kannst!"

„Soll ich ihn mit meinen Liebespfeilen erschießen?"

„Tommy, du hast sein Herz längst getroffen. Der ehemalige Captain J.J. taumelt verwundet. Hoffen wir, dein Liebespfeil erweckt ihn endlich aus seinem Wachkoma!"

Mehr will ich nicht hören. Die Wahrheit schmerzt!

„Jonathan Josh Julius!" Tyler kommt nach dem fast viertelstündigen Gespräch mit Thomas aus dem Aufenthaltsraum zu mir ans Pult. „Auf ein Wort."

„Warum hast du Thomas eingeweiht?"

„Weil nicht der arme Schweizer heute geprüft werden sollte, sondern du!", bohrt mir Tyler seinen Zeigefinger in die Brust. „Wo ist nur der freche Anführer und die Wildsau geblieben, die wir alle in dir sehen und lieben? Wir alle wollen Captain J.J. zurück! Thomas hat nicht das Zeug zum Moderator. Er macht diesen Schabernack nur, um dir zu gefallen."

Betroffen nicke ich.

„Weißt du, dass er gestern den ganzen Tag Buch um Buch in deiner Bibliothek gewälzt hat, um eine Idee zu bekommen, was du in ihm sehen könntest? Er hat im Internet recherchiert und die Zwillinge über dich ausgequetscht. Er weiß längst, wer du bist. Schon auf dem Hinflug war er so schlau, deinen Namen zu googeln. Mache ihm also nichts weiter vor." Als ich meinen Kopf schüttle, fährt Tyler fort: „Für jemand, der sich sein halbes Leben lang mit der Liebe und ihren Manifestationen beschäftigt hat, bist du für die wahre Liebe echt blind! Josh, du bist für mich viel mehr als mein Chef. Doch ehrlich, ich, wie übrigens auch die anderen", nickt Tyler zu Pascal, Laurent und Gabriel, „wir sorgen uns um dich! Du hängst in billigen Stripperlokalen rum, beobachtest heimlich die Zwillinge und lässt selbst Martin Holmström abblitzen. Was ist nur los mit dir? Änderst du nicht bald deine Einstellung, verlierst du alles, was dich wirklich ausmacht! Thomas ist nicht dein Eros! Er ist dein Lover!"

„Ich kann nicht", murmle ich und wische mir verlegen Tränen aus den Augen. „Nur weil ich mich wie eine schamlose Wildsau benommen habe, sind heute meine Eltern tot!"

„Josh, Josh!" Tyler schüttelt immer und immer wieder seinen Kopf. „Liebe ist verzeihen. Liebe ist loslassen. Lass los und verzeihe dir endlich selbst!"

„Wo bleibt Tom?"

„Pascal hat die Zwillinge vor einer Weile angerufen. Ich habe Tom angelogen und ihm verklickert, du müsstest dringend weg. Da er aber einen genial guten Job gemacht habe, willst du ihn dafür zum Abendessen einladen. Die Zwillinge haben ihn schon mitgenommen. Sie werden Martin Holmström in der Stadt treffen. Der Boss der NAWA flog heute Morgen ein, um mit Oliver und Charles etwas zu klären."

„Danke", murmle ich. „Geht es Tom gut?"

„Tom ist kein Idiot. Er sieht, wie du leidest. Er möchte dir helfen. Josh, komm aus deiner Box und lass endlich deine Hose wieder runter! Thomas hat es dir vorhin vorgemacht. Folge der Liebe, kämpfe nicht weiter gegen sie an!"

Als mich Tyler endlich in Ruhe lässt, fahre ich mit meinem Wagen nach Hause, um ungestört über alles nachzudenken.

In der Pension finde ich einen Zettel in Donalds Handschrift in der er mir mitteilt, dass er mit Jeffrey und Thomas zusammen Martin Holmström treffen werde. Tom würde um sieben Uhr wieder zu Hause sein, pünktlich fürs Dinner zu zweit!

Enttäuscht, frustriert und genervt wegen meiner eigene Unzulänglichkeit und Feigheit lege ich mich in mein Bett, um sofort einzuschlafen.

„Wer von euch Unwürdigen hat mich gerufen? Wer wagt es, Eros Erscheinen zu erzwingen?"

Im Traum befinde ich mich abermals in dem Loft, nur ist diesmal alles mit orange-goldenem Licht durchflutet. Mein Team ist auch im Traum versammelt. Alle drehen ihre Köpfe zur Stimme um. Tyler hebt seinen rechten Daumen und Pascal schießt ein Foto nach dem anderen, während ich mit offenem Mund Eros anstarre. Eros – nein Tom – hat sich seine Zehen, Waden und Schienbeine mit ziemlich dicker schwarzer Packschnur umwickelt, dass es aussieht, als ob er antike Sandalen tragen würde. Die schwarzen Linien auf seiner bleichen Haut sehen extrem erotisch aus. Ein dunkler Plastikstock, der wahrscheinlich noch vom Umbau herrührt, hat Tom zum Bogen umfunktioniert und mit weiterer Schnur straff gespannt. Pfeile hat er keine dabei.

„Ich bin Eros!“, dröhnt abermals seine Stimme, die kaum wieder zu erkennen ist. „Sterbliche, wisst ihr nicht, dass es gefährlich ist, den Engel der Liebe zu rufen?“ Erzürnt sieht sich Tom im Loft um. „Meine Liebe vermag dich groß zu machen oder sie zerschmettert dich!“ Dabei fokussiert Tom jetzt mich.

Ich zittere und fühle eine gewaltige Präsenz. Ich kann nicht mehr sagen, ob die Gestalt, die auf mich zukommt Thomas aus der Schweiz oder Eros ist, der sich mir abermals offenbart.

„Du!“ Eros in Thomas Gestalt zeigt mit seinem Bogen auf mich, der jetzt aus purem Gold ist. „Du hast mir einen Tempel errichtet?“

Als ich ertappt nicke, wächst Eros eine harte Latte. Steinhart schreitet er auf mich zu. Bei meinem Doppelpult klettert er auf einen der Bürostühle und stellt sich breitbeinig aufs Pult.

Dieser potente Jüngling ist die fleischgewordene Manifestation des Eros aus meiner Fantasie als Sechzehnjähriger. Ehrfürchtig und vor Lust und Verlangen zitternd, sehe ich zu ihm hoch.

Zielsicher richtet der Engel der Liebe seinen Bogen auf mich. „Kein Sterblicher vermag meine Pfeile zu sehen, doch sie treffen immer ihr Ziel. Sie werden dich entlarven, Unwürdiger! Bist du bereit, dich von Eros testen zu lassen?“ Als ich eingeschüchtert nicke, winkt Eros mich näher zu sich heran.

Ich rolle meinen Bürostuhl bis an die Tischkante und starre erwartungsvoll an der Latte vorbei in Eros‘ graublaue Augen. Er sieht aus wie Thomas, doch dieses Wesen ist Eros. Der Gott stellt mir seinen rechten Fuß auf meine rechte Schulter, blickt mir ins Gesicht und spannt seinen Bogen, um mit einem seiner unsichtbaren Pfeile auf mein Herz zu zielen.

„Unwürdiger, entflammt dein Herz in wahrer Liebe, hast du meinen Pfeil in einen goldenen verwandelt. So dein Herz rein ist, wird mein Pfeil deine eingekerkerte Liebe befreien. Dein eingesperrtes kleines Selbst wird erlöst werden und die Liebe wird dir Flügel verleihen, damit du mit deinem Geliebten die Sphären wahrer Liebe erreichen kannst. Doch sei gewarnt Sterblicher!“, beugt sich Eros tief zu mir runter und starrt mir direkt in die Augen. Seine Augen sind jetzt golden und sprühen Funken. „Bleibt deine Liebe weiterhin eingesperrt, kalt und erloschen, dann wird mein Blei dich weiter quälen. Du wirst deines Lebens nicht mehr froh werden. Die bleierne Erschlaffung wird dich weiterhin lähmen, bis du ohne Liebe dahinsiechst. Hast du mich verstanden?“, fordert Eros meine Antwort. „Du selbst hast es in der Hand! Du selbst kannst heute dein Schicksal neu bestimmen!“

Ich gaffe Eros mit offenem Mund an und nicke abermals. Um mich noch mehr zu provozieren, beugt Eros sein linkes Knie, lässt aber seinen rechten Fuß auf meiner Schulter, dass sein Harter in der neuen Position noch dichter vor meinem Gesicht aufragt. Schon einmal kroch Eros als Lox, Oliver und Martin zu mir ins Bett, doch jetzt ist es anders. Diesmal fordert er meine Lust heraus. Ich fühle sie immer heißer in mir auflodern. Sie verbrennt mich.

Bevor sich Eros wieder vor mir auftürmt, schiebt er sein Becken vor, um mir mit seine Erektion über meine halbgeöffneten Lippen zu fahren. Als ich meinen Mund öffnen will, stößt er mich mit seinem rechten Fuß so schroff von sich, dass mein Bürostuhl bis zur nächsten Wand davon rollt.

Abermals spannt Eros seinen Bogen und zielt auf mein Herz. „Ist dein Herz ein Hort der Gier und der Eitelkeiten geworden, selbstsüchtig und unfähig, deine eigene Rolle im Leben zu umarmen, wird mein eiserner Pfeil dein Leben auslöschen. Der Liebe unfähig wird ein solcher Pfeil dein wahres Wesen jedem offenbaren, damit die Welt deinen Hass und deine Verzweiflung, als dein wahres Antlitz erkennt. Schmerz und Elend wird über dich kommen, da du dich meiner Liebe verwehrst und sie aussperrst. Du wirst sterben!“

Hypnotisiert vom Gott der Liebe rolle ich wieder auf ihn zu, um dicht vor ihm abermals zu ihm aufzusehen.

„Unwürdiger, bist du bereit?“

Ich nicke heftig und schwitze vor Angst, Verlangen und seiner Macht. Eros springt vom Pult, um sich mit gespanntem Bogen breitbeinig vor mir aufzutürmen. „Rück näher, Sterblicher!“, befiehlt er mir.

Gehorchend schiebe ich meinen Stuhl zwischen seine Beine, bis seine Erektion meine Brust bohrt. Eros fokussiert mich mit ernstem Blick, wirft seinen Kopf in den Nacken und spannt seinen Bogen, um wieder auf mein Herz zu zielen. „Noch kannst du dich abwenden, Unwürdiger! Noch kannst du dich in dein Loch verkriechen, um daraus weiter die Lebenden heimlich zu beobachten! Lasse ich meinen Pfeil los, gibt es kein Zurück mehr."

Selbst wenn ich weiß, das Eros keine Pfeile verschießt, sondern seine abgeschwächte Manifestation, die sich Cupido nennt, so bebt mein ganzes Sein wegen der Macht dieses mystischen Moments. Eros prüft mich.

„Ich bin bereit! Ich bin bereit für die Liebe zu sterben!"

Eros Gestalt verwandelt sich abermals. Jetzt steht ein kräftiger Mann mit breiten Schultern vor mir. Sein Körper ist erstmals vollkommen haarlos und eingeölt. Als eine Manifestation der Stärke und der Lust spannt er seinen Bogen, um endlich den unsichtbaren Pfeil abzuschießen.

„Es ist vollbracht!", kommentiert er. „Jetzt huldige deinem Gott!" Dazu schleudert er seinen Goldbogen von sich, packt mit seinen Händen nach meinem Kopf und rammt mir seine Latte in den Rachen. Erst will ich mich wehren und ihn abwimmeln, doch Eros schiebt seine Becken fordernd vor und zurück.

„Verweigerst du dich deinem Gott?", fragt er wütend, als ich mich ihm taumelnd entziehen will.

Als meine Zunge seine heiße Erektion endlich liebkost, vergesse ich alles andere. „Ich will dich!", seufze ich. „Nach dir suche ich mein ganzes Leben!"

Kaum fühlt Eros mein Begehren, stößt er mich abermals so heftig von sich, dass mein Stuhl wieder an die Wand kracht. „Du kriegst mich nur, wenn du dich deiner Liebe als würdig erweist! Ob Gold, Blei oder Eisen, wird sich erst noch zeigen müssen! Eros lässt sich nicht täuschen!"

Schweißgebadet und mit klebrigen Schenkeln verlasse ich mein Bett, um zu duschen. Weil ich plötzlich das Bedürfnis nach Raum und Freiheit habe, nutze ich das Gemeinschaftsbadezimmer, indem sonst Tom duscht, statt meinem privaten. Lange lasse ich mich von den Düsen mit dem Wasser massieren und fühle, wie etwas sich von mir löst, dass viel zu lange wie Pech auf mir klebte.

Mein Blick fällt auf mein Spiegelbild, das sich im Wasserdampf wie in gleisend weißen Nebel hüllt. Für einen Moment sieht es aus, als ob mir riesige weiße Flügel gewachsen wären. Doch da ist noch etwas anderes, mein Körper wirkt in diesem Licht wie eingeölt und vollkommen haarlos. Lächelnd greife ich zum Rasierer, stülpe mir den Aufsatz zum Trimmen drauf und entledige mich nach all den Jahren erstmals meinem Pelz. Eine Klinge erledigt danach den Rest. Erst als meine Intimzone genauso haarlos ist, wie bei Eros im Traum, fühle ich mich gewappnet für das, was kommen mag. Entweder tötet mich Eros' Pfeil oder er erlöst mein wahres Erbe. Ich bin für beides bereit!

Erstmals, seit dem Tod meiner Eltern, fühle ich keine aufsteigende Panik, als ich mich nackt durchs obere Stockwerk zurück in meine privaten Räume bewege. Es fühlt sich wieder frei und gut an – wie damals bei den Ehrenrunden auf dem Spielfeld.

Um viertel vor Sieben – ich sitze noch immer splitternackt in meinen Privaträumen – klingelt mein Mobile Phone. Tom erklärt mir aufgeregt, dass er Martin Holmström getroffen habe und er ihn bis Freitag mit nach Los Angeles mitnehmen möchte. Total überdreht erzählt er mir von der Gelegenheit während seinem Spontanurlaub sogar noch Los Angeles zu sehen zu bekommen.

Komischerweise bin ich nicht eifersüchtig, sondern ermutige Tom, die Gelegenheit beim Schopfe zu packen. Er solle den Mittwoch und Donnerstag in L.A. verbringen und am Freitag zur Weihnachtsfeier wieder mit Martin zurück nach Washington fliegen.

Danach schlüpfe ich in Shorts, eines meiner knappsten Tank Tops und meine Windjacke, besteige meinen Wagen und fahre in die Mall in Georgtown. Dort lasse mir von einer Verkäuferin diverse Flügel umbinden und kaufe mir die Prächtigsten in blütenweiß.

Transformationen

Es ist Freitagmorgen. Heute Abend steigt meine Dinner-Party.

Als ich mich unter die Dusche stelle – abermals im Gemeinschaftsraum – fühle ich plötzlich einen Stich im Herz. Getroffen sacke ich auf meine Knie, dass sich einer der Gäste, der ebenso hier seine Morgentoilette erledigt, sofort zu mir bückt.

„Geht schon!“, brumme ich, lasse mir aber trotzdem von dem Kanadier zurück auf die Füße helfen. Hat mich jetzt doch noch Eros‘ unsichtbarer Pfeil getroffen? Durchbohrt er gerade mein Herz, um es zu testen? Der Schmerz raubt mir fast das Bewusstsein. Mir ist bewusst: entweder sterbe ich jetzt oder ich transformiere mich zu dem, was in mir steckt.

„Soll ich einen Krankenwagen rufen?“, sorgt sich der Nackte neben mir und will schon aus der Badegrotte eilen. „Du bist kreidebleich!“

„Es ist mein Herz!“, bestätige ich. „Aber keine Sorge, es ist kein Herzinfarkt!“ Das hoffe ich zumindest!

Der Mann stützt mich und führt mich zu einem der pink Plastikhocker, der vor der Wand mit dem Holzgestell und dem runden Loch steht, und reicht mir danach ein Glass Wasser.

Mein Herz steht in Flammen, die sich gierig über meinen ganzen Körper hermachen. War der Pfeiltreffer vorhin auch extrem schmerzhaft, ist er es jetzt nicht mehr. Wellen der Liebe strahlen durch meinen Körper. Mein Herz hat sich in eine Sonne verwandelt.

Gebannt schließe ich meine Augen und blicke in die andere Dimension meines Selbst. Die schwere Holztür, die seit dem Tod meiner Eltern meine Gefühle ein- oder aussperrte, steht jetzt in Flammen. Innert Sekunden zerfällt sie zu Asche. Mit geschlossenen Augen schaue ich weiter. Erst rosa, dann orange-gelb kündigt der Himmel in meinem Innenleben von der Geburt eines neuen Morgen. Erst glaube ich einen Ausblick auf Washington zu erhaschen. Ich stehe vor dem Lincoln Memorial an eine der wuchtigen Säulen gelehnt, und das weite Bassin davor flimmert tiefgolden. Im Hintergrund ragt der Obelisk männlich und potent, wie ein gigantischer Steinpenis in den Himmel. So fühle ich mich gerade, hart erregt und bereit, die Welt zu befruchten. Weiter dahinter erkenne ich das Capitol mit seinem Kuppeldach. Repräsentiert es meine politische Vergangenheit oder verrät es mir etwas über meine Zukunft?

Ich drehe mich um. Statt der Kolossalstatue von Präsident Lincoln auf seinem Thron sitzend zu sehen, blicke ich in einen Tempel. Golden leuchtet der Ort, den ich jetzt als mein Herz erkenne und den ich vorher nicht betreten konnte. Neugierig folge ich dem neuen Weg. Er schlängelt sich erst zwischen Säulen, die den Himmel tragen hindurch, bis auch diese verschwinden und eine enorme Weite sich vor mir auftut.

„Erkennst du endlich die Wahrheit?“, flüstert Eros aus dem goldigen Licht, dessen Zentrum sich nicht mehr außerhalb von mir befindet, sondern in mir. „Erkennst du endlich, wer du in Wahrheit bist – schon immer gewesen bist?“

Der Schock darüber katapultiert mich zurück ins Gemeinschaftsbadezimmer, wo ich mich keuchend am Hocker festkrallen muss, um diesmal nicht in eine echte Ohnmacht zu fallen. Langsam sickert die neue Erkenntnis in mein Bewusstsein. Zu lange habe ich mich gegen die Wahrheit gewehrt. Jetzt lasse ich sie erstmals voll und ganz zu.

„Captain J.J., geht es dir gut?“, sorgt sich der nackte Kanadier und füllt mein leer getrunkenes Glas wieder mit frischem Wasser.

„Woher kennst du mich?“, frage ich ziemlich dumm, doch das Sprechen hilft mir, mich wieder zu erden.

„In meinem Gästezimmer liegt, statt wie üblich eine Bibel, einer deiner Kataloge im Nachttischfach. Coole Bilder!“

Die habe ich doch glatt vergessen vor Thomas zu verstecken. Natürlich liegt auch einer davon in seinem Zimmer.

„Willst du noch Wasser?“, sorgt sich der blonde Nackte, der noch immer Schaum im Gesicht hat, da mein Anfall ihn beim Rasieren überraschte.

„Sie ist weg!“

„Meinst du den Herzschmerz?“

„Die Wand! Die Wand ist weg!“ Übermütig stehe ich auf und tanze mit dem Mann im Badezimmer ringelreihe, wie ich das früher nur mit Donald getan habe.

„Du hast dich ja schnell erholt!“ Der Kanadier lacht und steigt auf meinen Übermut ein.

„Es dauerte Monate. Viele, viele Monate“, nuschle ich vor mich hin. Dann lache ich los, drehe mich vor dem Kerl mehrfach um die eigene Achse, führe ihm meine neue Intimfrisur vor und meinen Obelisken.

Der Kanadier langt danach, zieht mich an sich und beginnt mich überall gierig zu streicheln. Nicht ein einziges Mal schrecke ich vor ihm oder seinen Berührungen zurück. Der Mann, anfangs Vierzig, wird seit dem Tod meiner Eltern meine erste Eroberung. Je heftiger er keucht, desto wilder erwacht die Wildsau in mir. Ich packe ihn von hinten und schieße ein Tor nach dem anderen. Als wir nach über einer Stunde das Gemeinschaftsbadezimmer verlassen, hat das goldene Glühen in meinem Herz noch nicht wieder aufgehört. Ich fühle mich frei – befreit! Gleichzeitig glühe ich vor Lust, sexuellem Hunger und einer Zufriedenheit, die ich niemals wieder glaubte, fühlen zu können.

Weil ich nach dem Frühstück die Pension für die Vorbereitungen zur Feier von elf bis fünf Uhr schließen will, ziehen sich die Gäste in kleinen Gruppen in die Stadt zurück. Der Kanadier checkt aus, weil er die Weihnachtstage in Québec zuhause verbringen will, verspricht aber bald wieder bei mir einzukehren. Ich schenke ihm einer meiner Kataloge und signiere das Lattenbild, das die innere Doppelseite einnimmt.

Pünktlich um elf treffen Donald und Jeffrey ein, ziehen sich sofort aus und helfen danach den Speisesaal für die Dinner-Party vorzubereiten. Mit Donald zusammen verwandle ich eine wuchtige Fichte in einen schwulen Weihnachtsbaum, der bald in allen Rosatönen funkelt und blitzt. Jeffrey hängt

Mistelzweige mit rosa Weihnachtskugeln über jeder Tür auf und verteilt Schalen mit rosa Weihnachtskugeln, wie auch dekorierte Fichtenzweige, in allen Räumen. Ich hole die Poster von mir als Captain J.J. und das gemalte Bild von Miguelangelo, wie diverse Zeichnungen, die mich alle beim nackt Posieren in der Kunstklasse zeigen, und hänge sie wieder an die Nägel der leeren Wände. Als mir mein Arsch und ein übergroßes Poster von mir als Macho-Engel in der transparenten Sporthose in den beiden Empfangsräumen entgegenblicken, atme ich auf. Meine Angst vor Nacktheit ist zusammen mit der Tür in Flammen aufgegangen. Die Asche davon hat der Wind vollkommen zerstäubt. Längst trage ich nur noch eine Sporthose und ziehe mich nur nicht ganz aus, weil ich Donald und Jeffrey keine Konkurrenz machen will. Immerhin bezahle ich sie, dass sie sich hier splitternackt allen beim Putzen zeigen.

Den ovale Tisch decken wir festlich für siebzehn Personen und verwandeln danach das Kaminzimmer mit Stehbistrotischen in einen Party Empfangsraum.

Um zwei Uhr treffen Thomas, Martin und Sebastian mit einem Taxi vom Flughafen ein. Erstmals kann ich Thomas spontan umarmen, ohne vor seiner Nähe zurück zu schrecken. Er fühlt meine Veränderung sofort und küsst mich leidenschaftlich auf den Mund. Ich erwidere seinen Kuss, bis Martin seine Augen verdreht.

„Josh, dafür ist später noch Zeit. Ihr beide gehört zusammen, das sieht ein Blinder. Lässt du mich und Sebastian jetzt rein oder müssen wir uns eine andere Bleibe suchen?"

Immer wieder treffen sich Toms und meine Blicke. Ob ihn meine Gegenwart so erregt, die nackten House Boys oder die Aufregung über seinen eigenen Auftritt in ein paar Stunden, kann ich nicht sagen.

Sebastian rollt einen Koffer über die Schwelle und Martin schultert nur eine kleine Sporttasche. Sie verziehen sich in ihr Zimmer. Ich zeige Thomas stolz die Poster von mir. Natürlich kennt er viele der Bilder bereits aus dem Katalog, spielt jedoch den Überraschten und überschüttet mich mit Komplimenten. Nach all den Monaten verklemmtem Dahinsiechen mit Schuldgefühlen und Ängsten, tut es richtig gut, mich ihm als Provokateur und Arsch der Stadt zu outen.

„Tom, wie wirst du heute Abend deine Show gestalten?", fragt Donald in einer Kaffeepause im Kaminzimmer, in den bequemen Sesseln lümmelnd.

„Ich habe dein Kostüm für den Empfang der Gäste schon gekauft! Um zwei Uhr kann ich es abholen! Oh!“, rufe ich aus, als ich meine Armbanduhr checke. „Es ist Zeit. Jungs, wir sehen uns später!“

Ich eile nach oben, ziehe mir eine lange Hose und ein Hemd über und fühle noch immer diese neue Freiheit, wie sie mich von innen aus erleuchten. Noch während ich beim Empfangsbüro in meine Turnschuhe schlüpfe und mir über mein Hemd eine Lederjacke ziehe, bemerke ich, wie Tom und die Zwillinge tuscheln. Thomas Augen funkeln wie die Silbersterne, die am Weihnachtsbaum neben den Rosakugeln hängen. Er sieht richtig glücklich aus.

Als ich erst gegen vier Uhr zurück in die Pension komme, bewegt sich Tom genauso natürlich nackt durch die Räume wie Donald, Jeffrey, Martin oder Sebastian. Die fünf haben meine Pension in einen Nudisten Treffpunkt umfunktioniert.

„Haben dich diese Flitzer bekehrt? Das neue Outfit steht dir gut!“ Ich schlüpfe aus meinen Schuhen und der Jacke und hieve mir eine Schutzfolie für Kleidungsstücke über meine Arme und schnappe nach zwei Tüten. Aufgeregt winke ich Tom zu mir. „Tommy, ich muss dir etwas zeigen! Gehen wir nach oben!“

Ich führe den Nackten in meine privaten Räume. Seine langen blonden Locken stehen ihm zerzaust vom Kopf ab und sein dürftig gestutzter Busch rahmt einen echten Hingucker. „Ich entdeckte in der Mall in Georgtown das hier“, zeige ich auf die Schutzhülle, „und ich wusste sofort, dass es perfekt zu dir passt! Das ist mein Weihnachtsgeschenk für dich!“ Damit halte ich ihm die schwarze Schutzfolie hin.

Überrumpelt und gerührt lenkt Tom ab: „Wer kommt eigentlich heute Abend zur Dinner-Party?“

„Charles aus einer wichtigen hiesigen Medienagentur, Miguelangelo, ein prominenter Künstler, ein paar schwule Politiker, Gay-Club-Besitzer, wie mögliche Sponsoren für einen Spezial-Event, das ich plane, und andere. Alle sind sie wichtige Leute für die Gay-Bewegung und die Szene-Events hier in Washington. Einige von ihnen kommen zum Dinner, andere erst danach zur Afterparty. Natürlich wird auch Oliver aus der Agentur hier sein, wie alle meine restlichen Kollegen aus der Agentur, von denen du ja schon einige kennst, weitere Freunde, wie natürlich die einquartierten Pensionsgäste. Zum Essen sind wir siebzehn, doch danach bestimmt an die fünfzig oder mehr.“

„Echt, so viele?“

„Tom, hast du plötzlich kalte Füße bekommen?“

„Ich war zwei Tage mit Martin und Sebastian zusammen! Die beiden sind echte Nudisten. Das bin ich nicht! Naja“, grinst er schief, „die letzten zwei Tage habe ich kaum was angehabt.“ Er zieht eine seiner Schnuten, lacht und widmet sich endlich meinem Geschenk. Der Blonde befreit einen dunkelblauen leicht glitzernden Mantel aus exquisitem Brokatstoff aus der Schutzhülle. Die Maßanfertigung verfügt über einen verstärkten Stehkragen und lange Ärmel, die um die Handgelenke breiter sind.

„Zieh schon an!“, fordere ich den Nackte auf.

Er tut es sofort. „Alter, dieses frackähnliche Ding sitzt wie für mich gemacht“, dreht er sich danach mehrfach vor mir im Kreis.

„Gefällt er dir?“, frage ich Tom, der sich jetzt vor einem Wandspiegel anstarrt. In der Hüfte ist der Mantel eng geschnitten, reicht ihm hinten bis zu den Knöcheln und kann vorne mit nur einem einzigen Knopf auf Schamhaarhöhe geschlossen werden. Selbst verschlossen ist der Mantel so geschneidert, dass Toms Torso sichtbar bleibt, seine Brustwarzen und sein Bauchnabel aber gerade verdeckt werden.

Immer wieder dreht er sich vor dem Spiegel und gafft sich fasziniert an. „Abgefahren! Mann, was ist das für ein Stoff? Er ist nicht nur bedruckt, sondern da sind ja Tausende von kleinen Stoffmustern mit Silberfäden aufgenäht und all diese Stickereien! Extrem! Logo, ziehe ich heute Abend diesen Königsmantel zur Begrüßung der Gäste an.“

„Dazu gehört dieser spezielle Tiefschutz“, reiche ich Tom das mit dem gleichen exquisiten Brokatstoff überzogene Teil.

„Wie trägt man so was?“, fragt er und dreht den weichen Tiefschutz etwas ratlos durch die Finger. „Es gibt weder Bänder noch Gummizüge.“

Ich öffne den einen Knopf seines Mantels und halte Tom das Teil vor Ort. Vorsichtig biege und forme ich die sich anschmiegenden Kanten, bis sie sich perfekt Toms rasch wachsender Beule anpassen.

„Eh!“, staunt Tom und überbrückt die peinliche Stille. „Das Ding hält!“ Um es zu testen, wackelt er heftig mit seiner Hüfte, doch der edle Tiefschutz rückt nicht von der Stelle. Weil das Material so anschmiegsam und elastisch ist, schmeichelt es Thomas neuer Zeigefreudigkeit. „Sollte ich nicht nackt servieren? Pascal hat mir verraten, dass ich …“

„Nein!“, unterbreche ich Thomas. „Das dunkle Blau des Mantels lässt deine bleiche Haut und deine wilden Haare, sowohl die oben, wie auch die gestutzten unten, noch erotischer aussehen. Tom, du bist perfekt, wie du bist.“

Zum Dank küsst er mich. Kaum öffne ich meinen Mund, um endlich meiner lodernden Leidenschaft Ausdruck zu verleihen, klingelt es mehrfach an der Haustür, und Donald ruft nach mir.

„Jetzt geh schon!“ Etwas unwillig gerade jetzt gestört zu werden, schubst mich Thomas trotzdem von sich. „Heute Nacht gehöre ich vollkommen dir!“

Unten klopft mir Donald auf die Schulter. „Josh, wir sehen uns nach dem Essen! Nach dem Familienfest zuhause kommen wir wieder her!“ Die Zwillinge sind wieder angezogen und schlüpfen durch die Tür, als ich die Ankömmlinge begrüße. Es sind Eddy und Nic, die beiden Stylisten aus Charles Medienagentur.

„Wo hast du deinen Rohdiamanten versteckt?“, will der ältere der beiden sofort wissen und deponiert vier riesige Taschen neben der Tür. „Pascal rief uns an und bat um Hilfe. Nic und ich werden sehen, was zu machen ist.“

„Ihr seid gekommen, um Thomas zu stylen?“

„Wenn Tom in seinem verfilzten Look auch frech aussieht, mit all den Schamhaaren, besteht die Gefahr, dass deine Gäste davon in der Suppe oder auf dem Kuchen was finden werden – keine leckere Vorstellung.“

„Ihr beide habt Thomas schon getroffen?“

„Nein, aber Pascal war gründlich in seiner Beschreibung.“

Nic begrüßt mich mit High Five und stellt zwei bauchige Koffer ab. „Wo können wir uns einrichten?“

„Mit euch habe ich natürlich nicht gerechnet. Die Zimmer sind alle vergeben und in den Lagerräumen hat der Catering Service bereits die diversen Platten und Getränke gelagert. Tom!“, rufe ich nach oben. „Kannst du kurz kommen?“

Als er noch immer im Edel-Frack die Treppe runtereilt, verdrehen Eddy und Nic ihre Augen, checken beide ihre Uhren und schnauben. „Wann soll er die Gäste empfangen?“ Eddy ist plötzlich sehr gestresst.

„Um acht Uhr!“

„Drei und eine halbe Stunde! Nic?“, wechselt Eddy fragende Blicke mit seinem Lebensgefährten und Arbeitspartner.

Der Afro-Amerikaner mit den tätowierten Armen und dem kahlrasierten Kopf checkt Tom von Kopf bis zu seinen Zehen ab. „Ist zu schaffen! Aber wir müssen augenblicklich anfangen!“

„Womit? Alter?“, fleht mich Tom um eine Erklärung an.

„Eddy und Nic“, stelle ich ihm die beiden professionellen Stylisten vor, „sind hier, um ...“

„Einen Rohdiamanten zu schleifen“, schnaubt Eddy.

„Mich?", tippt Tom auf seine nackte Brust unter dem Mantel und streift sich seine wilden Haare aus dem Gesicht.

„Nein!" Ich winke ab. „Tom, du bist so genau richtig! Die beiden sind wegen mir hier!"

„Dir?" Nic und Eddy wechseln abermals Blicke.

„Installiert euch in meinen Privaträumlichkeiten! Tom, kannst du ihnen den Weg zeigen?"

„Ähm", sieht Tom hilfesuchend zu mir. Als ich nicke, nimmt er Eddy seine vier Taschen ab und eilt die Treppe hoch.

„Ich hole den Rest aus dem Wagen!" Nur mit Blicken gibt Eddy Nic zu verstehen, er solle oben schon alles im Zimmer installieren.

Zum Glück treffen Madison und Wheaton vom Catering Service ein und beginnen in der Küche die Speisen von den Transportplatten auf Silberne umzuschichten, Häppchen zu machen und in mitgebrachten Ofen Gebäck und anderes zu backen oder aufzuwärmen.

„Das ist Thomas aus Basel. Er wird mit euch beiden zusammen heute Abend servieren. Bitte zeigt ihm alles."

„Oberaffengeiles Outfit!", ruft Wheaton, der jüngere der beiden aus, als der Tom sieht, er gerade wieder zurück ist. „Du zeigst grade so viel, dass man es nicht erwarten kann, bis du den einzelnen Knopf öffnest und dein Höschen darunter fallen lässt. Du lässt es doch fallen?"

„Komm mit! Wir führen dich in die Arbeit ein!" Madison hakt sich bei Thomas unter und schiebt ihn in die Küche.

Kaum bin ich einen Moment alleine im Flur, tauchen der hellblonde Bodybuilder aus Los Angeles und sein rothaariger Lover, beide jetzt angezogen, aus ihrem Zimmer auf.

„Josh", klopft mir Martin auf die Schultern, „Thomas ist vieles, aber er ist kein Ersatz für dich. Sebastian und ich haben ihn in *Venice Beach* kennengelernt. Er ist ein sehr sympathischer Kerl, doch er ist kein erotischer Moderator oder ein Anführer. Falls du mir heute Abend keinen Ersatz vorweist, dann..."

„Martin, lass dich überraschen", unterbreche ich ihn.

„Verliebt?", boxt mir Martin auf die Schulter. „Ist er der, für den du ihn hältst?"

„Eros?", frage ich, dann schüttle ich meinen Kopf. „Nein!"

„Nicht?", verzieht Martin verwundert sein Gesicht. „Ist er nicht die Winter-Manifestation des Engels der Liebe?"

„Doch!", bestätige ich. „Aber", setze ich mein Raubtiergrinsen auf,

„Thomas ist mein Lover. Ich bin mir sicher, Eros hat sich mir als Sechzehnjähriger in seiner Gestalt gezeigt. Trotzdem, Tom ist nicht Eros.“

„Dann suchst du weiter?“ Martins Schmunzeln verrät mir, dass er mich längst durchschaut hat. Ebenso lese ich in seinen Augen, dass ihm meine Transformation nicht entgangen ist.

„Ich habe den richtigen Show Master gefunden! Martin, er ist es, da bin ich mir sicher.“

„Dann freue ich mich auf die Überraschung!“ Martin verspricht, die nächsten Stunden alles zu überwachen. Sebastian, der früher als Koch gearbeitet hatte, bietet sich an den beiden von Catering Service etwas zur Hand gehen. Kaum sind alle beschäftigt, verziehe und ich mich zu Nic und Eddy ins obere Stockwerk.

„Endlich hast du das Unkraut beseitigt!“, lobt Eddy meine neue Haar- und Schamlosigkeit, als ich mich ihnen splitternackt zum Styling stelle. „Was schwebt dir vor?“

„Das volle Programm! Vollständige Enthaarung – überall sehr gründlich!“, betone ich. „Dazu eine neue Frisur, Mani- und Pediküre und was euch sonst noch so einfällt, damit mein Comeback als Captain J.J. möglichst wirkungsvoll rüberkommt.“

Wie sehr ich es vermisst habe, nackt auf einem Stylingstuhl von zwei Profis bearbeitet zu werden, wird mir erst jetzt bewusst. Die beiden wachsen meine intimsten Stelle, wie danach auch meine Beine, rasieren mir die Achseln und die Brust, zupfen an meinen Augenbrauen und schneiden mir die Haupthaare, um sie danach mit Gel in eine moderne Frisur zu zwingen. Mein neues Spiegelbild unterscheidet sich sehr von meiner alten Erscheinung. Was mir da entgegenblickt ist das perfekte Abbild des Eros aus meiner Vision. Meine Muskeln glänzen ölig und mein Stolz kann nicht härter werden.

„Übernimmst du nachher Thomas’ Rolle als Nacktkellner?“, fragt mich Nic und rasiert letzte Härchen von meinen Hoden.

„Nein! Tom und die beiden vom Catering Service übernehmen das. Ich will Tom nicht verletzten, in dem ich ihm den Spaß verderbe. Meine Aufgabe wird eine andere sein.“ Während ich mir das zur Probe aufgetragene Öl und die letzten Wachsreste runterdusche, beraten die beiden Stylisten über meine Kostüme für den Abend.

Um kurz nach sieben Uhr abends ziehe ich mir einen dunkelblauen Smoking mit Anzughose, aber ohne Hemd an und binde mir eine rosarote Fliege um den Hals. Auf Socken und Schuhe verzichte ich.

Kaum unten, eilt Thomas zufrieden übers ganze Gesicht strahlend aus der Küche auf mich zu. „Alter, du bist ja kaum wieder zu erkennen. Coole Friese! Galaktischer Aufzug! Mann, du machst mich gerade voll an!“ Als er mir über die nackte Brust fährt, die vom Jackett nur halb verdeckt wird, fühle ich augenblicklich wieder die Leidenschaft, die mir all die Monate seit dem Tod meiner Eltern verloren gegangen war. Wie sehr mir Toms Berührungen gefallen, verrät jedem das Zelt in meiner Anzugshose.

„Es war harte – sehr harte – Arbeit!“, erklärt der kahlköpfige Afro-Amerikaner und ist versucht, mir noch eine Haarsträhne zu richten. „Josh ist und bleibt ein Diamant!“

„Danke, Nic!“, flüstere ich.

„Tom, lass Captain J.J. jetzt los, sonst bekommt seine Anzugshose noch Flecken, die ich auf die Schnelle nicht wieder rausbekomme!“

Auch Martin gefällt, was er sieht. „Josh, warte draußen im Vorgarten, falls Gäste vor acht Uhr eintreffen sollten. Tom wird pünktlich seine Rolle an der Tür einnehmen.“

„Eddy und ich werden den jungen Mann noch etwas zu Recht machen.“

„Willst du? Tom, du musst nichts tun, was du nicht willst“, versichere ich ihm.

„Alter, ich bin voll total weggebeamt, du siehst krass verschärft aus. Leute“, sieht sich Tom nach den beiden Kahlrasieren um, „kriegt ihr das mit mir auch hin? Wir haben noch knapp eine Stunde Zeit. Könnt ihr mich auch in ein Schnitzel verwandeln?“

„Die beiden wissen, was sie tun“, hakt sich Martin bei mir ein. „Warten wir im Garten.“

„Ich muss erst nach den Köchen sehen.“

„Die haben ihren Job im Griff!“, winkt Martin ab.

Auch wenn es nicht wirklich kalt ist, schlüpfe ich trotzdem in ein paar meiner Turnschuhe und lasse mich von Martin vor die Tür führen. Jetzt bin ich wirklich nervös. Was werden Nic und Eddy auf die Schnelle mit Thomas anstellen?

Oliver, mein Ex-Lover, Miguelangelo und Christoph vom Kunstzentrum, Charles von der Medienagentur und zwei freie Journalisten sind schon eingetroffen und warten mit mir und Martin zusammen auf den Einlass. Punkt acht Uhr klingle ich höchstpersönlich an meiner eigenen Haustür.

Dreimal muss ich läuten, bis ich den Riegel höre, der sich zur Seite schiebt. Mein Herz klopft mir in den Schläfen. Mir sackt einfach der Kinnladen runter, als ich den schlaksigen Schweizer sehe. Seine blonden wilden Haare sind jetzt seitlich etwas geschnitten und mit einer dunkelblauen Schleife nach hinten gebunden, was perfekt zu seinem Königsmantel passt. Der einzelne Knopf ist geschlossen. Egal, wie genau ich hinsehe, ich kann kein einziges Schamhaar oben rausschauen sehen. Entweder haben ihn Nic und Eddy ebenfalls vollkommen enthaart oder so frisiert, dass der neue Schnitt erst später am Abend zu sehen sein wird. Toms Torso ist vollkommen glatt und leicht eingeölt.

„Geschätzte Herren, willkommen zur Mittwinter Party", verneigt sich Tom galant und lässt die ersten Gäste ein. Mir zwinkert er frech zu. Wie oft, trägt er keine Brille – wahrscheinlich wieder Kontaktlinsen. Als ich meine Blicke auf seine Hände und Füße wandern lassen, glänzen seine Nägel perfekt bearbeitet.

Vor lauter Aufregung über Toms Erscheinungsbild, vergesse ich sogar mir die Turnschuhe auszuziehen, bis mich Oliver einiges später darauf aufmerksam macht. „Ich kann es kaum erwarten, bis dein Empfangsherr zum heutigen Stripper wird! Josh, wo hast du dieses Prachtstück nur aufgetrieben?"

Immer mehr Gäste treffen ein. Tom nimmt gerade zwei älteren Politikern, die sich immer öffentlich für die Gay Bewegung stark gemacht haben, einen gewaltigen Blumenstrauß für mich ab, legt ihn auf eine Kommode neben der Tür und hilft den beiden Senioren aus ihren Mänteln. So geht das die nächste halbe Stunde, bis auf vier Gäste alle anderen eingetroffen sind. Fasziniert beobachte ich Tom, der in seinem sexy Outfit alle überstrahlt. Selbst, als er als Mundschenk die Gläser füllt oder Häppchen reicht, fällt er nicht für einen Moment aus seiner Rolle. Auch wenn er oft zügig zwischen dem Speisesaal, dem ordentlich eingeheizten Kaminzimmer und der Küche hin und her flitzt, verliert er nie sein Lächeln und seine Souveränität. Weil ich Tom jedem als meinen heutigen Ehrengast vorstellte, verwickeln ihn immer wieder Gäste in Gespräche. Er wird mit Komplimenten überhäuft und stetig für seinen Aufzug gelobt, was er oft mit einem Erröten zollt.

Als es abermals klingelt, eile ich selbst zur Haustür, weil Tom von Martin interviewt wird.

„Du hast es doch geschafft?", rufe ich erfreut und starre Sepp aus dem Reisebüro an.

„Ist das Thomas?", fragt Sepp und seine Blicke wandern an mir vorbei zum Halbnackten im Mantel. Er lässt mich einfach stehen und steuert direkt Tom an. „Thomas, du siehst extrem geil aus! Mann-oh-Mann, was für ein Aufzug!"

„Willkommen“, begrüßt Tom Sepp. „Keiner rechnete noch mit dir. Dein Zimmer ist vergeben, doch wir finden später schon eine Lösung.“

„Sepp, du kannst den Koffer raufbringen, dich duschen und frisch machen. Thomas wird das Dinner nicht vor neun Uhr auftragen. Tom, mit Sepp sind es jetzt achtzehn an der Tafel.“ Kaum ist Sepp verschwunden, wende ich mich an Tom: „Du hast das alles voll im Griff?“

Er nickt und stellt sich bei der Tafel in Position.

Ich läute mit einem Glöckchen und dirigiere jeden der Herren an seinen Platz, um zum Schluss meinen eigenen am Stirnende einzunehmen. Das Gemurmel am Tisch schwillt an, bis ich mit meinem Messer an eines der Gläser klopfe. „Willkommen zur Party! Ihr alle kennt mich schon lange. Die meisten von euch schon aus der Zeit, als ich noch der brave Sohn zweier Politiker war. In solchen Anzügen, natürlich üblicherweise mit Hemd und Krawatte, stand ich unzählige Male auf Bühnen, besuchte Vernissage, war an Empfängen zugegen oder schüttelte sogar einige Male die Hand des Präsidenten der Vereinigten Staaten.“

„Jonathan Josh Julius!“, erhebt der Politiker, der Zeit meines Vaters Leben dessen erbittertster Gegner hier in Washington gewesen war, sein Glas, um mir zuzuprosten. „Ich habe dich in der politischen Arena vermisst!“

„Danke!“, murmle ich ihm zu und erhebe wieder meine Stimme: „Das brave Söhnchen gibt es nicht mehr!“ Als ich mir mein Jackett ausziehe und nur noch in der Anzugshose und der rosaroten Fliege um den Hals weiterrede, fühle ich die Anspannung.

Tom stoppt mit dem Nachfüllen der Weißweingläser und starrt mich genauso erwartungsvoll, wie alle anderen an.

„Captain J.J. ist zurück! Noch heute Abend werde ich *Naked Factes* wieder aufleben lassen. Doch erstmals guten Appetit!“ Ich gebe Thomas ein Zeichen.

Ohne ein Wort zu verlieren, spaziert er an der Tafel vorbei in die Küche, um sich von Madison und Wheaton, den beiden Catering Typen, die dekorierten Vorspeisenteller mit diversen italienischen Antipasti zu holen. Frech hat er sich den einzelnen Knopf vorne geöffnet und präsentiert stolz seinen perfekt an seine Beule angepassten Tiefschutz.

In diesem Outfit macht mich Tom so geil, dass ich bestimmt knallrot geworden bin. Doch nicht nur ich. Sepp, dem Congressman Xavier, dem Vorsitze des Gay Ausschusses und Senator Moor ergeht es nicht anders. Kaum hat Tom den letzten Teller serviert, winke ich ihn neben mich ans Stirnende der Tafel und klopfe abermals mit einem Messer an meinem mit Mineralwasser gefüllten Weißweinglas. „Das diesjährige Mittwinter-Fest stelle ich unter das Motto: Eros‘ Heimkehr!“ Stolz stelle ich nochmals meinen Ehrengast als den erotischen Leckerbissen des Abends vor.

Tom lächelt und zieht eine Schnute, die seinem Outfit den letzten Schliff gibt. Um meine Worte zu unterstreichen, räuspert sich Tom und verkündet: „Leute, Münder zu! Ich verspreche euch allen, ich werde heute Abend nichts weiter anziehen!“

Zwei der Sponsoren lecken sich ihre Lippen.

Meiner kurzen Ansprache folgt danach niemand, denn der neben mir stehende Tom erntet alle Aufmerksamkeit. Vielleicht sind es auch die Erwartungen, die ich mit meinem eigenen Aufzug schüre? Weil Madison und Wheaton, beide in klassischen Kochuniformen, nach einer halben Stunde Tom mit dem Abräumen helfen, verlasse ich den Raum, um mich nach oben zurück zu ziehen.

Das Essen ist mir vollkommen gleichgültig, ich habe endlich zu mir zurück gefunden. Für den Hauptgang will ich mich als Captain J.J. zeigen und habe mir nur eine meiner Jock Straps angezogen, wie die schmalsten Shoulder Pads. Um meine coole Frisur nicht zu ruinieren, trage ich meinen Helm unter dem Arm, als ich mich unten wieder einfinde und angaffen lasse.

„Endlich!“, ruft Oliver erleichtert aus, als er mich in der Tür stehend ausmacht. „Captain J.J. ist wirklich heimgekehrt!“

„Das bin ich!“, verkünde ich. „Der hier!“, drehe ich meinen Gästen meinen nackten Arsch zu, „wird in Washington künftig wieder dann auftauchen, wenn die Gesetze zu engstirnig und die Menschen zu prüde werden.“

Der Vorsitzende des Gay Ausschusses steht sofort von seinem Platz auf und kommt auf mich zu. „Josh, du musst unserer Partei beitreten!“

„Die Zukunft wird zeigen, wo Captain J.J. gebraucht wird“, bleibe ich mit meiner Aussage wage und spaziere zu meinem Platz am Stirnende der Tafel. Dort belausche ich Madison in der Küche, wie er Tom rasch darin instruiert, wie man drei Teller auf einmal trägt. Entweder lernt Tom wirklich schnell oder er hatte in Basel schon serviert. Sehr geschickt tischt er auf, schenkt Wein nach und stellt sich dabei immer so zu den Gästen, damit die auch etwas zu sehen bekommen.

„Setzt dich zu mir!“ Ich winke Tom neben mich.

Er schnappt sich einen Stuhl, langt nach meiner Gabel und spießt einen der Scampi von meinem Teller auf, um ihn sich in den Mund zu schieben. Den nächsten Leckerbissen ist für mich bestimmt. Danach wischt er mir mit der Serviette den Mundwinkel ab und boxt mir kumpelhaft in die Seite. Ganz natürlich benimmt er sich so, als ob wir beide ein altes Liebespaar wären.

Scott, der Betreiber des Foggy Bottom Clubs, will von ihm wissen, ob er Schauspieler sei. Sepp antwortet statt Tom und erzählt die Geschichte, wie der Kellner vor wenigen Tagen in Basel sein Reisebüro betreten habe und alles weitere, auch seine spontane Zusage, hier zu servieren.

Die Zeit verfliegt und mein Entschluss, mich heute als der zu outen, der ich wirklich geworden bin – schon immer war, wird immer drängender. Kaum beginnen Wheaton und Madison abermals mit Abräumen, schiebt mir Tom den letzten Scampi in den Mund. „Ich muss mich umziehen", tuschle ich ihm mit vollem Mund ins Ohr.

Mir hämmert mein Herz in der Schläfe. Auch wenn ich mich zuvor schon sehr oft nackt gezeigt habe, ist es dennoch eine lange Zeit her. Wie werden die Gäste, die mich nur von Plakaten her in frechen Aufzügen kennen, reagieren, wenn ich mich ihnen als lüsterner Leckerbissen zum Fraß vorwerfe? Leider passt mir meine damals präparierte vorne fast vollkommen transparente Footballer Hose nicht mehr. Sie war eh um Nummern zu klein. Meine Muskeln sind einfach durchs Bodybuilding zu stark gewachsen, als dass ich mich noch hineinzwängen könnte. Zum Glück habe ich all meine alten Sportsachen aufbewahrt. Eine normale Hose muss ausreichen. Ohne den Tiefschutz eingeschoben, ist der Stoff, wenn auch nicht transparent, dann doch so durchsichtig, dass jeder die Parallele zum Macho-Latten-Bild erkennen wird. Die Verschnürung binde ich mir so locker, dass jeder meinen neuen Look sehen kann. Nic und Eddy haben mir unzählige dunkelbraune Lederbänder für meine Oberarme, Handgelenke und den Hals rausgelegt. Mit jedem, das ich mir umbinde, erwacht mehr der Lust, die ich solange eingesperrt gehalten hatte. Zum Schluss binde ich mir eines der Lederbänder mehrfach um meinen Penis, als ob ich einen wuchtigen Cockring tragen würde. Die Wirkung ist die gleiche und durch die kaum geschlossenen Laschen wird nichts verdeckt. Als ich mich lange im Spiegelbild betrachte, fühle ich eine Kraft und einen Tatendrang, wie ich ihn früher nur beim Football Match auf dem Spielfeld gefühlt hatte. „Genauso muss es sein!", flüstere ich meinem Spiegelbild zu, fasse mir in den Schritt, richte ein letztes Mal die Schnüre und schreite barfuß mit nacktem und eingeöltem Oberkörper nach unten.

„Mann", ruft Madison, der mit einem Tischsauger die letzten Brotkummen beseitigt, „ich habe schon lange keinen Unbeschnittenen mehr gesehen. Wheaton, schau dir dieses Zipfelchen an!"

Der Kommentar und das folgende Gelächter an der Tafel verraten mir, dass der Hosenstoff doch transparenter sein muss, als ich dachte.

Natürlich habe ich das Dessert so bestellt, dass mein erotischer Kellner sehr lange mit dem Servieren beschäftigt sein wird. Der Fruchtsalat muss in einer Schüssel hereingetragen werden und jedem Gast einzeln an seinem Platz angereicht werden. Das Gleiche muss danach mit der Vanille Creme und im dritten Durchgang mit geschlagener Sahne wiederholt werden. Nur ist Tom nicht mehr mein Nacktkellner. Als er mit dem Fruchtsalat die Küche verlässt, trägt er noch immer das gleiche Outfit wie schon den ganzen Abend. Er mustert mich mit riesigen Augen, leckt sich die Lippen und kehrt in die Küche zurück.

„Ich sagte es dir schon! Du sollst das Dessert splitternackt servieren!", foppt Wheaton Tom in der Küche.

„So soll es sein!", antwortet Tom extra laut. „Aber ihr beide müsst mir helfen."

Jedes Augenpaar folgt Tom, als er kurz darauf mit den beiden Köchen im Schlepptau die Küche wieder verlässt. Er trägt wieder die große Glasschale mit dem Fruchtsalat, strafft seine Haltung und gibt den Köchen zu verstehen, sie dürfen beginnen. Wheaton und Madison knien sich beide vor Thomas auf den Boden und nehmen ihm den Tiefschutz ab. Sie tun es sehr langsam, als ob sie einen wertvollen Gegenstand aus der Schutzhülle befreien müssten. Vier Hände halten das Teil noch vor Ort, als sie ihre Köpfe dem Publikum zudrehen. Alle Augen sind auf die Enthüllung gerichtet.

Martin klatscht zuerst und alle anderen setzen ein. Tom verneigt sich und die vier Hände enthüllen Toms Latte. Sehr erregt nimmt er seine Aufgabe, jetzt als richtiger Erotik-Kellner, wieder auf. Ich platze fast vor Stolz. Jeder der Gäste lobt ihn für die Gründlichkeit der Intimrasur oder seinem harten Einsatz. Als er sich endlich nach dem Verteilen der Schlagsahne wieder neben mich setzt, streichle ich seinen Oberschenkel. Ich kann mich kaum zurückhalten, nicht an anderer Stelle fest zuzupacken, um Tom endlich das zu geben, worauf er seit seiner Ankunft in Washington hofft.

Abermals füttert er mich, diesmal mit meinem Dessert. Mehr als einmal bekleckert er sich mit der Sahne, dass sie ihm auf den Bauch und anderswohin tropft. „Mit diesen Flecken kann ich nicht servieren!", provoziert er mich solange, bis ich sie ihm alle fort küsse. Pflichtbewusst steht Tom genau in dem Moment auf, als mein Mund gierig nach seinem leckerstes Teil schnappt. Sofort lachen alle los. Tom grinst nur feist und macht seine Runde, um jedem Gast nachzuschenken. Seine neue Rolle bereitet ihn weit mehr

Spaß, als ich ahnte. Er genießt es, wenn ihn alle sehr genau mustern. Als Oliver ihn bittet, ob er für den Kaffee nicht auf den Mantel verzichten kann, stellt sich Thomas einfach rücklings vor meinen Ex-Freund, dass der ihm aus dem Mantel hilft. Noch während Oliver den teuren Mantel sorgfältig zusammen legt und auf einer Kommode platziert, dreht sich Tom mehrfach um die eigene Achse. „Wer will einen Espresso?"

Kurz nach zehn betreten Donald und Jeffrey im Smoking den Speisesaal. Das ist mein Zeichen, die Tafel aufzuheben und die neuen Gäste, die bald eintreffen werden, zu empfangen. Donald zeigt mit beiden Daumen nach oben, um mir zu meinem Outfit und der Rückkehr zu meinem wahren Wesen zu gratulieren.

„Meine verehrten Gäste!", erhebe ich mich und winke Tom neben mich. Als ich ihm meinen Arm um seinen nackten Körper lege, schaudert mir mehrfach, das sexuelle Kribbeln lässt mich kaum sprechen. „Der Cognac wird im Kaminzimmer gereicht! Zudem", ziehe ich Thomas noch näher an mich ran, „wird unser Leckerbissen um Mitternacht die Show ankündigen!"

„Welche Show?", flüstert er mir sehr leise zu.

„Lass dich überraschen!"

Mit dem Applaus beginnt Tom, zusammen mit Madison und Wheaton den Tisch abzuräumen.

„Er ist lustig, frech und kennt keinerlei Schamgefühle", lobt Martin Holmström den nackten Kellner. „Ich bin auf seine Show gespannt. Überzeugt sie mich, will ich Thomas morgen trotzdem zum Casting in der Agentur haben. Mit viel Arbeit könnte er den Job hinkriegen."

„Tom wird um Mitternacht keine Show abziehen! Ich werde dir um Mitternacht einen Überraschungskandidaten vorführen, von dem ich sicher bin, er wird deinen hohen Ansprüchen entsprechen. Für Tom ist das alles ein Spiel. Soll er daran weiter seinen Spaß haben."

„Seine Mischung aus Gleichgültigkeit, sexueller Erregung und Unfug verleihen ihm genau den richtigen Mix als Nacktkellner!", lobt Martin weiter.

„Wo hast du gelernt, dich so lässig zu geben?", fragt ihn Martin, als Tom das Abräumen den beiden Köchen überlässt, um im Kaminzimmer zu den Gästen zu sehen.

„Ich besuchte tatsächlich zwei Jahre lang einen kreativen Schauspielkurs. Der Lehrer ermutigte uns, immer ganz in die Rolle zu schlüpfen oder es gleich bleiben zu lassen."

„In welche Rolle bist du heute Abend geschlüpft", will Martin Details.

„Josh glaubt in mir, den Sexgott Eros zu erkennen. Naja, der bin ich heute Nacht für ihn."

„Eros ist kein Sexgott. Eros ist die Liebe!", protestiere ich.

„Echt?", zieht Tom eine Schnute. „Soll ich jetzt alle umarmen und Halleluja singen?"

„Viele erfahren die Liebe am intensivsten durch die Erotik, durch Sex und die Lust. Bleib so! Thomas, du bist genau das, was sich heute Abend jeder wünscht!"

„Danke!", hebt Tom seine Hand für High Five, dreht sich um und lässt uns beide stehen, um sich unter die Gäste zu mischen.

„Er liebt dich, Josh." Kumpelhaft boxt mir Martin in die Seite. „Ihr beide habt sehr viel gemeinsam! Oft ziehen sich Gegensätze an, in eurem Falls ist es eher: Gleiches zieht Gleiches an. Josh", fokussiert mich Martin, „wie sieht es mit deiner eigenen Selbstrealisation aus?"

Selbstrealisation

Kurz vor Mitternacht, löse ich mich von allen Gesprächen und suche nach Tom. Er bewegt sich mit nicht weiter als dem blauen Haarband an so natürlich unter den Gäste, als ob auch er immer schon ein Nudist gewesen wäre. Nackt hat er später Eintreffenden die Türe geöffnet, stetig gelacht und nicht einmal ein leeres Glas oder einen Wink zum Nachschenken übersehen. Nicht einmal fiel er aus seiner Rolle des erotischen Gastgebers, nicht einmal ließ er sich von bissigen oder witzigen Kommentar provozieren. Nicht einmal, seit ihm die beiden Köche den Tiefschutz abgenommen haben und später Oliver den Mantel ausgezogen hat, verlor er seine Standfestigkeit.

„Tom", rufe ich leise und winke ihn zu mir.

„In zwanzig Minuten beginnt die Show. Kannst du dir wieder deinen Mantel anziehen, während ich auf die letzten noch ausbleibenden Gäste warte?"

„Ich soll den coolen Königsmantel gegen das hier eintauschen?", vergewissert er sich und zeigt auf seinen nackten Leib.

„Bitte!"

„Soll ich auch den scharfen Tiefschutz anziehen?" Als ich nicke, drängt sich Tom durch die inzwischen bestimmt sechzig Gäste in die Küche, wo er seine Garderobe deponiert hat.

Keine fünf Minuten später ist Thomas wie verwandelt – oder er ist wieder er selbst – ohne Rolle, ohne Zwänge und ohne den Druck als Lustboy alle aufgeilen zu müssen. Wenn er auch den einzelnen Knopf unverschlossen lässt, um den Tiefschutz vorzuführen, so fühle ich doch seine Erleichterung. Thom ist weder ein Stripper noch der künftige Moderator einer Erotik Show.

„Tanz mit mir!", zieht ihn Martin an der rechten Hand von mir fort. „Josh muss sich vorbereiten! Stimmt doch?"

„Laurent, kannst du etwas zum Tanzen auflegen?", rufe ich dem DJ im Kaminzimmer zu.

„He?", brüllt Laurent. „Was zum Teufel läuft denn jetzt?"

„Hip Hop ist galaktisch, doch bitte etwas Schmusemusik!"

„Weiberkram?", rümpft Laurent seine Nase, wechselt aber die Scheibe.

„Darf ich?", frage ich Martin und sehe Tom in seine graublauen Augen.

„Alter, ich warte, seit ich dich am Flughafen zum ersten Mal gesehen habe drauf!" Er drückt seine Wange an meine und schmiegt seinen Körper in meine Arme.

Oliver schaltet bis auf die Flammen, die sich auf dem schwarzen Spiegel reflektieren, alle anderen Lichter aus. Zum ersten Mal heute Abend fühle ich eine wirklich schöne Weihnachtsstimmung aufkommen. Nach dem dritten Song fasst Tom nach meiner rechten Hand, um sie mir unter seinen Mantel auf seinen nackten Hintern zu schieben. Kaum treffen sich dabei unsere Blicke, höre ich Eros' Flüstern:

Ich werde dir in vielerlei Gestalt begegnen, doch immer derselbe sein. Erkennst du mich schließlich als der, der ich bin, wird Eros sich dir offenbaren. Wer der Liebe Bedingungen auferlegt, hat das Wesen der Liebe noch nicht erfahren. Grenzenlos, uferlos und unendlich ist die Liebe. Liebe ist, was sie ist: ein Wunder, dass sich jedem anders offenbart.

„Ich bin gleich zurück! Hau bloß nicht ab!" Als Unterpfand küsse ich Thomas so leidenschaftlich, dass er mir verdattert mit glänzenden Augen nachstarrt, wie ich die Treppe hochsause.

In meinen privaten Räumen suche ich im Schrank nach den Flügeln, die ich mir in der Mall gekauft habe und die denen, die ich trug, als ich meinem Vater als Macho-Engel den Todesstoß verpasste, ähneln. Ich ziehe mich für die anstehende Show vollkommen aus, um mir so die Flügel auf den Rücken zu binden. Kaum umgeschnallt, erwacht der Rebell in mir, doch auch etwas anderes: Liebe. Wie schon bei der Herzattacke im Badezimmer, strahlt mein

Herz plötzlich wieder hell wie eine Sonne in meiner Brust. Immer gleißender flutet das Licht aus mir hervor. Mit halb zusammengekniffenen Augen blicke ich in eine andere Dimension und beobachte, wie Tartaros und Erebos vor mir in die ewige Nacht zurückweichen; während gleichzeitig Nyx aus dem Zentrum der Galaxie auflacht, und Gaia sich nach einem neuen Partner umsehen muss.

„Ich bin, wer ich bin!", flüstere ich und meine Worte weben sich in die Schöpfung.

Tom soll nicht denken, ich hätte ihn heute vorgeschoben, weil ich selbst ein Feigling bin. Er soll die Wahrheit über mich erfahren. Ich will mich ihm zeigen, wie ich wirklich bin. Auf der Schwelle verharre ich, kehre um und öle meinen Körper von Kopf bis Fuß ein. Es wird Zeit, dass ich der werde, der ich schon immer war. Beflügelt, mit aufgesetztem Raubtiergrinsen und harter Erektion schreite ich splitternackt über die Treppe nach unten. Erst wollte ich mich ins geheime Zimmer schleichen, um irgendwann die Lichter darin zu entzünden, um mich hinter Glas den Gästen zu präsentieren. Mit jeder Stufe, die ich hinunter schreite, wird mir klarer, ich werde keine Show abziehen. Die Zeit von Schutzwänden ist endgültig vorbei. Ich werde einfach ich selbst sein und alle daran teilhaben lassen.

Alle gaffen mich an.

„Captain J.J. ist vollständig aus seinem Tiefschlaf erwacht!", ruft Pascal als Erster.

„Nicht Captain J.J. stellt sich uns hier vor, sondern Joshs wahres Wesen!", erklärt Martin.

Noch andere Kommentare folgen. Mir ist es einerlei, was andere in mir sehen. Für Miguelangelo bin ich ein geiles Aktmodell, für Oliver ein Rebell, für Charles ein Politiker, für Sepp ein Stripper und Sebastian erkennt bestimmt einen heimlichen Nudisten in mir. Doch wie sieht mich Tom?

Er kommt auf mich zu, nimmt mich in seine Arme und flüstert mir zu: „Endlich zeigst du dich mir so, wie ich mir einen echten Eros vorstelle!"

„Stellt sich uns heute Nacht der Star Moderator der neuen Gay Show vor?", fragt mich Martin, als ich drei Stufen vor der letzten verharre und die Gäste fokussiere, die sich alle vor mir versammelt haben.

„Falls du mir den Job noch geben willst?"

„Worauf du wetten kannst! Endlich hast du deinen Eros gefunden!" Martin kommt die Stufen hoch, zwackt mich in den Arsch und führt mich in den Kreis meiner Freunde, Fans und früheren Mitstreiter. „Endlich hast du erkannt, dass nur die Liebe dir Flügel verleihen kann! Die Dinger stehen dir gut!"

„Der auch!“ Tom fasst danach und lässt ihn nicht mehr los.

„Josh, endlich hast du kapiert, dass nur der, wer der Liebe bedingungslos Einlass in sein Herz gewährt, zu Eros werden kann“, küsst mich Oliver auf meinen Torso.

„Ich bin, wer ich bin! Ich bin alles, was ihr in mir erkennen könnt und mehr. Die Liebe hat zehntausende von Gesichtern und ebenso viele Manifestationen. Doch die Liebe ist einzig und unveränderlich. Die Liebe ist das Wahre und unvergängliche Ewige in jedem Einzelnen. Die Liebe ist ein Wunder, das sich jedem anders offenbart.“

Ende

Danksagung

Mein erster Dank gilt Eros. Denn nur die Liebe zum Leben treibt mich stetig vorwärts, um aus dem Vollen zu schöpfen und niemals aufzugeben neue Gesichter der Liebe kennenzulernen.

Weiter danke ich all den vielen Gelegenheiten, Eros‘ Wirken im Leben andere zu erkennen; in den Geschichten, die mir Freunde und Bekannte von sich erzählen.

Dank all meinen Fans und Lesern, Editoren und Verlegern, der Presse und natürlich all meinen Kritikern.

Dank allen, die mich die letzten Jahre in meinen Studien und Forschungen der griechischen Mythologie und des Lebens unterstützt haben. Es sind zu viele, um sie einzeln namentlich zu nennen.

DANKE euch allen!

Manuel Sandrino

Was der Wind nicht verwehen kann

360 Seiten

ISBN Print
978-3-86361-545-1

Auch als E-book

Bux ist ein Flüchtling. Ihn jagt keine Regierung, keine Polizei, auch nicht die Steuerfahndung oder eine sitzengelassene Liebe. Ihn jagen Träume, Visionen und ein Schicksal, das er nicht akzeptieren will. Dionysos, sein früherer Mentor, riet ihm vor seiner Flucht aus London: *Werde zu dem, was der Wind nicht verwehen kann!* Nur so hätte er eine Chance zu werden – oder zu überleben – was auf ihn wartet.

Bux hat aber genug von den Mysterien des Gottes der Wiedergeburt und der Ekstase und versteckt sich auf der hawaiianischen Insel Maui. Dort lässt er sich in einem Surfer-Camp als House Keeper anstellen. Doch kaum auf Maui angekommen, wird Bux in *Eleuthereus*, was der Befreier bedeutet, umbenannt. Den Zungenbrecher kürzt er zu *Illu* ab.

Doch was *Illu* als Camp Scherz abtut, ist in Wahrheit bitterer Ernst. Statt nur den Rasen zu mähen und die Hütten zu renovieren, erwarten ihn neue wie alte Freunde, aber auch Feinde im Camp. Nicht nur er wurde hergelockt, um sich Dionysos' Erbe als würdig zu erweisen, sondern auch andere Kandidaten. Der Countdown beginnt. Als der erste von ihnen ermordet wird, erhebt sich der Sturm über dem Ozean und der schlafende Vulkan erwacht.

www.himmelstuermer.de

Manuel Sandrino

Nackte Geheimnisse

390 Seiten

ISBN print
978-3-86361-482-9

Auch als E-book

Bux' Leben und sein Tod sind fest mit zwei ungewöhnlichen Menschen verbunden. Er hätte von ihren Namen auf Probleme schließen können.

Dionysos lernt er über einen Internet-Chat kennen. „Reiß dir die Masken vom Gesicht, zerfetze deine Hüllen und zerschmettere deine Hemmungen!" Logisch, gefällt das Bux, denn er ist jung und naiv.

Seth kennt er ausschließlich aus seinen Träumen und verliebt sich in diese Traumgestalt. Als sein bester Freund ihn überredet, mit ihm zum *World Naked Bike Ride* nach London zu reisen, nimmt das Schicksal seinen Lauf. Bux zieht seine Badehose und sein Kapuzenshirt auf der Fahrradtour, bei der sonst jeder nackt ist, nie aus. Dann begegnet er Seth wahrhaftig im Hyde Park, was ihn im kommenden Jahr dazu veranlasst, ein Praktikum im Hotel, in dem Seth als Koch arbeitet, anzunehmen.

Dort wird Bux von jedem manipuliert und stolpert von einem Missverständnis ins nächste. Es wird immer peinlicher, bis die Falle zuschnappt. Ausgerechnet der verklemmte Bux soll zum Werbeträger eines erstmals ganztägig stattfindenden Nudistentages werden.

Er schafft sich, als er einem Angeber die Nase blutig schlägt, einen gefährlichen Feind. Kurz darauf prügeln ihn vier Punks fast zu Tode. Bux überlebt nur, indem er eine Entscheidung trifft, die alles, woran er bisher glaubte, in Frage stellt.

Yasar Destan

Deniz

140 Seiten

ISBN Print

978-3-86361-488-1

Auch als E-book

Der 17jährige Deniz Arslan führt mit seiner Familie ein bescheidenes Leben im verschlafenen Nest Govern. In seiner Freizeit hängt er am liebsten mit dem Punk Knorpel am Bahnhof ab.

Eines Tages nimmt Knorpel ihn auf eine Party der Fachhochschule mit. Eigentlich wollen sie dort nur Ganja von Tanky kaufen, doch Deniz hat in der Mensa eine schicksalhafte Begegnung mit Raphael. Deniz spürt in sich Gefühle aufkeimen, die er bisher nie zugelassen hat und verliebt sich Hals über Kopf in den rebellischen Querdenker. Ein Umstand, den es mit allen Mitteln zu unterdrücken gilt, denn eine über Freundschaft hinausgehende Liebe zwischen zwei Männern ist mit den Idealen seiner Familie und Kultur unvereinbar. Trotzdem beginnt er mit Raphael eine immer leidenschaftlicher werdende Beziehung – natürlich unter strengster Geheimhaltung. Die Ereignisse überschlagen sich, als seine Eltern schließlich doch unerwartet von seinem Schwulsein erfahren. Sie haben ihre ganz eigenen Vorstellungen von der Zukunft ihres Sohnes ...

Marc Förster

Gefühle tabu

180 Seiten

ISBN print
978-3-86361-530-7

Auch als E-book

Andy hat ein Problem. Er ist tiefgläubig, und mindestens genau so schwul. Schon vor dem Abi spürt er in sich die Berufung, Priester zu werden. Nach vielen Überlegungen startet er in München mit seinem Theologiestudium. Doch auch das ändert nichts an dem Verlangen, mit Männern intim zu werden. Nach einigen Abenteuern in der Münchener Szene fühlt er plötzlich Gefühle für einen jungen Priester.

Die beiden landen im Bett, leben plötzlich in einer Welt voller Kontraste. Hier das Zölibat, da wilder Sex.

Stefan versucht Andy davon zu überzeugen, dass dieses doppelte Spiel mit dazu gehört. Doch Andy sieht das anders, es kommt zum Bruch. Kurz danach fühlt der Theologiestudent, ein Semester später, dass er wieder einen Mann für mehr als nur schnellen Sex will.

Als Jochen in sein Leben tritt, fordert der Andy auf, sich von der Kirche und all seinen Plänen los zu sagen. Doch Andys Wunsch, Priester zu werden, ist stärker.

Bis er Michael kennen lernt. Und der möchte Andys Berufung nicht im Weg stehen.

Andy, ein Kampf mit sich, gegen seine Gefühle, dem Bedürfnis nach Sex und der Berufung, der Kirche und den Menschen zu dienen.

www.himmelstuermer.de

Jenna Oellrich

Seit dem ersten Tag

180 Seiten

ISBN print
978-3-86361-542-0

Auch als E-book

Markus' bester Freund Gerard steckt mitten in der Scheidung und wird von ihm tatkräftig unterstützt. Bei einer nichtssagenden Umarmung leben jedoch totgeglaubte Gefühle wieder auf. Beide geben sich diesen hin, obwohl auch Markus verheiratet ist. Fluchtartig verabschiedet sich Gerard am nächsten Morgen und macht die Situation noch ein wenig komplizierter. Seit Jahren sind die beiden befreundet und Markus hatte seine Gefühle für seinen besten Freund seit dessen Hochzeit immer unterdrückt. Doch auch Gerard hegt diese Gefühle für seinen besten Freund.
Bevor es jedoch zu einem klärenden Gespräch kommen kann, macht Markus eine Entdeckung, die sein Leben noch weiter auf den Kopf stellt.

MIX
Papier | Fördert gute Waldnutzung
FSC® C083411

Zeitfracht Medien GmbH
Ferdinand-Jühlke-Straße 7
99095 Erfurt, Deutschland
produktsicherheit@kolibri360.de